21 世纪全国高等院校财经管理系列实用规划教材

客户关系管理理论与实务

主　编　徐　伟
副主编　杨　林　赵建喆　刘忠君
参　编　刘丽娜　何凤仪
　　　　蒋　蓉　仇欣欣

内 容 简 介

本书主要讲述客户关系管理的基本理论和实用方法。本书主要内容包括绪论、CRM 的基本原理、客户分析、客户关系、CRM 的技术手段、CRM 系统理论、CRM 系统实践、典型 CRM 系统模块及其功能、CRM 战略与执行、CRM 系统与企业等。

本书在介绍 CRM 基本原理的基础上,附有 CRM 系统功能介绍与典型案例分析,并突出操作性与实用性。

本书可作为应用型市场营销、电子商务专业本专科教材,也可作为市场营销活动调研与策划人员的学习参考用书。

图书在版编目(CIP)数据

客户关系管理理论与实务/徐伟主编. —北京:北京大学出版社,2014.5
(21 世纪全国高等院校财经管理系列实用规划教材)
ISBN 978-7-301-23911-7
Ⅰ.①客… Ⅱ.①徐… Ⅲ.①企业管理—供销管理—高等学校—教材 Ⅳ.①F274
中国版本图书馆 CIP 数据核字(2014)第 022525 号

书　　　名:客户关系管理理论与实务
著作责任者:徐　伟　主编
策 划 编 辑:卢　东
责 任 编 辑:卢　东
标 准 书 号:ISBN 978-7-301-23911-7/F · 3859
出 版 发 行:北京大学出版社
地　　　址:北京市海淀区成府路 205 号　100871
网　　　址:http://www.pup.cn　新浪官方微博:@北京大学出版社
电 子 信 箱:pup_6@163.com
电　　　话:邮购部 62752015　发行部 62750672　编辑部 62750667　出版部 62754962
印 刷 者:北京宏伟双华印刷有限公司
经 销 者:新华书店
　　　　　787 毫米×1092 毫米　16 开本　16.5 印张　378 千字
　　　　　2014 年 5 月第 1 版　2019 年 12 月第 5 次印刷
定　　　价:40.00 元

未经许可,不得以任何方式复制或抄袭本书之部分或全部内容。
版权所有,侵权必究
举报电话:010-62752024　电子信箱:fd@pup.pku.edu.cn

前　　言

客户关系管理不仅是企业营销成功的关键，更是赢取市场竞争地位、获得核心竞争力、实现可持续发展的基础性平台，其实施目标就是通过全面提升企业业务流程的管理来降低企业成本，并提供更快速和周到的优质服务来吸引和保持更多的客户。作为一种新型管理机制，客户关系管理极大地改善了企业与客户之间的关系，主要应用在企业的市场营销、销售、服务与技术支持等与客户相关的领域。

客户关系管理的普及直接降低了企业沟通与营销成本、缩短了产品设计与生产周期，为企业提供周到便捷的服务提供了渠道，进而降低使用成本和提高生产效率。客户关系管理既是一种崭新的、以客户为中心的商业理念和商业运作模式，也是一种以信息技术为手段、增加企业收益、提高客户满意度的有效方法。

客户关系管理是方法论、软件和IT能力的综合，是一种商业智慧与策略。其具有营销理论的前沿思想，也囊括了现代信息技术发展的最新成果，因此，掌握客户关系管理相关知识及其操作系统的使用技巧，已经成为现代化企业营销及管理人员必备的技术和能力。

本书从客户关系管理的基本概念发出，引出相关基本原理，并结合跨国企业的相关经典案例，重点向读者阐述客户关系管理如何解决实际问题。

本书由徐伟任主编，杨林、赵建喆、刘忠君任副主编。本书具体编写分工如下：本书第1章和第3章由沈阳工业大学徐伟编写；第2章和第10章由辽宁体育运动职业技术学院杨林编写；第4章由东北大学赵建喆编写；第5章由沈阳工业大学刘忠君编写；第6章由沈阳工业大学刘丽娜编写；第7章由沈阳工业大学何凤仪编写；第8章由沈阳工业大学蒋蓉编写；第9章由沈阳工业大学仇欣欣编写。

在本书的编写过程中，编者参考了大量的国内外研究成果，在此，对相关专家、学者表示衷心的感谢。

限于编者水平，加之编写时间仓促，书中难免有不足之处，敬请广大读者批评指正。

编　者
2014年1月

目　　录

第 1 章　绪论 1
1.1　客户关系管理产生的背景 2
1.1.1　商业环境的改变 2
1.1.2　CRM 理论产生的动因 5
1.2　CRM 概述 6
1.2.1　CRM 的概念 6
1.2.2　CRM 的内涵 7
1.2.3　CRM 的功能 8
1.3　CRM 的意义与作用 14
1.3.1　CRM 的理论意义 14
1.3.2　CRM 的实际意义 16
1.3.3　CRM 的作用 17
1.4　CRM 理论与实践误区 18
1.5　CRM 的现状与发展趋势 19
1.5.1　CRM 的现状 19
1.5.2　CRM 的发展趋势 20
本章小结 24
课后习题 24

第 2 章　CRM 的基本原理 29
2.1　基本概念与内涵 30
2.1.1　客户 30
2.1.2　关系 31
2.1.3　管理 32
2.1.4　CRM 的内容 32
2.2　CRM 的理论基础 34
2.2.1　营销观念的转变 34
2.2.2　关系营销的影响 36
2.3　CRM 发展的现实条件 40
2.3.1　客户购买行为变化 40
2.3.2　市场竞争日益加剧 41
2.3.3　企业内部管理的要求 42
2.3.4　现代信息技术的发展 43
2.4　CRM 的发展历程 43
2.4.1　国外 CRM 的发展历程 43
2.4.2　国内 CRM 的发展历程 44
2.4.3　国外营销战略的借鉴 44
2.5　CRM 与传统营销的区别 46
2.5.1　客户关系营销的原则 46
2.5.2　客户关系营销的形态 47
2.5.3　区别联系 47
本章小结 49
课后习题 49

第 3 章　客户分析 52
3.1　客户份额与内涵及分类 53
3.1.1　客户界定与客户份额 53
3.1.2　内涵与分类 54
3.2　客户满意与客户忠诚 55
3.2.1　客户满意 55
3.2.2　客户忠诚 63
3.2.3　客户满意到客户忠诚 69
3.3　客户信息及获取方式 70
3.3.1　客户信息的概念与类型 70
3.3.2　客户信息的采集 73
3.3.3　客户信息整理 75
3.3.4　客户信息管理及其实施 78
3.4　客户流失与客户关怀 80
3.4.1　客户流失 80
3.4.2　客户关怀 85
3.5　客户价值与客户盈利率 87
3.5.1　客户价值 87
3.5.2　用科学方法进行客户价值评估 88
3.5.3　客户盈利率 91
本章小结 92
课后习题 92

第 4 章　客户关系 96
4.1　客户关系的类型和选择 98

4.1.1 客户关系的类型 98
　　4.1.2 客户关系类型的选择 98
4.2 客户关系定位及其研究核心 99
　　4.2.1 客户关系定位 99
　　4.2.2 研究核心 101
4.3 客户关系生命周期 101
　　4.3.1 客户关系生命周期的概念 101
　　4.3.2 影响顾客生命周期的因素 102
4.4 建立长期的客户关系 105
　　4.4.1 暗示客户的潜意识需求 105
　　4.4.2 注重客户第一满意度 105
　　4.4.3 增加业务的额外价值 105
　　4.4.4 扩大客户选择的自由 106
　　4.4.5 激励客户 106
　　4.4.6 保持客户的长期满意度 106
本章小结 107
课后习题 107

第5章 CRM的技术手段 111

5.1 数据库与数据仓库 113
　　5.1.1 数据库 113
　　5.1.2 数据库发展阶段 113
　　5.1.3 数据仓库 116
　　5.1.4 数据库与数据仓库的联系与
　　　　 区别 118
5.2 多维数据仓库与联机分析处理 119
　　5.2.1 多维数据库 119
　　5.2.2 联机分析处理 120
5.3 数据挖掘的概念与方法 128
　　5.3.1 数据挖掘的概念 128
　　5.3.2 数据挖掘的方法 129
　　5.3.3 数据挖掘与OLAP的区别 130
5.4 商业智能 131
本章小结 134
课后习题 134

第6章 CRM系统理论 138

6.1 CRM系统的概念与特点 140
　　6.1.1 CRM系统的概念 140
　　6.1.2 CRM系统的特点 141

6.2 CRM系统结构 142
6.3 CRM软件系统模块 144
6.4 CRM系统类型 145
本章小结 146
课后习题 147

第7章 CRM系统实践 151

7.1 呼叫中心 153
　　7.1.1 呼叫中心的概念 153
　　7.1.2 呼叫中心的功能特点 154
　　7.1.3 呼叫中心的体系结构 155
　　7.1.4 呼叫中心的规模分类 156
7.2 运营型CRM 162
　　7.2.1 运营型CRM的定义 162
　　7.2.2 运营型CRM的现状 162
　　7.2.3 运营型CRM的功能 163
　　7.2.4 运营型CRM的应用 163
7.3 分析型CRM 164
　　7.3.1 分析型CRM简介 164
　　7.3.2 分析型CRM的功能 165
　　7.3.3 分析型CRM的组成 166
　　7.3.4 分析型CRM的4个阶段 167
7.4 协作型CRM 169
　　7.4.1 协作型CRM简介 169
　　7.4.2 协作型CRM基本原理 169
　　7.4.3 协作型CRM的组成 170
　　7.4.4 协作型CRM的功能 170
7.5 e-CRM 171
　　7.5.1 e-CRM的定义 171
　　7.5.2 e-CRM起源 172
　　7.5.3 e-CRM的效益 172
　　7.5.4 e-CRM实施要点 173
　　7.5.5 e-CRM实施后收到的成果、
　　　　 现状与问题 174
7.6 外取客户关系管理 176
7.7 运营型CRM和分析型CRM的
　　关系 177
本章小结 178
课后习题 178

第 8 章　典型 CRM 系统模块及其功能 183

- 8.1　基础模块及其作用 186
- 8.2　CRM 系统扩展功能模块 188
- 8.3　CRM 系统主要功能模块 191
  - 8.3.1　销售管理模块 191
  - 8.3.2　客户管理模块 195
- 8.4　CRM 系统选择注意事项 196
  - 8.4.1　关键点 196
  - 8.4.2　技术限制 199
  - 8.4.3　企业 CRM 项目风险控制及建议 201
- 本章小结 204
- 课后习题 204

第 9 章　CRM 战略与执行 208

- 9.1　CRM 战略的内涵与重要性 212
  - 9.1.1　CRM 战略的内涵 212
  - 9.1.2　CRM 战略的重要性 214
- 9.2　构建 CRM 战略 214
  - 9.2.1　设定方向、目标和原则 214
  - 9.2.2　CRM 战略的内容 215
- 9.3　CRM 战略的制定 218
- 9.4　CRM 系统的开发与实施 219
  - 9.4.1　CRM 系统的开发 219
  - 9.4.2　CRM 系统的实施 222
- 9.5　CRM 战略的评价 223
  - 9.5.1　平衡记分卡战略评价模型 223
  - 9.5.2　传统平衡计分卡模型修正 226
- 本章小结 228
- 课后习题 229

第 10 章　CRM 系统与企业 233

- 10.1　CRM 系统与企业核心竞争力 235
- 10.2　CRM 系统与业务流程重组 241
- 10.3　CRM 系统与企业文化 243
- 10.4　CRM 系统与 EPR 246
- 10.5　CRM 系统与 SCM 247
- 本章小结 248
- 课后习题 248

参考文献 253

第1章 绪 论

> 知识架构

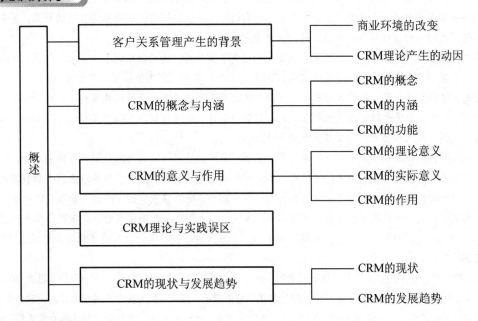

> 学习目标

通过本章的学习，应该能够达到以下目标。
熟悉客户关系管理产生的背景。
掌握客户关系管理的概念与内涵。
理解客户关系管理定义。
了解客户关系管理发展的动因。
掌握客户关系管理内容与作用。
掌握客户关系管理的发展目标。
理解客户关系管理的意义与作用。

 **导入案例**

忠诚顾客靠培养

日本的一家化妆品公司设在人口百万的大都市里,而这座城市每年的高中毕业生相当多,该公司的老板灵机一动,想出了一个好点子,从此,他的生意蒸蒸日上。

这座城市中的学校,每年都送出许多即将步入黄金时代的少女。这些刚毕业的女学生,无论是就业或深造,都将开始一个崭新的生活,她们换掉学生制服,开始学习修饰和装扮自己,这家公司的老板了解了这个情况后,于是每一年都为女学生们举办一次服装表演会,聘请知名度较高的明星或模特儿现身说法,教她们一些美容的技巧。在她们欣赏、学习管理的同时,老板也利用这一机会宣传自己的产品,表演会结束后他还不失时机地向女学生们赠送一份精美的礼物。

这些应邀参加的少女,除了可以观赏到精彩的服装表演之外,还可以学到不少美容的知识,又能个个中奖,人人有份,满载而归,真是皆大欢喜。因此,许多人都对这家化妆品公司颇有好感。

此外,这些女学生事先都收到公司管理层寄来的请柬,这些请柬也设计得相当精巧有趣,令人一看就目眩神迷,哪有不去的道理?因而大部分人都会寄回报名单,公司根据这些报名单准备一切事物。据说每年参加的人数,约占全市女性应届毕业生的90%以上。

在她们所得的纪念品中,附有一张申请表。上面写着:如果您愿意成为本公司产品的使用者,请填好申请表,亲自交回本公司的服务台,你就可以享受到公司的许多优待。其中包括各种表演会和联欢会,以及购买产品时的优惠价等。大部分女学生都会响应这个活动,纷纷填表交回,该公司管理员就把这些申请表一一加以登记装订,以便事后联系或提供服务。事实上,她们在交回申请表时,或多或少都会买些化妆品回去。如此一来,对该公司而言,真是一举多得。不仅吸收了新顾客,也实现了把顾客忠诚化的目标。

点评:

国外的一项客户关系管理案例调查研究表明,一个企业总销售额的80%来自于占企业顾客总数20%的忠诚顾客。因此,企业拥有的忠诚顾客对企业的发展是十分关键的。但是,企业获得忠诚顾客并非一朝一夕的事。日本这家公司的老板正是一位高明的"攻心为上"术的使用者。他牢牢抓住了那些即将毕业的女学生们的心理:女学生换掉制服之后,希望通过装扮和修饰,自己能创造一个不同于以往的形象,能更漂亮、更出众,但却不会装扮又不知该向哪儿咨询。公司老板的服装展示会和美容教学进一步激发这些少女的爱美的欲望,并使她们摆脱了"弄巧成拙"的忧虑,让她们在学习管理的同时,也熟悉并接受本公司的产品。

1.1 客户关系管理产生的背景

1.1.1 商业环境的改变

随着互联网商业化的逐步深入,客户成了最重要的资源,客户价值提升到了一个前所未有的高度,企业必须寻找到与之相匹配的营销战略以适应市场的变化,因此,客户关系管理应运而生。

经济全球一体化和互联网技术的发展,客户资源成为企业发展的生命线。信息技术的发展,使企业"以产品为中心"的经营理念向"以客户为中心"的经营理念转变得以实现。

第1章 绪论

新经济的挑战包括经济环境的自由化,打破了国家的垄断、行业的垄断及对资源的垄断,导致了竞争更加激烈,产品的生命周期更短,客户的需求更加个性化。企业如何保持竞争能力并求得发展,这是企业必须面对的问题。市场的激烈竞争,使得如何吸引客户、保留客户、提高客户的满意度、忠诚度成为企业生存的关键,特别是随着电子商务时代的到来,信息技术革命极大地改变了我们的商业模式,尤其对企业与客户之间的互动关系产生了巨大的影响。在一切都随手可及的信息社会,客户可以极方便地获取信息,并且更多地参与到商业过程中。这也表明,现在我们已经进入了客户导向的时代,深入了解客户需求,及时将客户意见反馈到产品、服务设计中,为客户提供更加个性化、深入化的服务,将成为企业成功的关键。1998年罗伯特·韦兰和保罗·科尔在《走进客户的心》中首次提出"客户关系价值"的概念,认为客户关系是企业最有价值的资产,开发客户关系是一种投资行为,而客户关系改善对企业价值的增加是对这种投资的回报。

客户关系管理理论的产生是生产力发展的必然结果。在社会的进程中,客户关系管理一直存在,只是在不同的社会阶段其重要性不同、其具体的表现形式不同而已。现代企业理论经历了几个发展阶段,从以生产为核心到以产品质量为核心,再到现在的以客户为中心,这些变化的主要动力就是社会生产力的不断提高。

客户关系管理理论的产生是科技进步的产物。在以数码知识和网络技术为基础、以创新为核心、以全球化和信息化为特征的新经济条件下,企业的经营管理进一步打破了地域的限制,竞争也日趋激烈。如何在全球贸易体系中占有一席之地、如何赢得更大的市场份额和更广阔的市场前景、如何开发客户资源和保持相对稳定的客户队伍已成为影响企业生存和发展的关键问题,客户关系管理理论为解决这些问题提供了思路,并正在成为企业经营策略的核心。

客户关系管理是利用现代技术手段,使客户、竞争、品牌等要素协调运作并实现整体优化的自动管理系统。其目标定位在提升企业的市场竞争能力,建立长期友好的客户关系,不断发现新的市场机会,帮助企业规避经营风险,获得高额、稳定利润。客户关系管理的产生,是市场需求和管理理念更新的需要,是企业管理模式和企业核心竞争力提升的要求,是电子技术和信息技术等因素推动的结果。

1. 管理理念的更新

1999年,高德纳集团提出了CRM概念(Customer Relationship Management,客户关系管理)。它是在"客户满意"理论基础上进一步发展起来的。客户满意的内容是,企业的整个经营活动要以客户满意度为指标,要从客户的角度来分析客户的需求,尽可能全面地尊重和维护客户的利益。CRM则指以客户为中心,及时地提供产品和服务,提高客户的满意度,最大限度地减少客户流失,保持较高的市场竞争能力,实现客户与企业双赢的一种管理模式。

CRM是现代营销理论和实践的重要体现。在当前市场中客户的数量和稳定性对企业的生存和盈利是非常重要的,因此,企业之间会为了争夺客户而展开激烈的竞争,为了留住已有的客户,就必须了解他们的要求,提供产品和服务来满足他们的需求。维持与客户的良好关系,是及时发现和满足客户需求的重要手段。对客户个性化需求的漠视会使竞争对手乘虚而入,失去已有的客户。随着观念的转变,更多的企业已经从"以产品为中心"的经营理念转变为"以客户为中心"的经营理念，谁能够在观念上比其他竞争者更早地转变，就意味着谁在接下来的竞争中处于有利的位置。

CRM 的出现，还改变了企业管理的重心：由企业内部的运营管理转移到通过良好的客户关系及时发现并满足客户需求，提高客户满意度和忠诚度上。

企业通过构筑稳固的客户关系增强竞争实力，这一思想比让客户满意又进了一步。它不但注重客户的满意程度，更注重客户与企业建立一种长期的互利关系，实现双赢目标。CRM 是企业的必然选择，是管理理念的升华。另外，科技的发展，互联网络的出现与普及，为这种管理理念的升华提供了广阔的使用空间和技术支持。计算机技术、自动化技术和信息技术的日益发展和融合，促成了新型数据库的出现，为企业保存、分析和发掘客户信息提供了可靠的技术保障。在现代技术不断应用的同时，数据库营销、一对一营销等基于先进技术之上的管理理念也被提出，并融入到 CRM 系统，进一步提升了 CRM 理论。

2. 市场变革的需要

在卖方市场时代，市场供应的产品和服务无论在数量上还是品种上相对于客户需求都属于稀缺状态。作为生产者，只要产品能够生产出来就有市场，不用考虑产品的销售库存及竞争问题。长期以来，企业在没有市场压力的情况下，漠视客户的准确需要，更不用说个性化的需求。企业将管理的重点不是放在如何了解和满足客户需求上，而是放在提高企业经营效率、降低生产成本、提高产品质量上。随着生产力的不断提高，在供求规律的作用下，更多的企业加入到这样的产业市场中来。当企业所提供的产品和服务数量超过了客户的需求能力时，市场逐渐由卖方市场转变为买方市场，竞争开始出现，并不断激化。特别是从 20 世纪末开始，市场竞争进一步加剧。首先，经济全球化在为企业带来广阔市场空间的同时，也给企业带来了更多的竞争对手。其次，信息化和网络化的发展，使得信息传递异常快捷，企业间的技术水平越来越接近，产品本身的优劣越来越不明显，一个新产品、新设计会很快被竞争者模仿，产品在功能上的细微差别已经不足以成为激烈竞争中的主要优势。

市场结构的变化加剧了市场竞争，客户成为了稀缺资源。此时的市场主动权在客户手中，客户在市场中位于主导地位。企业再像以前那样从自身出发来提供商品和服务的方式已经无法满足客户现实存在的多样化需求。企业必须了解市场和客户的实际需求，在此基础上提供令客户满意的个性化产品和服务。由于市场环境的变化，企业急需解决如何准确了解和把握客户的个性化需求，如何实现对客户信息和资源统一有效的管理，如何避免重复性工作，如何将产品信息有针对性地传递给目标客户等一系列问题，在不断的探索和实践中，企业逐渐认识到建立和维持客户关系的重要性是成为取得市场竞争优势的最有效手段。这些问题的解决，需要企业建立一套完善的客户管理体系。

3. 信息技术的促进

20 世纪 90 年代以来，计算机的普及提高了工作效率，为企业 CRM 提供了设备基础。大型关系数据库技术、数据挖掘技术的出现，提高了企业收集、处理、加工和利用客户信息的能力，为企业分析、发现客户需求提供了必要的技术保障。特别是互联网技术的应用和普及，在互联网上，企业可以不受时空限制，每天 24 小时与客户进行更及时、更广泛的双向沟通，并且其成本又是如此低廉，为 CRM 的大规模实施提供了有效场所。著名的亚马逊网上书店(以下简称亚马逊)的崛起就是一个很好的例子。

首先，亚马逊利用客户注册登记，建立起最原始的客户数据库；其次，通过客户浏览或购买过程的监控完善数据库内容；再次，设立用户反馈服务和读者论坛，通过与客户的交流获得关于客户的信息，进一步完善数据库。与此同时，亚马逊利用数据挖掘技术对数据库中的信息进行分析和整理，总结出每一位客户的需求特征，并在其下一次访问亚马逊时采取具有针对性的信息和服务来满足客户需求。由于成功地运用客户关系管理系统，亚马逊成就了互联网上的奇迹。

1.1.2　CRM 理论产生的动因

1. 从企业外部竞争的角度

来自竞争对手的压力。市场经济的本质是竞争，现在是一个变革和创新的时代，比竞争对手领先仅仅一步，就可能意味着成功。业务流程的重新设计为企业的管理创新提供了一个工具。在引入 CRM 的理念和技术时，不可避免地要对企业原来的管理方式进行改变，创新的思想将有利于企业员工接受变革，而业务流程重组则提供了具体的思路和方法。在互联网时代，仅凭传统的管理思想已经不够了。企业要想在瞬息万变的市场环境中立于不败之地必须依托现代化的管理思想和管理手段，有效地对企业的内部资源和外部资源进行整合，如今，先进的计算机网络和管理软件在企业的内部资源整合和外部资源的整合中都已经能大显身手，它们不仅改变了企业的管理和运营模式，也直接影响到了企业竞争能力。CRM 理论使企业能比竞争对手更快、更好、更有效地满足消费者的需求，从而更具竞争力。

2. 从企业内部的角度

(1) CRM 理论已经成为维持企业生存的必要手段。我们这里有一个生动的例子：美国东北航空公司曾经是一家规模颇大的航空企业，拥有不少条航线和飞机等固定资产，但在 20 世纪 80 年代不得不宣布破产。其倒闭不是因为服务质量或其他原因，而是因为当其他航空公司纷纷采用计算机信息系统让全国各地的旅游代理商可以实时查询、订票和更改航班的时候，东北航空公司没有这么做。很快他们就发现在价格和服务方面无法与其他航空公司竞争。其他航空公司及时向客户提供折扣，或在更改航班的时候通知客户，保持每次飞行的客满率，而他们仍然要用昂贵的长途电话方式人工运作。等他们决定投资订票系统的时候为时已晚，最后不得不以倒闭告终。今天运行良好的企业实际上也面临着这样的战略决策，现在的消费者获得信息的渠道包括网络、无线通信等，他们自然会对不提供网上订购的商家不屑一顾。所以说要在竞争中保持优势，投资信息系统常常不是锦上添花，而是维持企业生存的必要手段。

(2) CRM 理论有助于改善企业与客户之间关系，提高客户的满意度，还能有效地降低企业经营成本。CRM 实施于企业的市场营销、销售、服务与技术支持等与客户相关的领域，通过向企业的销售、市场和客户服务的专业人员提供全面、个性化的客户资料，并强化跟踪服务、信息分析的能力，使他们能够协同建立和维护一系列与客户和生意伙伴之间卓有成效的"一对一关系"，从而使企业得以提供更快捷和周到的优质服务，提高客户满意度，吸引和保持更多的客户，从而增加营业额；另外，虽然建立 CRM 信息平台需要巨大的花费。但是从长远来看，通过信息共享和优化商业流程可以有效地降低企业经营成本。同时我们应该认识到 CRM 并非等同于单纯的信息技术或管理技术，它更是一种企业商务战略。

目的是使企业根据客户分段进行重组，强化使客户满意的行为并连接客户与供应商之间的过程，从而优化企业的可盈利性，提高利润并改善客户的满意程度。

3. 从消费者的角度

(1) 消费者力量增强，培养消费者忠诚的需要。随着消费者的财富和知识的增长，特别是对网络知识的了解，不仅使消费者有更强的购买力，还使消费者对各类产品和企业的信息有更多了解，从而有了更多的选择余地，所以如何建立消费者对企业忠诚成为企业的成败关键。而 CRM 理论实施不仅有助于客户互动，即注重销售信息的反馈和投诉，企业与客户不断地进行互动，不断地分析提炼信息，不断地提高服务水平；还有助于客户化，就是提倡个性化服务，从客户的需求、客户的喜怒哀乐、客户的一举一动入手，分析客户愿意掏钱买货的价值点，更好、更准确、更及时地满足客户需求，使顾客更愿意购买企业产品，从而建立品牌偏好，提高消费者对企业的忠诚度。

(2) 维系大客户的需要。营销研究表明，企业产生的 80%的效益是由企业 20%的大客户产生的，所以营销大户应该作为服务重点。而这些大客户对企业保证条款、电子数据交换、优先发运、预先的信息沟通、顾客定制化的产品及有效的保养、维修和升级服务等的要求都会比一般的普通顾客要求更高，只有 CRM 高效的数据收集和整合系统，才能在今天这个需求个性化、信息爆炸的时代使企业能为这些大客户提供更高质量、更全面的服务，使这些客户愿意与企业建立长久的合作关系，从而保证企业长久的利润来源。

1.2 CRM 概述

1.2.1 CRM 的概念

CRM 的定义有许多，从不同的角度有以下几种。

高德纳集团将 CRM 定义为：为企业提供全方位的客户视角，赋予企业更完善的客户交流能力和最大化的客户收益率所采取的方法。客户关系管理的目的在于建立一个系统，使企业在客户服务、市场竞争、销售及售后支持等方面形成彼此协调的全新的关系。

IBM 将 CRM 定义为：通过提高产品性能，增强顾客服务，提高顾客交付价值和客户满意度，与客户建立起长期、稳定、相互信任的密切关系，从而为企业吸引新客户、锁定老客户，提高效益和竞争优势。对顾客来说，CRM 关心一个顾客的"整个生命周期"；对企业来说，CRM 涉及企业"前台"和"后台"，需要整个企业信息集成和功能配合；对具体操作来说，CRM 体现在企业与客户的每次交互上，这些交互都可能加强或削弱客户与你做生意的愿望。

SAP 公司认为，CRM 系统的核心是对客户数据的管理。客户数据库是企业最重要的数据中心，记录着企业在整个市场营销与销售的过程中和客户发生的各种交互行为，以及各类有关活动的状态，并提供各类数据的统计模型，为后期的分析和决策提供支持。SAP 公司的 CRM 系统主要具备了市场管理、销售管理、销售支持与服务及竞争对象的记录与分析等功能。

NCR 公司认为，CRM 是企业的一种机制。企业通过与客户不断地互动，提供信息与客户进行交流，以便了解客户并影响客户的行为，进而留住客户，不断增加企业的利润。

通过实施客户关系管理，能够分析和了解处于动态过程中的客户状况，从而搞清楚不同客户的利润贡献度，才便于选择应该供应何种产品给何种客户，以便在合适的时间，通过合适的渠道去和客户做交易。在 CRM 中，管理机制是主要的，技术只是一个部分，是实现管理机制的手段而已。实施 CRM，主要是企业的组织、流程及文化等方面的变革。

AMT 集团对 CRM 的理解为：CRM 是一种以客户为中心的经营策略，它以信息技术为手段，对业务功能进行重新设计，并对工作流程进行重组。

罗纳德·斯威夫特认为：CRM 是企业通过富有意义的交流沟通，理解并影响客户行为，最终实现提高客户获得、客户保留、客户忠诚和客户创立的目的。

提出上述定义的，有的是 IT 厂商，有的是管理咨询师，有的是学者，所从事的领域不同，侧重点也不同，但总的说来是一致的，即他们都认为"客户关系"是公司与客户之间建立的一种相互有益的关系，并由此把 CRM 上升到企业战略的高度，也都认为技术在 CRM 中起到很重要的驱动作用。

综合上述观点，可以从理念、机制、技术 3 个层面来理解 CRM 是现代管理思想与信息技术相结合的产物，通过最佳商业实践与信息技术的融合，围绕"客户中心"设计和管理企业的战略、流程、组织和技术系统，并提供一个自动化的解决方案，其目的是提高顾客交付价值和忠诚度，进而实现企业收入的增长与效率的提高。因此，客户关系管理是一个管理的概念，是企业和客户之间关系的一种管理，它在企业的销售、服务、技术支持等与客户相关的范围内，为企业的市场营销人员和相关技术人员提供全面、个性化的客户资料，强化跟踪服务与信息服务的能力，更有效地建立和维护好企业与客户及生意伙伴之间的关系，从而提高客户满意度，吸引和保持更多的客户，增加销售额。

1.2.2 CRM 的内涵

CRM 首先是一种管理理念，其核心思想是将企业的客户作为最重要的企业资源，通过完善的客户服务和深入的客户分析来满足客户的需要，实现客户的价值。CRM 也是一种旨在改善企业和与客户之间关系的新型管理机制，它通过向企业销售、市场和客户服务的专业人员提供全面、个性化的客户资料，并强化跟踪服务、信息服务能力，使他们能够协同建立和维护一系列与客户、生意伙伴之间卓有成效的一对一关系，从而使企业得以提供更快捷和周到的优质服务，吸引和保持更多的客户，进而增加营业额。CRM 包含了如下 3 层内容。

1. CRM 是一种管理理念

CRM 的核心思想是将企业的客户(包括最终客户、分销商和合作伙伴)视为最重要的企业资产，通过完善的客户服务和深入的客户分析来满足客户的个性化需求，提高客户满意度和忠诚度，进而保证客户终生价值和企业利润增长的实现。

CRM 吸收了"数据库营销"、"关系营销"、"一对一营销"等最新管理思想的精华。通过满足客户的特殊需求，特别是满足最有价值客户的特殊需求，来建立和保持长期稳定的客户关系，客户同企业之间的每一次交易都使得这种关系更加稳固，从而使企业在同客户的长期交往中获得更多的利润。

CRM 的宗旨是通过与客户的个性化交流来掌握其个性需求，并在此基础上为其提供个性化的产品和服务，不断增加企业给客户的交付价值，提高客户的满意度和忠诚度，最终实现企业和客户的双赢。

2. CRM 是一种管理机制

CRM 也是一种旨在改善企业与客户之间关系的新型管理机制，可以应用于企业的市场营销、销售、服务与技术支持等与客户相关的领域。

CRM 通过向企业的销售、市场和客户服务的专业人员提供全面的、个性化的客户资料，强化其跟踪服务、信息分析的能力，帮助他们与客户和生意伙伴之间建立和维护一种亲密信任的关系，为客户提供更快捷和周到的优质服务，提高客户满意度和忠诚度。CRM 在提高服务质量的同时，还通过信息共享和优化商业流程来有效地降低企业经营成本。

成功的 CRM 可以帮助企业建立一套运作模式，随时发现和捕捉客户的异常行为，并及时启动适当的营销活动流程。这些营销活动流程可以千变万化，但是基本指导思想是不变的，即利用各种计算，在提高服务质量和节约成本之间取得一个令客户满意的平衡。例如，把低利润的业务导向低成本的流程(自动柜员机 ATM 和呼叫中心)，把高利润的业务导向高服务质量的流程(柜台服务)。

3. CRM 是一种管理软件和技术

CRM 是信息技术、软硬件系统集成的管理方法和应用解决方案的总和。它既是帮助企业组织管理客户关系的方法和手段，又是一系列实现销售、营销、客户服务流程自动化的软件乃至硬件系统。

CRM 将最佳的商业实践与数据挖掘、工作流、呼叫中心、企业应用集成等信息技术紧密结合在一起，为企业的销售、客户服务和决策支持等领域提供了一个智能化的解决方案，使企业有一个基于电子商务的面向客户的系统，从而顺利实现由传统企业模式到以电子商务为基础的现代企业模式的转化。

CRM 作为一个解决方案(Solution)来讲，集成了互联网和电子商务、多媒体技术、数据仓库和数据挖掘、专家系统和人工智能等当今最先进的信息技术。CRM 作为一个应用软件来讲，CRM 体现了许多市场营销的管理思想。任何一个客户关系管理软件当中都包括客户关怀(Customer Care)和客户满意(Customer Satisfaction)这样的内容。

综上所述，CRM 就是一种以信息技术为手段，对客户资源进行集中管理的经营策略，可从战略和战术两个角度出发来看待它：从战略角度来看，CRM 将客户看成是一项重要的企业资源，通过完善的客户服务和深入的客户分析来提高客户的满意度和忠诚度，从而吸引和保留更多有价值的客户，最终提升企业利润；从战术角度来看，将最佳的商业实践与数据挖掘、数据仓库、网络技术等信息技术紧密结合在一起，为企业的销售、客户服务和决策支持等领域提供了一个业务自动化的解决方案。

1.2.3 CRM 的功能

CRM 正因为它具有强大的功能，所以在企业管理和运营领域必将起到多方面的综合效能。企业通过引入 CRM 的管理理念和管理系统，能够真正地把"以客户为中心"、"以客户为导向"的经营理论结合运用到企业的日常业务中，从而提升企业的经营业绩。CRM 可以规范并提高企业的内部运营管理水平，同时也有利于企业塑造自身的优势并提高竞争力。

所以说，CRM 是现代企业的必然选择。

面对诸如哪些商品最受欢迎、原因是什么、目前有多少回头客、都是哪些类型的客户、客户购买商品时最关心什么、商品的售后服务有哪些问题、广告播出后的反响如何等问题，大部分企业还只能凭经验推测，没有确切的数据来证实，这就使企业的市场营销活动缺乏针对性和准确性。企业的经营应该逐步从"以产品为中心"的模式向"以客户为中心"的模式转移。为了实现这种转移，克服传统市场营销中的弊病，现代市场营销理论的核心已经由原来的 4P，即产品(Product)、价格(Price)、渠道(Place)、促销(Promotion)，发展演变为 4C，即消费者(Consumer)、消费者愿意支付的购买成本(Cost)、便利(Convenience)、沟通(Communication)，实现了真正意义上的以消费者为中心。一切从消费者的利益出发，目的就是维持顾客的忠诚。因为只有长期忠诚的顾客才是企业创造利润的源泉，所以企业关注的焦点应从内部运作转移到客户关系上来。一般的客户发展阶段是潜在客户→新客户→满意的客户→留住的客户→老客户。据统计，开发一个新客户的成本是留住一个老客户所花费成本的 5~10 倍，而 20%的重要客户可能带来 80%的收益，所以留住老客户比开发新客户更为经济有效。过去企业总是将精力集中在寻找新客户上，而忽略了现有的老客户身上蕴含的巨大商机。现在很多企业逐步学会了判断最有价值的客户，尽力想办法奖励这些客户，发现这些客户的需要并满足他们的需要，从而提高客户服务水平，达到留住客户的目的，也就是前面所说的维持顾客的忠诚。而实现这一切需要一种能够持续与客户交流的工具，这就是 CRM 的一个主要功能。

CRM 的功能与企业的需求密不可分，根据 P.格林伯格、潘维民等学者的研究，其可以根据企业需求的不同层次分为以下三个层次：部门级 CRM、协同级 CRM 和企业级 CRM。下面将对这三个层次的功能分别做出分析。

1. 部门级 CRM

销售、营销和客户服务与支持部门是对 CRM 的主要应用部门，这三个部门工作职能不同，相应的 CRM 的需求与功能要求也不同。

1) 销售部门

销售员希望能够在整个销售流程随时获取相应的客户接触信息，并进行销售追踪。销售经理则希望能够随时掌握部门内所有销售人员的活动信息，包括他们的接触列表和销售机会，同时还希望能及时获得销售报告，进行销售预测。这就对 CRM 提出以下需求。

(1) 销售信息。要求能够实时掌握销售情况。

(2) 销售任务安排。要求能够自动将销售任务按销售流程分配到个人。

(3) 销售评价。对各个地区、各个时期及各个销售人员的业绩进行度量。

为满足上述需求，CRM 的销售自动化(Sales Force Automation, SFA)系统的功能目标为在支持销售流程完成其业务循环的基础上形成相关的知识管理、接触管理及预测管理。其基本功能模块主要如下。

(1) 接触管理。它是基本的销售工具，主要负责个人信息管理，也包括一些销售流程。

(2) 账户管理。它帮助销售人员或销售经理处理独立的企业账户。

(3) 销售机会和潜在客户管理。

(4) 线索管理。它帮助销售人员判断线索是否能够变成机会的潜在价值。

(5) 销售管道管理。它用于构建企业销售流程。
(6) 销售预测工具。
(7) 报价和订购。
(8) 报告工具。
(9) 数据同步引擎。

2) 营销部门

通常企业的营销部门主要负责识别对企业最有价值的客户、判断和吸引潜在的最有价值客户等任务。这就对 CRM 提出了以下需求。

(1) 市场分析。它帮助市场人员识别和确定潜在的客户和细分市场，从而更科学、有效地制定出产品和市场策略，同时还可提供企业业务为何出现盈亏的信息，使管理者能更好地监视和管理企业当前的运营。

(2) 市场预测。它为新产品的研制、投放和开拓市场等决策提供有力依据，又可为制定销售目标和定额提供参考，还可进行基本市场群落分析、客户分析、产品分析等，并能把相关的信息自动传递到各有关部门(如生产、研发、采购、财务等)，实现协调运转，加强监控。

(3) 市场活动管理。它为市场主管人员提供制定预算、计划、执行步骤和人员分派的工具，并在执行过程中实施监控和快速反馈及响应，以不断完善其市场计划；同时，还可对企业投放的广告和举办的会议、展览、促销等活动进行事后跟踪、分析和总结。

为满足上述需求，营销自动化(Marketing Automation，MA)模块通常包含以下功能。

(1) 战役管理。端到端的组织和营销执行过程。
(2) 业务分析工具。通过对数据的有效分析、判断、解释、挖掘，为组织提供有效的市场趋势判断，从而为相应的细分市场及营销活动提供有力的帮助。

同时，为将传统营销流程与传播环节结合起来以形成新的流程，营销自动化还要包括以下功能。

(1) 活动管理。对企业的所有市场活动进行管理。
(2) 活动跟踪。跟踪市场活动的情况。
(3) 反馈管理。及时得到市场活动的反馈信息。
(4) 活动评价。对市场活动的效果进行度量。
(5) 客户分析。对客户的构成、客户的地理信息和客户行为进行分析。

3) 客户服务和支持部门

客户服务与支持部门主要负责售后服务及相关问题的解决，也是 CRM 系统应用的重点部门。通常客户服务与支持部门对 CRM 有以下需求。

(1) 提供准确的客户信息。要提高客户服务质量，就需要准确的客户信息。
(2) 要求提供一致的服务。企业的服务中心以整体形象对待客户，使客户感觉是同一个人在为他服务。
(3) 可以支持远程服务。可以远程通过互联网、语音支持等技术手段为用户提供实时监控、故障诊断和维修等服务，大大提高售后服务的效率，大幅度降低服务费用。
(4) 实现问题跟踪。能够跟踪客户所有的问题并给出答案。

客户服务主要集中在售后活动上，不过有时也提供一些售前信息，如产品广告等。售后活动主要发生在面向企业总部办公室的呼叫中心,但是面向市场的服务(一般由驻外的客户服务人员完成)也是售后服务的一部分。产品技术支持一般是客户服务中最重要的功能,为客户提供支持的客户服务代表需要与驻外的服务人员(要求共享、复制客户交互操作数据)和销售力量进行操作集成。

总部客户服务与驻外服务机构的集成及客户交互操作数据的统一使用是现代 CRM 的一个重要特点。简单来说,面向客户服务与支持的 CRM 支撑功能可包括以下 4 个方面。

(1) 客户定制。为特定的客户进行个性化服务,为其所需的产品进行配制化和客户化。

(2) 客户使用情况跟踪。以便顾客能安全、可靠地使用产品。

(3) 信息检查。在安排服务或维修之前检查客户是否具有支付服务费用的能力。

(4) 协议服务。它和所有的契约承诺,如客户服务合同、服务水平协议和担保相关联,并在记录呼叫时会自动执行授权检查,如果系统发现某一项目遗漏时,会自动执行调整。

2. 协同级 CRM

1) 协同级 CRM 需求

如上所述,市场营销、销售和客户服务与支持是 3 个独立的部门,对 CRM 有着不同的需求。但是有一点对三者而言是共同的,即他们都必须坚持以客户为中心的运作机制。协同级 CRM 将市场、销售和服务 3 个部门紧密地结合在一起,从而使 CRM 为企业发挥更大的作用。协同级 CRM 主要解决企业在运作过程中遇到的以下问题。

(1) 信息的及时传递。市场分析的结果应能及时地传递给销售和服务部门,以便它们能够更好地理解客户的行为,达到留住老客户的目的。同时销售和服务部门收集的反馈信息也可以及时传递给市场营销部门,以便市场营销部门能够对销售、服务和投诉等信息进行及时分析,从而制定出更有效的竞争策略。

(2) 销售渠道的优化。市场营销部门将销售信息传递给谁,让谁进行销售,对于企业的成功运营非常重要。渠道优化必须在众多的销售渠道中选取效果最佳、成本最低的销售渠道。

总之,通过市场、销售和服务部门的协同工作在恰当的时机拥有恰当的客户。

2) 协同级 CRM 功能

现代通信技术、特别是互联网的出现,给企业和客户的交流带来了许多新的选择,这些选择为降低营销、销售和服务的成本带来了新的机遇。但同时,这种多渠道的交流也会造成一些不必要的混乱,导致交流质量的下降并影响企业的形象。因此,作为协同级 CRM 的第一项功能是必须通过采用先进的信息技术,将电话、传真、网络、无线接入等多种交流渠道进行高度集成,使企业的客户无论通过何种渠道、何种地点、何种时间,都能够以自己喜欢的方式通畅地与企业进行交流。同时,企业也能够利用这多种联系渠道的协同对客户作即时的反应,并提供准确、一致及最新的信息。交流渠道的集成,使客户免去向企业的不同部门、不同人员重复相同信息的麻烦,从而使客户的问题或抱怨能更快地和更有效地得以解决,最终提高客户的满意度。

协同级 CRM 还采用合理的信息基础架构,消除了各类信息之间的屏障,建立起统一的 CRM 信息资源库。统一后的 CRM 信息资源库包括了有关客户的所有信息,无论是何时、何地、通过何种渠道,凡是有关客户与企业接触或交流的信息都会存放在其中。CRM 信息资源库同时还应包含企业的营销、销售、客户服务等信息。企业内销售、市场营销、客户服务等不同部门的有关人员都可以随时、随地存取信息，从而能够及时、全面地提供或掌握营销、销售和客户等信息，以便对客户的需求和变化采取及时、一致的响应。此外，在CRM信息资源库还应保存客户的偏好信息，企业完全可以根据用户的偏好，再根据沟通渠道的方便与否，掌握沟通渠道的最终选择权。例如，有的客户或潜在的客户不喜欢那些"不请自来"的电子邮件，但对企业偶尔打来电话却不介意，对这样的客户，企业应避免向其主动发送电子邮件，而应多利用电话这种方式。本项功能的实现需要利用到数据库和数据仓库技术。

协同级 CRM 还应具有强大的工作流引擎，从而确保跨部门的工作能够自动、动态、无缝地完成。另外，企业的跨部门工作流程可能还将随着外部环境的变化而变化，因此，工作流引擎还应具有柔性定制的功能。

面对浩如烟海的客户及企业营销、销售和服务信息，如果没有一个具有高度商业智能的数据分析和处理系统是很难想象的。协同级 CRM 可以将最佳的商业实践与数据挖掘、数据仓库、一对一营销、销售自动化及其他信息技术紧密结合在一起，通过充分挖掘客户商业行为的个性和规律，来不断寻找和拓展客户的盈利点和盈利空间。另一方面，智能化的数据分析和处理本身也是企业向客户学习的一种高效过程。CRM 的商业智能系统使企业在获得与客户关系最优化的同时，也获得了企业利润的最优化。实现这一点的核心技术无疑就是数据挖掘技术。

综上所述，统一的渠道能给企业带来效率和利益的提高，这些收益主要从内部技术框架和外部关系管理方面表现出来。就内部来讲，建立在集中的数据模型基础上，统一的渠道方法能改进前台系统，增强多渠道的客户互动。就外部来讲，企业可从多渠道间的良好的客户互动中获益。如客户在同企业交涉时，不希望向不同的企业部门或人提供相同的重复的信息，而统一的渠道方法则从各渠道间收集数据，使得客户问题或抱怨能更快更有效地被解决，进而提高客户满意度。

3. 企业级 CRM

1) 企业级 CRM 需求

在大、中型企业中，往往可能已经建立了企业资源规划(Enterprise Resource Planning，ERP)、办公自动化(Office Automation，OA)、管理信息系统(Management Information System，MIS)、供应链管理(Supply Chain Management，SCM)、产品数据管理(Product Data Management，PDM)等一系列的系统，如果这些系统之间相互孤立，就很难充分发挥各系统的功能。因此，实现不同系统之间的面向信息、过程的紧密集成，可以充分提高企业的运作效率，同时也能充分利用原有的系统，从而降低企业系统的成本。

CRM 作为企业重要的系统，也需要与企业的其他系统的紧密集成，这种集成从低到高主要表现为以下 3 个层次。

(1) 集成各种信息来源。市场分析需要有关客户的所有数据，销售和服务部门也需要在适当的时机掌握正确的数据。这些有关客户行为、客户基本资料的数据通常来源于其他系统，因此 CRM 系统经常需要从企业已有的 ERP、OA、MIS 等系统中获得这些数据。

(2) 利用企业原有的信息系统。企业已有的系统中有很多模块可以直接集成到 CRM 系统中，对已有系统的利用，可以增强系统中数据的一致性，同时也降低了 CRM 系统的成本。例如，一般 ERP 系统都会包含人力资源管理这一功能模块，其中就包含了对市场营销人员、销售人员和客户服务人员的管理，CRM 系统完全可以利用 ERP 系统的这一功能实现对这三个部门的人员管理。

(3) 支持其他系统的实现。CRM 的分析结果同样可以被企业内其他系统所利用。例如，在电信企业中，对客户群体的分析，并实现客户细分是进行客户信用度管理信息系统的基础。

2) 企业级 CRM 框架

要满足企业 3 个层次的不同需求，CRM 系统就必须具有良好的可扩展性，从而使企业能够在不同的时期根据其经营规模和系统状况，灵活地扩展 CRM 系统的功能。

在 CTI 论坛的相关研究文献中，给出了一个如图 1.1 所示的企业级 CRM 体系架构。图 1.1 中企业的其他系统如 ERP、OA、MIS 和 PDM 等系统通过企业应用系统集成，为数据仓库和 CRM 系统提供数据。CRM 系统将分析结果用于销售管理和呼叫中心管理；与此同时，销售管理、电子邮件等渠道将客户的反馈信息传递给数据仓库，为 CRM 系统所用。其中呼叫中心是 CRM 系统与客户的一个主要接触点。在图 1.1 所示的解决方案中，各部分功能如下。

(1) CRO(Customer Relation Optimization，客户关系优化)系统。满足部门级和协同级的功能需求，优化企业与客户之间的关系。

(2) CRM 数据仓库。存储 CRM 所需要的各种历史数据。

(3) 企业应用系统集成。利用应用系统交换(包括数据库适配器、语言适配器和应用适配器等)、信息转换和 XML 技术及 CORBA、Web Service 等技术将 CRM 与企业的其他系统紧密集成起来。

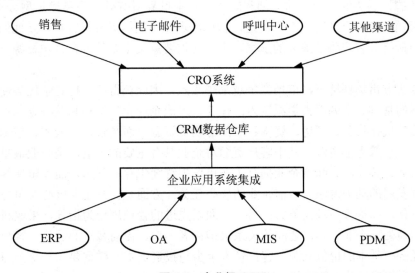

图 1.1 企业级 CRM

这样的结构能够充分满足部门级、协同级和企业级的不同需求。企业可以根据自己的状况，选择相应的系统来构造其 CRM 系统。在如图 1.2 所示的这一结构中，CRO 是整个 CRM 系统的核心，它主要满足部门级和协同级的需求。所有销售自动化、市场营销自动化、客户服务与支持自动化等核心功能都将在此实现。

最后要指出的一点是，与部门级 CRM 和协同级 CRM 不同，实现企业级 CRM 系统所必须应用的一项关键技术是企业应用集成技术。

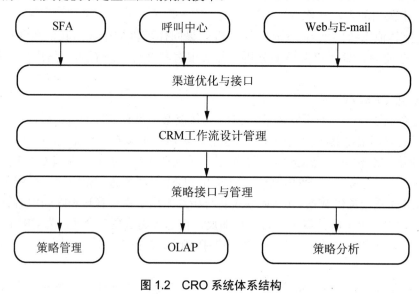

图 1.2　CRO 系统体系结构

1.3　CRM 的意义与作用

1.3.1　CRM 的理论意义

高价值的、回头的、满意的、创利的客户是全世界所有盈利型和增长型公司的焦点。美洲航空公司 CEO 唐纳德·卡蒂说过，自由市场竞争的精灵就是客户，是他们决定着谁输谁赢，而最终，客户将是最大的赢家，客户的重要意义主要体现在客户资源对企业的重要性上。

在当今买方市场环境下，市场竞争越来越激烈，因此获得和维持竞争优势便成了企业生存和发展的基础。资源能力学派认为：在今天形成企业竞争优势和核心竞争力的再也不是那些有形的机器设备、厂房、资本、产品等物资资源，而是管理、人才、技术、市场、品牌形象、客户等无形资源，其中客户资源对企业具有重要的价值，是企业最重要的战略资源之一。拥有客户就意味着企业拥有了在市场中继续生存的理由，而保留住客户是企业获得可持续发展的动力源泉。当前企业的核心任务一方面是提升企业核心竞争力，适应客户需求的变化，以提高市场竞争力；另一方面以先进的管理思想为指导，采取科学的技术手段，科学地处理企业与客户之间的关系来维持老客户，提高客户的价值。客户关系成为新的客户经济中基本的价值来源，客户资本至少与投资资本一样重要，一个公司现在和将来的客户关系将决定公司的价值，客户永远是企业存在的理由。

客户资源对企业的价值，主要体现在以下几个方面。

(1) 成本领先优势和规模优势。客户能够提供成本优势，从而也就提供利润优势。为新客户服务花费的费用比老客户昂贵得多，因为为新客户服务需要更高的初始成本，如果公司能够增加回头客的比例，那么总成本会呈现出戏剧性的下降趋势。另外，如果企业的忠诚客户在企业的市场中占据相对较大的份额，那么就会为企业带来相应的壁垒，形成规模优势，这也会降低企业的成本。由于顾客有从众心理，企业拥有大量的客户群也会成为他们考虑的重要因素。

(2) 品牌价值。客户不仅是企业收入的来源，而且是提高市场价值的宝贵财富，这主要是通过品牌价值表现出来。品牌价值是一个企业与其消费者或与起决定作用的客户之间相互发生联系的产物，品牌因客户的认可而存在。没有客户认可，企业便不能创造或维持品牌的价值。较大的市场份额本身代表着一种品牌形象，另外，客户的口碑对企业的品牌形象也有重大作用。

(3) 客户信息价值。客户信息对企业来讲是最为重要的价值，它会直接影响到企业对客户消费行为的把握，影响企业的经营行为。企业通过对消费者的需求、购买行为、消费习惯等信息的分析，提供个性化的产品服务组合及相应的企业关怀，从而让客户满意以致忠诚。

著名的管理大师彼得·德鲁克说过："企业经营的真谛是获得并留住顾客。"客户是企业存在的基础，与公司长期利润相关的唯一因素往往是客户忠诚，而不是销售量、市场份额。据美国专家弗雷德里克·赖克海德研究，美国的公司每五年就要损失一半顾客，这一损失足以使公司的增长率放慢35%。在经济全球化、企业间竞争越发激烈的情况下，任何一家公司都无法承担失去顾客的损失。德勤咨询公司的报告指出，客户忠诚是影响全球股票价值的一个关键因素，顾客利润率主要来源于老顾客的保留。因此，高度忠诚的客户是企业最重要的资产。越来越多成功企业的实践证明，企业成功的关键在于关注顾客需求，为顾客提供适销对路的产品与服务，有效地管理与顾客的关系，以确保顾客有较高的满意度，从而有较高的忠诚度，对企业的产品和服务保持持续的购买行为。

随着市场环境的变化，企业管理理念逐渐从单纯关注内部管理转向内外兼顾，由"以产品为中心"转向"以客户为中心"。其转移过程是由稀缺经济的卖方市场向商品经济的买方市场过程而产生的，经历的阶段分别是"以产量为中心"、"以质量为中心"、"以销售为中心"、"以营销为中心"、"以客户为中心"，由此衍生的主要经营手段分别是数量、检测、推销、需求、关系，如图 1.3 所示。因为在当今快速发展和高度竞争的市场空间中，产品不断更新换代，新产品层出不穷，单纯依靠产品已很难延续持久的竞争优势，而忠诚的客户关系却具有相对的稳定性，能消除环境变化带来的冲击，通过关注顾客的需求，提供个性化的产品与服务，保持与客户亲密的、个性化关系，从而提高客户满意度与忠诚度，最终实现企业与客户的双赢。

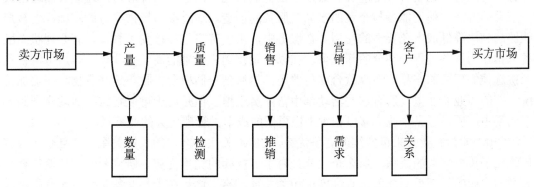

图 1.3　企业经营中心的转移过程

如今，企业的产品优势、服务优势已不复存在，或者只能存在很短的时间，因为它们很容易模仿，可很快被竞争对手复制，而企业与客户的关系则是不能复制的，它是企业的核心竞争力。因此，企业与客户关系的重要性不言而喻。

1.3.2 CRM 的实际意义

1. CRM 有利于提高企业的盈利能力

(1) 实施 CRM 可以降低企业的经营成本。哈佛商学院曾经在 1990 年对顾客整个购买生命周期内服务于顾客的成本和收益进行了分析，并得出结论：对于每个行业来说，在早期为赢得顾客所付出的高成本使得客户关系不能盈利；但在随后几年，随着服务老顾客成本的下降及老顾客购买额的上升，这些客户关系带来了巨大收益。赖克海德和萨瑟的研究表明：每增加 5% 的客户保持率将使客户净现值增加 35%～95%，从而导致公司利润大幅度增加，其增加的幅度依行业不同而不同。因为寻找新的客户需要花费大量资金与时间，CRM 通过满意服务和客户忠诚计划维系企业的现有客户并通过老客户的口碑效应扩大企业影响、提升企业形象、吸引新客户，大大降低了企业的经营成本。

(2) 实施 CRM 可以使企业获得更多的收入。因为 CRM 会为企业带来忠诚客户。忠诚客户会重复购买，会增加钱包份额，对价格的敏感度程度低，会推荐其他人前来购买。CRM 使企业的管理重点由短期交易变为长期交易，并通过客户分类识别最有价值的客户。CRM 对客户份额的关注，能为企业带来更高的投入回报。它强调企业客户在该行业高价值客户总体中所占的份额，此份额越高，企业获利能力就越强。

2. CRM 有利于为企业创造竞争优势

开发 1 个新客户的成本等于留住 5～10 个老客户的成本，也就是说留住老客户是企业最具有性价比的选择，但是如果老客户每年都在流失的话，则每年都必须加倍开发新的客户。如何留住老客户，如何提高重复购买率，这些都是很多企业存在的问题，或者叫做营销难题。

因此，CRM 是企业竞争的利器，它既节约成本又提高收入，从而提高企业的利润。因为 CRM 关注识别、保留和发展有价值的客户，通过客户满意计划和忠诚计划提高客户满意度和忠诚度。为新客户服务所花费的费用，比起现有的客户来说，要昂贵得多。这是因为为新客户服务，需要更高的初始准备成本，他们需要更多的服务，服务成本高于老客户，并且现有的客户比新客户更能够有效地解决他们自己的问题，另外老客户还能够创造出成本节余的方法。他们能参与企业的产品及服务的创造。通过参与日常事务的实施，老客户能够起到比降低成本还要多的作用。在服务中，由于客户已经接受了教育，有心理状态准备承担作为服务过程一部分的新任务。在以目录营销为基础的商业企业里，客户可从目录上挑选他们想要的产品，在收款台支付费用，然后到仓储柜台去收集这些货物。在更加传统一些的商业企业里，所有这些活动都由营业员承担，但是由于可以将这些活动交回到客户的手中，所以这家企业能够以相对来说更低的成本去管理更大的业务量。

CRM 能为企业带来可持续的竞争优势。CRM 关注与客户的长期关系，一旦企业与客户建立了长期持久的关系，那么企业就具有了可持续的竞争优势。研究表明，长期的客户关系与企业的长期盈利能力具有高度正相关关系。鉴于优势在于与竞争对手相比有所不同这一原理,所以当你拥有了竞争对手难以模仿和替代的某些不同之处的时候,优势的持续性便来到了。客户的易变性和复杂性,与供应类企业的易变性和复杂性相结合,使得客户关系成为最难管理的领域之一,但也是最难复制的领域之一,因此企业的 CRM 能力是企业的核心竞争力,它为企业带来独特的竞争优势。它不易为竞争者所模仿,这就为企业营造了很好的市场壁垒,使其享受创新的垄断收益,对企业的竞争力影响重大。

CRM 大大增强了企业在新经济环境中的竞争力。有研究表明,在新经济环境下,相对于有形资产,无形资产对企业竞争力的贡献更大。而且其贡献份额呈上升趋势。客户资产作为企业的一项重要的无形资产,其重要性已经受到了广泛的关注,成为企业市值的要素之一。CRM 战略,对于企业在新经济时代,有效地管理企业客户资产,具有重大的作用。

3. 企业实施 CRM 是提高交易效率的重要途径

尽管信息时代买卖双方可以不断增加交易对方的信息,激烈的竞争和技术的突飞猛进使得顾客的选择权越来越大,但要实现交易的高效率还是很困难的。一方面,交易的双方依然处于信息不对称的环境下,因为获取信息需要成本,对买卖双方而言,不惜代价地获取信息、传递信息并不是经济的行为,再者要获取交易双方的所有信息也是不可能的,因为交易双方的信息存在很多变数,受很多不确定因素的影响,人们难以预料和控制;另一方面,除了信息成本还有其他的交易费用。企业实施 CRM 就有效地解决了这一问题。CRM 从长期的投资回报考虑,架构企业与客户不可或缺的互动关系,企业充分考虑到客户的各种要求,为客户创造性地设计各种交易结构,使买卖双方均为了支持对方,即为对方创造价值而进行专有性的投资,形成一种持续性的依赖关系,这种关系结构有助于降低交易成本,提高交易的效率。这种依赖关系越持久双方获得的收益也越大。

1.3.3 CRM 的作用

企业实施 CRM 对企业的具体作用体现在以下几个方面。

(1) 管理客户资料。将零散、不集中的客户资料集中管理,可以及时、准确地了解老客户和新客户的准确信息。

(2) 增加销售机会,提高销售额。利用 CRM 系统的跟踪、管理销售机会,确切了解客户的需求,增加销售的成功率,进而提高销售收入。

(3) 提高客户满意程度。CRM 系统提供给客户多种形式的沟通渠道,同时又确保各类沟通方式中数据的一致性与连贯性,利用这些数据,销售部门可以对客户要求做出迅速而正确的反应,让用户在对购买产品满意的同时也认可并愿意保持与企业的有效沟通关系。

(4) 降低市场销售成本。利用 CRM 的数据挖掘和分析功能可以按不同地区、类别等进行分析,从而辅助企业进行决策,使企业进行市场推广和销售策略时避免了盲目性,节省时间和资金。

(5) 提高员工的工作效率。利用 CRM 系统,可以了解员工每天的工作情况,及时得到员工的合理建议,修改公司的销售策略,使公司获得更多的利润。

(6) 资源共享。利用 CRM 系统可以在涉及跨部门的业务时,协调好各部门的运作。

1.4　CRM 理论与实践误区

从以上企业界与学术界对 CRM 的多角度的定义可知，对于 CRM，没有统一的认识，而且现实中还有很多误区。主要的误区，如 CRM 是一个销售系统，大企业才要上 CRM，呼叫中心就是 CRM 系统，CRM 与数据库差不多等。

业界对客户关系管理有以下 11 个误区。

(1) 仅仅使用客户关系软件就可以提高绩效。人们往往把 CRM 简单地认为使用 CRM 软件。但是 CRM 不仅仅是建立并实施软件。它还受到信息技术、企业分析能力、营销数据及市场营销活动的影响。此外，CRM 比较注重与客户建立长期关系，而客户关系软件侧重于实现短期关系的最优化。

(2) 企业只需要关注客户关系进展情况就可以了。客户关系管理的假设之一：吸引新的客户要比维持已有的客户花费更多的精力，所以很多管理者认为 CRM 只需要将现有客户保持住就可以了，但是不管怎样，企业总会存在客户流失的现象，所以需要吸引新的客户以补充企业的客户资源。而且有些产品的消费周期很长，如电冰箱，所以企业从现有客户中的获利能力会非常有限。

(3) 新客户的获得和 CRM 是一个不相关的过程。新客户的获得和 CRM 往往是由企业中不同的部门来实施的，而且具有不同的功能。所以一些管理者认为获得新的客户与 CRM 是两个相对独立的活动，这样的结果只会降低 CRM 战略的效率。

(4) 认为客户希望与企业建立良好的关系。社会学认为，客户关系包括客户与供应商之间不断重复的社会交互关系，但在大多数消费者市场中，这种交互关系几乎可以忽略不计。

(5) 长期客户关系更有利可图。有些学者认为长期客户对价格的敏感度较低，向他们提供服务的成本也较低，而从他们身上获得的平均利润却较高，同时忠诚的客户还会向朋友推荐产品，这样一来长期客户的盈利能力相对较高。但是事实证明这种说法太过简单，仅仅关注对客户的维持并不是一个很好的市场战略。管理者还需要努力寻找向上销售、交叉销售的可能性，要让客户升级(提高价值)。

(6) 一般来讲满意的客户具有较高的忠诚度。客户导向的企业往往将使客户满意作为企业的一个主要目标。他们往往认为满意的客户具有较高的忠诚度，但管理者却发现客户满意度和客户忠诚度之间并不总是存在这种正向关系。

(7) 企业应该把重点放在盈利能力比较强的客户上。企业往往根据二八定理建立起自己的客户金字塔，他们会将重心放在忠诚度最高、盈利能力最强的客户身上，并维持与他们的良好关系。但是实践证明，客户是由于惰性才没有转移购买。大多数情况下，他们的忠诚度与企业的努力无关，所以在这方面的过多投资是没有多大意义的。

(8) 客户金字塔是对客户进行细分的好方法。客户金字塔根据客户盈利能力的强弱将客户进行区分，是客户关系管理中一种很重要的分析工具。但是这种方法也存在着局限性：客户盈利能力很难估计；只估计了客户的货币价值。一个较好的方法就是根据客户盈利能力与客户需求细分客户市场。

(9) 企业有关客户忠诚度的活动能提高客户的忠诚度。CRM 的主要手段是实施能够提高客户忠诚度的活动。但是这些活动成本高、客户的反应却比较消极，而且事实证明效果也不明显。

(10) 客户生命周期价值是可以估计的。CRM 中用来测量绩效的最重要的指标是客户生命周期价值(CLV，往往以净现值表示)。但是估计该值需要大量的数据，而且受到诸如客户满意度、竞争性活动等因素的影响，所以估计比较困难。

(11) 互联网能够最有效地提高客户的忠诚度。互联网提供了客户化的服务，因而往往被认为是建立客户关系的终端渠道。但是互联网同时便于客户了解企业的成本、比较商品的价格，这样一来客户忠诚度反而可能降低。

1.5 CRM 的现状与发展趋势

1.5.1 CRM 的现状

1. CRM 与电子商务的结合问题

电子商务的发展将 CRM 推到了一个新的高度，弗里斯特研究所把基于互联网平台和电子商务战略下的 CRM 系统称作"e-CRM"。他们认为，e-CRM 是一个把跨通信渠道、跨事务功能和跨用户的客户关系统一在一起的网络中心方法。

电子商务是建立在现代信息技术之上的"非接触经济"，交易双方越是"非接触"，CRM 就越显得重要。而且电子商务环境下企业的客户不再以地理位置为界限，客户数量远大于传统商务模式下的规模。电子商务模式下，空前的客户规模和即时对客户行为做出反应。这一切要求电子商务企业必须有良好的 CRM 系统提供支持。

CRM 应用在企业电子商务应用架构中承担着关键角色，CRM 的成功与否直接导致企业电子商务实践的成败。布赖恩·伯杰龙认为，网络能够和企业的业务流程整合到其他接触点无法达到的程度。他认为 CRM 与电子商务整合可以实现快捷性、廉价性、普及性、可塑性、自动记录、低边际成本、个性化等优势。R.H.特德曼和马克·斯韦格等人认为在 CRM 中电子商务与数据仓库是密不可分的，在电子商务模式下缺少数据仓库支持的 CRM 难以取得成功，这也是未来发展的趋势。

2. CRM 与数据仓库、数据挖掘技术的融合问题

实施 CRM 的基础就是客户数据，数据仓库是目前国际上解决此项问题比较成熟、应用较为广泛的技术。在 CRM 中，数据仓库的目标就是决策支持，数据仓库技术在改善交易系统数据方面取得了显著成效。克里斯·托德曼认为，采用个性化的销售方法，必须尽可能了解有关客户详情和行为的信息，而只有通过提取、转换、装载等程序建立起来的以 CRM 为中心的数据仓库才能满足这一需求。

随着数据仓库技术的应用，越来越多的企业拥有了大量的客户数据，当这些数据的规模成为"海量"数据时，数据挖掘技术在 CRM 中的应用就成为必然。数据挖掘就是从庞大的客户数据中挖掘出潜在的、尚不为人知的趋势或模式，从而使企业能更好地进行 CRM。亚历克斯·伯森(Alex Berson)等人提出，数据挖掘能帮助销售人员更准确地定位销售活动，并使活动紧密结合现有客户和潜在客户的需求、愿望和状态。数据挖掘软件能自动地从庞大的数据堆中找出好的预测客户购买行为的模式。迈克尔 J.A.贝里(Michael J.A.Berry)和戈登 S.利诺夫(Gordon S.Linoff)认为。在 CRM 中，数据挖掘正起着导向作用，只有应用数据挖掘技术，大企业才能将客户数据库的大量数据转变成描述顾客特征的一些图像。

3. CRM 与 ERP 的集成问题

随着 CRM 理论的逐渐成熟及在商业中的应用日渐广泛，关于 CRM 与 ERP 的集成问题的相关研究也引起人们的关注。CRM 注重改进企业和客户关系，ERP 注重企业的内部作业流程，二者的结合将更有利于提高企业的核心竞争力。

在 CRM 诞生之前，很多北美大中型企业已实施了 ERP，而且正是在独立依靠 ERP 已无法取得独特竞争优势的大背景下，CRM 才在这些国家盛行起来。亚历克斯·伯森等人认为，CRM 与 ERP 的相互渗透十分重要，任何资源分配最终都将成为重要的约束条件融入 CRM 系统。进而优化客户的利润。著名的管理咨询公司扬基集团指出，尽管 CRM 与 ERP 通过不同途径实现客户的价值，但能把企业前台管理与后台管理完全融合在一起的公司将最终取得成功。

1.5.2 CRM 的发展趋势

企业的 CRM 实施将带动一个庞大的产业链，形成可观的市场需求。企业实施 CRM，建立以客户为中心的运作体系，将涉及很多的相关服务内容，形成一个庞大的产业链。CRM 的产业链主要包括知识传播、应用咨询、平台建设和关联服务等四大类，它将给相关的服务商和产品供应商带来很多的商机，见表 1-1。

表 1-1 CRM 带来的商业机会

知识传播	应用咨询	平台建设	关联服务
教育	应用	IT 平台	数据服务
培训	咨询	CRM 软件	应用服务外包（如专业呼叫中心）
出版	BPR	实施服务	
传播	其他	支持服务	其他增值服务

CRM 系统的商机巨大，并呈逐步上升趋势。调查显示，在受调查的企业中，2/3 的企业期望在未来 5 年内改变其客户关系的管理模式，3/4 以上的企业计划集成"面对客户"的信息管理系统及其组织的其他部分。今后几年将是 CRM 产品非常热闹的几年，CRM 的应用行业以邮电、金融等经济实力较强、信息化程度较高的行业为主，这些客户一般都是国家重点行业，拥有强大的资金后盾，而且信息化建设已初具规模。随着我国进入 WTO 后引发的经济格局的变化，给一些行业如银行、商业、大型制造企业等带来了巨大冲击，这些行业的 CRM 项目的启动也明显预示了这一点，它们在感受新机遇的同时也感到了竞争的压力。在这种机遇与竞争的双重压力下，很多颇具发展眼光的企业选中了能提高营业额、扩展新商机的 CRM 产品。目前 CRM 发展的主要趋势如下。

1. 社交型 CRM 势不可挡

CRM 在企业的应用是可以将各种业务流程、人员和技术结合在一起,实现并保持让客户满意这一目标。不过,长久以来 CRM 都无法达成这个理想的目标,原因在于客户与企业的联系仅靠功利性异常强烈的消费所维系,同时以企业为中心向群体消费者扩散的单向关系维护手段绝难取得优秀的效果。

社会化网络的诞生恰恰可以帮助企业达到目标。社会化网络的关系管理模式和交互方式与 CRM 的客户管理方法可以无缝对接,社会化网络带给 CRM 最直接的变化包括:化主动为被动、柔化直接销售、关系建立更为可控和可靠、效果指标可考量。

随着 Twitter 和 Facebook 的流行,越来越多的企业已经意识到社交型 CRM 已成为一种不可忽视的趋势。从理论上说,准确把握社交网络的脉搏可以促进变革,提高客户忠诚度,并刺激销售,提高服务质量。社交网站为面向客户人员提供了快速收集这类数据的能力。而今,将 CRM 与社交网络相互连接,形成销售管理、客户服务、客户反馈、员工合作等为一体的管理模式,带来了传统管理模式和管理理念的新突破。

早在 2009 年,甲骨文公司就已经将目光转向了社交网络所提供的巨大商业潜力,在其推出的 Siebel CRM On Demand 产品中融入了 SNS 功能,该产品的其中一个特性就是将来自内部系统的销售订单数据与外部信息混合在一起,来帮助预测销售机会;另外一种特性则是模仿 Facebook 网站的功能,使销售人员可以创建和加入群。

而在国内,首家企业云计算厂商八百客也首次正式提出云计算 2.0 和 CRM2.0 的概念,他们宣称将迅速完成 OA 和 CRM 的进化论。基于云计算 2.0 技术平台,八百客的新产品乐 8 将企业社交网络概念引入到企业管理中,实现企业内部员工之间高效、透明、便捷的沟通与协作。乐 8 颠覆了传统的管理理念和管理方式,扭转了员工的工作状态,它能够真正帮助管理者享受到"云"端管理的乐趣。

可见,随着网络的普及,技术的发展,社交型 CRM 的发展浪潮即将到来,未来 5 年无疑会成为"社交型 CRM"年,而利用这种新型 CRM 系统为企业建立并维护客户关系,无疑将成为企业发展的新思路。

2. 基于云的 CRM 服务将继续获得进一步发展

传统的 CRM 其实就是员工在公司内部讨论分析用户的相关信息,然而真正的有价值的用户信息还是存在于公司的外部。用户自己的行为活动及相关社交网络信息将最能反映用户的兴趣及需求,掌握住这部分信息将对企业做好 CRM 起至关重要的作用。基于云的应用程序非常适合收集这些信息,并且能够将它们转化为有用的情报。

基于云的 CRM 是通过互联网为各种规模的企业提供 CRM 应用程序。CRM 可以在不提高市场预算的前提下有效提高商机增长数量;减少业务员工作量,规范销售工作流程,解决效果过程中的撞单、忘单等现象;缩短客户服务解决时间,提高客户满意度;定期维护核心客户,提高客户忠诚度。

3. 根据客户反馈及时调整流程改进顺序

CRM 在之前的发展过程中一直提倡"以客户为中心",但是并没有针对客户的反馈做好改进工作。客户的反馈真正地体现了用户的需求,提高客户满意度应该重视用户的反馈信息。不过，根据近来 CRM 的发展来看，企业将会逐渐尝试根据用户的反馈调整流程，改良顺序，协助办公室中的员工更好地了解现场客户的需求。如果能够以调查结果、客户访问、社交情感数据等形式向公司中的员工提供更多的客户反馈，那么这将可以更好地帮助员工理解他们的决策对客户所产生的影响。

4. CRM 将与其他关键业务系统整合在一起

NetSuite 产品营销高级总监保罗·特纳称，客户希望 CRM 能够与 ERP、电子商务和专业服务自动化应用完美契合在一起，以获得集成度更强、运作效率更高的业务流程体系。公司希望拥有综合性的 LTC(Lead to cash)，从线索到回款的合同周期管理流程、一个完整的客户审查、更加全面的跨部门报告。同时，厂商将验证并修改他们的解决方案以满足这一需求。

CRM 与其他关键业务系统整合在一起将是一大趋势，在整合的过程中也将会存在诸多的困难，决策者必须提防那些各自独立发展并在后期被硬性整合在一起的应用，从而实现整合利益的最大化。

5. CRM 将成为信息的汇聚地

社区型 CRM 在近几年将会大放光彩。随着企业与客户之间互动方式的持续增多，CRM 系统将在构建坚实合作关系方面发挥更大的作用。社区化的运用，必然带来的后果就是信息的大量汇聚，CRM 将会成为信息的汇聚地。能够有效使用 CRM 这一点趋势的公司将从中获得优势，他们能够将所有原本松散的环节汇聚在一起，并与每位客户建立起紧密的合作关系。此外，通过将客户数据集中化，公司还能够为客户提供更好的服务和更具针对性的解决方案。

6. 从通用 CRM 走向行业 CRM 解决方案

行业应用是 CRM 软件厂商的拓展方向，行业特有的产品资源、客户资源，如汽车、制造、政府、保险、银行、能源、保健和旅游，决定行业客户渴望从 CRM 行业解决方案中获得快速的回报。近年全球著名的 CRM 软件厂商为了满足这些巨大客户群体的需求，纷纷推出了 CRM 行业解决方案。Siebel 系统公司具有最多的垂直解决方案，Siebel 80% 的收入是来自于大约有 20 种不同的行业解决方案，Siebel 拥有一个包括 450 个在销售、营销和服务方面做得最好的企业所对应的业务流程库。其他著名的 CRM 软件厂商，如 People Soft、Oracle 及 SAP 都开发了很多行业解决方案。

另外有统计文献也反映出一些 CRM 供应商对于行业需求把握的准确性和时效性缺乏，推出的行业 CRM 应用不伦不类。而独立于 CRM 供应商的、专注于行业的行业咨询组织和服务，逐渐出现并日趋成熟，有效地弥补了 CRM 供应商和行业客户之间的空缺。由此可以推测，未来行业 CRM 应用将会出现"标准系统(产品+配置平台)+行业业务对象库"的趋势，也将成为 CRM 供应商的竞争焦点。所有行业的销售、服务业务具有的共性功能被高度提炼到 CRM 的标准系统中，然后再进行拓展，将行业需求提炼成行业业务对象，通过重用和积累过程，使行业知识不断丰富和发展。

移动现场服务解决方案就是与行业应用密切相关的业务对象。据统计，全球企业投资于移动现场服务解决方案的资金在 2002 年年底为 2.2 亿美元，并且移动解决方案绝大多数来源于移动 CRM 解决方案。如金融服务市场，尤其是投资银行，是采用移动解决方案的最主要群体。同时，制造型企业正在期望部署移动解决方案来集成他们的供应链，降低循环周期，并且减少成本。专职的服务公司正在部署类似于移动电子邮件和个人信息管理这样的解决方案。而基于网络的零售解决方案将特殊功能进行整合，包括销售规划、事件确认的能力、销售提醒、促销、个性化、反馈管理、信用卡系统的集成、欺骗检测、商品目录、POS 设备和与供应链的集成(实时存货和允诺能力)。

7．CRM 内部及与其他应用系统"集成"技术

从客户角度来说，最大的"瓶颈"莫过于"集成"。一方面，CRM 内部不同的运作型 CRM、分析型 CRM、协作型 CRM 及相关渠道必须要能够相互沟通，共享统一的客户视图，而无论在什么接触点上。这种需要催生了客户数据集成(Customer Data Integration，CDI)技术，它可以用来清理、标准化和匹配数据，这样可以维护一个在多种系统上的统一的准确的客户记录。CDI 自从推出以来已经赢得了市场的巨大认可。互联网数据中心评估了全球的 CDI 技术的市场：到 2024 之前每年将有 20%以上增长率。另一方面，问题经常出现在 CRM、ERP、SCM 等系统间的"狭缝"，往往难以实现需求响应流程的实时、快速、便捷等特性。Harte-Hanks 公司对实施 CRM 计划的公司进行调查发现，实施 CRM 的过程中会遇到 4 个最主要挑战是，将不同的数据来源集成到一个系统中(46%)；培训客户有效地使用 CRM 解决方案(5%)；参与到公司的不同部门(27%)；与公司后台应用的集成(22%)。不同解决方案之间集成性的拙劣，迫使客户不得不花费很多时间和金钱来实现系统间的"沟通"。能够通过系统链接和信息跟踪支持"集成"应用服务器，理解松散连接的中间件技术，更重要的是理解事件驱动的企业应用模型的软件架构的 CRM 供应商将成为领导者。

"集成"问题影响着世界四大 CRM 供应商"争夺"尽可能多的市场份额。Siebel 公司正在开发所谓的通用联合网络。通用联合网络是一种连接模块，主要的作用是确保企业客户省钱又省力地实现 Siebel 解决方案与其他独立的后台应用软件的"集成"，UAN 采用一种更加流程化的方法来实现系统间的集成。SAP 公司 2001 年 9 月推出 MySAP CRM 3.0，该版本的软件具有极强的"集成"能力，这样以前从事"后台"应用软件开发的 ERP 厂商就有一个合理的理由让客户选择他们的 CRM 解决方案，因为他们可以降低系统间"集成"的难度。People Soft 优势在于，他们不仅提供一套解决方案，还支持与后台系统的协同运作，以及实现 CRM 与后台的集成。Oracle 首先是销售、服务、财务和采购的整体流程自动化，而所有这些都依靠一个共享的中央数据库。这种方法把 ERP、CRM 和外围解决方案与经常容易忽略的领域(如接触管理)进行了综合。

目前，全球 CRM 市场主要在北美洲地区，国内的相关应用已经启动，企业的需求初露端倪，巨大的市场正在酝酿。尽管如此，对于实施 CRM 的企业来说仍然面临着不小的风险，如何吸取最新的 CRM 研究成果来设计更先进的 CRM 解决方案，如何采取有效措施避免风险，如何在我国企业的管理水平层面上有序推进 CRM 等，都是目前亟待解决的热点问题。

本章小结

本章首先介绍了 CRM 产生的背景，包括商业环境的改变，如管理理念的更新、市场变革的需要、信息技术的促进，并从企业外部竞争的角度、企业内部的角度、从消费者角度分析了 CRM 理论生产的动因；然后介绍了 CRM 的概念与内涵；CRM 的意义与作用；CRM 理论与实践误区；最后，本章介绍了 CRM 的现状与发展趋势。

通过本章学习，读者应熟悉 CRM 产生的背景，掌握 CRM 的概念与内涵、CRM 内容与作用、CRM 的发展目标等相关的问题，以及 CRM 的发展趋势。

关键术语

管理理念、客户关系管理、市场变革、信息技术、外部竞争、消费者、内涵、功能、误区、发展趋势

课 后 习 题

1. 填空题

(1) 经济全球一体化和互联网技术的发展，客户资源成为企业发展的_____。

(2) 随着观念的转变，更多的企业已经从以"产品为中心"的经营理念转变为以_____的经营理念。

(3) 整合系统能在今天这个需求个性化、信息爆炸的时代使企业能为这些大客户提供更高质量、更全面的_____。

(4) CRM 是一种以客户为中心的经营策略，它以信息技术为手段，对业务功能进行重新设计，并对_____进行重组。

(5) 成功的 CRM 可以帮助企业建立一套运作模式，随时发现和捕捉客户的_____。

(6) CRM 正因为它具有强大的功能，所以在企业管理和运营领域必将起到多方面的_____。

2. 选择题

(1) CRM 理论产生是科技进步的( )。
　A. 产物　　　　B. 基础　　　　C. 目标　　　　D. 工具

(2) 市场结构的变化加剧了市场竞争，( )成为了稀缺资源。
　A. 能源　　　　B. 环境　　　　C. 成本　　　　D. 客户

(3) 亚马逊利用客户注册登记，建立起最原始的客户( )。
　A. 信息库　　　B. 资源库　　　C. 知识库　　　D. 数据库

(4) SAP 公司的 CRM 系统主要具备了市场管理、销售管理、销售支持与服务及竞争对

象的(　　)与分析等功能。

　　A．对比　　　　B．处理　　　　C．记录　　　　D．复制

(5) 一旦企业与客户建立了长期持久的关系，那么企业就具有了(　　)的竞争优势。

　　A．雄厚　　　　B．可持续　　　C．制胜　　　　D．基础

3. 名词解释

(1) 客户关系管理　　(2) 品牌价值

4. 简答题

(1) 简述 CRM 的实际意义。

(2) 简述企业实施 CRM 对企业的具体作用体现。

(3) 简述 CRM 中的 11 个误区。

(4) 简述客户资源对企业的价值的主要体现。

5. 论述题

试论述目前 CRM 发展的主要趋势。

案例分析

客户不是上帝

在很多企业都奉行"顾客是上帝"的服务理念，其实，若从经济学的角度来看，这种观点并不正确，顾客并不是上帝。随着社会结构、思想文化的变化及行业的不同，顾客的身份也在发生变化，因此，顾客不是上帝。

"顾客至上"是西方营销理论中的一个经营理念，在市场经济初期时被传到了我国，"顾客至上"被我们不知是有意还是无意地译解为"顾客就是上帝"，这也标志买方市场时代的到来。但随着市场化的发展与深入，一般性服务已经普及，微笑待客、质量担保、售后服务等原来算是"奢求"的服务已经变成今天企业市场准入的标准门槛后，顾客的"上帝"身份，似乎就不那么恰当了。

从经济学角度来看，企业与顾客不存在仰视或是俯视的关系，因为，企业为顾客创造以商品为载体的价值，顾客用金钱作为酬劳来交换这种价值，谈不到人与"上帝"的关系。而且，顾客也不需要一个虔诚的"信徒"，需要的只是一个能为其提供问题解决方案的人，如果你是这个人或组织，那么不用把顾客视为"上帝"，顾客也会心甘情愿地掏腰包；反之，如果你所提供的产品不是顾客需要的，即使你"烧香叩头"消费者也不会对你这个虔诚的"信徒"多看上一眼。此外，现在这样一个事实摆在我们企业面前：即使把顾客当做上帝，也不会获得更高的顾客满意度与忠诚度，甚至被宠坏了的顾客会反复无常，经常发脾气，给企业难看，使企业忙前忙后，焦头烂额，却还讨不到顾客的好。随着社会结构经济状况与思想文化的多元化，顾客的结构、特征与思想也变得多元复杂，这时我们似乎应该摘下顾客头上的上帝光环，以发现的目光，重新定义一下顾客的身份。

1. 顾客是"唯利是图"者

这里说的"唯利是图"不是贬义词，只是描述顾客的消费立场与消费特征。顾客付出了金钱、时间、购买风险等各种成本，目的当然是要换取自己期待的利益，顾客并不想做上帝，只想合理地换取自己想要的东西，你能提供，顾客自然忠诚于你，你的对手能提供其更想要的价值，顾客自然会毫不犹豫地离开你，尽管你平时奉其如神明。所谓满意与忠诚是建立在满足了顾客利益需求基础之上的。

MP3 播放器的行业领导者，拥有大量高满意度、忠诚度的顾客，但当其对手推出 MP4 的时候，这些高忠诚度的消费者并没有等待这家企业生产出 MP4 后再购买，而是马上把消费转移到那家最先推出 MP4 的企业。市场交易中顾客对企业或品牌忠诚的前提是谁可以为其提供更多的价值，因此，受到竞争对手的影响，顾客的满意与忠诚是在动态变化着的。利益交换是市场经济构成的基础，我们企业讲求利益的最大化，那有什么理由不让消费者选择利益最优化呢？面对"唯利是图"的顾客，我们做一个虔诚的"信徒"是不够的，只有持续比竞争对手做得更好，消费者没有比选择你的商品更好的选择时才会忠诚，此时，也许你还会是顾客的"上帝"。例如，微软的计算机操作系统，我们对其依赖程度是多么的高，当微软公布要停止生产 Windows XP 时，成千上万的消费者出来劝阻、抢购，这时你说谁是上帝？因此，当我们在审视、定义目标顾客的时候，记得利字当头，因为，他们是一群"唯利是图"者。

2. 顾客是朋友

企业与客户产生友谊，主要是建立在双方利益交换的基础之上，因此，这是一种比较合理也相对稳定、恰当的关系。企业如果能做到以顾客为友并使其也以你为友的话，那么这个企业无疑是非常成功的。这种关系的建立技巧可以用老子在《道德经》中的一句话来概括："虚其心，实其腹"——让顾客得到实惠，继而对你形成依赖。对顾客提供保姆式服务，让他们慢慢懒得或失去选择与思考的能力，只知道出现问题时第一个想到的就是你这个朋友，此时只要你能真诚地善待他，稳固的供求关系与满意度、忠诚度是唾手可得的。

IBM 虽然是生产型企业，却定位于服务业，以服务来强化企业的核心竞争力，为顾客提供各种问题的解决方案。IBM 员工的上班地点不是在 IBM 的公司，而是在客户的企业，工作就是为客户解决问题，创造价值。其不仅是销售他们的产品，还提供战略建议、管理指导，再到产品的维护、使用培训等，当顾客需要一些 IBM 没有的产品时，IBM 甚至会帮助客户以最低的价格采购竞争对手的产品。为什么？因为客户的所有需求 IBM 都帮其做了，客户必然对其形成依赖，有什么事自然会先想到这个"朋友"，到了这个时候，再向其销售产品，自然一帆风顺。

"上帝"这个尊贵的职称对于顾客已经没有什么吸引力，但顾客却非常愿意结交一个强大又体贴、靠得住的、愿意在自己遇到困难时提供帮助的朋友，你的企业做到了，顾客的忠诚自然就产生了。

3. 顾客是学生

顾客虽然不会轻易相信商家的话，但是，他们其实很相信专家给出的购买意见，或更相信专业的企业，而不是"信徒"眼巴巴期待"上帝"施舍的目光。现在很多企业打出"××专家"的旗号，就是在迎合消费者迷信专家的心理。这种情况在产品专业性强、信息高度不对称的行业中更加突出。企业抓住顾客的这种心理，以一个权威的形象向顾客销售产品，交易会很容易达成。

我们都知道有名的"惠普之道"——中国惠普商学院。最初，许多国内企业找到惠普，问能不能开办学习班，请惠普传授一些先进的管理思想与经营方法。开始时，惠普只是在中国零散地开办一些培训班，却受到了企业热烈的欢迎，于是，惠普创办了企业大学。中国惠普商学院的师资均是中国惠普公司的高层管理者，中国惠普商学院通过这种特殊的形式，不仅赚取了相当可观的收入，还通过与我国各行业企业学员的互动探讨研究，了解与掌握了中国企业的各种需求并学习到许多中国企业经营管理的优秀经验，使其在中国的本土化运作更加得心应手。而更重要的是，通过教学的形式，非常轻松地便和平时很难接触到的大客户成了朋友，这些客户也因为信任中国惠普商学院而对惠普的产品产生好感与认可，这对于惠普销售商用计算机无疑是具有很大帮助的。

有这样一个有趣的调查：学生对老师的信任，超过对父母的信任，年纪越小的学生对老师的信任度越高，老师说的话学生几乎会 100% 地相信，而父母所说的话学生却希望从老师那里得到证实。对于一些专业性强的行业，顾客就等于是一个无知的小学生，企业这时正应该发挥师长的特殊身份与作用，来教育、引导顾客，而不仅是只用周到的服务来等着顾客做出购买决策。

4. 顾客是追星族

我们大多数的企业每天追着顾客跑，疲惫不堪却还业绩不佳，但有很多企业却高高在上，等着顾客挤破门槛进来消费。例如，Google 曾经就采用过这种方式，推出一批 Google 账号，但是该账号不公开发行，只有接到 Google 公司邀请函的人才有资格拥有，或是老用户进行推荐，审核通过了才可以获得。这么高的门槛造成了一种稀缺效应，引得大家纷纷想拥有这个账号，有一段时间在美国非常流行这样的话："你有 Google 的邀请函吗？"、"你有 Google 的账号吗？"。

劳斯莱斯汽车也是采用这种策略，使顾客趋之若鹜。高昂的价格使这款车高高在上，让绝大多数消费者望车兴叹。但销售公司反其道行之，不但不促销产品，反倒严格控制产量，早期还对购买者的身份有严格的要求，如果你不符合其要求的标准，即使出双倍的价格厂家也不会把车卖给你，而越是这样，顾客越是绞尽脑汁地想各种办法来得到这款并非谁都可以拥有的轿车。其实，对于很多行业中的企业来说，定义顾客的身份为"追星族"反而可以取得很好的业绩，如奢侈品行业、流行性商品等。如果行业或产品适合，企业不妨换一种思路——既然追着顾客跑很辛苦，那就让顾客追着你跑吧。

5. 顾客是戏弄、娱乐的对象

戏弄顾客显然是一种愚蠢的行为，但这里说的戏弄顾客是以一种带有娱乐性色彩的方式来取悦顾客。例如，制造一些独特并具有稀缺性的新闻及事件来吸引顾客猎奇的目光，也可以使用一些愚弄的手段来开一些善意的玩笑，用巧妙的点子把顾客拉进来一起娱乐，让观众即使知道了自己被利用或愚弄也心甘情愿或乐在其中。美国一家餐厅在门前摆放了一只大大的啤酒桶，上面写着四个醒目的大字："不许偷看！"。越是这样，路人越好奇，很多人都凑到酒桶旁向里看，啤酒桶里放着一块牌子，上面写着："本店啤酒 6 折促销，欢迎品尝。"看过的人多是会心一笑，既然都走到店门前了，不如进到店中喝上一杯。只要手法与尺度得当，不必担心愚弄顾客会有不良后果，从大家非常喜欢参与到愚人节、万圣节就可以看出，只要方法得当巧妙，并且没有恶意，我们都很乐于接受这种善意并为我们带来欢乐的愚弄。

《哈利·波特》系列产品的市场营销人员就是娱乐戏弄顾客的高手，他们首先把《哈利·波特》的作者塑造为一个贫困潦倒的单亲妈妈，在无数次的投稿被退回后，无意间一位编辑在一大堆废弃的书稿中发现了《哈利·波特》的书稿，而后与作者罗琳签下了一个近似于梦幻的和约……本来这就是一个很有新闻性的话题，果然，引起了广泛的关注与讨论，随后是出版《哈利·波特》书籍，一反市场营销规律——不足量供货，各书店经常出现断货情况，制造出一种稀缺效应，越是难以购买到，越是有更多的人想看到该书，市场出现抢购风潮，《哈利·波特》被披上了一层神秘的面纱。其实《哈利·波特》的作者罗琳并没有那么贫穷，事件也并没有那么传奇。当《哈利·波特5》新书发布前，在各媒体推出新书上市倒计时看板，同时在新书上市前对相关消息严格保密，包括书名、页数、定价等信息。只偶尔透漏给媒体一些书中的小细节，因为得不到任何消息的媒体对这些鸡毛蒜皮的小事也大讲特讲。出版商又在新书面市前两个月爆出新书的书稿丢失的传闻，后又出面澄清事实，称书稿早被安全地保护起来没有丢失。不久又爆出消息，作者罗琳对华纳公司炒作电影、书籍的行为十分痛恨，打算放弃续写《哈利·波特》的续集，这又揪起了大家的心并担忧以后在看不到《哈利·波特》的续集。在一面公布新书将由印刷厂派专人押运到各书店，新书发售前谁都看不到内容，一面又把 20 本新书提前分散到一些书店中与一家报社的主编处，盗版？假书？保密不严？各种猜测在媒体的推波助澜下被放大到极致。就是在这样一个近似于闹剧的营销方式下，当年这部没有任何正规宣传，也没有新书发布会并总是断货的书登上了英国畅销书排行榜冠军，现在依然蝉联世界多个国家的畅销书排行榜榜首。

今天的顾客是一群满足了温饱需要后，继而追求更高精神需求的人，他们喜欢新奇、刺激，甚至是一些意外，尤其是一些流行时尚的年轻人更是如此。恰当地把顾客当做娱乐与戏弄的对象，他们会在被娱乐的同时乐颠颠地把商品买回家。

客户 关系管理理论与实务

6. 顾客是魔鬼

有一对兄弟在森林中发现了宝藏，他们先看见的是满地的铜币，两个人一边捡一边向前走，地上又出现了无数的银币，哥哥继续捡地上的银币，弟弟则把身上的铜币全部扔掉，而后再捡银币，又走了一会，地上竟然全是金币，哥哥继续向已经快满了的口袋中装金币，弟弟则把口袋中的银币全部扔掉，而后装满了一袋金币。兄弟俩走出森林后，把捡到的财宝全部卖掉，弟弟卖得的钱是哥哥的20倍。

我们都说做生意要一视同仁，但事实却是，如果真的一视同仁，那么企业将没有利润可赚。依据80/20法则，80%的顾客只能带来一个企业20%的业绩，而80%的业绩却是由另外20%的优质顾客带来的。而很多劣质顾客甚至会创造负价值，即所谓的魔鬼顾客，我们应该向这些顾客说不。

美国西南航空公司总裁赫伯·凯莱赫说过这样的话："顾客也并不总是对的，他们也经常犯错。遇到蛮不讲理却百般挑剔的顾客时，我们不该说顾客永远是对的。我们要说：你永远也不要再乘坐西南航空公司的航班了，因为你竟然那样对待我们的员工。"西南航空公司的管理层了解一线员工的工作，支持和尊敬一线员工的工作，甚至宁愿得罪无理的顾客，这样做换来了员工的高度认可与组织强大的核心凝聚力。除了一些无礼的顾客外，更多的是一些无法创造价值，或只能创造低价值的顾客，企业往往因为把大量的精力、资源，都浪费在了这些顾客身上，而没有精力为优质顾客创造更多的价值，甚至忽视、怠慢了优质的白金顾客。

同样是西南航空公司的例子，他们把顾客划分出等级，越高级别的顾客，提供越优质的服务，慢慢的，能产生高价值的顾客越来越多，而低价值或负价值的顾客因为不受到重视而慢慢离去。这样的结果导致了在经营成本不变的情况下，效益却明显提高。在当下这个完全的买方市场环境下，学会说"不"也是一种经营策略，同样会为企业创造价值，提升业绩。

7. 看清你，我的顾客

根据行业的不同，顾客的身份可以有很多种，企业应该跳出固有的思维，发现你的目标顾客其真正恰当的身份，而利润也会随着你的这种发现与重新定义滚滚而来。

思考与分析：

(1) 客户的身份到底是不是上帝？

(2) 客户为企业带来的都有哪些收益与损失？

(3) 什么样的客户是企业重点关注的？

第 2 章　CRM 的基本原理

> 知识架构

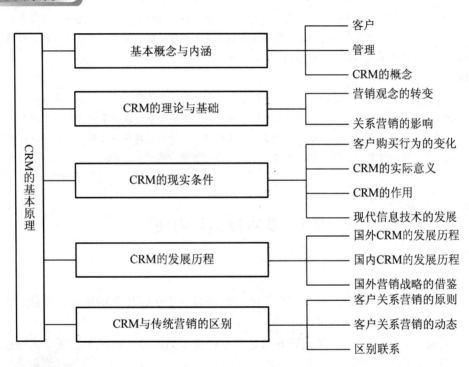

> 学习目标

通过本章的学习，应该能够达到以下目标。

熟悉相关基本概念与内涵。

掌握 CRM 的理论基础。

理解 CRM 的概念。

了解营销观念的转变。

掌握关系营销的影响。

掌握 CRM 的现实条件。

理解 CRM 的发展历程。

 **导入案例**

与客户互动时成功的关键

　　一位客户在销售员的帮助下买下了一所大房子。房子虽说不错，可毕竟是价格不菲，所以总有一种买贵了的感觉。几个星期之后，房产销售员打来电话说要登门拜访，这位客户不禁有些奇怪，因为不知他来有什么目的。星期天上午，销售员来了。一进屋就祝贺这位客户选择了一所好房子。在聊天中，销售员讲了好多当地的小典故。又带客户围着房子转了一圈，把其他房子指给他看，说明他的房子为何与众不同。还告诉他，附近几个住户都是有身份的人，一番话，让这位客户疑虑顿消，得意满怀，觉得买这所房子很值。那天，销售员表现出的热情甚至超过卖房子的时候，他的热情造访让客户大受感染，这位客户确信自己买对了房子，很开心。一周后，这位客户的朋友来这里玩，对旁边的一幢房子产生了兴趣。自然，他介绍了那位房产销售员给朋友。结果，这位销售员又顺利地完成了一笔生意。

　　点评：

　　学会跟踪客户，慢慢地，公司会积累下一大群客户资源。跟踪工作能使公司的客户记住公司，一旦客户采取行动时，首先就会想到这家公司。以上的这个案例很好地体现了先进的客户关系管理思想。在当前"以客户为中心"的经济时代，企业管理必须要从过去的"产品导向"转变为"客户导向"，只有快速响应并满足客户个性化与瞬息万变的需求，才能在激烈的市场竞争中得以生存和发展。

2.1 基本概念与内涵

2.1.1 客户

　　对大多数中国企业来说，对"客户"的理解还是处于比较模糊的境地，因此，有必要对"客户"的概念进行重新认识。

　　客户是指通过购买你的产品或服务满足其某种需求的群体，也就是指跟个人或企业有直接的经济关系的个人或企业。对企业而言，客户是对本企业产品或服务有特定需求的群体。它是企业生产经营活动得以维持的根本保证。客户资源是企业生存、发展的战略资源，它的价值体现在"所有客户未来为企业带来的收入之和，扣除产品、服务及营销的成本，加上满意的客户向其他潜在客户推荐而带来的利润"。

　　传统的观点认为，客户(Customer)和消费者(Consumer)是同一概念，两者的含义可以不加区分，但对企业来说，客户和消费者应该是加以区别的，它们之间的差别表现在以下几个方面。

　　(1) 客户是针对某一特定细分市场而言的，他们的需求具有一定的共性。例如，某电脑公司把客户分成金融客户、工商企业客户、教育客户和政府客户等，而消费者则是针对个体而言的，他们处于比较分散的状态。

　　(2) 客户的需求相对较为复杂，要求较高，购买数额也较大，而且交易的过程延续的时间较长。例如，客户购买了电脑以后，牵涉维修、耗材的供应、重复购买等，而消费者与企业的关系一般是短期的,也不需要长期、复杂的服务。

(3) 客户注重与企业的感情沟通,需要企业安排专职人员负责和处理他们的事务,而且需要企业对客户的基本情况有深入的了解,而消费者与企业的关系相对比较简单,即使企业知道消费者是谁,也不一定与其发生进一步的联系。

(4) 客户是分层次的,不同层次的客户需要企业采取不同的客户策略,而消费者可看成一个整体,并不需要进行严格区分。

2.1.2 关系

关系(Relationship)是指在营销过程中,企业还要与消费者、竞争者、分销商、供应商、政府机构和公众等发生交互作用的营销过程,它的结构包括外部消费者市场、内在市场、竞争者市场、分销商市场等,核心是和自己有直接或间接营销关系的个人或集体保持良好的关系。总体来说,客户关系管理中涉及的市场模型关系共有6种,概括了关系营销的市场活动范围。在"关系营销"概念里,一个企业必须处理好与下面6种子市场的关系。

1. 供应商市场

任何一个企业都不可能独自解决自己生产所需的所有资源。在现实的资源交换过程中资源的构成是多方面的,至少包含了人、财、物、技术、信息等方面。因此,佩恩所说的招聘市场我们将其归入供应商市场是合理的。与供应商的关系决定了企业所能获得的资源数量、质量及获得的速度。生产1辆汽车大约需要8 000~10 000个零配件,任何一个企业都不可能单独生产全部零部件,必须通过其他供应商进行专业分工协作生产;麦道飞机公司1993年生产的100架喷气式客机,有18种重要的零部件是由供应商负责设计的,公司因此而节约了2亿美元的生产成本。由此可以看出,企业与供应商必须结成紧密的合作网络,进行必要的资源交换。另外,公司在市场上的声誉也是部分地来自与供应商所形成的关系。例如,当IBM决定在其个人电脑上使用微软公司的操作系统时,微软公司在软件行业的声誉便急速上升。

2. 内部市场

内部营销起源于这样一个观念,即把员工看作是企业的内部市场。任何一家企业,要想让外部顾客满意,它首先要让内部员工满意。只有工作满意的员工,才可能以更高的效率和效益为外部顾客提供更加优质的服务,并最终让外部顾客感到满意。内部市场不只是企业营销部门的营销人员和直接为外部顾客提供服务的其他服务人员,它包括所有的企业员工。因为在为顾客创造价值的生产过程中,任何一个环节的低效率或低质量都会影响最终的顾客价值。

3. 竞争者市场

在竞争者市场上,企业营销活动的主要目的是争取与那些拥有与自己具有互补性资源竞争者的协作,实现知识的转移、资源的共享和更有效的利用。例如,在一些技术密集型行业,越来越多的企业与其竞争者进行了研究与开发的合作,这种方式的战略联盟可以分担巨额的产品开发费用和风险。种种迹象表明,现代竞争已发展为"协作竞争",在竞争中实现"双赢"的结果才是最理想的战略选择。

4. 分销商市场

在分销商市场上，零售商和批发商的支持对于产品的成功至关重要。IBM 公司曾花费一亿美元为其 PCjr(IBM 公司推出的一款面向家庭和学校市场的低端个人电脑产品)做广告，结果还是以失败而告终，原因在于作为第三方的供应商和零售商反对该产品，IBM 公司投入了大量的资源去争取顾客，而忽略了与零售商、经销商等对产品的销售起关键作用的个人或组织建立积极的关系，扼杀 PCjr 的正是分销商一类的市场基础设施。

5. 顾客市场

顾客是企业存在和发展的基础，市场竞争的实质是对顾客的争夺。最新的研究表明，企业在争取新顾客的同时，还必须重视留住顾客，培育和发展顾客忠诚。例如，争取一位新顾客所花的费用往往是留住一位老顾客所花费用的 5~10 倍。企业可以通过数据库营销、发展会员关系等多种形式，更好地满足顾客需求，增加顾客信任，密切双方关系。

6. 影响者市场

金融机构、新闻媒体、政府、社区，以及诸如消费者权益保护组织、环保组织等各种各样的社会压力团体，对于企业的生存和发展都会产生重要的影响。因此，企业有必要把它们作为一个市场来对待，并制定以公共关系为主要手段的营销策略。

2.1.3 管理

管理(Management)是社会组织中，为了实现预期的目标，以人为中心进行的协调活动。它包括 4 个含义：①管理是为了实现组织未来目标的活动；②管理的工作本质是协调；③管理工作存在于组织中；④管理工作的重点是对人进行管理。管理就是制定、执行、检查和改进。制定就是制订计划(或规定、规范、标准、法规)；执行就是按照计划去做，即实施；检查就是将执行的过程或结果与计划进行对比，总结出经验，找出差距；改进首先是推广通过检查总结出的经验，将经验转变为长效机制或新的规定；再次是针对检查发现的问题进行纠正，制定纠正、预防措施。在客户关系管理中，管理的意义偏向于多客户关系的维护与运营，就是对客户关系形成的过程进行计划、组织、实施和控制，是与产品生产和服务创造密切相关的各项管理工作的总称。从另一个角度来讲，也可以指为对生产和提供公司主要的产品和服务的系统进行设计、运行、评价和改进的管理工作。原因在于，客户不是企业内部资源，企业对其没有行政管辖的能力。

2.1.4 CRM 的内容

由于产业界和理论界对 CRM 空前重视，已经有许多不同的 CRM 的定义出现。综合现有的 CRM 概念，大致上可以分为以下三类。

第一类可以概括为 CRM 是遵循客户导向的战略。对客户进行系统化的研究，通过改进对客户的服务水平、提高客户的忠诚度，不断争取新客户和商机，同时，以强大的信息处理能力和技术力量确保企业业务行为的实时进行。力争为企业带来长期稳定的利润。这类概念的主要特征是，它们基本上都是从战略和理论的宏观层面对客户关系管理进行界定，往往缺少明确的实施方案、方法的思考和揭示。

第 2 章 CRM 的基本原理

第二类可以概括为 CRM 是一种旨在改善企业与客户之间关系的新型管理机制，它实施于企业的市场营销、销售、服务与技术支持等与客户相关的领域，通过对业务流程的全面管理来优化资源配置、降低成本、增加市场份额。这类概念的主要特征是从企业管理模式、经营机制的角度进行定义。

第三类概念的主要内容是 CRM 是企业通过技术投资，建立能收集、跟踪和分析客户信息的系统，或建立可增加客户联系渠道、客户互动及对客户渠道和企业后台的整合功能模块。主要范围包括销售自动化、客户服务和支持、营销自动化、呼叫中心等。这主要从微观的信息技术、软件及其应用的层面对客户关系管理进行定义，在与企业的实际情况和发展的结合中往往存在偏差。

上述三类关于 CRM 的定义，就其本身而言，如果是针对特定问题或在特定环境下对 CRM 予以界定，都有它特定的价值。但就客户关系管理进行整体、系统、完备和深入认识的要求来讲，它们都只是涉及问题的个别部分的描述和界定。

一个 CRM 定义应该满足以下几点要求：第一，比较全面地概括了目前企业界和理论界对于 CRM 的各种认识和思考；第二，比较系统地反映出 CRM 的思想、方法和应用各层面的内容；第三，比较科学地界定 CRM 的应用价值。

CRM 是企业为提高核心竞争力，达到竞争制胜、快速成长的目的，树立以客户为中心的发展战略，并在此基础上开展的包括判断、选择、争取、发展和保持客户所需实施的全部商业过程；是企业以客户关系为重点，通过开展系统化的客户研究，通过优化企业组织体系和业务流程，提高客户满意度和忠诚度，提高企业效率和利润水平的工作实践；也是企业在不断改进与客户关系相关的全部业务流程，最终实现电子化、自动化运营目标的过程中，所创造并使用的先进的信息技术、软硬件和优化的管理方法、解决方案的总和。

CRM 的内涵：CRM 从管理科学的角度来考察，源于"以客户为中心"的市场营销理论，是一种旨在改善企业与客户之间关系的管理机制。从解决方案的角度考察，它是将市场营销的科学管理理念通过信息技术集成在软件上。在网络时代的客户关系管理应该是利用现代信息技术手段，在企业与客户之间建立一种数字的、实时的、互动的交流管理系统。所以，CRM 的内涵是企业利用 IT 技术和互联网技术实现对客户的整合营销，是以客户为核心的企业营销的技术实现和管理实现。

CRM 主要包含以下内容。

(1) 客户概况分析(Profiling)：包括客户的基本信息、信用、偏好、习惯等。

(2) 客户忠诚度分析(Persistency)：指客户对产品或商家的信任程度、持久性、变动情况等。

(3) 客户利润分析(Profitability)：指不同客户所消费的产品的边际利润、总利润额、净利润等。

(4) 客户性能分析(Performance)：指不同客户所消费的产品按种类、渠道、销售地点等指标划分的销售额。

(5) 客户未来分析(Prospecting)：包括客户数量、类别等情况的未来发展趋势、争取客户的手段等。

(6) 客户产品分析(Product)：包括产品设计、关联性、供应链等。

(7) 客户促销分析(Promotion)：包括广告、宣传等促销活动的管理。

如果说软件帮助企业优化了内部的管理流程和其他内部资源，那么 CRM 的出现则使企业的外部资源(主要是客户资源)得以合理利用，其目的在于通过提供快速、周到、优质的服务来吸引和保持更多的客户，通过优化面对客户的工作流程来减少获取客户和保留客户的成本。

2.2　CRM 的理论基础

2.2.1　营销观念的转变

营销观念的变迁是客户关系管理产生的理论基石。随着客户关系时代的来临，适用于有形产品生产和交换的传统资本主义经济理论受到了极大的挑战，以市场为中心的营销理念不再适应新形势的发展，如何满足客户个性化的需求成为企业营销工作的重中之重。与此相适应，CRM 在企业营销观念从市场中心向客户中心转变的过程中，以强大的网络技术和计算机技术为支撑，为企业提供营销整体解决方案。因此，CRM 的产生和发展与营销观念的变迁密不可分。

自 1950 年美国的尼尔·博登提出市场营销组合的概念以来，市场营销组合理论曾经被无数企业奉为经营宝典。1960 年，杰尔姆·麦卡锡将之表述为产品(Product)、价格(Price)、渠道(Place)和促销(Promotion)，即 4P 之后，它更是盛行一时。市场营销组合理论强调企业为了占领目标市场，满足客户需求，必须对其可控因素即 4P 进行有效的整合和协调。在以市场为中心的时代，这一理论为企业提供了操作性很强的市场运营方法。但是，我们不能忘记，4P 理论适用的先决条件是巨大的市场、无差别的顾客和某种程度上的标准化产品，如果忽略了这一点，4P 理论的运用将无法收到应有的效果。20 世纪 90 年代以来，随着社会经济的发展和消费者收入水平的提高，人们的消费观念和购买行为发生了极大的变化，消费者变得越来越精明和成熟，对产品的要求也日趋个性化，标准化的产品已不再受欢迎，而科学技术的发展也为满足客户的个性化需求提供了一定的技术保证。因此，再以 4P 理论来指导企业的营销实践显然已经有些不合时宜,4P 理论在现代营销理论中的主导地位越来越受到挑战。在这种形势下，以客户导向为基础的 4C 营销新组合理论应运而生。

所谓 4C 理论，是指以满足客户需要和欲望（Customer），掌握客户愿意付出的成本(Cost)，为客户提供尽可能多的便利(Convenience)，加强与客户的沟通(Communication)为核心的市场营销组合策略。与 4P 理论不同的是，4C 理论将客户导向贯穿于企业整个交易过程中。从满足客户的需求作为企业的第一经营要旨，到站在客户角度的新的成本概念的提出，以及尽可能为客户提供便利，与客户之间建立互动式的沟通，4C 理论始终将客户放在企业经营的主导位置。如果说 4P 理论是用产品、定价、渠道和促销手段"控制"客户，那么 4C 理论则是主动接受客户的"控制"，让客户根据自身的意愿、成本、便利程度和信息沟通情况来进行交易决策，以此激励客户完成交易。从 4P 理论到 4C 理论，事实上是客户导向在营销理念变更中不断强化的体现。

但是我们也应当看到，虽然 4C 理论与 4P 理论相比有了很大的进步和发展，但其不足依然十分明显。例如，从总体上讲 4C 理论并没有体现企业是在主动满足客户需求，而更多的是对客户需求的被动适应。还有，4C 理论仍然没有体现既赢得客户，又长期地拥有客户的关系营销思想。最后，4C 理论虽然提出以客户需求为导向，但企业毕竟是营利性组织，在满足客户需求方面必然要考虑成本问题，而且 4C 理论对于客户需求的合理性问题并未给出答案。

鉴于上述问题，近年来，美国唐·舒尔茨提出了 4R 理论，即以与客户建立关联(Relevance)、提高市场反应速度(Response)、重视关系营销(Relationship)、客户回报(Reword)为核心的全新营销理论。与 4C 理论相比，4R 理论的最大特点是变被动适应客户需求为主动与客户建立一种双赢关系，把企业与客户联系在一起，形成竞争优势。

根据以上营销理论发展变化的轨迹，我们可以发现，营销理论发展的过程事实上就是客户导向不断增强的过程。我们可以将这种变化归纳为以下几个转变。

1. 从以市场为中心向以客户为中心的转变

从 4P 理论到 4C 理论再到 4R 理论，其最根本的变化在于客户地位的逐步提升。如果说 4P 理论的逻辑是从企业角度出发，考虑如何在充分整合企业可控因素的基础上满足市场需求，而 4C 理论是企业在竞争不断加剧的形势下为了生存而做出的被动选择，那么，到了 4R 理论盛行的时代，则是企业完全认识到了客户导向的重要性而做出的战略调整，这是一种主动性的变化，同时也是对客户导向最为全面的诠释。

2. 从以市场为中心向以关系为中心的转变

在以市场为中心的时代，企业生存的关键在于是否能够准确把握市场需求变化的脉搏，而进入客户导向时代，企业生存的关键则在于是否能够拥有一批始终如一支持企业并与企业共同发展的客户。一旦客户产生需求，他们就会主动将其需要告诉与其有关系的企业，让企业根据其需要提供一对一的服务。而企业要拥有这样一批忠诚客户，就需要与客户建立一种相互促进，在互动中取得双赢的战略伙伴关系，最终这种关系将成为企业的一笔无形资产，在其长期的发展中起到重要的作用。

3. 大规模无差异营销向个性化营销的转变

在市场中心时代，企业往往是在市场调研的基础上，根据市场需求组织生产，然后将有关产品和服务的信息传递给目标客户。但随着客户个性化消费的趋势日益增强，这一延续多年的程序不再有效，现实情况往往是消费者主动提出其面临的问题，然后要求相关企业为其提供个性化解决方案。这样一来，就要求企业从过去实行的无差异营销转变为个性化营销。

4. 从满足目标客户需要到满足有价值的客户需要的转变

营销学发展过程中提出的最具煽动力的口号莫过于"顾客是上帝"，但是事实上，企业无法满足所有顾客的需求。而且，作为营利性组织，企业更关注的是那些会为其长期发展带来益处的顾客的需求，而将这部分顾客作为营销策略实施的重点是企业的必然选择。因此，在客户导向时代，企业的新选择是选择有价值的客户，并与之建立战略伙伴关系。

从上述对营销观念变迁过程的分析中，可以发现，营销观念变迁的过程，也就是客户地位不断加强的过程。正是为了适应这一变化，企业才产生了更好满足客户需要，以期与其保持一种长期的战略合作伙伴关系的需求。事实上，这一思想在关系营销中即有所体现，只是受技术限制无法大规模实施，一旦技术条件成熟，这一思想的大规模运用就成为必然。

因此，当互联网技术和计算机技术日益成熟时，通过为客户提供更高的价值以提高客户忠诚度，进而实现企业长远发展的客户关系管理的产生也就成为一种历史发展的必然。

2.2.2 关系营销的影响

1. 理论基础

所谓关系营销，是把营销活动看成是一个企业与消费者、供应商、分销商、竞争者、政府机构及其他公众发生互动作用的过程，其核心是建立和发展与这些公众的良好关系。伦纳德·L.贝里教授于1983年在美国市场营销学会的一份报告中最早对关系营销做出了如下的定义："关系营销是吸引、维持和增强客户关系。"在1996年又给出更为全面的定义："关系营销是为了满足企业和相关利益者的目标而进行的识别、建立、维持、促进同消费者的关系并在必要时终止关系的过程，这只有通过交换和承诺才能实现"。工业市场营销专家巴巴拉·B.杰克逊从工业营销的角度将关系营销描述为"关系营销关注于吸引、发展和保留客户关系"。摩根和亨特从经济交换与社会交换的差异来认识关系营销，认为关系营销"旨在建立、发展和维持成功关系交换的营销活动"。顾曼森则从企业竞争网络化的角度来定义关系营销，认为"关系营销就是市场被看作关系、互动与网络"。

库特在他的一篇文章中，将众多针对关系营销的研究成果划分为三个大流派：即英澳流派、北欧流派及北美流派。库特认为，英澳流派主要建立在克里斯托弗、佩恩和巴伦泰恩的研究基础之上，强调的是将质量管理、服务营销理念和客户关系经济学紧密地联系在一起。北欧流派来源于以克伦·鲁斯为代表的北欧学者们的研究成果，建立在将工业营销的互动网络原理、服务营销理念及客户关系经济学相结合的理论基础之上。北美流派则主张在企业内部就买卖双方的关系进行强化教育，并相应地提高企业在这方面的经营管理水平，其中以贝里和李维特的研究成果最具代表性。

关系营销是作为交易营销的对称提出的，提出的原因是单靠交易营销建立的品牌忠诚度不稳，回头客太少；而现实营销中企业的生意不断，有些企业则是一次性交易。究其根源是企业与顾客的关系不同。为了扩大回头客的比例，提出关系营销。

2. 营销四度理论

关系营销是从"大市场营销"概念衍生、发展而来的。1984年，科特勒提出了所谓的"大市场营销"概念，目的在于解决国际市场的进入壁垒问题。在传统的市场营销理论中，企业外部环境是被当作"不可因素"来对待的，其暗含的假设是，当企业在国际市场营销中面临各种贸易壁垒和舆论障碍时，就只得听天由命，无所作为。因为传统的4P组合策略，在贸易保护主义日益盛行的今天，已不足以打开封闭的市场。要打开封闭的市场，企业除了需要运用产品、价格、分销及促销四大营销策略外，还必须有效运用政治权力和公共关系这两种营销工具。这种策略思想称为大市场营销。虽然关系营销概念直接来自科特勒的"大市场营销"思想，它的产生和发展同时也大量得益于对其他科学理论的借鉴、对传统营销理念的拓展以及信息技术浪潮的驱动。

首先是对其他科学理论的广泛借鉴。这种借鉴主要来自系统论、协同学的役使原理和传播学的交换理论。

(1) 系统论把社会、组织及其他事物都看作是一个个的系统，而这些系统又是由若干子系统所构成的。整个系统的运转就依赖于这些子系统及其构成要素间的相互依赖和相互作用。依据系统论的观点，企业就是一个由子系统组成的并与其所处环境有可确认的边界的系统，研究者和管理者需要了解子系统内部和子系统之间及企业与环境之间的相互关系，以便确定关系的模式或各变量之间的结构，并采取有效措施以保证系统的有效率运行。果真如此的话，企业营销就需要处理和管理好上述各种关系。

(2) 协同学认为，系统的性质的改变是由于系统中要素子系统之间的相互作用所致。任何系统运动都有两种趋向，一种是自发地倾向无序的运动，这是系统瓦解的重要原因；另一种是子系统之间的关联引起的协调、合作运动，这是系统自发走向有序的重要原因。役使原理表明，无序即意味着杂乱无章，存在大量不同的可能性。占据主导地位的序参数迫使其他因素和状态纳入它的轨道，从而使一切事物有条不紊地组织起来。而协同本身是一种自组织能力，这种组织能力是以信息联系为基础、通过反馈控制来实现的。当系统与环境进行物质、能量、信息交换时，自组织能力就体现在控制与调整环境系统内各子系统，使之协同动作，保持系统的和谐有序运转。协同学的这一原理对于研究企业内部及企业与外部环境之间的关系具有重要意义。实际上，协同正是关系营销所要追求的利益。因为系统虽具有自组织能力，但如何减少无序的状态和无序状态保持的时间，对于关系营销来说无疑是一个具有实践意义的课题。

(3) 传播是关系双方借以交换信息的符号传递过程。在这一过程中，传播的最终目的是使信息的发送者和接收者的认识趋于一致。传统营销中，广告等大众传播方式(单向传播方式)是企业与消费者进行沟通的主要渠道，这一方式之所以能够实现沟通目标，是因为厂商控制着大部分的产品信息，依靠这些有限的信息也可以进行决策。现代传播将是一种双向沟通，企业与消费者之间的信息交换将经历这样一个过程：首先企业要了解消费者所拥有的信息形态和信息内容，然后通过某种渠道和方式明确消费者对信息的需要，最后才以适当的方式传递信息。整合营销传播就是对传统营销理论和传播学的抽象和升华，在这个概念里，广告、促销、公共关系、直销、包装及媒体计划等一切营销活动构成传播的全部含义，并用一致的信息与消费者沟通，即"用同一种声音说话"。从这个意义上说，传播就等于营销，营销的过程也就是传播的过程。

其次是对传统营销理念的有力拓展。传统的市场营销理论，以单个企业为分析单元，认为企业营销是一个利用内部可控因素来影响外部环境的过程。对内部可控因素的总结是 4Ps 组合，即产品、价格、分销、促销策略，营销活动的核心即在于制定并实施有效的市场营销组合策略。但是实践证明，传统的营销理念越来越难以直接有效地帮助企业获得经营优势，这是因为任何一个企业都不可能独立地提供营运过程中所有必要的资源，而必须通过银行获得资金、从社会招聘人员、与科研机构进行交易或合作、通过经销商分销产品、与广告公司联合进行促销和媒体沟通；不仅如此，企业还必须被更广义的相关成员所接受，包括同行企业、社区公众、媒体、政府、消费者组织、环境保护团体等，企业无法以己之力应对所有的环境压力。因此，企业与这些环境因素息息相关，构成了保障企业生存与发展的事业共同体，共同体中的伙伴建立起适当的关系，形成一张巨型的网络。对于大多数企业来说，企业的成功正是充分利用这种网络资源的结果。这样，对企业资源的认识，就从企业"边界"以内，扩展到了企业边界以外，即包括所有与企业生存和发展具有关联的组织、群体和个人，以及由这些"节点"及其相互间的互动关系所构成的整个网络。而这些关系是否稳定并能否给网络的成员带来利益的增长,即达到"多赢"的结果,则依赖于有效的关系管理,包括利益的共享、通过"感情投资"在伙伴间建立亲密的关系等。

最后是信息技术的对关系营销发展的驱动。现代信息技术的发展为各种营销伙伴关系的建立、维护和发展提供了低成本、高效率的沟通工具,它解决了关系营销所必需的基本技术条件。

正是在上述诸因素的作用下,关系营销自20世纪80年代后期以来得到了迅速的发展。贝里率先提出和讨论了如何维系和改善同现有顾客之间关系的问题。随后,杰克逊提出要与不同的顾客建立不同类型的关系。北欧诺迪克学派的代表人物格鲁诺斯、舒莱辛格和赫斯基则论证了企业同顾客的关系对服务企业市场营销的巨大影响。今天,人们对关系营销的讨论和关系营销的实践,已从单纯的顾客关系扩展到了企业与供应商、中间商、竞争者、政府、社区等的关系。这样,关系营销的市场范围就从顾客市场扩展到了供应商市场、内部市场、竞争者市场、分销商市场、影响者市场、招聘市场等,从而大大地拓展了传统市场营销的含义和范围。

3. 关系营销的基本模式

1) 关系营销的中心——顾客忠诚

在关系营销中,怎样才能获得顾客忠诚呢?发现正当需求——满足需求并保证顾客满意——营造顾客忠诚,构成了关系营销中的三部曲。

(1) 企业要分析顾客需求、顾客需求满足与否的衡量标准是顾客满意程度:满意的顾客会对企业带来有形的好处(如重复购买该企业产品)和无形产品(如宣传企业形象)。有营销学者提出了导致顾客全面满意的7个因素及其相互间的关系:欲望、感知绩效、期望、欲望一致、期望一致、属性满意、信息满意;欲望和感知绩效生成欲望一致,期望和感知绩效生成期望一致,然后生成属性满意和信息满意,最后导致全面满意。

(2) 从模式中可以看出,期望和欲望与感知绩效的差异程度是产生满意感的来源,所以,企业可采取下面的方法来取得顾客满意:提供满意的产品和服务;提供附加利益;提供信息通道。

(3) 顾客维系:市场竞争的实质是争夺顾客资源,维系原有顾客,减少顾客的叛离,要比争取新顾客更为有效。维系顾客不仅仅需要维持顾客的满意程度,还必须分析顾客产生满意感的最终原因。从而有针对性地采取措施来维系顾客。

2) 关系营销的构成——梯度推进

贝里和帕拉苏拉曼归纳了3种建立顾客价值的方法。一级关系营销(频繁市场营销或频率营销):维持关系的重要手段是利用价格刺激对目标公众增加财务利益。二级关系营销:在建立关系方面优于价格刺激,增加社会利益,同时也增加财务利益,主要形式是建立顾客组织,包括顾客档案,和正式的、非正式的俱乐部及顾客协会等。三级关系营销:增加结构纽带,同时附加财务利益和社会利益。与客户建立结构性关系,它对关系客户有价值,但不能通过其他来源得到,可以提高客户转向竞争者的机会成本,同时也将增加客户脱离竞争者而转向本企业的收益。

3) 关系营销的模式——作用方程

企业不仅面临着同行业竞争对手的威胁,而且在外部环境中还有潜在进入者和替代品的威胁,以及供应商和顾客的讨价还价的较量。企业营销的最终目标是使本企业在产业内部处于最佳状态,能够抗击或改变这些作用力。作用力是指决策的权利和行为的力量。双方的影响能力可用下列三个作用方程表示:"营销方的作用力"小于"被营销方的作用力"、"营销方的作用力"等于"被营销方的作用力"、"营销方的作用力"大于"被营销方的作用力"。引起作用力不等的原因是市场结构状态的不同和占有信息量的不对称。在竞争中,营销作用力强的一方起着主导作用,当双方力量势均力敌时,往往采取谈判方式来影响、改变关系双方作用力的大小,从而使交易得以顺利进行。

4. 关系营销的层次

1) 一级关系营销

一级关系营销指企业通过价格和其他财务上的价值让渡吸引顾客与企业建立长期交易关系。如对那些频繁购买及按稳定数量进行购买的顾客给予财务奖励的营销计划。

2) 二级关系营销

二级关系营销指企业不仅用财务上的价值让渡吸引顾客,而且尽量了解各个顾客的需要和愿望,并使服务个性化和人格化,以此来增强公司和顾客的社会联系。二级关系营销的主要表现形式是建立顾客俱乐部。

3) 三级关系营销

三级关系营销指企业和顾客相互依赖对方的结构发生变化,双方成为合作伙伴关系。三级关系营销的建立,在存在专用性资产和重复交易的条件下,如果一方放弃关系将会付出转移成本,关系的维持具有价值,从而形成"双边锁定"。这种良好的结构性关系将会提高客户转向竞争者的机会成本,同时也将增加客户脱离竞争者而转向本企业的利益。

5. 关系营销的具体措施

1) 关系营销的组织设计

为了对内协调部门之间、员工之间的关系,对外向公众发布消息、处理意见等,通过有效的关系营销活动,使得企业目标能顺利实现,企业必须根据正规性原则、适应性原则、针对性原则、整体性原则、协调性原则和效益性原则建立企业关系管理机构。该机构除协调内外部关系外,还将担负着收集信息资料、参与企业的决策预谋的责任。

2) 关系营销的资源配置

面对当代的顾客、变革和外部竞争,企业的全体人员必须通过有效的资源配置和利用,同心协力地实现企业的经营目标。企业资源配置主要包括人力资源和信息资源。

人力资源配置主要是通过部门间的人员转化,内部提升和跨业务单元的论坛和会议等进行。信息资源共享方式主要是利用电脑网络、制定政策或提供帮助削减信息超载、建立"知识库"或"回复网络"及组建"虚拟小组"。

3) 关系营销的效率提升

一方面,与外部企业建立合作关系,必然会与之分享某些利益,增强对手的实力,另一方面,企业各部门之间也存在着不同利益,这两方面形成了关系协调的障碍。具体的原因包括利益不对称、担心失去自主权和控制权、片面的激励体系、担心损害分权。

关系各方环境的差异会影响关系的建立及双方的交流。跨文化间的人们在交流时,必须克服文化所带来的障碍。对于具有不同企业文化的企业来说,文化的整合,对于双方能否真正协调运作有重要的影响。关系营销是在传统营销的基础上,融合多个社会学科的思想而发展起来的。吸收了系统论、协同学、传播学等思想。关系营销学认为，对于一个现代企业来说，除了要处理好企业内部关系，还要有可能与其他企业结成联盟，企业营销过程的核心是建立并发展与消费者、供应商、分销商、竞争者、政府机构及其其他公众的良好关系。无论在哪一个市场上，关系具有很重要作用，甚至成为企业市场营销活动成败的关键。因此，关系营销日益受到企业的关注和重视。

2.3 CRM 发展的现实条件

CRM 作为一门新兴学科，其出现的时间并不长。但它一经出现，便在学术界和企业界引起了空前重视，从事管理研究、市场营销研究和计算机软件研究的学者分别从不同的角度对 CRM 进行了深入的探讨，IBM、SAS 等许多国际大公司致力于 CRM 软件的开发，同时也有许多企业勇为人先，投身于 CRM 的管理实践。但客观地讲，CRM 并非是所谓"全新的理论"，而是在计算机技术广泛运用的基础上对于关系营销理论和思想的一种实现，同时计算机技术的日益发展又反过来为 CRM 理论进行了充实和补充，客户关系管理的迅速兴起与客户导向时代的来临不无关系。因此，概括地说，CRM 是顺应客户导向时代，在计算机技术迅速发展的背景下对关系营销思想的一种深化和运用。具体地说，CRM 的实现主要是由下面我们将要讨论的一些因素共同作用的结果。

2.3.1 客户购买行为变化

客户购买行为的变化构成了 CRM 发展的需求方背景。

在工业化社会，客户购买行为可分为 3 个阶段。

(1) 理性消费阶段：在工业化社会的初期，当社会生产力不发达，还不能完全满足人们的需求，而人们的收入水平也十分有限时，客户的消费行为十分理智，价格和产品质量是决定这一阶段人们消费行为的主要因素。这一阶段人们的价值选择标准是"好"与"差"。

(2) 感性消费阶段：在这一阶段，随着社会生产力的逐步提高，人们的物质生活水平提高很快，客户的消费选择标准不再仅仅聚焦于产品价格和质量，而是转而注重产品的品牌、外观设计和能够提供的便利，有时人们之所以消费甚至仅仅是因为"喜欢"。所以在这一阶段，产品和企业的形象，以及产品能够为客户提供的便利都是决定客户购买行为的主要因素。这一阶段人们的价值选择标准是"喜欢"与"不喜欢"。

(3) 情感消费阶段：进入这一阶段，产品的价格、质量、品牌、便利性等都不再是人们选择产品时考虑的首要因素，企业产品所提供的附加利益，如售后服务、推销员的态度，以及企业在长期的交易活动中同客户之间建立起来的相互信任和企业对客户个性化需求的满足程度等都成为影响客户购买决策的主要因素。这一阶段人们的价值选择标准是"满意"与"不满意"。

从以上分析中可以看出，在情感消费阶段，科学技术的日新月异，仅仅依靠产品本身已无法使客户达到真正意义上的满意，这正是市场营销学观念被越来越多的企业所接受和运用，但同时不满意的消费者却越来越多的原因之一。

那么，如何在新的形势下达到消费者满意的最大化？这就要求企业更好地满足客户的个性化要求。如果说客户关系营销的思想已经为这一问题的解决提供了理论基础，那么互联网技术则使这一理论在大范围内的运用成为可能。因此,在这一形势下,CRM 的兴起成为一种必然。

此外,互联网技术还使客户的选择权空前加大了。互联网为人们提供了一个全新的、快速的、可适时交互的(包括声音、文字、图像、电脑文件等信息载体)、跨地域的信息交流平台。人们首次可以足不出户就获得分布在全世界各地的多媒体信息,还可以利用个人计算机对这些信息进行有效存储、处理和分析。毫无疑问,信息是我们日常生活中唯一可依靠的决策数据。

造成这个现象的主要原因是,购买者可以获得更多的相关信息;客户很容易比较不同厂商所提供的有关价格和服务条款;更换厂商所带来的损失大大降低,客户的期望值大幅度提升。因此,如今的企业面对的是更聪明、更主动、更没有"牵挂"的客户群体。应该指出的是,在这场"乌龟与兔子"的赛跑中,企业在对互联网这种新技术的消化和吸收方面明显滞后于个人。企业如果不及时做出适当的战略性调整,最终将离客户越来越远,从而被淘汰出局。

2.3.2 市场竞争日益加剧

市场竞争日益加剧使 CRM 实施成为当务之急。

另一个催生 CRM 的宏观经济环境是 20 世纪 80 年代以来日益激烈的市场竞争。在新的竞争环境下迫使企业想方设法保持和扩大自己的市场份额。企业竞争环境的变化体现在以下几个方面。

1. 竞争的全球化

如今的时代,竞争对手是跨国界的。当全世界的竞争者都被放在同一个起跑线的时候,结果自然是强者更强,弱者出局。企业已经不能再指望过多地得到地方和国家的保护。各国资源将在全世界范围内按效益最大化的原则被重新分配。面对这种激烈的竞争,每个企业、个人都要对自己的竞争能力进行重新审视,利用一切可以利用的手段来增强自身的实力是企业生存的唯一途径。

2. 竞争力从产品转向服务

社会已经从大量生产到定制生产,信息、技术及生产技术的快速普及使得产品的生命周期大大缩短。一个新产品、新设计会很快让竞争对手模仿,产品在功能方面的细微差别已经不足以使一个企业获得很多的优势,产品本身的优劣差距缩小,竞争力从产品转向服务就成为必然的选择,如何从情感上"笼络"客户成为企业在新经济条件下必须磨炼的生存技巧。

3. 内部潜力的挖掘已经不足以产生明显的竞争优势

20 世纪 80 年代到 90 年代中期,企业利用各种技术优化内部各种流程,ERP 系统及供应链系统都是为了实现生产、供应环节的自动化,从而提高了内部运转效率,减少了人为的错误。尤其是库存管理,使库存的周转期大大缩短。ERP 系统的实施使企业可以实现订货、库存管理、采购、生产计划及财务部门的流程整合,从而提高了企业内部的整体运转效率。不过,当大部分企业都具备这种"内部管家"系统后,靠内部集成提高效率的手段也就受到了局限。企业不得不寻求新的手段来获取新的竞争优势。

2.3.3 企业内部管理的要求

企业内部管理的要求是推动 CRM 应用的内因。

我们知道，ERP 的应用实施使企业得到了很大的实惠。但是，ERP 的设计主要针对生产、流通、财务领域，而对与客户有关的企业经营活动，如在销售、服务和营销活动方面，传统的 ERP 系统还无法提供一个有效的整合手段。尤其是目前企业内部的众多低效率、内耗式的业务活动，充分说明了企业内部业务需求是 CRM 快速发展的原始动力。这主要表现在以下几个方面。

首先，客户信息零散分割导致客户服务效率低下。在典型 ERP 系统中，围绕客户的信息分散在各个模块中，如客户主文件管理、客户地址管理、客户交易文件和客户设备合同管理、客户服务请求管理、应收账款管理等都有不同的模块来管理。如果一个客户致电到公司客户服务中心询问一个服务请求的进展情况。往往要同时运行多个程序才能获得一个基本的客户信息。然而一般 ERP 系统中主要以交易记录为主，对与客户进行交互的各种活动没有实时管理的模块。这就使得各个部门的人，对过去发生的事情无法相互沟通，谁都不能全面回答客户的询问。另一个部门分割现象是公司的应收账款部门向客户催账时，往往无法知道原来产品的销售人员是谁及客户地址、联系电话等，如果要知道这个客户的购买记录通常要从头到尾地把各个程序运行一遍，才能处理向客户催账问题。这种信息不通畅的情况基本上每天都在发生，电话从一个销售部门转到服务部门又回到销售部门，碰到某个经办人不在，客户只好苦等。最大的问题是公司谁也没有办法对整个客户的情况有一个完整的了解。每个人只负责客户管理的很小的一块，公司越大功能划分就越细，整个信息链就更无法有效存储和表示，这样就导致了企业内部很多重复的、内耗式的无效劳动。

其次，由于企业内部没有一个有效的采集、存储、处理和输出客户信息并能经常更新的管理系统，销售人员获得的可用性、准确性及完整性方面都符合要求的基础信息有限。营销经理由于得到的信息不完整，甚至信息错误很多等原因，使得其营销活动的针对性和成功率大打折扣。另外，销售人员花费在一般性事务上的时间过多。相对于企业其他部门(如财务部门)，销售部门人员对电脑的使用明显落后，一是因为市场上可供销售人员使用的专业软件不多，另一方面销售人员还没有真正意识到技术的重要性，他们在时间管理、潜在客户管理等方面往往还处于原始状态。

最后，销售人员在从事销售活动的过程中，通常自己掌握各种客户资料，他们一般把它看成是自己的重要资产，如果营销人员想要他们手中的资料，他们是不太情愿交出的。这对公司的发展是不利的，关键销售人员一旦离开，就"带走了一大笔业务"，一个新的销售人员加入公司后，对客户的了解又必须从头做起，从而形成某种信息断层。很明显，从企业内部的实际需求来看，为了解决这些客户信息分散、客户信息不一致等问题，迫切需要一个类似于后台 ERP 系统功能的能够整合多个客户服务部门的前台系统，以减少内部资源的浪费，提高企业前台的工作效率。

2.3.4 现代信息技术的发展

现代信息技术的发展为 CRM 的兴起提供了技术保障。

20 世纪 90 年代的大型关系数据库技术、局域网技术、客户/服务器技术、分布式处理技术、数据挖掘技术，以及个人电脑在企业的普遍使用，使得在全公司范围内建立一个多点输入、多用户共享的客户管理系统成为现实可能。而互联网的普及和发展给 CRM 的发展注入了强大的催化剂。互联网这个最新的联系渠道把企业和用户拉得很近，从而增添了一个全天候的、不受地域限制的接触渠道，使得企业和客户能更快、更广泛地进行双向交流。因此，正是因为信息技术的飞速发展，使得客户关系管理成为现实可能之后，CRM 的概念才被广泛流传，在短短的几年之内就已成企业管理应用系统关注的一个焦点。应该说，CRM 虽然是一个新时代、新环境的产物，但现代信息技术无疑为 CRM 的发展发挥了最强大的推动作用。

2.4　CRM 的发展历程

2.4.1 国外 CRM 的发展历程

国外关于 CRM 的研究起步较早，众多学者开展了大量的相关研究，虽然这些研究还处在十分零散的状态，但也取得了一些开创性的成果。

第一阶段：20 世纪 70 年代末到 80 年代初，这是 CRM 理念萌芽的时期，相关研究主要侧重于理念的探讨。1980 年年初"接触管理"(Contact Management)理论被提出，即专门收集客户与公司联系的所有信息；到 1985 年，巴巴拉·B.杰克逊提出了关系营销的概念，使人们对市场营销理论的研究有了进一步的进展。

第二阶段：20 世纪 80 年代末到 90 年代中期，这一时期对 CRM 的探讨较第一阶段更为深刻。90 年代初期，CRM 体现为销售力量自动化系统、客户服务系统；1996 年发展为集销售、服务于一体化的呼叫中心；代表性的研究有约翰·J.维奥克拉和本森·P.夏皮罗的《寻找客户》和《保持顾客》，内容比较广泛，涉及客户忠诚、客户保持、客户价值和客户满意度等。

第三阶段：20 世纪 90 年代中期到 2002 年，这一阶段 CRM 研究成果更为丰富，已经向实用化阶段迈进。1998 年，随着电子商务的兴起，CRM 开始向 e-CRM 方向发展。这一阶段，各组织、公司等相继推出它们的 CRM 理念。高德纳咨询公司、卡尔森营销集团、赫维茨集团等积极推出它们的 CRM 理念。IBM、Oracle 等公司也相继推出 CRM 系统。这一时期的 CRM 研究侧重实务研究，研究重点也变成 CRM 的企业实施策略及 CRM 系统分析性功能研究。

第四阶段：2002 年至今，这一阶段 CRM 的研究处于平稳阶段，各项研究继续深入开展。客户价值与公司绩效、公司价值的相关性得到实证；人工智能技术被引入到客户价值的评价应用中去；客户终生价值也有了新的进展，并应用到重点客户的筛选和企业资源分配上。

对于 CRM 的应用，CRM 自提出之后，其市场就一直以惊人的速度在增长。目前国外比较成熟的 CRM 软件产品主要有 SAP 公司的 My SAP CRM，Siebel 公司的 Siebel System，

Oracle 公司的 Oracle CRM，微软公司的 Microsoft CRM 等软件产品。

国外 CRM 软件的优势主要体现为：①起步较早，完整性和成熟性高，开发了适用于不同行业的解决方案；②CRM 软件伴随着管理理论的发展而发展，其设计思路蕴含了西方先进的管理理念；③广泛使用这些 CRM 软件，并且与 ERP 系统和 SCM 系统集成，使得 CRM 系统的应用优势更加突出；④CRM 软件对基于互联网技术的研究和支持不遗余力，使得其易用性大大加强。

国外凭借 CRM 起步早，在研究发展过程中积累了丰富的管理和实施经验，软件较为成熟，稳定性高，功能模块健全。当然，国外的 CRM 软件的发展也存在一些不足，不过这些不足并不影响 CRM 的发展。

2.4.2 国内 CRM 的发展历程

客户关系生命周期描述了客户关系从一种状态(或一个阶段)向另一种状态(或另一个阶段)运动的总体特征。客户关系生命周期理论是从动态角度研究客户关系的一个十分有用的工具。国内一些学者在这方面做了一些有益的研究。徐忠海等人将客户生命周期分为三个核心阶段，即客户关系的建立、客户关系的维系和客户关系的恢复，而每个核心阶段又可分为若干具体阶段。陈明亮等人提出了一个四阶段模型，将客户生命周期划分为考察期、形成期、稳定期和退化期四个阶段。

有关客户价值的研究也是目前国内的主要研究方向之一，并且取得了一定的成果。王健康等人提出了一个客户关系管理价值链模型，并且对该价值链模型的基本环节和支持条件进行了深入的、系统的分析。齐佳音等人提出了一种评价客户——企业价值(客户流向企业的价值)的充分价值评价体系，不仅能充分地反映客户在现在和将来所能带给企业的利润的净现值，还强调了销售量与客户带给企业发展潜力的贡献两项指标的重要性。刘英姿等人构建了一个将企业价值和客户价值联系起来的价值链模型，表明了企业价值与客户价值之间联系与互动的过程，企业必须从客户视角来分析企业的价值增值过程，结合客户需求的状况，通过更经济、更有效的方法提供更有价值的产品和服务，增大客户感知价值，从而提高客户忠诚度，进而提升企业的客户价值。

目前在我国中小企业 CRM 市场日趋成熟，而大型企业的 CRM 市场已经饱和。CRM 在我国的市场体系并不完善，我国企业大多还处于 CRM 的教育和培育阶段。无论从产品、区域、行业，还是销售来看，整个市场都还不健全。不过 CRM 也逐渐被国内企业熟知并应用，较早实施 CRM 的企业主要集中于银行、电信、保险、航空等行业，此外主要是一些大型高科技企业。面对国外著名厂商的大量进入，国内软件公司也积极投入到 CRM 软件的开发当中。继北京联成互动第一家发布中小企业 CRM 软件产品后，相继有用友、中圣、金蝶等一批软件公司发布了自己的 CRM 产品。

学术界对于 CRM 的研究，近几年来也主要集中在客户关系管理研究和数据挖掘在客户关系管理中的应用等方向。邹鹏等基于决策树方法给出了一个客户利润贡献度的评价模型。张酷等人用一种基于遗传算法的多重决策树组合分类方法来进行客户获取分析。

2.4.3 国外营销战略的借鉴

自 20 世纪 80 年代以来，欧美的市场营销战略逐步从"以市场为中心"转移到"以客户为中心"。一系列的营销战略也相应而生。这些战略包括客户满意，客户忠诚，客户挽留战略(Customer Retention Strategy)，客户价值管理(Customer Value Management)，一对一市场营销(One to One Marketing)，个性化营销(Personalization)，数据库营销(Database Marketing)，最有价值的客户分析(Most Valuable Customer Analysis)，客户终生价值(Customer Lifetime Value)，CRM 等。这些战略的一个共同特征是，它们都是以对企业的客户分析为基础，并以客户为中心来制定企业市场营销战略的。但是，由于这些市场营销战略大都来自企业的经营实践，往往缺少理论的支持，显得很不成熟。同时，由于它们都很新，往往还没来得及经过时间的检验，因而还不完善，甚至存在着严重的缺陷。更重要的是，这些市场营销战略大多自为一体，让人不知所措，无法系统地掌握其相互间的联系，更不知在营销实践中如何有机地运用这些市场营销战略。国内在这方面目前还刚刚起步。没有系统的理论研究，更缺少实践经验。往往是凭着一知半解，在没有深入消化的基础上照搬照抄欧美流行的营销理论。其结果是隐患无穷。另一方面，由于这些营销理论自身的不成熟性，对这些市场营销战略的理解和认识，很难通过读几本书，或参加几次讲座而获得。除非经历数年的系统理论研究及充分的亲身实践经验，很难做到去伪存真。而想要将理论与实践融于一体，并根据企业所面临的市场环境来制定具体的"以客户为中心"的市场营销战略及战术，则更是难上加难了。

　　只有从理论结合实践的高度来了解欧美流行的市场营销战略，才能更好地从市场的实际出发，制定最适合自己市场的营销战略，进而在市场竞争中领先一步。我们不但要了解欧美最先进的市场营销战略理论和实践中的精华，更重要的是还要了解这些市场营销战略理论和实践的不足之处。通过独立的思考，建立起适应企业具体市场情况的市场营销战略和战术。运用系统的市场营销理论，并结合实践经验，HERO 对这些"以客户为中心"的市场营销战略进行了分析与批判。例如，就在一对一市场营销理论红极一时的日子里，率先对该理论进行了系统的分析和评论。通过理论分析并结合实例，证明该理论是建立在其创始人对市场细分的错误理解的基础上，一对一市场营销在实践中是行不通的。在对现行"以客户为中心"的市场营销战略分析批评的基础上，要取其精华，去其糟粕，提出了更完善更有效的"以客户为中心"的市场营销理论框架和实践指南——客户关系管理整合(Customer Relationship Management Integrated)。不但从理论上提出了更合理的市场营销战略，将 CRM 与传统的市场营销战略有机地结合起来，而且还从实际出发，重新定义了市场竞争中的客户关系。从而使得客户关系这一核心概念简单明了，却更具战略重要性。

　　通过了解掌握目前流行欧美的"以客户为中心"的市场营销战略及其相互间的联系，去伪存真，将理论与实践融于一体，并根据企业所面临的市场环境，来制定适应企业具体市场情况的"以客户为中心"的市场营销战略及战术，最终达到增强客户关系，并提高企业的长期竞争优势。

　　随着 CRM 市场营销实践的发展，越来越多的企业意识到建立密切的客户关系对企业在市场竞争中建立持久的竞争优势并保证持久的利润收益至关重要。但是，目前流行欧美的 CRM 的市场营销方法常常产生令人失望的结果。几乎所有的关于 CRM 系统用户的调查都显示，CRM 实践有着惊人的高失败率。在某些调查中，CRM 系统的失败率高达 80%以上。欧美主要的 CRM 系统开发商的用户满意度也远远低于其他行业的一般水平。事实上，CRM 这一市场营销实践的知名度越高，越多的人意识到目前的 CRM 实践无法从根本上改变企业与客户的关系。

目前已有的市场营销理论和方法无法帮助解决企业为建立密切的客户关系所面临的种种困难,为了应对日常市场营销战略咨询业务中遭遇的严峻挑战,HERO 在多年积累的市场营销战略咨询经验的基础上,提出了"客户关系管理整合"市场营销战略。客户关系管理整合为企业提供以客户关系为基础的市场营销战略咨询服务。运用客户关系管理整合导向下的市场营销理论及咨询程序,帮助客户确认在其营销过程中决定其客户关系的关键因素,并运用市场战略分析手段来制定有效的市场营销战略,以改进客户的竞争客户关系,并最终提高企业的经营绩效。

决定企业竞争客户关系的关键因素是什么?不同的企业有不同的关键因素。一个企业在不同的时期也有不同的关键因素。它们可能是市场细分结构、目标客户战略、品牌形象定位、定价、新产品设计、沟通渠道或通路。他们还可能是客户服务、业务操作过程、电话服务中心的工作质量,甚至还包括数据库的开发与应用。根据客户的基本需要来定义客户关系,所以确认的关键因素对企业长期的竞争优势至关重要。同时,在市场竞争中测量企业的客户关系,并从客户挑选企业的过程出发来确认决定客户关系的关键因素,它们对企业的营销绩效有着直接的市场效应。在客户关系管理整合的营销战略中,所有的市场营销功能都被统一到企业的市场营销活动中。不能忽视任何一项市场营销功能。例如,不能单纯地帮助企业进行市场细分。应在市场细分的基础上进行目标客户的确定及品牌定位。如果在咨询服务中运用了某项市场营销战略,这项市场营销战略必定是决定客户关系关键因素之一,用它来帮助客户改进其竞争的客户关系。

2.5 CRM 与传统营销的区别

2.5.1 客户关系营销的原则

客户关系营销的实质是在市场营销中与各关系方建立长期稳定的相互依存的营销关系,以求彼此协调发展,因而必须遵循以下原则。

1. 主动沟通原则

在关系营销中,各关系方都应主动与其他关系方接触和联系,相互沟通信息,了解情况,形成制度或以合同形式定期或不定期碰头,相互交流各关系需求变化情况,主动为关系方服务或为关系方解决困难和问题,增强伙伴合作关系。

2. 承诺信任原则

在关系营销中各关系方相互之间都应做出一系列书面或口头承诺,并以自己的行为履行诺言,才能赢得关系方的信任。承诺的实质是一种自信的表现,履行承诺就是将誓言变成行动,是维护和尊重关系方利益的体现,也是获得关系方信任的关键,是公司(企业)与关系方保持融洽伙伴关系的基础。

3. 互惠原则

在与关系方交往过程中必须做到相互满足关系方的经济利益,并通过在公平、公正、公开的条件下进行成熟、高质量的产品或价值交换使关系方都能得到实惠。

2.5.2 客户关系营销的形态

关系营销是在人与人之间的交往过程中实现的,而人与人之间的关系绚丽多彩,关系复杂。归纳起来大体有以下几种形态。

1. 亲缘关系营销形态

亲缘关系营销形态指依靠家庭血缘关系维系的市场营销,如以父子、兄弟姐妹等亲缘为基础进行的营销活动。这种关系营销的各关系方盘根错节,根基深厚,关系稳定,时间长久,利益关系容易协调,但应用范围有一定的局限性。

2. 地缘关系营销形态

地缘关系营销形态指以公司(企业)营销人员所处地域空间为界维系的营销活动,如利用同省同县的老乡关系或同一地区企业关系进行的营销活动。这种关系营销在经济不发达,交通邮电落后,物流、商流、信息流不畅的地区作用较大。在我国社会主义初级阶段的市场经济发展中,这种关系营销形态仍不可忽视。

3. 业缘关系营销形态

业缘关系营销形态指以同一职业或同一行业之间的关系为基础进行的营销活动,如同事、同行、同学之间的关系,由于接受相同的文化熏陶,彼此具有相同的志趣,在感情上容易紧密结合为一个"整体",可以在较长时间内相互帮助,相互协作。

4. 文化习俗关系营销形态

文化习俗关系营销形态指公司(企业)及其人员之间具有共同的文化、信仰、风俗习俗为基础进行的营销活动。由于公司(企业)之间和人员之间有共同的理念、信仰和习惯,在营销活动的相互接触交往中易于心领神会,对产品或服务的品牌、包装、性能等有相似需求,容易建立长期的伙伴营销关系。

5. 偶发性关系营销形态

偶发性关系营销形态指在特定的时间和空间条件下发生突然的机遇形成的一种关系营销,如营销人员在车上与同座旅客闲谈中可能使某项产品成交。这种营销具有突发性、短暂性、不确定性的特点,往往与前几种形态相联系,但这种偶发性机遇又会成为企业扩大市场占有率、开发新产品的契机,如能抓住机遇,可能成为一个公司(企业)兴衰成败的关键。

2.5.3 区别联系

交易营销的主要内容是 4P,而关系营销则突破了 4P 的框架,把企业的营销活动扩展到一个更广、更深的领域。两者的区别主要表现在以下几个方面。

(1) 交易营销的核心是交易,企业通过诱使对方发生交易活动从中获利;而关系营销的核心是关系,企业通过建立双方良好的合作关系从中获利。

(2) 交易营销把其视野局限于目标市场上,即各种顾客群;而关系营销所涉及的范围则广得多,包括顾客、供应商、分销商、竞争对手、银行、政府及内部员工等。

(3) 交易营销围绕着如何获得顾客,而关系营销更为强调保持顾客。

(4) 交易营销不太强调顾客服务,而关系营销高度强调顾客服务。

(5) 交易营销是有限的顾客参与和适度的顾客联系,而关系营销却强调高度的顾客参与和紧密的顾客联系。

任何一门学科的建立和发展都源于实践的需要,当人们为实践中所遇到的问题所困惑时,必然要从理论中寻找出路。CRM 的产生也同样如此,当时代的发展要求企业重新定位自身的竞争优势时,寻求一种符合时代发展需要的新理论就成为企业的必然选择。如果说市场竞争环境的变化是 CRM 产生的外部推动力,信息技术为 CRM 提供了实施的可能性,那么营销理论和实践的革命则是 CRM 创新的思想源泉。

近百年来,营销学作为一门操作性极强的学科,其发展始终与时代同步。营销学提出的追求客户利益最大化、提高客户忠诚度等观点,构成了 CRM 发展的理念基石。步入信息时代,数据库营销、关系营销和一对一营销等新营销方法得到普及应用,并在与 CRM 的结合中实现了应用整合,优化了应用效果。

关系营销思想的建立源于企业对其与客户之间保持一种长期稳定关系的需求。1995 年美国营销专家贝里提出:关系营销是通过满足客户的想法和需求来赢得客户的偏爱和忠诚。由此我们可以看出,关系营销的本质在于通过与客户之间的双向沟通,了解并满足客户的需求,与客户建立一种相互信赖的合作关系,并通过这种关系的长期稳定发展,实现客户与企业的利益最大化。关系营销的核心在于通过与客户之间的稳定关系,提高客户忠诚度,从而实现客户价值最大化。作为 20 世纪 90 年代进入研究与运用高潮的一种新的营销理论,关系营销与传统营销为 20 世纪 90 年代进入研究与运用高潮的一种新的营销理论,关系营销与传统营销之间有十分明显的区别,其区别见表 2-1。

表 2-1 传统营销与关系营销的区别

营销方式	传统营销	关系营销
企业目标	达成交易	建立关系
对服务的态度	很少关注	极为关注
对客户的态度	获得客户	获得并长期拥有客户
产品质量归属	生产部门	所有部门
客户参与程度	有限参与	高度参与

通过表 2-1 我们可以看出,传统营销的核心是企业与客户之间交易的达成,服务只是企业连带考虑的因素;而关系营销的核心是与客户之间关系的建立,因此服务是企业所有部门都必须关注的重心。企业为了与客户之间建立一种长期稳定的合作关系,必须实现客户价值的最大化。

关系营销理论所提出的维系现有客户的重要性、与客户之间实现双赢、提高客户满意度与忠诚度、零客户背离等思想,为 CRM 奠定了坚实的理论基石,因此有学者指出,关系营销理论是 CRM 的理论基础。传统营销注重的是企业产品或服务在整个市场上同类产品或服务的销售中所占的比例,即其市场份额;而客户关系管理在于通过与客户之间建立相互信赖的双赢关系，提高客户的重复购买率，进而提高客户忠诚度，最终实现企业和客户利益的最大化。

本 章 小 结

　　本章首先分别介绍了客户、关系、管理及 CRM 的基本概念和内涵；然后介绍了 CRM 的理论基础，包括四种营销观念的转变、关系营销的影响、CRM 的现实条件，CRM 发展历程(国外 CRM 发展历程、国内 CRM 发展历程、国外营销战略的借鉴)；最后通过营销方式、企业目标、对服务的态度、对客户的态度、产品质量归属、客户参与程度五个角度对比说明了关系营销与传统营销的区别。

　　通过本章学习，读者可以把 CRM 分别从 3 个方面来理解其概念和内涵，并能够把握 CRM 的理论基础、现实条件及发展历程，最后通过对比研究关系营销与传统营销的区别，认识到关系管理的优越性。

关键术语

客户、关系、管理、CRM、CRM 的理论基础、CRM 发展历程

课 后 习 题

1．填空题

(1) ＿＿＿＿＿＿＿信息零散分割导致客户服务效率低下。

(2) 20 世纪 90 年代，大型＿＿＿＿＿＿＿、局域网技术、客户/服务器技术、分布式处理技术、数据挖掘技术，以及个人电脑在企业普遍使用。

(3) 1980 年年初＿＿＿＿＿＿＿理论被提出，即专门收集客户与公司联系的所有信息。

(4) 1998 年，随着电子商务的兴起，CRM 开始向＿＿＿＿＿＿＿方向发展。

(5) 在关系营销中各关系方相互之间都应做出一系列书面或口头承诺，并以自己的行为履行诺言，才能赢得关系方的＿＿＿＿＿＿＿。

(6) 在与关系方交往过程中必须做到相互满足关系方的经济利益，并通过在公平、公正、公开的条件下进行成熟、高质量的产品或价值交换使关系方都能得到＿＿＿＿＿＿＿。

2．选择题

(1) 通过理论分析并结合实例，证明该理论是建立在其创始人对市场细分的错误理解的基础上，一对一市场营销在实践中是(　　)。

　　A．十分困难的　　B．至关重要的　　C．无足轻重的　　D．行不通的

(2) 近百年来，营销学作为一门操作性极强的学科，其发展始终与(　　)同步。

　　A．环境　　　　　B．实践　　　　　C．时代　　　　　D．理论

(3) 关系营销思想的建立源于企业对其与客户之间保持一种长期稳定关系的(　　)。
　　A．需求　　　　B．需要　　　　C．供给　　　　D．保持
(4) 企业为了与客户之间建立一种长期稳定的合作关系，必须实现(　　)的最大化。
　　A．企业价值　　B．客户价值　　C．产品产量　　D．经营时间
(5) 传统营销注重的是企业产品或服务在整个市场上同类产品或服务的销售中所占的比例，即其(　　)。
　　A．产销比率　　B．市场份额　　C．利润多少　　D．竞争强弱

3．名词解释

(1)客户　(2)关系　(3)CRM　(4)关系营销

4．简答题

(1) 简述 CRM 主要包含的内容。
(2) 简述 4R 理论包括的因素。
(3) 营销理论可以归纳为哪几个转变？
(4) 简述关系营销的具体措施。
(5) 简述国外 CRM 软件的优势主要体现。

5．论述题

试述客户购买行为的三个阶段及特点。

案例分析

<h2 style="text-align:center">可口可乐的灭顶之灾</h2>

1999 年 6 月初，比利时和法国的一些中小学生饮用美国饮料可口可乐，发生了中毒。一周后，比利时政府颁布禁令，禁止本国销售可口可乐公司生产的各种品牌的饮料。

已经拥有 113 年历史的可口可乐公司，遭受了历史上罕见的重大危机。

在现代传媒十分发达的今天，企业发生的危机可以在很短的时间内迅速而广泛地传播，其负面作用是可想而知的。短时间内在全国甚至全球范围的影响，必将引起社会和公众的极大关注。稍有不慎，即对企业形象和品牌信誉造成毁灭性的打击，其无形资产在顷刻之间贬值。这对企业的生存和发展，都是致命的伤害。

代价与信任

1999 年 6 月 17 日，可口可乐公司首席执行官依维斯特专程从美国赶到比利时首都布鲁塞尔，在这里举行记者招待会。当日，会场上的每一个座位上都摆放着一瓶可口可乐。在回答记者的提问时，依维斯特这位两年前上任的首席执行官反复强调，可口可乐公司尽管出现了眼下的事件，但仍然是世界上一流的公司，它还要继续为消费者生产一流的饮料。有趣的是，绝大多数记者没有饮用那瓶赠送与会人员的可乐。

后来的可口可乐公司的宣传攻势说明，记者招待会只是他们危机公关工作的一个序幕。

记者招待会的第二天，也就是 6 月 18 日，依维斯特便在比利时的各家报纸上出现——由他签名的致消费者的公开信中，仔细解释了事故的原因，信中还做出种种保证，并提出要向比利时每户家庭赠送一瓶可乐，以表示可口可乐公司的歉意。

与此同时，可口可乐公司宣布，将比利时国内同期上市的可乐全部收回，尽快宣布调查化验结果，说

明事故的影响范围，并向消费者退赔。可口可乐公司还表示要为所有中毒的顾客报销医疗费用。可口可乐其他地区的主管，如中国公司也宣布其产品与比利时事件无关，市场销售正常，从而稳定了事故地区外的人心，控制了危机的蔓延。

此外，可口可乐公司还设立了专线电话，并在互联网上为比利时的消费者开设了专门网页，回答消费者提出的各种问题。例如，事故影响的范围有多大，如何鉴别新出厂的可乐和受污染的可乐，如何获得退赔等。整个事件的过程中，可口可乐公司都牢牢地把握住信息的发布源，防止危机信息的错误扩散，将企业品牌的损失降低到最小的限度。

随着这一公关宣传的深入和扩展，可口可乐的形象开始逐步地恢复。不久，比利时的一些居民陆续收到了可口可乐公司的赠券，上面写着："我们非常高兴地通知您，可口可乐又回到了市场。"孩子们拿着可口可乐公司发给每个家庭的赠券，高兴地从商场里领回免费的可乐："我又可以喝可口可乐了。"商场里，也可以见到人们在一箱箱地购买可口可乐。

中毒事件平息下来，可口可乐重新出现在比利时和法国商店的货架上。

从第一例事故发生到禁令的发布，仅10天时间，可口可乐公司的股票价格下跌了6%。据初步估计，可口可乐公司共收回了14亿瓶可乐，中毒事件造成的直接经济损失高达6 000多万美元。

比利时的一家报纸评价说，可口可乐虽然为此付出了代价，却赢得了消费者的信任。

可口可乐公司渡过了艰难的危机时刻，但是这次事件却远未从可口可乐这样的欧美大公司中消除影响。

可口可乐的主要竞争对手百事可乐欧洲总公司的总裁迈洛克斯，给所有的职工发出一封电子信函。信中说："我想强调的是，我们不应将此次可口可乐事件视为一个可以利用的机会，我们必须引以为鉴，珍视企业与消费者之间的纽带。"

企业管理专家汤姆金认为，一般企业处理此类危机正确的做法大体有三步：一是收回有问题的产品；二是向消费者及时讲明事态发展情况；三是尽快地进行道歉。以此对照，可以看出可口可乐公司都做了，但却迟了一个星期，而且是在比利时政府做出停售可口可乐的决定之后。时任比利时卫生部长范登波什也抱怨说，可口可乐这样全球享有盛誉的大公司，面对危机的反应如此之慢，实在令人难以理解。

专家还引用了其他著名企业面对危机时的反应，说明及时处理危机的重要性。17年前，有人想讹诈杨森制药公司，故意将杨森止痛片的标签贴在氰化物上，致使7人死亡。得此消息后，杨森公司当即决定，不惜损失1亿美元的代价，全部收回市场上所有的此种止痛片，使市场平息下来。另一个例子是烟草公司菲利浦·莫里斯。数年前，因为少量香烟的过滤嘴在加工过程中受到污染，引起了吸烟者轻微的咳嗽，该公司立即决定全部收回美国市场上的同样牌号的香烟。这两家公司虽然损失不少，但因为处理及时，很快就获得了消费者的理解，利用危机处理，重新树立了公司的企业形象。专家认为，相比这两个例子，可口可乐公司虽然此次处理危机的力度并不弱；但决策节奏显然慢了半拍。

思考与分析：

(1) 分析评论可口可乐公司处理法国和比利时可乐中毒时间的公关做法。

(2) 根据可口可乐公司处理危机的实践经验，分析国内企业应如何建立危机预防和处理机制才能保持与客户良好的合作关系？

第3章 客户分析

知识架构

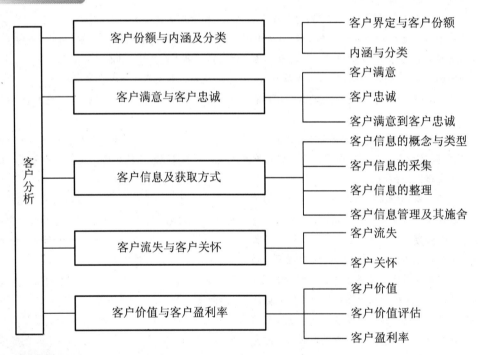

学习目标

通过本章的学习，应该能够达到以下目标。
熟悉客户份额与内涵及分类。
掌握客户满意与客户忠诚。
理解客户忠诚。
了解客户信息及获取方式。
掌握用科学方法进行客户价值评估。
掌握CRM的发展目标客户信息及获取方式。
理解客户流失与客户关怀。

第3章 客户分析

 导入案例

新客户忠诚度的强化服务

黄女士决定买一辆车,而且还想买一辆好车,最初,她定下的目标是一辆日产车,因为她听朋友说日产车质量较好。

在跑了大半个北京城、看了很多售车点并进行了反复的比较之后,她却走进了她家附近一个新开的某品牌汽车特约销售点。接待她的是一位姓段的客户服务员。首先一声亲切的"你好",接着是规范地请坐、递茶,让黄女士感觉相当热情。仔细听完黄女士的想法和要求后,段先生陪她参观并仔细地介绍了某款不同型号轿车的性能,有时还上车进行示范,请黄女士体验。对于黄女士提出的各种各样的问题,段先生都耐心、形象、深入浅出地给予回答,并根据黄女士的情况与她商讨最佳购车方案。

黄女士特别注意到,在去停车场的看车、试车的路上,正下着雨,段先生熟练地撑起雨伞为黄女士挡雨,却把自己淋在雨里。在这一看车、试车的过程中,黄女士不仅加深了对该轿车的了解,还知道了该轿车的服务理念及单层次直接销售的好处,她很快就改变了想法,决定买一辆该品牌。

约定提车的那一天,正好是中秋节。黄女士按时前来,但她又提出了新的问题:她自己开车从来没有上过马路,况且又是新车,不知如何是好。段先生想了想,说:"我给您开回去。"由于是中秋节,又已经接近下班时间,大家都赶着回家,路上特别堵。短短的一段路,竟走了近两个小时,到黄女士家时已经是晚上六点半了。在车上,黄女士问:"这也是你们销售服务中规定的吗?"段先生说:"我们的销售服务没有规定必须这么做,但是我们的宗旨是要客户满意。"黄女士在聊天当中得知段先生还要赶往女朋友家吃饭,所以到家后塞给他一点钱,让他赶紧打车走。段先生怎么也不肯收,嘴里说着"没事没事",一会就不见踪影了。

一段时间后,黄女士发现汽车的油耗远大于段先生的介绍,每百公里超过了15升。他又找到了段先生询问原因,段先生再一次仔细讲解了该款车的驾驶要领,并告诉她节油的"窍门",还亲自坐在黄女士旁边,耐心地指导她如何操作。一圈下来,油量表指示,百公里油耗才11升。

这样,黄女士和其他车主一样,与段先生成了熟悉的朋友。她经常会接到段先生打来询问车辆的状况和提供咨询的电话。黄女士逢人便说:××车好,销售服务更好!

点评:
段先生用自己的行动把黄女士这个原本打算买一辆日产车的新客户变成了忠实于本公司汽车的老客户。首先,接待新客户方面,段先生做到了让客户感觉温馨、亲切,为接下来与客户建立CRM奠定了基础。其次,切实为客户着想,哪怕是牺牲自己的时间也要帮客户解决难题,使客户满意。再次,客户遇到任何麻烦,都能耐心细致地给客户讲解。最后,要与客户保持沟通,询问产品的使用管理情况。

3.1 客户份额与内涵及分类

3.1.1 客户界定与客户份额

1. 客户界定

客户的范围需要界定清楚,不仅客户有狭义与广义之分,也有个人和组织之分。狭义

的客户是指产品和服务的最终使用者或接受者。广义的客户要结合过程模型来理解，任何一个过程输出的接受者都是客户。用系统的观点看，企业可以看作是由许多过程构成的网络，其中某个过程是它前面过程的客户，又是它后面过程的供方。如果划定了系统的边界，在企业内部存在着内部供方和内部客户，在企业外部存在着外部供方和外部客户。因此，企业内部下一道工序是上一道工序的顾客指的就是广义的客户。客户也可以是一个人，一个目标群体，一个组织。

2. 客户份额

客户份额是指一家企业的产品或者服务在一个顾客该类消费中所占的比重，还可以更贴切地称为顾客的钱袋份额。这个概念初看起来似乎和传统的市场份额概念没有什么区别，但实际上却是有本质的不同。代表传统营销理念的市场份额是将顾客看作没有个性的群体，它的着眼点在企业一方，以卖方观点看问题，而客户份额的思路却把顾客看作不同的个体，完全是按照买方观点看问题的。客户份额营销理念是佩伯斯和罗杰斯在20世纪90年代提出的，这两个人也因此进入了世界顶尖管理大师之列。市场份额与客户份额的比较如下。

(1) 时点与事段：以往对销售效果的测量是"以特定时期内某一选定市场上发生交易的多少"作为标准；而今天则以"在一定时期内和一定区域内所获得的客户份额的多少"来衡量。

(2) 静态与动态：销售收入=使用人的数量×每个人的使用量=(新客户+原有客户×客户维系率)×每个人的使用量。客户维系率是一个动态概念，说明企业在一段时间内的客户变化。关系营销的绩效体现在维持原有的客户，而不是靠吸引新客户来增加客户数量。

(3) 现状与预期：希望提高客户份额的企业首先应了解客户有可能产生的潜在需求。关系营销是以客户份额所带来的长期利益来衡量企业的成败，这一变化始于信息技术在企业营销计划与活动中的广泛运用。

3.1.2 内涵与分类

当今全球范围内的竞争，与其说是企业之间的竞争，不如说是一系列以核心企业为中心的供应链之间的竞争，对于一个核心企业，它处于供应商、分销商、零售商及最终消费者的链条之上，它的客户不仅是最终消费者，而且还包括它的分销商和零售商，而后者往往对它来说则更为重要。因此，CRM中的"客户"应该包括供应商、分销商、零售商和最终消费者在内的企业外部客户。员工是企业的内部客户。而当前众多的CRM争论，大多隐含地将"客户"指定为最终消费者，罗纳德·S.斯威夫特认为客户的范畴如下。

消费者——购买最终产品与服务的零售客户，通常是个人或家庭。

B2B客户——将购买的产品或服务附加在自己的产品上一同出售给另外的客户，或附加到他们企业内部业务上以增加盈利或服务内容的客户。

渠道、分销商和特许经营者——不直接为企业工作，并且(通常地)不需要为其支付报酬的个人或组织。他们购买产品的目的是作为企业在当地的代表进行出售或利用企业的产品。

内部客户——企业(或联盟公司)内部的员工或业务部门，他们需要企业的产品或服务以实现他们的商业目标，这通常是最容易被企业忽略的一类客户，同时又是最具长期获利性

(潜在的)客户。

韦伯斯特和温德对客户的定义则为：所有进行共同的决策目标参与决策制定并共同承担决策风险的个人和团体，包括使用者、影响者、决策者、批准者、购买者和把关者。

(1) 使用者是指那些将要使用产品或服务的人员，在多数情况下，他们首先提出购买建议并协助决定产品价格。

(2) 影响者是指那些能够影响购买决策制定的人员，由他们提供营销活动所需要的评价信息。

(3) 决策者是指那些有权决定产品需求和供应商的人员，由他们提出采购方案。

(4) 批准者是指那些有权批准决策者或购买者所制订计划的人员，由他们最终决定是否购买。

(5) 购买者是指那些选择供应商并进行谈判的人员，由他们具体安排采购事项。

(6) 把关者是指有权阻止卖方及其信息到达采购中心的人员，如代理人、接待员、电话接线员都有可能阻止销售人员和采购方的联系。

另外，在营销理论中，"客户"(Customer)和"顾客"(Client)是不同的，顾客可以有名字，客户不能没有名字；企业为顾客提供的是群体性服务，为客户提供的却是个性化服务；顾客可以是企业中的任何人为之服务，客户是指企业定专人为之服务。企业与客户之间的关系比与顾客之间的关系更亲近，而且在客户关系时代，一个主要的理念就是将"顾客"视为"客户"，因此，将"Customer Relationship Management"，译为"客户关系管理"，而不是"顾客关系管理"，更能反映 CRM 的宗旨。

3.2 客户满意与客户忠诚

3.2.1 客户满意

1. 客户满意的理论研究

客户满意的思想和观念，早在 20 世纪 50 年代就受到世人的认识和关注。学者们对客户满意的认识大都围绕着"期望—差异"范式。这一范式的基本内涵是顾客期望形成了一个可以对产品、服务进行比较、判断的参照点。客户满意作为一种主观的感觉被感知，描述了顾客某一特定购买的期望得到满足的程度。客户满意在 20 世纪 80 年代中后期形成了一种经营理念，其基本内容是，企业的整个经营活动要以客户满意度为指针，要从客户的角度，用客户的观点而不是企业自身的利益和观点来分析客户的需求，尽可能全面尊重和维护客户的利益。

奥利弗和琳达认为客户满意是"一种心理状态，顾客根据消费经验所形成的期望与消费经历一致时而产生的一种情感状态"；威尔顿认为客户满意是"顾客在购买行为发生前对产品所形成的期望质量与消费后所感知的质量之间所存在差异的评价"；韦斯特布鲁克斯和赖利认为客户满意是"一种情感反应，这种情感反应是伴随或者是在购买过程中产品陈列，以及整体购物环境对消费者的心理影响而产生的"；科特勒将客户满意定义为"一个人通过对一种产品的可感知效果(或结果)与他或她的期望值相比较后所形成的愉悦或失望的感觉状态"。亨利·阿塞尔认为，当商品的实际消费效果达到消费者的预期时，就会导致客户满意，否则会导致顾客不满意。

从已有研究来看，客户满意具有四方面的特性。

(1) 客户满意的主观性。

(2) 客户满意的层次性。

(3) 客户满意的相对性。

(4) 客户满意的阶段性。

2. 客户满意度及划分

客户满意度是指客户对企业及企业产品/服务的满意程度。客户满意度也是客户对企业的一种感受状态，并且在这种感受状态下更容易激发交易行为的发生。一个常用的统计结果是，一个满意的客户，要6倍于一个不满意的客户更愿意继续购买那个企业的产品或服务。

在竞争日趋激烈、客户导向的市场环境中，越来越多的公司开始追逐客户满意度的提升。但是，很多企业追逐客户满意度的效果并不尽如人意。我们发现，企业如果只是追求客户满意度往往并不能解决最终的问题，因为很多时候，企业的客户满意度提高了，并不意味着企业的利润就立即获得改善。只有为公司贡献"利润"的客户才是直接的价值客户。而且价值客户对企业的利润贡献亦有高低之分。因此，企业应该对稀缺的经营资源进行优化配置，集中力量提升高价值客户的满意度；与此同时，也应该关注一下潜在的高价值客户，渐进式提高他们的满意度。从全部客户满意，到价值客户满意，再到高价值客户满意，最后到高价值客户关键因素满意，这是企业提升"客户满意度价值回报"的"流程"。

前面所述，客户满意度是一种心理状态，是一种自我体验。对这种心理状态也要进行界定，否则就无法对客户满意度进行评价。心理学家认为情感体验可以按梯级理论进行划分若干层次，相应可以把客户满意程度分成7个级度或5个级度。

7个级度：很不满意、不满意、不太满意、一般、较满意、满意和很满意。

5个级度：很不满意、不满意、一般、满意和很满意。

管理专家根据心理学的梯级理论对7个级度给出了如下参考指标。

1) 很不满意

指标：愤慨、恼怒、投诉、反宣传。

分述：很不满意状态是指顾客在消费了某种商品或服务之后感到愤慨、恼羞成怒，难以容忍，不仅企图找机会投诉，而且还会利用一切机会进行反宣传，以发泄心中的不快。

2) 不满意

指标：气愤、烦恼。

分述：不满意状态是指顾客在购买或消费某种商品或服务后所产生的气愤、烦恼状态。在这种状态下，顾客尚可勉强忍受，希望通过一定方式进行弥补，在适当的时候，也会进行反宣传，提醒自己的亲朋不要购买同样的商品或服务。

3) 不太满意

指标：抱怨、遗憾。

分述：不太满意状态是指顾客在购买或消费某种商品或服务后所产生的抱怨、遗憾状态。在这种状态下，顾客虽心存不满，但想到现实就这个样子，别要求过高。

4) 一般

指标：无明显正、负情绪。

分述：一般状态是指顾客在消费某种商品或服务过程中所形成的没有明显情绪的状态。也就是对此既说不上好，也说不上差，还算过得去。

5) 较满意

指标：好感、肯定、赞许。

分述：较满意状态是指顾客在消费某种商品或服务时所形成的好感、肯定和赞许状态。在这种状态下，顾客内心还算满意，但按更高要求还差之甚远，而与一些更差的情况相比，又令人安慰。

6) 满意

指标：称心、赞扬、愉快。

分述：满意状态是指顾客在消费了某种商品或服务时产生的称心、赞扬和愉快状态。在这种状态下，顾客不仅对自己的选择予以肯定，还会乐于向亲朋推荐，自己的期望与现实基本相符，找不出大的遗憾所在。

7) 很满意

指标：激动、满足、感谢。

分述：很满意状态是指顾客在消费某种商品或服务之后形成的激动、满足、感谢状态。在这种状态下，顾客的期望不仅完全达到，没有任何遗憾，而且可能还大大超出了自己的期望。这时顾客不仅为自己的选择而自豪，还会利用一切机会向亲朋宣传、介绍、推荐，希望他人都来消费。

5 个级度的参考指标同客户满意级度的界定是相对的，因为满意虽有层次之分，但毕竟界限模糊，从一个层次到另一个层次并没有明显的界限。之所以进行客户满意级度的划分，目的是供企业进行客户满意程度的评价之用。

3. 客户满意定义与内涵

客户满意是人的一种感觉水平，它来源于对一件产品所设想的绩效或产出与人们的期望所进行的比较。

客户满意包括产品满意、服务满意和社会满意 3 个层次。

"产品满意"是指企业产品带给顾客的满足状态，包括产品的内在质量、价格、设计、包装、时效等方面的满意。产品的质量满意是构成客户满意的基础因素。

"服务满意"是指产品售前、售中、售后及产品生命周期的不同阶段采取的服务措施令客户满意。这主要是在服务过程的每一个环节上都能设身处地地为顾客着想，做到有利于顾客、方便顾客。

"社会满意"是指顾客在对企业产品和服务的消费过程中所体验到的对社会利益的维护，主要指顾客整体社会满意，它要求企业的经营活动要有利于社会文明进步。

4. 客户满意经营系统的要素构成

客户满意经营系统的要素构成包括服务质量管理体系要素构成和服务质量保证体系要素构成。其中前者是从管理者推动角度看，后者是从受益者推动角度看。

(1) 服务质量管理体系要素构成依据 ISO 19004.2—2000《质量管理和质量体系要素 第 2 部分：服务指南》，服务质量管理体系的要素一般有关键要素、公共要素和运作要素 3 个部分组成。关键要素是管理职责、人员和物质资源及文件化的质量体系结构，并且，只有当它们相互配合协调时，才能保证客户满意。这就是说，在建立服务质量体系时，首先要管理者制定质量方针，确定质量目标，规定质量职责和权限，做好管理评审，即对质量体系进行正式的、定期的和独立的评审，以便确定质量体系在实施质量方针和实现质量目标中是否持续稳定和有效。公共要素是指对所有服务组织都适用的质量体系要素，包括质量体系的经济性，不合格服务的纠正措施，安全控制和统计方法。运作要素一般包括市场开发、服务设计、服务提供和服务业绩的分析与改进。

(2) 服务质量保证体系要素构成。一个组织的质量保证体系是建立在其质量管理体系基础上的，顾客要求的质量保证体系仅仅是质量管理体系中的有关部分。因此，尽管服务质量管理体系与质量保证体系的要素名称与排序有所不同，但两者之间都存在着相互对应的内在联系。

5. 客户满意经营的目标、方法和步骤

任何一个服务组织，要不断提高其产品质量、过程质量、组织质量和员工质量，都应该从本组织实际情况出发，精心策划与建立一个实用有效的质量体系，并使其有效运行。国内外服务业实施 ISO 9000 族标准的实践经验告诉我们，服务组织质量体系的建立和运行一般应遵循"八步法"或"十六字经"。ISO 9000：2000 标准中提出的质量管理八项原则的首项原则就是"以顾客为关注焦点"，强调组织应理解顾客当前和未来的需求，满足顾客要求并争取超越顾客期望。国内外的大量实践证明：组织只有理解和掌握了顾客的需求和期望，才能有的放矢地不断改进和完善自己的产品或服务，才能真正实现客户满意并最终为自己的生存和发展赢得更大的空间。

(1) 总结。任何一个服务组织，在质量管理上都有一定的经验和教训，因此，首先要总结开展质量活动或推行全面质量管理的经验教训，把感性的经验或教训总结提炼成理性的标准、规范或制度。

(2) 学习。服务组织应组织员工，尤其是管理人员认真学习国际服务质量管理标准及相关的 ISO 9000 族标准，并能联系本组织实际，理解和掌握。此外，还可学习同类服务组织全面质量管理工作先进经验。

(3) 对照。把本组织的质量工作现状与国际服务、质量管理标准的要求进行逐项对照，以肯定成绩，找出差距，明确今后努力的方向。

(4) 策划。是对服务组织的质量体系进行设计，它包括：产品定位；服务质量体系要素的选定；服务质量活动过程网络的确定；服务质量体系文件的设计；服务环境设计；编制服务大纲等。

(5) 调配。调配质量体系建立所需的各类资源。首先是调配人力资源，依据质量体系要求选聘合适的各级各类管理人员，同时对所有员工进行培训，使其适应质量体系的要求；其次是调配物质资源，包括安装必要的服务设施，配备必要的服务器具等。

(6) 充实。充实质量管理及企业管理的各项基础工作。

(7) 完善。完善质量体系文件，使服务质量体系文件化。

(8) 运行。质量体系文件实施的过程就是质量体系运行的过程，为了不断推进质量体系的有效运行，每个服务组织应采取下列措施。

① 开展质量培训和教育，建设质量文化。

② 认真执行以"质量否决权"为核心的质量考核制度,并与经济责任制密切挂钩,以激励员工不断改进服务质量。

③ 核算质量成本,不断提高服务效率与效益。

④ 积极开展质量控制小组活动,改进质量问题,提高员工队伍素质等。实践证明,只要遵循上述过程,服务组织的质量体系就能顺利建立起来,并有效运行,实现服务质量标准化、服务提供程序化、服务行为规范化,取得显著成效。

6. 提高客户满意度的途径

服务质量的特性导致必须考虑采用与制造业不同的方式来控制和提高质量。可以考虑的一些方法是建立和实施面向顾客的服务承诺、顾客服务和服务补救。

(1) 服务承诺。所谓服务承诺,是企业向顾客公开表述的要达到的服务质量。首先,服务承诺一方面可以起到树立企业形象、提高企业知名度的作用,另一方面可以成为顾客选择企业的依据之一,但更重要的,它还可以成为顾客和公众监督企业的依据,使企业得到持续改善的压力。其次,建立有意义的服务承诺的过程,实际上是深入了解顾客要求、不断提高客户满意度的过程,这样可以使企业的服务质量标准真正体现顾客的要求,使企业找到努力的方向。第三,根据服务承诺,企业能够确定反应顾客需求的、详细的质量标准,再依据质量标准对服务过程中的质量管理系统进行设计和控制。最后,服务承诺还可以产生积极的反馈,使顾客有动力、有依据对服务质量问题提出申诉,从而使企业明确了解所提供服务的质量和顾客所希望的质量之间的差距。

有效的服务承诺应具备哪些特征呢?一项好的服务承诺应无条件、容易理解与沟通、有意义、简便易行和容易调用。一项无误承诺应该既简洁又准确,复杂、令人困惑而且有大量脚注条件的服务保证,即使制作精美,也不会起作用。容易引起误解的服务承诺,会引发有误差的顾客期望。

(2) 顾客服务。顾客服务是指除牵涉销售和新产品提供之外的所有能促进组织与顾客间关系的交流和互动。它包括核心和延伸产品的提供方式,但不包括核心产品自身。以一项发型设计服务为例,理发本身不属于顾客服务,但顾客在理发前后或过程中所得到的待遇却属于顾客服务。假如顾客提出一些特别的处理要求,那也构成顾客服务的一项内容。在服务完成之后,假若顾客的惠顾得到感谢和赞扬,这些行为也应归入顾客服务。对制造品而言,除实际销售表现之外的所有与顾客的互动,都应看作顾客服务。

(3) 服务补救。所谓服务补救,是指组织为重新赢得因服务失败而已经失去的顾客好感而做的努力。一些服务组织不管发生什么,都不做任何服务补救的尝试与努力。还有一些组织仅投入一半的力量来做这项工作。很少有组织为此制定全面的政策,并竭尽全力地为顾客补偿。开展一项重新赢得顾客信任的工作计划,往往不被组织所认识或者是组织缺乏动力。企业可能认为,既然有无穷无尽的顾客流等待它们去挖掘,又何必为不满意的顾客而费心。以上这些做法是错误的。失去一位顾客代价高昂。首先想一下,是不是必须寻找一位新顾客来取代旧顾客,而经常寻找新顾客的成本很高。得到新的顾客,需要大量的广告和销售费用。从另一个方面来讲,忠实的顾客产生可观的销售额,他们比第一次来享受服务的顾客花钱多,且经常花高价。他们需要较低的交易成本和沟通成本,无需信誉调查或其他初始成本。忠实顾客对服务享用相当熟悉,不需要太多帮助。另外,他们还经常用他们的正向口头宣传来为组织带来新顾客。相反，那些转向竞争对手的顾客会劝阻其他顾客来光顾本企业。

有研究表明，顾客流失率降低5%，组织利润就会翻一番。因此，积极努力挽回因为对一次服务体验不满而流失的顾客，是有意义的。服务所包含的一系列环节和大量因素都会对顾客的服务体验产生影响，并最终影响到客户满意。顾客与服务组织接触的每一个点，都会影响到顾客对服务质量的整体感觉。顾客与组织接触的每一个具体的点就是关键点。顾客用关键点来评价组织的服务提供。因此对于关键点需要制订服务补救计划。该计划一般包括5个步骤：道歉、紧急复原、移情、象征性赎罪和跟踪。

① 道歉。服务补救开始于向顾客道歉。当组织感觉到顾客的不满时，应有人向顾客道歉。道歉在一定意义上意味着承认失败，一些组织不愿意这样做。可是服务组织必须认识到自己有时确实无能为力。因为服务是易变的，存在失败的风险是服务组织的固有特征。承认失败，认识到向顾客道歉的必要性，真诚地向顾客道歉，能让顾客深切地感知到他们对组织的价值，并为重新赢得顾客好感的后续工作铺平道路。

② 紧急复原。这是道歉的自然延伸，也是不满的顾客所肯定期望的。顾客希望知道，组织将做哪些事情以消除引起不满的根源。

③ 移情。当紧急复原的工作完成后，就要对顾客表现一点移情，即对顾客表示理解和同情，能设身处地地为顾客着想，这也是成功的服务补救所必需的。服务组织应对愤怒的顾客表示理解，理解因服务未满足顾客需求而对顾客造成的影响。

④ 象征性赎罪。移情之后的下一步工作是用有形方式对顾客进行补偿，如送个礼物表示象征性赎罪。可以用赠券的形式发放礼物，如一份免费点心赠券、一张机票赠券、一个高质量客房住宿赠券等。象征性赎罪的目的不是向顾客提供服务替代品，而是告诉顾客，组织愿意对顾客的失望负责，愿意为服务失败承担一定的损失。

⑤ 跟踪。组织必须检验其挽回顾客好感的努力是否成功，跟踪是组织获得了一次对补救计划自我评价的机会，以识别哪些环节需要改进。

当然，并非每一次顾客不满都需要上述全部的五个步骤。有时，顾客仅仅是对服务的某一个具体环节有点儿失望，这时只要采取前两个步骤就可能达到服务补救的目的。一个道歉和一项紧急复原行动就应该足够了。而另外一些情况，顾客被组织的服务失败所激怒，则需要采取服务补救的全部五个步骤。

7. 客户满意度分析

客户是否满意取决于客户将其对一个产品或服务的可感知的效果与他的期望值进行比较后所形成的感受。如果可感知效果低于期望值，客户就会"不满意"；如果可感知效果与期望值相匹配的话，客户就"满意"；如果可感知效果超过期望值，客户就会"高度满意"。

客户满意度分析就是在客户满意度调查基础上，分析影响客户满意度的因素，再确定其影响客户满意度的程度，以此来确认改善服务的重心。

客户满意度分析主要应把握以下几个重点。

第一，设计专业问卷对客户实施满意度调查。

第二，确定影响客户满意度的因素。

第三，分析并确认影响客户满意度因素的权重。

第四，对客户满意度分析结果的正确性进行考察。

客户满意度与客户期望值的关系是什么？

从最基础的方向来看，客户期望值实际上就是客户所要求的最基本服务，然后是进阶的服务要求；而完成好客户期望值并不代表客户就会有高的满意度。因为客户会认为完成好他对服务的基本要求是客户服务人员最基本的工作，所以只有在为客户提供了他所认为超过其"期望"的服务时，才会出现"感到满意的服务"。

如何能为客户提供令其满意的服务是客户服务的核心内容。

按照客户满意度分析的几个重点和结合我的工作经验，我们现在来讨论一下在实际工作中如何来进行客户满意度分析。

首先，设计满意度调查问卷对客户实施调查。设计调查问卷就要明确哪些方面会是客户在满意度方面比较注重的。对于中小型企业来说的话，一般也不需要专业的顾问公司来设计调查问卷，可根据自身的工作情况和前线业务人员反馈回来的信息进行分析；而对于较大型的公司来说，因为要分析的东西比较繁杂，所以最好请专业的顾问调查公司进行比较专业的调查问卷设计。

例：

1. 您是否对现在的有线电视客户服务的总体效果满意呢？
   A. 满意　　　B. 还可以　　　C. 不满意　　　D. 无所谓
2. 您是否对现在有线电视基本收视费的价格满意呢？
   A. 满意　　　B. 还可以　　　C. 不满意　　　D. 无所谓
3. 你是否对现在有线电视线路的故障维护情况满意呢？
   A. 满意　　　B. 还可以　　　C. 不满意　　　D. 无所谓

……

其次，就是要分析那些可能影响客户满意度的因素。

以有线电视为例，作为有线电视台，影响客户满意度的因素主要体现在业务办理咨询和故障维修两个方面。

客户到营业厅办理业务时，整个业务的办理过程是否顺利，是否清晰地让客户明白办理业务的要求，业务办理的效率够不够高，客户在等候办理业务时能否有一个舒服的等候环境。

客户通过电话进行咨询时，客服人员能否迅速地接听电话，说话的声音、语气、态度，回答咨询时答案的正确与否，能否迅速高效地为客户解决问题。

客户发生有线电视故障时，是否迅速地为客户进行了处理，维修人员处理的方法和处理的结果是否令客户满意。

上述这些方面都是会影响到客户对有线电视工作满意度的部分因素。

再次，就是对影响客户满意度的因素进行确认并有所偏重。

一个企业的资源有限，不可能将任何影响客户满意度的问题全部解决，通常应当分出轻重缓急。例如，有线电视出现大面积故障或频繁出现同一类型故障时，就应优先处理，将其他不是太紧急的故障稍微往后拖延。

最后，是对客户满意度分析结果的正确性进行考察。将调查后的数据用理论分析后，肯定是有偏差的，偏差的大小需要客户服务人员仔细核对，这样才能保证分析的结果更接近现实。

客户满意度分析，其目的是对客户重购率和品牌忠诚度等指标进行量化评价，以获得相关的信息为企业决策提供支持，做出最佳决策。而客户满意度分析一般按照 SAPA 法进行。

客户满意和顾客信任是两个层面的问题。如果说客户满意是一种价值判断的话，顾客信任则是客户满意的行为化。因此，我们说客户满意仅仅只是迈上了顾客信任的第一个台阶，不断强化的客户满意才是顾客信任的基础。同时，需要明确的是，客户满意并不一定可以发展为顾客信任，在从客户满意到顾客信任的过程中，企业还要做许许多多的事情。

8. SAPA 法

SAPA 法，即按照满意度调查(Survey)、结果分析(Analysis)、调整完善(Promote)、实施改进(Action)四个步骤进行客户满意度分析的方法。那应如何运用 SAPA 法进行客户满意度的调查和分析呢？

(1) 定期的第三方调查。由中立第三方调研公司进行，调查内容涉及总体满意度、总体不足、对服务中各项因素(如接通及时性、工作态度、服务规范性等)的重要性评价和满意度评价等。采用第三方调查可以从宏观上了解服务中心的运作质量，保证终端客户的满意。同时，通过调研结果的分析也可以发现一些在流程、规范中的不足，调整、完善这些流程、规范并跟进实施是每次调研后的工作。

(2) 呼叫中心(或称投诉中心)的及时通话后调查。呼叫中心应该定期与客户进行跟踪沟通，以清楚本方工作的质量与情况。呼叫中心最好还要建立通话后的 IVR(Interactive Voice Response, 互动式语音应答)语音调查，每一个咨询电话结束后，用户都可以通过语音服务选择对此次咨询的满意程度，且被记录在数据库中(中国移动及中国电信在这方面做得非常好)。同时，针对所有客户选择不满的电话，应由更高一级的咨询人员尽快进行回复，了解客户不满的原因，并为客户及时解决问题。

(3) 客户满意度调查后分析客户满意度各因素的权重。主要就是分析出到底是哪些方面尽快解决可以较好地提高客户满意度。

(4) 确立满意度分析正确性检验机制。满意度分析总结后，还需确定检验机制，以检验分析的正确性。

调查是分析客户满意度的前提，正确的调查方式是调查结果可靠的保证。及时的通话后调查可以弥补定期调查带来的灵活性、时效性缺失的问题，可以迅速解决客户遇到的问题。一般情况下，有四大类影响客户满意度的因素，即客户服务失误响应、形象美誉度、产品质量与可靠性、性能价格比。而类似于有线电视台这样的垄断服务性行业，客户服务失误响应是影响客户满意度的最主要因素，而形象美誉度则是最次要的因素。

客户服务人员应该注重客户满意度分析，以此考察工作质量和作为下一步服务改善的起点。而客户满意度分析通常包括确定影响满意度的因素、满意度调查、根据调查确定客户满意度的各因素的权重和满意度调查的事后分析检验。

3.2.2 客户忠诚

1. 客户忠诚的意义

菲利普·科特勒认为，客户满意"是指一个人通过对一个产品的可感知效果与他的期望值相比较后，所形成的愉悦或失望的感觉状态"。亨利·阿塞尔也认为，当商品的实际消费效果达到消费者的预期时，就导致了满意，否则，则会导致顾客不满意。

从上面的定义可以看出，满意水平是可感知效果和期望值之间的差异函数。如果效果低于期望，顾客就会不满意；如果可感知效果与期望相匹配，顾客就满意；如果可感知效果超过期望，顾客就会高度满意、高兴或欣喜。

一般而言，客户满意是顾客对企业和员工提供的产品和服务的直接性综合评价，是顾客对企业、产品、服务和员工的认可。顾客根据他们的价值判断来评价产品和服务，因此，科特勒认为："满意是一种人的感觉状态的水平，它来源于对一件产品所设想的绩效或产出与人们的期望所进行的比较。"从企业的角度来说，顾客服务的目标并不仅仅止于使客户满意，使顾客感到满意只是营销管理的第一步。美国维持化学品公司总裁威廉姆·泰勒认为："我们的兴趣不仅仅在于让顾客获得满意感，我们要挖掘那些被顾客认为能增进我们之间关系的有价值的东西。"在企业与顾客建立长期的伙伴关系的过程中，企业向顾客提供超过其期望的"顾客价值"，使顾客在每一次的购买过程和购后体验中都能获得满意。每一次的满意都会增强顾客对企业的信任，从而使企业能够获得长期的盈利与发展。

对于企业来说，如果对企业的产品和服务感到满意，顾客也会将他们的消费感受通过口碑传播给其他的顾客，扩大产品的知名度，提高企业的形象，为企业的长远发展不断地注入新的动力。但现实的问题是，企业往往将客户满意等于信任，甚至是"客户忠诚"。事实上，客户满意只是顾客信任的前提，顾客信任才是结果；客户满意是对某一产品、某项服务的肯定评价，即使顾客对某企业满意也只是基于他们所接受的产品和服务令他满意。如果某一次的产品和服务不完善，他对该企业也就不满意了，也就是说，它是一个感性评价指标。顾客信任是顾客对该品牌产品及拥有该品牌企业的信任感，他们可以理性地面对品牌企业的成功与不利。美国贝恩公司的调查显示，在声称对产品和企业满意甚至十分满意的顾客中，有65%~85%的顾客会转向其他产品，只有30%~40%的顾客会再次购买相同的产品或相同产品的同一型号。

客户忠诚的价值：每一个商人都在不同程度上知道拥有忠诚的顾客是好事。可是究竟忠诚的顾客对于企业来说有多少价值，可能绝大多数的企业并不知道。企业惯常所使用的会计利润常常掩盖了忠诚客户的价值。会计中的销售收入只能告诉我们量的概念，却缺少质的表达——即无法告诉我们收入中的哪一部分来自忠实的老顾客，更无法让我们知道，一个忠诚顾客的一生将给企业带来多少价值。研究表明，企业经营的大部分情况下，顾客的利润预期与其停留的时间成正比。失去一个成熟的顾客与争取到一个新顾客，在经济效益上是截然不同的。哈佛学者以美国市场为研究标的，发现在汽车服务业，流失一位老顾客所产生的利润空洞起码要三位新客户才能填满。同时，由于与老客户之间的熟悉、信任等原因使得服务一个新顾客的成本和精力要比服务一个老客户大得多。

2. 客户忠诚度

客户忠诚是从客户满意概念中引出的概念，是指客户满意后而产生的对某种产品品牌或公司的信赖、维护和希望重复购买的一种心理倾向。客户忠诚实际上是一种客户行为的持续性，客户忠诚度是指客户忠诚于企业的程度。客户忠诚表现为两种形式，一种是客户忠诚于企业的意愿；一种是客户忠诚于企业的行为。而一般的企业往往容易对此两种形式混淆起来，其实这两者具有本质的区别，前者对于企业来说本身并不产生直接的价值，而后者则对企业来说非常具有价值；道理很简单，客户只有意愿，却没有行动，对于企业来说没有意义。企业要做的是，一是推动客户从"意愿"向"行为"的转化程度；二是通过交叉销售和追加销售等途径进一步提升客户与企业的交易频度。

客户忠诚度，又可称为客户黏度，是指客户对某一特定产品或服务产生了好感，形成了"依附性"偏好，进而重复购买的一种趋向。其表现方面见表3-1。

表3-1 客户忠诚度的表现

交易忠诚	新近购买/经常购买，交易时间长度/客户份额
感情忠诚	推荐你/把你视为标准，支付额外费用/完善你的产品
满意度水平	产品/服务关系/价格，便利/品牌与形象/员工
竞争度水平	行业，竞争力

客户忠诚是指客户对企业的产品或服务的依恋或爱慕的感情，它主要通过客户的情感忠诚、行为忠诚和意识忠诚表现出来。其中情感忠诚表现为客户对企业的理念、行为和视觉形象的高度认同和满意；行为忠诚表现为客户再次消费时对企业的产品和服务的重复购买行为；意识忠诚则表现为客户做出的对企业的产品和服务的未来消费意向。这样，由情感、行为和意识三个方面组成的客户忠诚营销理论，着重于对客户行为趋向的评价，通过这种评价活动的开展，反映企业在未来经营活动中的竞争优势。

3. 客户忠诚度的关键因素

(1) 服务质量。

① 产品质量。销售前、中、后的静态体现。

② 服务水平。销售前、中、后的流程设计。

③ 技术能力。销售前、中、后的动态体现。

(2) 服务效果。即客户内心感受的满足度，可以参考消费需求心理的诸多指标。

(3) 客户关系维系。

① 互动的同理心态。

② 相对的盟友关系。

(4) 理念灌输。

① 产品(品牌)本身确认。

② 服务(供应)商的确认。

(5) 持续的良性心理刺激及增值感受。

4. 客户忠诚度与满意度的区别

(1) 客户满意度不等于客户的忠诚度，客户满意度是一种心理的满足，是客户在消费后所表露出的态度；但客户的忠诚是一种持续交易的行为，是为促进客户重复购买的发生。

衡量客户忠诚的主要指标是客户保持度(Customer Retention)，即描述企业和客户关系维系时间长度的量；客户占有率(Customer Share)，即客户将预算花费在该公司的比率。有资料表明，仅仅有客户的满意还不够，当出现更好的产品供应商时，大客户可能会更换供应商。

(2) 满意度衡量的是客户的期望和感受，而忠诚度反映客户未来的购买行动和购买承诺。客户满意度调查反映了客户对过去购买经历的意见和想法，只能反映过去的行为，不能作为未来行为的可靠预测。忠诚度调查却可以预测客户最想买什么产品，什么时候买，这些购买可以产生多少销售收入。

(3) 客户的满意度和他们的实际购买行为之间不一定有直接的联系，满意的客户不一定能保证他们始终会对企业忠诚，产生重复购买的行为。在《客户满意一钱不值，客户忠诚至尊无价》这一有关"客户忠诚"的畅销书中，作者辩论到："客户满意一钱不值，因为满意的客户仍然购买其他企业的产品。对交易过程的每个环节都十分满意的客户也会因为一个更好的价格更换供应商，而有时尽管客户对你的产品和服务不是绝对的满意，你却能一直锁定这个客户。"

例如，许多用户对微软的产品有这样那样的意见和不满，但是如果改换使用其他产品要付出很大的成本，他们也会始终坚持使用微软的产品。最近的一个调查发现，大约25%的手机用户为了保留他们的电话号码，会容忍当前签约运营商不完善的服务而不会转签别的运营商，但如果有一天，他们在转约的同时可以保留原来的号码，相信他们一定会马上行动。

不可否认，客户满意度是导致重复购买最重要的因素，当满意度达到某一高度，会引起忠诚度的大幅提高。客户忠诚度的获得必须有一个最低的客户满意水平，在这个满意度水平线下，忠诚度将明显下降。但是，客户满意度绝对不是客户忠诚的重要条件。

客户满意对客户忠诚的驱动作用研究：在有关满意水平与顾客行为的关系问题上，大致存在两种不同的观点。一种观点认为满意水平下顾客行为受到"态度"的中介影响，不受满意水平的直接控制。例如，奥利弗的研究发现，高水平的满意度可增加顾客对品牌的偏爱态度，从而间接增加对该品牌的重复购买意向。比尔登和蒂尔在对汽车服务的研究中也发现，客户满意水平对购买意向的影响受到太多的中介作用。另一种观点则相反，认为满意水平下的顾客行为是独立的，即满意水平对顾客行为起直接作用。例如，研究发现客户满意水平对顾客重购具有相当强的影响力。奥利弗的研究也表明高满意水平对重购汽车的意向有很大影响。后来的学者对客户忠诚的研究从某种程度上淡化了上述两种观点之间的分歧，因为客户忠诚同时包含了态度成分和行为成分。也有研究者认为：仅有客户满意是不够的，需要创造"顾客惊喜"。"一般满意"的顾客的忠诚比率为23%，"比较满意"的顾客的忠诚比率为31%，当顾客感到"完全满意"时，忠诚比率达到75%。施乐公司对办公用品使用者的满意度调查显示"完全满意"的顾客在购买后18个月再次购买的概率是"比较满意"者的六倍。有人着重研究了患者满意与患者忠诚之间的关系，并得出结论：患者满意虽然是患者对医疗服务质量的主观感受但却是患者选择医疗服务提供者和向他人推荐医疗服务提供者的驱动因素。

5. 忠诚度对企业营销管理的意义

1) 有利于企业核心竞争力的形成

在现代营销活动中，营销观念是企业战略形成的基础。客户忠诚营销理论倡导以客户为中心，提示企业的营销活动必须围绕这个中心进行，关注客户对企业的评价，追求客户高的满意度和忠诚度，这是市场营销观念的完善和发展。客户忠诚营销理论要求企业将客户作为企业的一项重要的资源，对企业的客户进行系统化的管理，借助于 CRM 软件的应用，获取客户的相关信息，并将之作为企业战略决策的基础。实践证明，倡导客户忠诚所形成的核心竞争力将会在企业的经营活动中得以体现。例如，上海三菱电梯有限公司从 1998 年开始导入客户满意观念，2000 年年末将其提升为客户忠诚。他们首先在企业内部开展内部营销，使内部客户满意，这是因为要满足外部客户的需求，首先要让内部客户满意。然后从电梯这个特殊产品出发，以用户满意的合同为主线，从产品设计、制造、安装到维修、持续跟踪、落实用户各项需求；其次，从用户需求导入，实施质量功能展开(Quality Function Deployment，QFD)，并列入公司方针目标，通过定期的用户满意度和忠诚度调查，将用户需求转化为产品质量特性，从而创造客户持续的忠诚。

2) 对企业业务流程和组织结构将产生重大的影响

客户忠诚营销的实施工作是企业的一项系统性的工程，它要求企业建立以忠诚度为基础的业务体系，合理分配和利用资源，进行以客户为核心的客户关系管理，在企业的销售自动化、市场营销自动化、客户服务三大领域中实现客户关系管理，它对企业现有的业务流程将会带来影响。同时，客户忠诚的实施也是对企业现有的组织结构的挑战，它要求企业内部形成一个自上而下的便于客户关系管理工作开展的畅通的信息传播体系，改变以往那种相互分割的状况，使组织能对客户的信息做出迅速地反应。

3) 有利于提高企业员工的凝聚力

在客户忠诚营销理论中，客户的涵义是广泛的。它不仅指企业的外部客户，也指企业的内部员工。客户忠诚一方面是要追求外部客户对企业的忠诚度，同时，也要追求企业员工的忠诚。从某种意义上说，员工的忠诚具有重大作用，企业的产品和服务是通过员工的行为传递给客户的，一位对企业有着较高忠诚度的员工，无疑会努力用自身的良好行为，为企业的客户提供满意的服务，从而感染客户，赢得客户对企业的忠诚。因此，在企业中倡导客户忠诚观念，对员工实施关怀，给员工提供展现个人能力和发展的空间，会极大地提高员工的工作激情，形成巨大的凝聚力。

4) 有利于推动社会的"诚信"建设

以客户满意为起点，以客户忠诚为经营活动的目标，就可以促进企业不断地追求更高的目标，为社会创造更多的令公众满意的物质财富。同时，企业以客户为中心的理念的贯彻，可以带动企业建立起诚实守信的经营机制，增强全体员工的服务意识和道德意识，从而杜绝各种制假售假、欺瞒诈骗的违法行为，为促进良好的社会风气发挥积极的作用。

6. 提高客户忠诚度有十大原则

做好客户服务，提高客户忠诚度有十大原则，企业只有把握好这些原则，才能真正地获得服务为产品带来的附加价值。

(1) 控制产品质量和价格。产品质量是企业开展优质服务、提高客户忠诚度的基础。世界众多品牌产品的发展历史告诉我们，消费者对品牌的忠诚在一定意义上也可以说是对其产品质量的忠诚。只有过硬的高质量产品，才能真正在人们的心目中树立起"金字招牌"，从而受到人们的爱戴。当然仅有产品的高质量是不够的，合理地制定产品价格也是提高客户忠诚度的重要手段。企业要以获得正常利润为定价目标，坚决摈弃追求暴利的短期行为；要尽可能地做到按客户的"预期价格"定价。所谓"预期价格"，是大多数消费者对某一产品的"心理估价"。如果企业定价超出"预期价格"，消费者会认为价格过高，名不副实，从而削弱购买欲望；如果企业定价达不到"预期价格"，消费者又会对产品的性能产生怀疑，进而犹豫不买。

(2) 了解企业的产品。企业必须要让服务人员完全充分地了解企业的产品，传授关于产品的知识和提供相关的服务，从而让企业赢得客户的信赖。同时，服务人员应该主动地了解企业的产品、服务和所有折扣信息，尽量预测到客户可能会提出的问题。

(3) 了解企业的客户。企业应该尽可能地了解相关客户的情况，这样你就可以提供最符合他们需求和消费习惯的产品和服务。和他们交谈，倾听他们的声音，这样你就不难找到使他们不满的根源所在。当客户对服务提供者相互了解后，如企业了解客户的服务预期和接受服务的方式等，服务过程就会变得更加顺利，时间也会缩短，而且服务失误率也会下降。由此，为每个客户提供服务的成本会减少，反过来企业的利润就会增加。企业常陷在自己的世界里，就会察觉不到客户的实际感受。站在另一个角度上，或当一次竞争对手的客户，对企业会有很大的帮助。

(4) 提高服务质量。企业的每位员工，都应该致力于为客户创造愉快的购买经历，并时刻努力做得更好，超越客户的期望值。要知道经常接受企业服务而且感到满意的客户会对企业作正面的宣传，而且会将企业的服务推荐给朋友、邻居、生意上的合作伙伴或其他人。他们会成为企业"义务"的市场推广人员。许多企业，特别是一些小型企业，就是靠客户的不断宣传而发展起来的。在这种情况下，新客户的获得不再需要企业付出额外的成本，但显然又会增加企业的利润。

(5) 提高客户满意度。客户满意度在一定意义上是企业经营"质量"的衡量方式。通过客户满意调查、面谈等，真实了解企业的客户目前最需要的是什么，什么对他们最有价值，再想想他们能从你提供的服务中得到这些认知的最好做法。但是，除了销售活动、售后服务和企业文化等因素外，客户满意度的高低还会受法律等其他一些强制性约束条件的影响。对于那些由于心理特性和社会行为方式而背离曾经忠诚过的企业的客户，放弃无疑是企业的最佳选择。从这个意义上讲，企业应该尽可能地提高客户满意度，而非不惜一切代价致力于全面的甚至极端的客户满意。

(6) 超越客户期待。不要拘泥于基本和可预见的水平，而向客户提供渴望的甚至是意外惊喜的服务。在行业中确定"常规"，然后寻找常规以外的机会，给予超出"正常需要"的更多的选择。客户是会注意到你的高标准服务的。也许这些可能被企业的竞争对手效仿，但企业只要持续改进就一定不会落于人后。

(7) 满足客户个性化要求。通常企业会按照自己的想象预测目标消费者的行动。事实上，所有关于客户人口统计和心理方面的信息都具有局限性，而且预测模型软件也具有局限性。因此，企业必须改变"大众营销"的思路，注意满足客户的个性化要求。要做到这一点就必须尽量占有客户知识，利用各种可以利用的机会来获得更全面的客户情况，包括分析客户的语言和行为。如果企业不是持续地了解客户，或者未能把所获得的客户知识融入执行方案之中，就不可能利用所获得的客户知识形成引人注目的产品或服务。

(8) 正确处理客户问题。要与客户建立长期的相互信任的伙伴关系，就要善于处理客户的抱怨或异议。有研究显示，通常在 25 个不满意的客户中只有一个人会去投诉，其他 24 个则悄悄地转移到了其他企业的产品或服务上。因此，有条件的企业应尽力鼓励客户提出抱怨，然后再设法解决其遇到的问题。

有研究显示：一个最好的客户往往是受过最大挫折的客户。得到满意解决的投诉者，与从没有不满意的客户相比，往往更容易成为企业最忠诚的客户。一般而言，在重大问题投诉者中，有 4% 的人在问题解决后会再次购买该企业产品，而小问题投诉者的重购率则可达到 53%，若企业迅速解决投诉问题，重购率为 52%～95%。

当然，客户满意度并不等于客户忠诚度。不满意的消费者并不一定抱怨，而仅仅会转向其他企业。但是，客户忠诚度的获得必须有一个最低的客户满意度作为基础。客户的抱怨可以成为企业建立和改善业务的最好路标。客户能指出系统在什么地方出了问题，哪里是薄弱环节，客户能告诉企业产品在哪些方面不能满足他们的期望，或者企业的工作没有起色。同样，客户也能指出企业的竞争对手的优势，或企业员工在哪些地方落后于人，这些都是人们给咨询师付费才能获得的内容和结论，而善于利用的企业则由此获得了一笔免费的财富。

(9) 让购买程序变得简单。企业无论在商店里、网站上还是企业的商品目录上，购买的程序越简单越好。简化一切不必要的书写、填表步骤，帮助企业的客户找到他们需要的产品，解释这个产品如何工作，并且做任何能够简化交易过程的事情，制定标准简化的服务流程。

(10) 服务内部客户。所谓内部客户是指企业的任何一个雇员。每位员工或者员工群体都构成了对外部客户供给循环的一部分。如果内部客户没有适宜的服务水平，使他们以最大的效率进行工作，那么外部客户所接受的服务便会受到不良影响，必然会引起外部客户的不满甚至丧失外部客户的忠诚。如果企业对这一问题不给予足够的重视，势必会导致较低的客户忠诚度和较高的客户流失率，最终导致企业赢利能力降低。

7. 客户满意与客户忠诚关系的调节因素研究

在多数情况下客户满意和客户忠诚并不是简单的线性关系。这说明在客户满意和客户忠诚两个变量之间存在着一些调节变量，这些调节变量及其作用强度会因行业的不同而有所差异。已有研究辨识出如下调节变量并进行了实证研究。

(1) 社会规范与情境因素。主观的行为规范会受到社会规范的影响。例如，当一个少年消费者对一件时尚款式的服装表现出极高的态度倾向时，他也许会觉得他的父母对他穿此类服装感到反感而取消购买的决定。对零售业的研究中证明了商店类型、地理位置等社会规范与情景因素对客户忠诚的影响作用。

(2) 产品经验。顾客先前的经验和知识会很大程度地影响顾客的态度与行为。顾客以前的经验无形中也就构成了今后使用这种服务的满意度的门槛。在客户忠诚的形成过程中，产品经验通常作为一个情境因素发挥着调节作用。

(3) 替代选择性。如果顾客感知现有企业的竞争者能够提供价廉、便利和齐全的服务项目或者较高的利润回报，他们就可能决定终止现有关系而接受竞争者的服务或者产品。如果顾客没有发现富有吸引力的竞争企业，那么他们将保持现有关系，即使这种关系被顾客感知不太满意。

(4) 转换成本。转换成本指的是顾客从现有厂商处购买商品转向从其他厂商购买商品时面临的一次性成本。由于转换成本的存在，顾客终结当前的关系先前的投资就会受到损失，于是就被迫维持当前与供应商之间的关系，即使顾客对这种关系不满意，因此顾客转换成本较高时顾客的行为忠诚也较高。研究表明当转换成本非常低时，由于大部分人喜欢尝试多样性，即使一些顾客高度满意，但重购率并不高。

客户满意与客户忠诚关系的研究，对于企业设计与执行顾客保留策略，降低顾客流失率具有重要意义。通过文献回顾，总结以前学者的研究结果，讨论客户满意、客户忠诚的内涵及两者间的关系，指出已有研究的不足和今后研究的方向。客户满意与客户忠诚是消费者行为研究中的一个重要课题。弄清楚客户满意、客户忠诚与顾客消费行为之间的关系，有助于企业设计与执行顾客保留策略，从而降低顾客流失率。

8. 现有研究的局限

(1) 对满意水平的变化未予重视。大多数研究者忽略了满意是一个由低满意到高满意的两极结构，同样是满意的顾客，其满意的水平和原因却可能大相径庭。这也许是在客户满意与客户忠诚关系问题上众说纷纭的原因之一。

(2) 有关客户满意与客户忠诚之间关系的研究大多局限于有形产品领域，应用服务消费市场的研究很少。

(3) 在我国的情形是，许多企业仍然保持了计划经济时代的特征，对于顾客行为的关注不够。因此，认为有必要对我国环境中客户满意与客户忠诚的关系做进一步的研究。

3.2.3 客户满意到客户忠诚

企业都面临这样一个现实：产品差异性越来越小，客户需求却千变万化。那么，怎样才能在激烈的竞争中赢得客户，将客户满意上升到客户忠诚有以下几条策略。

(1) "以人为本"很关键。"以人为本"一方面是针对客户，另一方面也针对企业员工。只有真正做到把客户视为"上帝"，才会让客户对企业及其品牌忠诚。提升客户忠诚度的关键主体是客户，企业员工则是实现这一目标的基础。企业要想赢得客户必须先赢得自身的员工，没有员工的忠诚，就谈不上客户的忠诚。

(2) 创造持久的客户热情。企业在市场上获得成功的关键在于分享客户而不是瓜分市场，在于对客户满意和客户忠诚的重视。只有在追求客户满意的前提下，为不同客户的不同需求量身定做产品或提供服务，提高客户忠诚度，企业才能获得稳定的利润。因此，企业的首要任务就是"创造客户"，并致力于实现从客户满意到客户忠诚的转化，创造持久的客户热情。只有这样，才能创造出稳定的收入与利润增长，实现企业持续发展。

(3) 实施差异化战略。迈克尔·波特提出："企业唯一持久的竞争优势来源于差异化。"业务创新和产品的差异化是现代企业取得竞争优势的重要手段。产品差异化即以产品为特色，尽可能多地为客户提供增值业务，让客户在同等条件下获得最大的效用。产品差异化带来的附加价值，可以极大地弥补企业在价格等方面的缺陷。而客户差异化战略是企业留住客户的"杀手锏"，也就是我们常说的分客户群经营策略。采取客户差异化战略的前提是了解客户，这对于建立客户忠诚非常重要。了解客户意味着企业要从客户的资料数据中挖掘出其独特之处，掌握导致客户差异的原因。对于不同特征的客户，企业要制定不同的营销和管理策略。无论是比较传统的客户还是当今的客户都对个性化服务情有独钟,因为拥有别人享受不到的独特服务会让客户产生优越感。因此,企业获取客户忠诚的一个重要手段就是通过定制化方式生产出专属于特定客户的服务或产品。对企业而言,细分客户,针对某一细分群体提供符合其个性、满足其特定要求的服务,才能给这一特殊客户群提供高于其他竞争者的价值和吸引。

(4) 找到最佳切入点。20%的客户能够为企业带来 80%的收入和利润,这也就是我们通常所说的大客户即重点客户。提高大客户的忠诚度和满意度无疑是企业的战略性任务之一。根据美国营销学者赖克海德和萨瑟的理论,一个公司如果将其顾客流失率降低 5%,利润就能增加 25%~85%。从这个意义上说,凡是追求可持续发展的企业,都会对大客户提供超值服务并进行妥善管理。因此,与大客户建立良好的关系是保证业务收入稳步增长、提高市场占有率的重要手段。推进大客户营销战略,实行客户经理制,为客户提供差异化服务,在战略上充分重视大客户对企业发展的重要性,在产品服务、价格、服务等级等方面给予大客户优质满意的服务,满足大客户的个性化、差异化需求。另外,还要考虑优惠规则问题,掌握统一尺度,避免大客户之间相互攀比,因为优惠幅度的较大差异而引起不满情绪,也会影响到企业的服务质量,不能简单地认为,价格越便宜用户就越满意。

3.3 客户信息及获取方式

3.3.1 客户信息的概念与类型

客户信息是指客户喜好、客户细分、客户需求、客户联系方式等一些关于客户的基本资料,其主要内容及举例见表 3-2。

表 3-2 客户信息举例

客户名称	描述客户名称,可以是客户的公司名称也可以是易记简称
所属区域	按照客户的业务范围进行定义,如果客户的经营范围是国内大区,如华南、华东、华中、华北、西南、西北等
客户性质	就是客户的企业性质,如国有企业、中外合资、私营或个体户、外商独资等
客户来源	如网站广告、展览会、客户推荐、电话、邮件、报刊广告、黄页、朋友介绍等
客户类别	如潜在终端客户、潜在代理、现有终端客户、现有代理、流失终端客户、流失代理等
所属行业	按照用户的客户的所属行业进行定义,如教育、医疗卫生、政府等
信用状况	销售人员自行衡量评估客户的信用状况。一至五星。
联系策略	设定这个客户的联系周期,系统为了防止企业长时间不与客户联系,系统将按照这个策略给企业提醒跟进计划
购买策略	设定这个客户的购买周期,是为了防止客户流失而企业又没留意,当客户超出这个策略时间没有购买记录的话,系统自动生成一条客户业务下滑提醒,让企业及时采取一些行动,挽留客户
员工数量	为了能更清楚地了解客户的现状

续表

规模	指对企业生产、经营等范围的划型,划分为大中小三个类型
从业时间	从企业从事某项行业之日起计算从业年限
行业地位	为了能更清楚地了解客户的重要程度。可以设置为领导者、较有影响、影响一般和没有影响力等
结算方式	例如,现款现货、一个月回款、票到付款、2个月回款、3个月回款等
希望代理	了解经销商客户的发展动向
电话	客户的常用联系电话
传真	客户的传真号码
电子邮件	企业可以通过系统给客户发送电子邮件,而不用重复输入
单位网址	记录客户的单位网址。方便查找和了解客户的更多信息
通信地址	方便给客户邮寄资料
邮政编码	记录客户所在地区的邮政编码
交易次数	系统自动统计客户的消费次数
交易金额	系统自动统计客户的总交易金额,方便了解客户的重要程度
首次交易	系统自动记录客户的业务往来开始时间
最近交易	系统自动记录客户的最近一次购买时间,方便跟踪客户

客户信息主要分为描述类信息、行为类信息和关联类信息三种类型。下面简单介绍这三种基本的客户信息类型的特点。

1. 描述类信息

客户描述类信息主要是用来理解客户的基本属性的信息,如个人客户的联系信息、地理信息和人口统计信息,企业客户的社会经济统计信息等。这类信息主要来自于客户的登记信息,以及通过企业的运营管理系统收集到的客户基本信息。

这类信息的内容大多是描述客户基本属性的静态数据,其优点是大多数的信息内容比较容易采集到。但是一些基本的客户描述类信息内容有时缺乏差异性,而其中的一些信息往往涉及客户的隐私,如客户的住所、联络方式、收入等信息。

对于客户描述类信息最主要的评价要素就是数据采集的准确性。

在实际情况中,经常有一些企业知道为多少客户提供了服务,以及客户购买了什么,但是往往到了需要主动联络客户的时候,才发现缺乏能够描述客户特征的信息和与客户建立联系的方式,或是这些联络方式已经失效了,这都是因为企业没有很好地规划和有意识地采集、维护这些客户描述类信息。

2. 行为类信息

客户的行为类信息一般包括:客户购买服务或产品的记录、客户的服务或产品的消费记录、客户与企业的联络记录,以及客户的消费行为、客户偏好和生活方式等相关的信息。

客户行为类信息的主要目的是帮助企业的市场营销人员和客户服务人员在客户分析中掌握和理解客户的行为。客户的行为信息反映了客户的消费选择或是决策过程。

行为类数据一般都来源于企业内部交易系统的交易记录、企业呼叫中心的客户服务和客户接触记录、营销活动中采集到的客户响应数据，以及与客户接触的其他销售人员与服务人员收集到的数据信息。有时企业从外部采集或购买的客户数据也会包括大量的客户行为类数据。

客户偏好信息主要是描述客户的兴趣和爱好的信息。例如，有些客户喜欢户外运动，有些客户喜欢旅游，有些客户喜欢打网球，有些喜欢读书。这些数据有助于帮助企业了解客户的潜在消费需求。

企业往往记录了大量的客户交易数据，如零售企业就记录了客户的购物时间、购物商品类型、购物数量、购物价格等信息。电子商务网站也记录了网上客户购物的交易数据，如客户购买的商品、交易的时间、购物的频率等。例如，对于移动通信客户来说，其行为信息包括通话的时间、通话时长、呼叫客户号码、呼叫状态、通话频率等；对于电子商务网站来说，点击数据流记录了客户在不同页面之间的浏览和点击数据，这些数据能够很好地反映客户的浏览行为。

与客户描述类信息不同，客户的行为类信息主要是客户在消费和服务过程中的动态交易数据和交易过程中的辅助信息，需要实时地记录和采集。

在拥有完备客户信息采集与管理系统的企业里，客户的交易记录和服务记录非常容易获得，而且从交易记录的角度来观察往往是比较完备的。

但是需要认识到的是，客户的行为信息并不完全等同于客户的交易和消费记录。客户的行为特征往往是对客户的交易记录和其他行为数据进行必要的处理和分析后得到的信息汇总和提炼。

3. 关联类信息

客户的关联类信息是指与客户行为相关的，反映和影响客户行为和心理等因素的相关信息。企业建立和维护这类信息的主要目的是更有效地帮助企业的营销人员和客户分析人员深入理解影响客户行为的相关因素。

客户关联类信息经常包括客户满意度、客户忠诚度、客户对产品与服务的偏好或态度、竞争对手行为等。

这些关联类信息有时可以通过专门的数据调研和采集获得，如通过市场营销调研、客户研究等获得客户的满意度、客户对产品或服务的偏好等；有时也需要应用复杂的客户关联分析来产生，如客户忠诚度、客户流失倾向、客户终身价值等。客户关联类信息经常是客户分析的核心目标。

以移动通信企业来说，其核心的关联类信息就包括了客户的终生价值、客户忠诚度、客户流失倾向、客户联络价值、客户呼叫倾向等。

关联类信息所需的数据往往较难采集和获得，即使获得了也不容易结构化后导入到业务应用系统和客户分析系统。

规划、采集和应用客户关联类信息往往需要一定的创造性，而采集与应用也不是简单的技术问题，而往往是为了实现市场管理或客户管理直接相关的业务目标服务的业务问题，如提高客户满意度、提高客户忠诚度、降低客户流失率、提高潜在客户发展效率、优化客户组合等核心的客户营销问题。

很多企业没有有意识地采集过这类信息，而对于高端客户和活跃客户来说，客户关联类信息可以有效地反映客户的行为倾向。对于很多企业来讲，尤其是服务类企业，有效地掌握客户关联类信息对于客户营销策略和客户服务策略的设计实施是至关重要的。一些没能很好地采集和应用这些信息的企业往往会在竞争中丧失竞争优势和客户资源。

3.3.2 客户信息的采集

客户信息采集指客户数据的采集、整理和加工；客户知识获取指客户信息的统计、分析和预测；客户知识运用指客户知识的发布、传递和利用。

客户信息的采集是企业营销活动的一项系统性工作，面临着如何高效获取并不断更新客户信息的问题，而且客户信息的不同维度来源途径和获取程度存在各种差异。

不同的行业和企业定义客户的信息视图有所差别，企业需要通过客户的信息和行为来描述特征，尤其当定义潜在目标客户群时，更是需要如此。

一般来说，从市场营销的角度，描述客户信息的变量可以分为人口信息、行为信息和价值信息三类。在每一类中又可以进行相应的细分。

1. 获取客户信息的来源

一般来说，企业获取客户信息的来源主要来自于企业内部已经登记的客户信息、客户销售记录、与客户服务接触过程中收集的信息，以及从外部获得的客户信息。

很多企业也有意识地组织一些活动来采集客户信息，如经常采用的有奖登记活动，以各种方式对自愿登记的客户进行奖励，要求参加者填写他们的姓名、电话和地址等信息，这样的一些活动能够在短时间内收集到较大量的客户信息。

收集客户资料的方法还包括有奖登记卡和折扣券、会员俱乐部、赠送礼品、利用电子邮件或网站来收集等。

2. 获取客户信息的渠道及优缺点

客户企业的信息可以为我们提供很多有价值的内容，从而有效地指导我们的销售工作。但市场处处充满竞争，信息变得隐蔽、不完整，如何获取我们所需要的信息呢？

(1) 搜索：动动你的手指，信息尽在指尖；网上信息让你随意搜索企业网站、新闻报道、行业评论等。优点：信息量大，覆盖面广泛。缺点：准确性、可参考性不高，需要经过筛选方可放心使用。

(2) 权威数据库：他们是谁；国家或者国际上对行业信息或者企业信息有权威的统计和分析，是可供参考的重点，对企业销售具有重要的指导作用。优点：内容具有权威性和准确性。缺点：不易获得。

(3) 专业网站：很多是免费的；各行业内部或者行业之间为了促进发展和交流，往往设立有行业网站，或者该方面技术的专业网站。优点：以专业的眼光看行业，具有借鉴性，企业间可做对比。缺点：不包含深层次的信息。

(4) 展览：最值得去的地方；各行业或者地区定期或不定期会有展览。会有很多企业参展。优点：更丰富具体的信息。缺点：展览时间的不确定性。

(5) 老客户：你忽略了信息价值吗；你的老客户同你新的大客户之间会有一定的相同之处。而同行业之间会有更多的相似之处，因此，你的老客户也会很了解其他客户的信息。销售企业可根据同老客户的关系，获得行业内部的一些信息。优点：信息的针对性和具体性，可参考性高。缺点：容易带主观思想色彩。

(6) 竞争对手：让对手开口告诉你你的客户信息。优点：迅速。缺点：准确度低，成本高。

(7) 客户企业：它会为你提供相应的一些必要信息。优点：具体。缺点：片面性大。

(8) 市场考察：想畅销就得做。优点：翔实可靠。缺点：成本大。

(9) 会议与论坛：注意那些行业精英的观点，这些观点对行业的发展会起到很深的影响。优点：集思广益。缺点：信息可操作性差。

(10) 专业机构：为你提供专业信息。优点：分析与研究能力强。缺点：费用高，时间长。

从多个渠道收集我们所需要的信息，是保证我们信息全面的有效方法，因为客户信息对我们后面的专业判断影响甚大，因此要严格认真地对待。

3. 从外部获取潜在客户数据的渠道

幸运的是，尽管国内的数据营销的社会基础并不十分完善，但仍有很多的机会找到并获取相关的客户数据。这些数据一般都要通过购买、租用或是合作的方式来获取。

以下是可能的潜在客户数据获取渠道。

(1) 数据公司。数据公司专门收集、整合和分析各类客户的数据和客户属性。专门从事这一领域的数据公司往往与政府及拥有大量数据的相关行业和机构有着良好而密切的合作关系。一般情况下，这类公司都可以为直复营销行业提供成千上万的客户数据列表。在北京、上海、广州、深圳等国内大中城市，这类公司发展非常迅速，已经开始成为数据营销领域的重要角色。

(2) 目录营销与直复营销组织。这类组织直接给消费者打电话或邮寄产品目录。只要有合适的价格或目的安排，许多这样的公司都愿意分享他们的数据列表。

(3) 零售商。一些大型的零售公司也会有丰富的客户会员数据可以获取。

(4) 信用卡公司。信用卡公司保存有大量的客户交易历史记录，这类数据的质量非常高。

(5) 信用调查公司。在国外有专门从事客户信用调查的公司，而且这类公司一般愿意出售这些客户的数据。

(6) 专业调查公司。在消费品行业、服务行业及其他一些行业中，有许多专注于产品调查的公司。这些公司通过长期的积累和合作，通常积累了大量的客户数据。

(7) 消费者研究公司。这类组织往往分析并构建复杂的客户消费行为特征，这类数据可以通过购买获取。

(8) 相关服务行业。可以通过与相关行业有大量客户数据的公司进行合作或交换的方式获取客户数据。这类行业包括通信公司、航空公司、金融机构、旅行社等。

(9) 杂志和报纸。一些全国性或区域性的杂志和报纸媒体也保有大量的客户订阅信息和调查信息。

(10) 政府机构。官方人口普查数据，结合政府资助的调查和消费者研究信息都有助于丰富客户数据列表。政府的行政机关和研究机构往往也有大量的客户数据，如公安户政部门的户政数据、税务机关的纳税信息、社保部门的社会保险信息等。

在国内，政府部门往往拥有最完整而有效的大量数据。在以前，这些数据并没有很好的应用于商业用途。政府部门已经在大力加强基础信息数据库的建设工作，在数据基础越来越好、数据的管理和应用越来越规范的市场趋势下，政府部门也在有意识地开放这些数据用于商业用途。

3.3.3 客户信息整理

1. 客户信息整理重点

在获取客户信息时，要充分明确自身信息需求，积极汇聚潜在客户信息，要以敏锐的触觉感知市场，洞悉自己的竞争对手，实时跟踪动态信息的流变，要对行业市场全貌有所了解。

信息收集后要进行归类整理，便于及时回复和节省时间。要学会挖掘提炼信息价值，使收集的各类资料最大限度地服务于企业销售。

(1) 大客户基础资料。其为什么样的客户？规模多大？员工多少？一年内大概会买多少同类产品？大客户的消费量、消费模式和消费周期是怎样？其组织机构是什么样的？我们所拥有的通信方式是否齐全？客户各部门情况我们是否了解？客户所在的行业基本状况如何？大客户在该行业中所处地位、规模如何？并根据大客户自身的变化，进行适当的动态管理。

(2) 项目资料。项目信息是评估的关键因素，在对大客户实行战略规划时，若没有对大客户项目有基本的了解，就无从谈起后面的交流合作。客户最近的采购计划是什么？通过这个项目要解决的问题是什么？决策人和影响者是谁？采购时间表、采购预算、采购流程是否清楚？客户的特殊需求是什么？

(3) 竞争对手的资料。身处激烈的市场竞争条件下，不得不多关注自己的对手，以防止竞争对手突如其来的攻击，从而影响本企业的销售。竞争对手资料包括以下几个方面：产品使用情况，客户对其产品的满意度，竞争对手的销售代表的名字、销售的特点，该销售代表与客户的关系等。

2. 客户资料组成

在产品同质化和市场的趋同严峻的市场中，如何制胜？挖掘到客户的实际内在需求，打动客户；了解客户的家庭状况，毕业的大学，喜欢的运动，喜爱的餐厅和食物，饲养的宠物，喜欢阅读的书籍，上次度假的地点和下次休假的计划，日常行程，在机构中的作用，同事之间的关系，今年的工作目标和个人发展计划、志向等，从心底里让他信任你，爱上你。

通常我们获取客户资料由第一手和第二手两部分组成。

1) 第一手客户资料来源

(1) 现场参观考察。

(2) 会展观察报告。

(3) 产品解剖分析。

2) 第二手客户资料来源

(1) 报纸和专业杂志。

(2) 行业协会出版物。

(3) 产业研究报告。

(4) 政府各管理机构对外公开的档案(如工商企业注册资料、上市公司业绩报告等)。

(5) 政府出版物。

(6) 互联网及数据库。

(7) 工商企业名录。

(8) 产品样本、手册。

(9) 企业招聘广告。

(10) 企业内部员工。

(11) 经销商。

(12) 供货商。

(13) 客户。

(14) 行业主管部门。

(15) 竞争对手。

(16) 信用调查报告。

(17) 专业调查咨询机构。

(18) 驻外使馆和驻华机构。

(19) 驻京的国际组织。

其中,互联网的功能与作用日益重要。互联网作为20世纪最伟大的技术发明之一,商用才十几年,却已大大改变了人们生活、工作、交往和交易的方式,成为经济全球化的重要标志和动力之一。网络已经成为企业情报人员收集信息的最主要的手段。报刊和其他信息收集方式已经成为了辅助的手段。但是,却只有少数的企业在使用专门的情报收集系统搜集信息。

3. 代表性网络渠道

随着因特网的不断发展,为吸引更多用户的访问,不少网站往往拥有很多有价值的信息,允许免费查询,以吸引更多用户的访问,用户可以利用搜索引擎找到这些网站,在搜索过程中,要充分发挥智能,特别是搜索结果的分析,不同的搜索引擎会搜索到不同的网站,同一搜索引擎在不同的时间结果也会不同,这就是一种信号,提示你哪些网站的影响面大,哪些网站是动态变化的,下面介绍几个对中小企业有帮助的网站。

(1) 政府、行会和商会的网站。政府、行会和商会的网站可以进行经贸关系的初步调研、中国对外经贸资料的查阅,可以总结出中国哪些产品在哪些国家和地区的出口额是上升或下降,帮助在进入国别上进行决策,还可以查阅对外经济贸易相关的法律法规,给出口企业很大的帮助。类似的网站往往是贸易成功的基础,有了这些网站,就可以全面了解一个国家、地区、行业或商业最新、最全的信息,为决策提供大量事实依据。行会商会,主动联系国内企业从外国的行业协会、地方商会中也是合法获取国外同行信息的有效途径。与各国行业协会、商会联系的方法可以从中国驻外大使馆的商务处得到,也可以从互联网上可获得,如只要在网上输入一些关键词,就可以查到很多机构、贸易商和行业协会的资料。

例如,中国商务部网站(http://www.mofcom.gov.cn),中国贸易促进委员会和中国国际商会(http://www.ccpit.org),香港贸易发展局(http://www.trctrede.com),千龙网(http://www.21dnn.com),首都之窗(http://www.beijing.gov.cn)。

(2) 国内著名的商务网站。商务网站的性质和服务内容大致相同,都是知名的国际商务站点,宗旨就是促进国际贸易活动,全方位地提供全球及地区性的各类商业信息,但它们也有不同,如阿里巴巴提供市场调研和分析、贸易条款及规定、出口知识必备、货运情况等,接口友好,反应迅捷,经常会有意外收获;提供日本、韩国、中国台湾地区的企业名录、贸易事件、贸易展会信息,在这个网站上还能与著名的企业名录实现链接。

例如,中国经济网(http://www.ce.cn),阿里巴巴中文网(http://china.alibaba.com),日本的日经 BP 中文网(http://china.nikkeibp.com.jp),中国企业网(http://www.ce.net.cn),北京企业网(http://www.bjbbc.com.cn)。

(3) 利用网站引擎搜索。随着网络技术的成熟与发展,借助搜索引擎和网络监控系统来搜集国外客户资料竞争对手情报。

通过对 20 多亿网页进行整理,可在不足半秒内,为世界各地用户提供所需的信息服务。例如, http://www.hao123.com 提供包括 Internet/intranet 信息检索、信息获取、信息发布、信息定制全系列后门户时代的信息技术,在 1 分钟内可获取 1 000 多家网络媒体的全部监测新闻和信息。由于搜索引擎和网络监控技术,使得企业快速了解国内客户、竞争对手的现状、实力、意图成为可能。互联网在获取国外竞争对手情报的作用将显示出其特有魅力。

例如, Google 搜索引擎(http://www.google.cn),百度(http://www.baidu.com)。

另外,电视、电台、报刊等大众传媒蕴藏着大量的对中小企业有用的企业竞争情报。例如,北京电视台的经济频道、央视 CCTV-2、凤凰卫视的财经信息、《商业周刊》都含有大量的客户资料、贸易金融、市场投资行情、经济分析等咨询。传媒上的企业广告对于分析国外市场营销特征、用户需求,了解产品式样、品质,对企业开发新产品有着参考借鉴作用。企业只要有目的地注意经常浏览这些报刊,注意收听广播,和留意电视上的广告,就能得到大量有用的客户资料。

4. 客户资料的分析

对于收集到的客户资料的应主要从以下 8 个方面分析。

(1) 企业的基本情况:公司的地址、联络方式、性质、业务范围、法人代表姓名、注册资本、审批机关、股权分布、关联机构等。

(2) 企业背景:公司的历史与沿革、隶属关系、业务范围的变化、股东资料与主要负责人的简历、重大事件、政界支持等。

(3) 公司核心产品的研发、生产与销售状况:性能价格比、功效、技术领先性、生产目标与现实生产能力(厂房与生产线数量与规格)、销售额与销售政策。

(4) 公司的发展目标与战略选择:计划产值与销售额、利润目标、主要在建与投产项目;战略模式——成本领先还是技术领先,主导型还是跟随型。

(5) 市场销售:销售额、销售区域、重点市场、库存情况、客户类别、数量及分布;

营销管理政策与营销的架构、策略；呆死账管理等。

(6) 重点岗位人员情况：姓名、年龄、职务与职责、文化程度、个人能力与性格爱好、与主管领导的关系、家庭成员情况及相互关系、是否有明显的性格缺陷或是否有离职倾向等。

(7) 财务与资信状况：注册资本与实有资本、开户行与开户日期、平均存款余额与信用等级、企业负债额与曾获得过的最大信用额、是否有无正当理由拖欠客户应收账款的历史。

(8) 是否有明显不良的公共记录：如重大产品与服务质量事故，不良的诉讼、判决记录，是否可能卷入重大丑闻等。

根据以上各条而作出的针对该目标企业的核心能力、最短木块、可能面临的机遇与风险的综合分析判断。

3.3.4 客户信息管理及其实施

科学的客户信息管理是凝聚客户、促进企业业务发展的重要保障。客户信息是一切交易的源泉。由于客户信息自身的特点，进行科学的客户信息管理是信息加工、信息挖掘、信息提取和再利用的需要。通过客户信息管理，可以实现客户信息利用的最大化和最优化。

1. 客户信息管理的内容

网络营销中的客户信息管理是对客户信息进行收集、抽取、迁移、存储、集成、分析和实现的全过程。具体内容如下。

(1) 客户信息的收集。客户信息的收集是客户信息管理的出发点和落脚点。客户信息的收集可以广泛地利用各种渠道和手段，最为有效的是网络营销所提供的大量信息。但也不能忽视传统的方式(如电话咨询和面对面交谈)发挥的作用，他们可以作为因特网的有效补充，保证客户信息的全面性。

(2) 客户信息的抽取和迁移。客户信息的抽取和迁移也是在进行客户信息的收集，但其不是直接面对客户，而是利用已有的信息进行一定的加工。因为各种行业所需的客户信息千差万别，所以各个企业都占有大量的为本企业所用的客户信息。为了实现信息使用的高效率，有必要在各个行业之间推行一套客户信息的使用标准，最大限度地取得信息的一致性。

信息的抽取机制建立在不同行业的客户信息基础之上。它使用信息过滤和信息模糊检索技术，在其他企业的客户信息数据库中取得所需的客户信息。它强调两个企业之间客户信息数据的相似性，从共性出发，实现信息的抽取。信息的迁移机制是从客户信息的整体角度考虑，在不同企业之间实现客户信息的共享。信息在迁移过程中忽视细微的差别，重视整体的一致性，花费较少的精力取得较大的效果。

(3) 客户信息的存储和集成。客户信息的存储和处理技术是客户信息管理的核心技术，数据仓库技术在其中占有重要地位。因为客户信息是十分巨大的数据，为了能够实现数据使用的便捷高效，需要对使用的数据库进行慎重选择。建议采用大型的关系型数据库管理系统，并带有对并行处理、决策查询优化的组件。客户信息在存储过程中应考虑冗余问题，避免浪费大量有效的空间。客户信息的集成是指客户信息数据按照时间或空间的序列保存，并进行一定层次的划分后存储在数据库中。用户在查询、统计中都使用集成后的数据，可以提高运行效率。

(4) 客户信息数据库的设计。客户信息数据库是以家庭或个人为单位的计算机信息处理数据库。针对不同的行业有不同的数据单元，而且客户信息数据库的更新频率较高，数据处理量逐步增大。

索引的使用原则。使用索引可以提高按索引查询的速度，但是会降低插入、删除、更新操作的性能。因选择合适的填充因子，针对客户信息数据库更新频繁的特点，亦选用较小的填充因子，在数据页之间留下较多的自由空间，减少页分割和重新组织的工作。

数据的一致性和完整性。为了保证数据库的一致性和完整性，可以设计表间关联。这样关于父表和子表的操作将占用系统的开销。为了提高系统的响应时间，有必要保证合理的冗余水平。

数据库性能的调整。在计算机硬件配置和网络设计确定的情况下，影响到系统性能的因素是数据库性能和客户端程序设计。数据库的逻辑设计去掉了所有冗余数据，提高了系统的吞吐速度。而对于表之间的关联查询，其性能会降低，同时也提高了客户端的编程难度。因此物理设计对于两者应折中考虑。

数据类型的选择。数据类型的合理选择对于数据库的性能和操作具有很大的影响。在该数据库中应注意避开使用 Text 和 Image 字段，日期型字段的优点是有众多的日期函数支持，但其作为查询条件时服务器的性能会降低。

(5) 客户信息的分析和实现。客户信息的分析是客户信息数据库的落脚点，是直接为企业开展其他一系列工作服务的。客户信息的分析是指从大量的数据中提取有用的信息，该信息主要可以分为直接信息和间接信息。直接信息可以从数据中直接取得，价值量较小，使用范围较小。而间接信息是经过加工获得的较有价值的信息。分析过程主要包括基本信息分析、统计分析、趋势分析、关联分析等。基本信息分析是利用客户的基本情况信息，分析本企业或产品的主要客户的特点，包括年龄、性别、职业、工资状况、学历、地理位置等。统计分析是利用所有的信息进行统计，分析企业或产品的销售额、利润额、成本量等经济指标，也包括大客户分析和业务流量分析。趋势分析是利用本企业的信息和同行业其他企业的信息，并结合国民经济的整体运行状况，对长期和短期的业务状况进行预测。关联分析是利用客户信息对产品信息、市场信息、企业信息进行分析，综合评价企业的运行状况和产品的供需比例。

2. 客户信息管理的实施

网络营销中客户信息管理的实施主要是指客户信息数据库的实现。在当前环境下，客户信息数据库技术中数据仓库技术是企业使用的主流，该技术的实现也表明了当代客户信息管理系统的走向。以数据仓库系统为核心技术的数据仓库型客户信息管理系统的广泛应用，为实施以客户为中心的个性化服务提供了可能，又极大影响了企业业务流程的转变，使机构向"扁平化"方向发展。

数据仓库是面向主题的、集成的、稳定的、不同时间的数据集合，用以支持经营管理活动中的决策制定过程。面向主题是指数据仓库内的信息按照企业重点关注的数据(即主题)进行组织，为按主题进行决策的信息过程提供信息；集成是指数据仓库内的信息不是从各个业务系统简单抽取来的，而是经过系统加工、汇总和整理，保证数据仓库内的信息是整个企业的全面信息；随着时间变化，数据仓库内的信息并不是关于企业当时或某一时刻的信息，而系统记录了企业从过去某个时刻到目前各个阶段的信息，通过这些信息，可以对企业的发展历程和未来趋势做出定量分析和预测；稳定是指一旦某个数据进入数据仓库，一般情况下将被长期保留，也就是数据仓库中一般有大量的插入和查询操作，但修改和删除操作比较少。

数据仓库的特点可以描述为主题突出的集成性的信息管理系统。它由源数据、仓库管理和分析工具组成。数据仓库的数据来源于多个数据源，包括本企业的内部数据，也有来自外部的相关数据。网络营销中源数据主要从开展网络营销的实践中获得，包括企业所关注的关于客户的各类信息。仓库管理是根据信息需求的要求进行数据建模，从数据源到数据仓库的数据抽取、处理和转换，确定数据存储的物理结构等。这一阶段是进行客户信息管理的基础，因为大量的源数据经过仓库管理进行了初步的处理。分析工具指完成决策所需的各种信息检索方法、联机分析方法和数据挖掘方法。这一阶段是针对企业的客户群服务的，它直接与客户发生联系，因为企业的产品企划就是在这里完成。数据仓库型客户信息系统继承了以往信息管理系统的一切手法，并以其强大的数据检索和分析功能，为企业提供了综合性的及时信息服务手段，成为客户信息管理系统发展的主流。

客户信息管理在各个方面的运用，已经显示出了强大的生命力。特别是在当今企业以网络营销为支撑来开展业务的情况下，由于网络信息的复杂性和多样性，开展信息管理迫在眉睫。客户信息管理已经也必将会成为企业生存取胜的重要一环。

3.4 客户流失与客户关怀

3.4.1 客户流失

1. 客户流失的概念

由于企业各种营销手段的实施而导致客户和企业中止合作的现象就是客户流失。现代公司通过计算一位顾客一生能为公司带来多少销售额和利润来衡量顾客价值。例如，一位顾客每周平均去某超市一次，平均每次购物 100 元，一年按 52 周计算就是 5 200 元，假定他在该区域居住 10 年，就是 5.2 万元；按 10%的利润计算就是 5 200 元利润。所以，一位不满意的顾客可能意味着该店失去 5 万元生意及 5 000 元的利润。另一方面，公司通过计算顾客流失成本可以了解顾客价值。例如，一公司有 5 000 位客户，假定因劣质服务，今年流失 5%的客户，即 250 位客户，若平均对每位客户的销售收入是 8 000 元，则收入损失 200 万元，利润为 10%的话，利润损失 20 万元。据美国市场营销学会 AMA 客户满意度手册所列的数据显示：每 100 个满意的顾客会带来 25 个新顾客；每收到一个顾客投诉，就意味着还有 20 名有同感的顾客；获得一个新顾客的成本是保持一个满意顾客成本的 5 倍；争取一个新顾客比维护一个老顾客要多 5~10 倍的工作量；客户水平提高 2 成，营业额将提升 40%。

然而，市场调查显示：一个公司平均每年约有 10%~30%的顾客在流失。但很多公司常常不知道失去的是哪些顾客，什么时候失去的，也不知道为什么失去，更不知道这样会给他们的销售收入和利润带来怎样的影响。他们完全不为正在流失的顾客感到担忧，反而依然按照传统做法拼命招揽新顾客。冷静地研究分析顾客流失，对于企业挽救危机、健康成长具有十分重要的意义。

顾客流失可以是与企业发生一次交易互动关系的新顾客的流失和与企业长期发生交易互动关系的老顾客的流失；可以是中间顾客(代理商、经销商、批发商和零售商)流失，也可以是最终顾客流失。不论是哪一类顾客，由于种种原因，随时随地都存在着离开企业的可能性。通常而言，老顾客的流失率小于新顾客的流失率；中间顾客的流失率小于最终顾客的流失率；老年人的流失率小于青年人的流失率；男性的流失率小于女性的流失率。

2. 客户流失的影响因素

1) 主观因素

从根本上看，顾客不满意是导致顾客流失的根本原因。这种不满意主要表现在以下几方面。

(1) 产品因素。例如，产品质量低劣或不稳定，品种单一或不全，样式单调或陈旧，产品附加值低，价格缺乏弹性，产品销售渠道不畅，广告宣传虚假，售后服务滞后，投诉处理效率低，产品缺乏创新等。

(2) 服务因素。例如，服务环境脏，服务秩序乱，服务态度差，服务能力弱，服务效率低，服务设施落后，服务流程烦琐，服务项目不全，服务环节欠缺，服务数量不足，服务渠道不畅，服务缺乏个性化与创新化，收费不尽合理等。

(3) 员工因素。例如，仪表不整，言行不一，缺乏诚意与尊重，缺乏责任心与事业感，知识面窄，能力不强，整体素质差等。

(4) 企业形象因素。例如，对产品形象、服务形象、员工形象、企业的生活与生产环境形象、企业标识、企业精神、企业文化、企业责任、企业信誉等的不满。

2) 客观因素

主要体现在以下几个方面。

(1) 顾客因素。例如，顾客往往对产品或服务期望太高，而实际的消费体验比较差，所以心理不平衡，产生了不满情绪。由于不满，顾客就要流失掉。当然，由于顾客消费的多样化、多层次化、复杂多变性和非理性化，因此，顾客在消费时，并不承诺放弃尝试其他企业的产品或服务。另外，由于购买力的提高，其需求与期望也会发生相应转移，他可以把货币选票投在他认为有价值的产品或服务上。

(2) 竞争者因素。竞争者通过正当手段或不正当手段建立了某种竞争优势，挖走了或吸引走了本企业顾客。

(3) 社会因素。例如，社会政治、经济、法律、科技、教育、文化等方面的政策对顾客的购买心理与购买行为的影响。

(4) 其他因素。例如，战争、季节、时令、自然灾害等因素而使顾客流失。

从以上因素可以看出，导致顾客流失的根本原因是顾客不满意。

3. 客户流失的原因

在营销手段日益成熟的今天，客户仍然是一个很不稳定的群体，因为他们的市场利益驱动杠杆还是偏向于人、情、理的。如何来提高客户的忠诚度是现代企业营销人一直在研讨的问题。客户的变动，往往意味着一个市场的变更和调整，一不小心甚至会对局部(区域)市场带来致命的打击。这个现象在医药企业的处方产品中突显，一个医院由一个代表做到一定的销售量，但是这个医药代表离开后，销量的下滑是很明显的。如果你是公司的管理者，请务必在关键时刻擦亮你的眼睛，以免你的客户在不经意间流失，给公司的市场运作带来不利影响。当然，这其中的因素与地区的主管、经理也有很大的直接关系。

(1) 公司人员流动导致客户流失。这是现今客户流失的重要原因之一，特别是公司的高级营销管理人员的离职变动，很容易带来相应客户群的流失。因为职业特点，如今，营销人员是每个公司最大最不稳定的"流动大军"，如果控制不当，在他们流失的背后，往往是伴随着客户的大量流失。其原因是因为这些营销人员手上有自己的渠道，也是竞争对手企业所看到最大的个人优势和资源。这样的现象在企业里比比皆是。

(2) 竞争对手夺走客户。任何一个行业，客户毕竟是有限的，特别是优秀的客户，更是弥足珍稀的，20%的优质客户能够给一个企业带来80%的销售业绩，这是个恒定的法则。所以优秀的客户自然会成为各大厂家争夺的对象。任何一个品牌或者产品肯定都有软肋，而商战中的竞争对手往往最容易抓到你的软肋，一有机会，就会乘虚而入，所以也警示企业一个问题，那就是加强员工团队的建设问题。

(3) 市场波动导致失去客户。任何企业在发展中都会遭受震荡，企业的波动期往往是客户流失的高频段位，因为企业高层出现矛盾，以伊利来讲，若不是当年高层的政变，也没有今天的蒙牛了。再有一个问题就是企业资金出现暂时的紧张，如出现意外的灾害等，都会让市场出现波动，这时候，嗅觉灵敏的客户们也许就会出现倒戈。

(4) 细节的疏忽使客户离去。客户与厂家是因利益关系而联系在一起的，但情感也是一条很重要的纽带，一些细节的疏忽，往往也会导致客户的流失。企业忽视的一个问题是，消费者是"上帝"，但是忘记了一个原则经销商是企业的衣食父母。

一些民营企业老板比较吝啬，一些区域代理商大老远地来到企业参观，最终连顿饭都不给吃，当人家已经定好票返程的时候才说，应该请你去吃饭，当然这是长理，也是一个小的细节，但是有没有想过这样一个问题，经销商只是为了你的一顿饭来的吗？这不是荒唐的问题吗？其实往往大事有的并不怎么计较，往往细节的忽略会造成一个非常不良的印象。

(5) 诚信问题让客户失去。厂家的诚信出现问题，有些业务经理喜欢向客户随意承诺条件，结果又不能兑现，或者返利、奖励等不能及时兑现给客户，客户最担心和没有诚信的企业合作。一旦有诚信问题出现，客户往往会选择离开。例如，一家企业，他们给经销商的承诺很多，进货额达30万元就给一台微型车，但是半年过去了，企业又在互相的推脱，这样一来，客户的心里就有一种企业不够诚信的感觉。

(6) 店大欺客，客户不堪承受压力。店大欺客是营销中的普遍现象，一些著名厂家的苛刻的市场政策常常会使一些中小客户不堪重负而离去。或者是"身在曹营心在汉"，抱着一定的抵触情绪推广产品。一遇到合适时机，就会甩手而去。医药、大型超市连锁企业都是典型的例子，一些小企业进店费用很高，对小企业而言根本就接受不了，一个单品要一万元的进店费用，但是一般的大众消费品卖多少才能够赚到进店费啊，企业真的不曾考虑吗？难道不是这些曾经的小企业把你的生意和市场做大和做强的吗？

(7) 企业管理不平衡，令中小客户离去。营销人士都知道 2/8 法则，很多企业都设立了大客户管理中心，对小客户则采取不闻不问的态度。广告促销政策也都向大客户倾斜，使得很多小客户产生心理不平衡而离去。其实不要小看小客户 20%的销售量，如一个年销售额 10 亿元的公司，照推算其小客户产生的销售额也有 2 亿元，且从小客户身上所赚取的纯利润率往往比大客户高，算下来绝对是一笔不菲的数目。因此，企业应该重视一些小客户。

(8) 自然流失。有些客户的流失属于自然流失，公司管理上的不规范，长期与客户缺乏沟通，或者客户转行转业等。关键所在就是企业的市场营销和管理不到位，不能够与一线的市场做更多的沟通，现在的商业领域很广泛，生产企业也处在供大于求的状态，所以企业如果不能够很好地维护你的客户，那么客户的资源肯定会流失。

当代企业应该针对性地加强企业的管理、市场、营销的观念，在理性的战略思维角度多为客户着想，为自己的企业的员工着想，为自己的产品开发着想，这也是摆在一些企业工作中首要的问题。

4. 客户流失的突出表现

对于企业而言，如何识别顾客流失呢？一般可借助下列指标。
(1) 顾客指标。主要包括顾客流失率、顾客保持率和顾客推荐率等。
① 顾客流失率是顾客流失的定量表述，是判断顾客流失的主要指标，用公式表示：顾客流失率=顾客流失数/消费人数×100%，它直接反映了企业经营与管理的现状。
② 顾客保持率是顾客保持的定量表述，也是判断顾客流失的重要指标，用公式表述：顾客保持率=顾客保持数/消费人数×100%或(1－顾客流失率)，它反映了客户忠诚的程度，也是企业经营与管理业绩的一个重要体现。
③ 顾客推荐率是指顾客消费产品或服务后介绍他人消费的比例。顾客流失率与顾客保持率、顾客推荐率成反比。通过顾客调查问卷和企业日常记录等方式可获得上述顾客指标信息。
(2) 市场指标。主要包括市场占有率、市场增长率、市场规模等。通常顾客流失率与上述指标成反比。企业可通过市场预测统计部门获得这方面的信息。
(3) 收入利润指标。例如，销售收入、净利润、投资收益率等。通常顾客流失率与此类指标成反比。企业可通过营业部门和财务部门获得上述信息。
(4) 竞争力指标。在激烈的市场竞争中，一个企业所流失的顾客必然是其他企业所获得的顾客。

因此，判断一下企业的竞争力，便可了解该企业的顾客流失率。通常竞争力强的企业，顾客流失的可能性要小些。企业可借助行业协会所开展的各类诸如排名、达标、评比等活动或权威部门和人士所发布的统计资料获得上述信息。

5. 客户流失的对策

要想提升客户满意度减少的顾客流失，具体对策如下。
(1) 主动访问流失的顾客，争取把流失的顾客找回来。具体方法如下。
① 设法记住流失的顾客的名字和地址。
② 在最短的时间内用电话联系或直接访问。访问时，应诚恳地表示歉意，送上小礼品，并虚心听取他们的看法和要求。

③ 在不愉快和不满消除后，记录他们的意见，与其共商满足其要求的方案。

④ 满足其要求，尽量挽回流失的顾客。

⑤ 制定措施，改进企业工作中的缺陷，预防问题再次发生。

(2) 正确处理顾客投诉，提高解决顾客投诉问题的效率。具体步骤如下。

① 道歉。让你的顾客知道，你因为给顾客带来不便而抱歉。即便这并不是你的过错，也不管这是谁的过错，你所要做的第一件事就是向顾客道歉。你还得告诉他们，你将完全负责处理顾客的投诉。

② 复述。用自己的话把顾客的抱怨复述一遍，确信你已经理解了顾客抱怨之所在，而且对此已与顾客达成一致。如果可能，请告诉顾客你将想尽一切办法来解决他们提出的问题。

③ 移情。当与顾客的交流达到一定境界时，你会自然而然理解他提出的问题，并且会欣赏他们的处事方式。你应当强调，他们的问题引起了你的注意，并给你改正这一问题的机会，对此你感到很高兴。

④ 补偿。尽己所能满足顾客。你可以提供给顾客他想、他需要、他期望从你这里得到的任何你可以提供的东西。在你解决了顾客的抱怨后，你还可以送给他们其他东西，如优惠券、免费礼物、同意他廉价购买其他物品等。

⑤ 跟踪。顾客离开前，看顾客是否已经满足。然后，在解决了投诉的一周内，打电话或写信给他们，了解他们是否依然满意，你可以在信中夹入优惠券。一定要与顾客保持联系，定期拜访他们。

⑥ 企业一定要想方设法比竞争者做得更多、更快、更好一些。这样，才会给顾客留下深刻的印象，顾客也才会投给企业更多的货币选票。

(3) 站在消费者角度，卖消费者需要的商品。具体思路如下。

① 客户满意是企业活动的基本准则，是企业获取竞争优势的锐利武器。

② 提供令客户满意的商品，来满足或超越他们的需求和期望，使其满意。

③ 提供令客户满意的服务。

④ 充分调动企业员工的积极性、主动性和创造性，从而激发其成就感、事业感和自豪感，最终实现由员工满意向客户满意的转变。

⑤ 通过加强内部自身管理和外部顾客管理，来赢得更多的顾客与市场。树立、维持和提升企业形象。

(4) 着眼于长远的永久性措施。应打好八张牌。

① 理念牌。即树立客户满意理念。近年来，成功企业经营实践表明：客户满意是企业活动的基本准则，是企业获取竞争优势的锐利武器。

② 产品牌。即提供令客户满意的产品。这就要求企业必须识别自己的顾客，调查顾客的现实和潜在的要求，分析顾客购买的动机、行为、能力，从而确定产品的开发方向与生产数量，进而提供适销对路的产品来满足或超越他们的需求和期望，使其满意。

③ 服务牌。即提供令客户满意的服务。

④ 员工牌。即充分调动企业员工的积极性、主动性和创造性，使其充分参与企业的经营管理活动，从而激发其成就感、事业感和自豪感，最终实现由员工满意向客户满意的转变。

⑤ 形象牌。即在顾客和社会公众中树立、维持和提升企业形象。良好的企业形象既可以创造顾客消费需求，增强企业筹资能力，又可以改善企业现状，开拓企业未来。

⑥ 管理牌。即通过加强内部自身管理和外部顾客管理，来赢得更多的顾客与市场，获得更大的经济效益与社会效益。管理是现代企业前进的两大车轮之一，管理也是生产力。

⑦ 创新牌。面对瞬息万变的市场环境，面对个性化、多样化的顾客需求，面对优胜劣汰的游戏规则，企业唯有不断地创新，才能持续地发展与壮大。

⑧ 顾客联盟战略牌。即与顾客建立一种互相依赖、长期稳定、利益共享、风险共担的战略联盟关系。

3.4.2 客户关怀

1. 客户关怀是 CRM 的中心

在最初的时候，企业向客户提供售后服务是作为对其特定产品的一种支持。原因在于这部分产品需要定期进行修理和维护。例如，家用电器、计算机、汽车等。这种售后服务基本上被客户认为是产品本身的一个组成部分。如果没有售后服务，客户根本就不会购买企业的产品。那些在售后服务方面做得好的公司其市场销售就处于上升的趋势；反之，那些不注重售后服务的公司其市场销售则处于不利的地位。

客户关怀贯穿了市场营销的所有环节。客户关怀包括如下方面：客户服务(包括向客户提供产品信息和服务建议等)，产品质量(应符合有关标准、适合客户使用、保证安全可靠)，服务质量(指与企业接触的过程中客户的体验)，售后服务(包括售后的咨询和投诉，以及维护和修理)。

在所有营销变量中，客户关怀的注意力要放在交易的不同阶段上，营造出友好、激励、高效的氛围。对客户关怀意义最大的四个实际营销变量是产品和服务(这是客户关怀的核心)、沟通方式、销售激励和公共关系。CRM 软件的客户关怀模块充分地将有关的营销变量纳入其中，使得客户关怀这个非常抽象的问题能够通过一系列相关的指标来测量，便于企业及时调整对客户的关怀策略，使得客户对企业产生更高的忠诚度。

2. 客户关怀的目的是增强客户满意度与忠诚度

国际上一些非常有权威的研究机构，经过深入的调查研究以后分别得出了这样一些结论："把客户的满意度提高五个百分点，其结果是企业的利润增加一倍"；"一个非常满意的客户其购买意愿比一个满意客户高出 6 倍"；"2/3 的客户离开供应商是因为供应商对他们的关怀不够"；"93%的企业 CEO 认为客户关系管理是企业成功和更有竞争能力的最重要的因素"。

如同企业的产品有生命周期一样，客户同样也是有生命周期的。客户的保持周期越长久，企业的相对投资回报就越高，从而给企业带来的利润就会越大。由此可见，保留客户非常重要。保留什么样的客户，如何保留客户是对企业提出的重要课题。

3. 实施客户关怀的细节

企业的客户成千上万，企业对如此多的客户又了解多少呢？不了解客户就无法对客户加以区别。应该采取何种措施来细分客户，对细分客户应采取何种形式的市场活动，采取何种程度的关怀方式,才能够不断地培养客户的满意度,这是企业传统客户关系管理面临的挑战。

因为通常最有利可图的客户都是长期客户,所以不要因为犯以下错误而失去他们。

(1) 接受员工的高流动率。高流动率在一些行业内是一个不争的事实,但在大多数情况下员工们离职是因为他们没有得到很好的对待。客户们流失也是如此。除非系统可以真正地驾驭你的业务,首先你要拥有长期的员工,否则你不要期望拥有长期的客户。如果流动率很高,那么就找出解决办法。否则客户流动率永远都会很高。

(2) 采取不同的方式对待新客户和现有客户。为新客户提供折扣或奖励通常是必要的,但是现有客户可能很快抱怨他们的忠诚没有得到奖励的事实。努力思考你能够给新客户提供什么奖励并且确保如果不能给现有客户提供更多的奖励就提供尽可能多的奖励。永远不要忘记,虽然新客户可以在顶端产生影响,对现有客户的销售却可以在底线上创造出更大的影响力。

(3) 介绍太多的新面孔。人们很容易假设长期客户喜欢你的品牌,但往往他们喜欢的是你的员工(客户是从员工那里购买,而不是从公司购买)。人际关系是大多数小型企业的生命线,所以不要轮换销售人员、客户服务代表或者主要联系人,除非绝对必要的时候。当员工与客户之间建立关系,要尽可能保护和培养那种关系。就强大的业务联系而言,员工们很少是可以互换的。

(4) 太过于关注价格。成为低成本的供应商是一个竞争优势,但要有好运气才可以维护这种优势。如果你的竞争对手计划通过降价抢走你的客户,你的目标是要提供最佳的价值,而不必提供最低的成本,因为价值是你可以通过价格、时间表、服务和人际关系的结合更有机会维持的东西。如果你的市场营销把重点放在价格上,你会培养客户不断地寻找更低的价格,要么是从你那里寻找更低的价格,要么是从竞争对手处寻找更低的价格。至少要像你花费时间去寻求降低成本和价格一样多的时间去寻找增加价值的方式。

(5) 在增长客户的花费上太过用力。努力向现有客户销售更多很好,但不要盲目地销售。首先要了解每一个客户的需求,然后努力满足他们的需求。永远不要向客户介绍他们不需要的产品或服务。永远不要说"我们还可以为您做什么其他事情?"除非你已经知道答案,并准备好描述和提供一个好的解决方案。否则,你只是推动,而客户们讨厌被推动。

(6) 将你的优先事项当成理所当然的事情。每一个公司都有可以维持业务正常进行的主要产品或服务。每一个公司也都有可以维持业务正常进行的主要客户。那些是你的"重要事项"(旨在与"原则"相联系),随着时间的推移,更新和更高调的项目获得了全部的关注,而以前的优先事项可能会被当成是理所当然的事情。做一个你不能失去的客户的名单。然后列出那些客户买什么东西。这是你做生意的基础。将注意力放在你的重要事情上作为重点。

(7) 鼓励错误的重点。这样的事情经常发生在销售过程中,当开发新客户的提成比例比维持现有客户的提成高的时候就会出现这样的问题。如果情况是那样,而我是一个销售人员,当我开发新客户可以获得更高的提成的时候,我为什么还要努力工作维持现有客户呢?这种方法只有在其他人系统地接管其他销售人员的现有客户的时候才管用。

(8) 让解决问题变得很困难。政策和方针在确保员工顺从方面很好,但是一个有问题的客户并不在乎政策;她只想让她的问题得到解决。让员工们把投诉和解决方案政策当成是指导方针而不是规则，并且要允许他们自由调整。如果你的员工有自由去调整，那么解决客户问题或投诉就是你的公司建立更强大的客户关系的时候。

3.5 客户价值与客户盈利率

3.5.1 客户价值

要真正实现"以客户为中心"的CRM，就必须建立一套比较全面的客户价值评估指标体系，并在客户价值评估的基础上进行客户细分，这对任何企业来讲都具有重要的指导意义。一般而言，客户价值包括两方面：前者是客户对于企业的价值，后者是企业为客户所提供的价值。前者是指从企业角度出发，根据客户消费特征、行为特征、人口社会学特征等测算出的客户能够为企业创造出的价值，它是企业进行客户细分的重要标准。后者是从客户角度出发，对企业提供的产品和服务，客户基于自身的价值评价标准而识别出的价值，这一价值在营销学中通常称为顾客让渡价值或顾客识别价值，它是决定客户购买行为的关键因素，是企业进行营销活动需要关注的核心内容之一。

1. 客户价值的要素

评估客户对于企业的价值，关键需要考虑以下几个要素。

(1) 金钱价值：客户对企业带来了多少利润？

(2) 客户类别：年龄、性别、收入、职位、行业类别、企业规模等，不同类别的客户对利润的贡献往往不同。

(3) 客户利润贡献度：获取这些利润，我们投入的成本是多少？

(4) 客户终身价值：客户在整个生命周期内对利润的贡献多大？

客户价值的评估体系：通过客户价值的评估要素，我们可以看到，在评估客户对于企业的价值时，不仅要考察客户当前的实际价值表现，而且要预测客户未来的潜在价值。

由此，我们可以建立客户价值的评估系统框架，客户的当前/实际价值是企业感知客户价值的一个重要方面；而客户的潜在价值则是客户在整个生命周期内的价值，它直接关乎企业的长远利润、科学发展，是企业决定是否继续投资于该顾客的重要依据。

2. 客户当前/实际价值

客户的当前/实际价值可以从直接、间接两个维度考虑。客户当前/实际价值的直接价值就是客户在评估周期内为企业利润带来的贡献。对于电信行业来说，可以从收入、业务使用、投资回报率、客户类别4个方面进行描述，结合行业的客户评估管理要求，我们可以进一步对其进行细化，划分为当月ARPU(Average Revenue Per User，每用户平均收入)、前3个月ARPU、当月使用时长/次数、前3个月平均使用时长/次数、当月投资回报率、前3个月投资回报率、客户类别等可操作较强的指标；客户当前/实际价值的间接价值是指虽然该客户没有直接消费，但是利润确实是通过该客户产生的。对于电信行业来说，我们可以从交往圈社会影响力、交往圈集团影响力、交往圈业务影响力、推荐新客户等方面考量客户当前/实际价值。

3. 客户的潜在价值

客户的潜在价值是企业在某一客户全生命周期内可能的收益，由于客户当前/实际价值已经包含了客户当前和历史的价值贡献，因此，客户的潜在价值可以定义为未来客户会带来的价值。当然，潜在价值也可以从直接、间接两个维度考虑。但是，对客户潜在价值的计算，我们要计算客户的忠诚度、预测客户接受向上销售、交叉销售等的可能性。

3.5.2 用科学方法进行客户价值评估

1. 客户价值评估模型

RFM 客户价值评估模型是强调以客户的行为来区分客户并把握客户价值的方法。它可以用来提高客户的交易次数，发现客户流失风险，进而采取措施挽留高价值的客户。模型中主要关注的客户行为如下。

(1) R——Regency，表示客户最近一次购买的时间。

(2) F——Frequency，表示客户在最近一段时间内购买的次数。

(3) M——Monetary，表示客户在最近一段时间内购买的金额。

RFM 非常适用于生产多种商品的企业，而且这些商品单价相对不高，如消费品、化妆品、小家电等；也适合在一个企业内只有少数耐用商品，但是该商品中有一部分属于消耗品，如复印机、打印机、汽车维修等。RFM 对于加油站、旅行保险、运输、快递、快餐店、KTV、移动电话信用卡、证券公司等也很适用。

RFM 可以用来提高客户的交易次数。业界常用的直接邮寄，常常一次寄发成千上万份邮购清单，其实这是很浪费资金的。根据统计(以一般邮购日用品而言)，如果将所有 R 的客户分为五级，最好的第五级回函率是第四级的三倍，因为这些客户刚完成交易不久，所以会更注意同一公司的产品信息。如果用 M 来把客户分为五级，最好与次好的平均回复率几乎没有显著差异。

有些人会用客户绝对贡献金额来分析客户是否流失，但是绝对金额有时会曲解客户行为。因为每个商品价格可能不同，对不同产品的促销有不同的折扣，所以采用相对的分级(如 R、F、M 都各分为五级)来比较消费者在级别区间的变动，则更可以显现出相对行为。企业用 R、F 的变化，可以推测客户消费的异动状况，根据客户流失的可能性列出客户，再从 M 的角度来分析，就可以把重点放在贡献度高且流失率也高的客户上，重点拜访或联系，以最有效的方式挽回更多的商机。

当然 RFM 也不可以过度使用，以免造成高交易的客户不断收到信函。每一个企业应该设计一个客户接触频率规则，如购买后三天或一周内应该打一个感谢的电话或发一封感谢的邮件，并主动关心消费者是否有使用方面的问题；一个月后发出使用是否满意的询问；而三个月后则提供交叉销售的建议，并开始注意客户的流失可能性，不断地创造主动接触客户的机会。这样一来，客户再购买的机会也会大幅度提高。

2. 客户价值象限方法

客户价值象限方法指设立客户的潜在价值和现在价值两个维度，每一维度又分低和高两个级别，构成四个象限以分别判断客户价值大小的方法。从实践的结果看，当客户的潜在价值低,当前价值也低时,客户的价值就低,我们定义它为 D 级;当客户的潜在价值低,而当前价值高时,客户的价值就较高,我们定义它为 C 级;当客户的潜在价值高,而当前价值仍低时,客户的价值从长远看就高,我们定义它为 B 级;当客户的潜在价值高,当前价值也高时,客户的价值就绝对的高,我们定义为 A 级,如图3.1 所示。

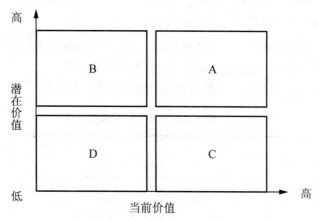

图 3.1 客户价值象限方法示意

3. 客户保持收入成本法

这种方法中客户价值评估的重点为客户采购频率、客户交易额的大小、客户叛变率、客户发展习惯。客户保持收入成本法中几个关键的项目指标主要如下。

(1) 客户数。指企业拥有的有客户信息资料的客户数量。
(2) 客户保持率。指客户继续购买企业产品的比率。
(3) 客户年平均订单数。指一年内每个客户的平均订单的数量。
(4) 客户采购频率。指一年内每个客户平均每张订单的金额。

表 3-3 是我们参考某企业的业务实践,模拟 3 年的数据提炼而成的,以供参考。

表 3-3 客户保持收入成本法应用举例

指 标	第一年	第二年	第三年
客户数/个	20 000	12 000	7 800
客户保持率	60%	65%	70%
客户年平均订单数量/个	1.8	2.6	3.6
每张订单的平均采购额/美元	2 980	5 589	9 106
总收入/美元	107 280 000	174 376 800	255 696 480
占直接成本百分比	70%	65%	63%
直接成本/美元	75 096 000	113 344 920	161 088 782
客户获取成本/美元	12 600 000	—	—
总成本/美元	87 696 000	113 344 920	161 088 782
毛利/美元	19 584 000	61 031 880	94 607 698
客户平均毛利/美元	979	5 086	12 129

从表 3-3 可以看出,该项企业连续 3 年的客户管理效果明显,淘汰了低价值客户,保留了高价值客户。因为优质客户的保持率逐年提高,客户年平均订单数量逐年增加,每张订单的平均采购额明显增加,总收入呈明显递增势态;与之相反的是维持客户的成本越来越低,最后实现了总客户毛利和平均客户毛利的大幅度增加。

4. 客户再购买和产品升级可能性评估方法

结合 IT 企业多年的实践经验,从服务年限、最近一次采购、购买频率、故障率 4 个方面,我们总结出如下的得分实践经验数据(标准)以供模拟参考。

(1) 关于服务年限的得分实践经验数据(标准)的说明见表 3-4。

表 3-4 服务年限的得分经验数据示意

序 号	值	得 分	说 明
1	<1	0	小于 1 年的服务
2	1~3	2	1~3 年的服务,仍然运行良好
3	3+	5	理想的代替期限

(2) 关于最近一次采购的得分实践经验数据(标准)的说明见表 3-5。

表 3-5 最近一次采购的得分经验数据示意

序 号	值	得 分	说 明
1	<6 个月	0	客户还需要时间来认知产品和技术
2	>6 个月	5	客户已经了解产品和优势

(3) 关于购买频率得分实践经验数据(标准)的说明见表 3-6。

表 3-6 购买频率的得分经验数据示意

序 号	值	得 分	说 明
1	很低	1	购买相似产品的频率低于每 3 年一次
2	适度	3	购买相似产品的频率高于每 3 年一次
3	频繁	5	每年都购买相似的产品

(4) 关于故障率得分实践经验数据(标准)的说明见表 3-7。

表 3-7 故障率得分经验数据示意

序 号	值	得 分	说 明
1	低	0	去年没有报修
2	高	-5	去年报修高于 2 次
3	中等	5	去年报修 1~2 次

下面以一客户为例,评估一下该客户产品的再购买和升级的可能性,评估的总体统计数据见表 3-8。

表 3-8 案例客户产品再购买和升级的可能性评估

序 号	属性名称	得 分	说 明
1	服务年限	5	现有设备被服务的时间长短
2	最近一次采购	3	最后一次批量购买产品的时间距离
3	购买频率	4	相似产品的购买频率
4	故障率	5	今年报修的平均次数

综合上述说明，表 3-8 中统计数据及其得分经验数据表明：该客户产品的再购买和升级的可能性很高，应把该客户作为重点攻关客户，实行强力公关。具体分析如下：服务年限得 5 分，说明客户已经使用的产品进入理想的代替期限；最近一次采购得 3 分，说明客户对产品的优势有了一定的了解，赢取客户具备一定的条件；购买频率得 4 分，说明客户购买相似产品的频率高于每 3 年一次；故障率得 5 分，说明去年报修的次数高，产品到了更新换代的时期。通过以上分析说明客户存在产品的再购买、向上购买和升级的可能性极大。

5. 实现客户信息集成管理

由于企业与客户的接触点很多，所得信息来自不同侧面，并储存在企业的不同部门，所以企业必须建设统一集成的信息共享平台，以全方位了解客户信息并共享客户信息，才能实现针对客户需求进行产品研发，提供个性化、高质量的服务，以全方位满足客户需求。客户信息来源路线如图 3.2 所示。

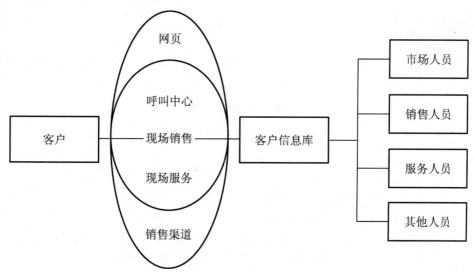

图 3.2 客户信息来源与管理示意

3.5.3 客户盈利率

客户盈利率是指扣除支持某一客户所需的独特开支后，评估一个客户或一个部门的净利润。

成功地做到分享客户、留住客户、获取新客户和使客户满意并不能保证企业从客户身上获得利润。因此，进行客户盈利性分析，把有限的资源投入到有利可图的客户，确定哪些是企业应保持的客户，对于有效保持客户，增强企业的盈利能力有着重要意义。客户盈利率评价可用单一客户获利率和整体顾客获利指数来描述。

单一客户获利率=单一客户净利润/单一客户总成本

整体顾客获利指数=(所有顾客净利润/所有顾客成本)÷单一客户获利率最大值

其中，整体顾客获利指数描述企业现有顾客获利率的平均水平和最大的单一客户获利率的百分比，如果整体顾客活力指数与单一客户最大获利率差别不大，说明企业的营销努力集中于那些最能获利的顾客，相反，说明企业营销努力太过分散。

本 章 小 结

本章主要是从不同方面进行了客户分析，包括客户份额与客户内涵及分类、客户满意与客户忠诚、客户信息及获取方式、客户流失与客户关怀、客户价值与客户盈利率。界定了客户范围，并解释了客户份额、客户内涵与分类；详细说明了客户满意的标准及相关应对措施，并分析了客户满意度对客户忠诚的影响；描述了客户信息的类型及对客户信息的采集、分类、整理、分析应用的方法，并且进行了举例说明；阐述了客户流失的概念、原因和对策，客户关怀的实施；最后介绍了客户价值要素、评估方法等和客户盈利率的计算。

关键术语

客户份额、客户满意度、客户忠诚、客户信息、客户流失、客户关怀、客户价值

课 后 习 题

1. 填空题

(1) 客户满意度是指客户对企业及企业产品/服务的满意_____。

(2) 价值客户对企业的利润贡献亦有_____之分。

(3) 客户满意度是一种心理状态，是一种_____体验。

(4) _____状态是指顾客在购买或消费某种商品或服务后所产生的气愤、烦恼状态。

(5) 任何一个_____，在质量管理上都有一定的经验和教训。

2. 选择题

(1) 服务承诺，是企业向顾客公开表述的要达到的服务(　　)。

A. 目的　　　　B. 水平　　　　C. 标准　　　　D. 质量

(2) 一项好的服务承诺应无条件、容易理解与沟通、有意义、简便易行和容易(　　)。

A. 保存　　　　B. 修改　　　　C. 调用　　　　D. 执行

(3) 设计(　　)就要明确哪些方面会是客户在满意度方面比较注重的。

A．产品　　　　　B．服务　　　　　C．调查问卷　　　D．运营系统
　　(4) 客户满意度分析，其目的是对客户(　　)和品牌忠诚度等指标进行量化评价。
　　A．购买数量　　　B．要求质量　　　C．重购率　　　　D．增长率
　　(5) 客户满意度分析一般按照(　　)法进行。
　　A．ASP　　　　　B．PDCA　　　　C．SWOT　　　　　D．SAPA
　　(6) 客户忠诚是从客户满意概念中引出的概念，是指客户满意后而产生的对某种产品品牌或公司的信赖、维护和希望重复购买的一种(　　)。
　　A．发展趋势　　　B．心理倾向　　　C．市场需求　　　D．行为准则

3. 名词解释

　　(1)顾客份额　(2)使用者　(3)影响者　(4)决策者　(5)批准者　(6)购买者　(7)把关者　(8)产品满意　(9)服务满意　(10)社会满意

4. 简答题

(1) 简述客户满意经营系统的要素构成。
(2) 简述对于关键点需要制订服务补救计划的步骤。
(3) 简述客户满意度分析主要应把握的重点。
(4) 简述客户忠诚度的关键因素。
(5) 简述客户流失的影响因素。
(6) 简述客户保持收入成本法中关键的项目指标。

5. 论述题

试述客户忠诚度与满意度的区别。

案例分析

卡特彼勒公司成功之道——贴近客户

　　卡特彼勒公司是世界上最大的基建和矿山设备制造商，同时在农用机械和重型运输机械领域也占有相当地位，目前公司的价值已超过160亿美元。回顾卡特彼勒公司所走过的道路，其首席执行官唐纳德·V.菲茨认为公司的竞争优势在于有一个无与伦比的产品分销系统。在全世界，卡特彼勒公司有186个独立经销商，他们出售公司的产品并提供产品支持和服务，成为架起在公司与顾客之间的桥梁。除了对一些国家新开放的市场、原始设备制造厂和美国政府外，卡特彼勒公司的产品都是通过独立经销商来经销的。这种现象在其他竞争者那里是看不到的。菲茨认为，在当地找经销商要远比自己企业设立经销机构有利。因为卡特彼勒的经销商都是在当地有一定历史的企业，他们已深深地融入当地的社会中，他们对当地顾客的熟知程度和因此而建立起的与顾客的亲密关系，值得卡特彼勒在这上面花钱。另外，卡特彼勒的产品都是高价值的固定资产，它们的折旧期较长，但它们通常都是在建筑工地、矿山这些环境恶劣的地方作业，就是最好的产品也要发生故障，而一旦发生故障，就会给使用者带来经济损失。通过经销商，卡特彼勒公司形成了世界上最快捷、全面的零件运送和维修服务系统。公司承诺对世界任何地方的卡特彼勒产品，都可以在48小时内获得所需的更换零件和维修服务。

　　但是，仅有一个形式上完善的分销体系并不足以使卡特彼勒在激烈的竞争中站稳脚跟，卡特彼勒和经销商的关系远胜于一纸合同上所注明的权利义务关系，他们之间更是一种家庭式的亲密关系。经销商不仅

仅是卡特彼勒的产品运到顾客手中的一个渠道,而且还是将顾客的意见反馈回来的一个渠道,这样经销商的职能也不仅仅是销售产品和提供售后服务,而且还能促使公司生产出更符合顾客需要的产品。

例如,卡特彼勒在 20 世纪 80 年代初期推出了 D9L 式履带拖拉机。这种机型采用了一些新的设计方案,因而被认为可以提高使用效率,相应地,该机型的价格也要高于传统的机型。但是当 D9L 在世界上卖出几百台之后,一场灭顶之灾悄然而至。一些拖拉机在工作到 2 500 小时之后,就开始出现故障了,这表明 D9L 远没有当初所设想的那么好。这一问题足以动摇卡特彼勒在行业中的霸主地位,从而让竞争对手有机可乘。为了挽救公司,各地的经销商都纷纷行动起来,他们帮助公司制定了一整套的补救措施,如迅速修理已出故障的机器,及时检查那些一时还没有发生问题的机器。各个经销商之间也充分合作,如一个英国的经销商派出人员来帮助在沙特的经销商处理这类问题,而有的经销商为了对顾客负责,日夜服务,随叫随到。终于,一年以后,所有的 D9L 机型都得到了检查和维修,用户的停工待修时间被压缩到最短,大大减少了可能潜在的经济损失,顾客的抱怨消失了。同时,公司的设计人员也及时更改了设计,D9L 产品从而成为在市场上受欢迎的产品。

这种与经销商之间的伙伴关系的建立并不是一朝一夕就可以达到的,它是卡特彼勒执行一贯的原则和努力的结果。菲茨所提出的下面几条处理与经销商关系的原则值得管理者们借鉴。

1. 不对经销商进行压榨

许多企业所犯的一个错误就是当发现市场不景气时,就开始压榨他们的经销商以保证自己的利益;而一旦发现有什么有利可图的生意时,就马上越过经销商,把生意拿来自己做。这样,虽可以获得一时的利益,却会长久损害与经销商之间的关系。例如,在 20 世纪 70 年代,有一次,阿拉斯加州的企业要求卡特彼勒直接将产品卖给他们,否则他们就购买竞争者的产品。但卡特彼勒并没有让步,而是坚持让对方从其经销商处购买。因为经销商可以为产品提供优良的售后服务。卡特彼勒认为,如果绕过经销商,就等于在自断臂膀。

这一原则在整个行业都遭受到不景气的冲击时,效果更为明显。例如,在墨西哥的经济萧条期,卡特彼勒的 5 个经销商都渡过了难关,而其竞争对手的经销商却是全军覆没。当经济环境好转后,卡特彼勒成了唯一的供应商。

2. 向经销商提供除产品及零部件以外的其他东西

除了提供产品和零部件外,卡特彼勒还帮助经销商向顾客提供分期付款等信用担保,同时在存货管理和控制、物流、设备维护工作程序等方面给经销商予以支持。例如,公司每年都要印刷多种书面技术材料提供给经销商的技术人员作为参考,并随时按照经销商的需要向他们的员工提供培训服务,其中包括如何制订企业计划、如何预测市场、如何管理电子信息系统、如何进行营销、广告等方面的管理。尤其值得一提的是卡特彼勒正在建立将全部经销商和公司总部、公司的供应商和仓库相互连接起来的庞大复杂的全球电子联系系统。这个系统最终要达到的目的是要能做到对所卖出的产品进行远距离监控及在公司的经销商、公司、生产厂家之间实行零部件的库存分享。所谓远距离监控就是指要做到无论一台机器在世界上的哪个角落,经销商乃至公司总部都能随时了解其运行的情况。

3. 与经销商经常深入而又坦诚地交流

菲茨认为在卡特彼勒和其经销商之间不存在什么秘密。经销商对卡特彼勒公司的信任度是非常高的,他们提供给公司自己的财务报表和关键的营业数据,如果两者之间不是高度信赖的话,是很难做到这一点的。同时,卡特彼勒公司也最大限度地开放了自己的信息资源。所有公司的雇员和经销商的工作人员都能从电脑中得到关于销售趋势及预测、顾客满意的调查数据等即时信息。

每年,卡特彼勒公司的高层管理人员都要与经销商的高层管理人员举行一些地区性的会议。在会议上,他们就每一个产品线的销售目标及为了达到这一目标双方各应该做些什么进行讨论。另外,公司还定期邀请所有的 186 个经销商在皮奥里亚(总部所在地)进行为期一周的会议,主要是对公司的战略、产品计划和营销政策进行全面的回顾。

卡特彼勒公司的各个层次的人员与经销商的人员之间都有着许多日常的接触。在较低的层次上固然每天都要进行沟通，经销商的主管人员和公司的高级职员一周谈几次话也并不是一件稀奇事。特别是在过去的 5 年中，卡特彼勒公司有意识地增加了员工与经销商之间的接触。1990 年所进行的重组使过去的职能部门转变为一个个利润中心，从而使得公司中的每个人从最年轻的员工一直到首席执行官都与经销商主动接触。这种频繁的互动关系使得公司更多、更快地了解市场第一线的情况。

4. 把经销商留在卡特彼勒大家庭中

卡特彼勒公司通常更愿意与家族企业打交道，因为他们认为家族企业比公众企业在管理政策上更具有一贯性。之所以强调这一点是因为卡特彼勒公司的产品寿命周期一般在 10～12 年左右，有些高达 20～30 年。而在公众企业中，首席执行官的任期一般最多只有 5～6 年，从向顾客提供一贯性的服务这一点来说，公众企业有可能不如家族企业那样稳定。

卡特彼勒公司还通过组织各种活动让经销商的子女们从小就对卡特彼勒公司发生兴趣。公司的想法是让他们认识卡特彼勒公司、让他们对这一行业发生兴趣并让他们能够与自己的同辈也就是未来的工作伙伴相识。他们参观卡特彼勒的工厂、亲自操作机器。同时，卡特彼勒公司也鼓励经销商将他们的孩子从小纳入到企业工作中去。他们时常为经销商的孩子安排一些暑假工作，当他们大学毕业后，就安排一些全日制的工作。有时还会建议经销商先让他们的孩子做两年的零件销售工作，然后到工程部门做一阵子，最后再来管理产品支持业务。

思考与分析：

(1) 市场的变化导致主动权如何移动？

(2) 卡特彼勒营销策略成功的关键是什么？

(3) 针对卡特彼勒与客户的关系，有没有改进的建议？

第 4 章 客户关系

知识架构

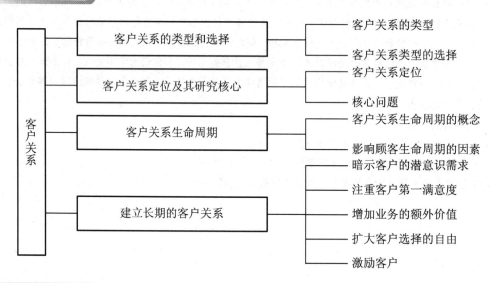

学习目标

通过本章的学习,应该能够达到以下目标。
熟悉客户关系的类型。
掌握客户关系不同方面的含义、客户关系定位及其研究核心。
理解客户关系的类型。
了解客户关系生命周期的概念。
掌握影响顾客生命周期的因素。
掌握客户关系管理的发展目标及客户关系生命周期。
理解建立长期的客户关系。

第4章 客户关系

导入案例

细节决定成败

泰国的东方饭店堪称亚洲饭店之最,几乎天天客满,不提前一个月预订是很难有入住机会的,而且客人大都来自西方发达国家。泰国在亚洲算不上特别发达,但为什么会有如此诱人的饭店呢?大家往往会以为泰国是一个旅游国家,又有世界上独有的人妖表演,是不是他们在这方面下了工夫。错了,他们靠的是真功夫,是非同寻常的客户服务,也就是现在经常提到的 CRM。他们的客户服务到底好到什么程度呢?我们不妨通过一个 CRM 实例来看一下。

于先生因公务经常出差泰国,并下榻在东方饭店,第一次入住时良好的饭店环境和服务就给他留下了深刻的印象,当他第二次入住时几个细节更使他对饭店的好感迅速升级。那天早上,在他走出房门准备去餐厅的时候,楼层服务生恭敬地问道:"于先生是要用早餐吗?"于先生很奇怪,反问"你怎么知道我姓于?"服务生说:"我们饭店规定,晚上要背熟所有客人的姓名。"这令于先生大吃一惊,因为他频繁往返于世界各地,入住过无数高级酒店,但这种情况还是第一次碰到。

于先生高兴地乘电梯下到餐厅所在的楼层,刚刚走出电梯门,餐厅的服务生就说:"于先生,里面请。"于先生更加疑惑,因为服务生并没有看到他的房卡,就问:"你知道我姓于?"服务生答:"上面的电话刚刚下来,说您已经下楼了。"如此高的效率让于先生再次大吃一惊。于先生刚走进餐厅,服务小姐微笑着问:"于先生还要老位子吗?"于先生的惊讶再次升级,心想"尽管我不是第一次在这里吃饭,但最近的一次也有一年多了,难道这里的服务小姐记忆力那么好?"看到于先生惊讶的目光,服务小姐主动解释说:"我刚刚查过电脑记录,您在去年的 6 月 8 日在靠近第二个窗口的位子上用过早餐。"于先生听后兴奋地说:"老位子!老位子!"小姐接着问:"老菜单?一个三明治,一杯咖啡,一个鸡蛋?"现在于先生已经不再惊讶了:"老菜单,就要老菜单!"于先生已经兴奋到了极点。上餐时餐厅赠送了于先生一碟小菜,由于这种小菜于先生是第一次看到,就问:"这是什么?",服务生后退两步说:"这是我们特有的××小菜。"服务生为什么要先后退两步呢,他是怕自己说话时口水不小心落在客人的食品上,这种细致的服务不要说在一般的酒店,就是在美国最好的饭店里于先生都没有见过。这次早餐令于先生终生难忘。

后来,由于业务调整的原因,于先生有三年的时间没有再到泰国去,在于先生生日的时候突然收到了一封东方饭店发来的生日贺卡,里面还附了一封短信,内容是:亲爱的于先生,您已经有三年没有来过我们这里了,我们全体人员都非常想念您,希望能再次见到您。今天是您的生日,祝您生日愉快。于先生当时激动得热泪盈眶,发誓如果再去泰国,绝对不会到任何其他的饭店,一定要住在东方饭店,而且要说服所有的朋友也像他一样选择。于先生看了一下信封,上面贴着一枚六元的邮票。六块钱就这样买到了一颗心,这就是 CRM 的魔力。

东方饭店非常重视培养忠实的客户,并且建立了一套完善的 CRM 体系,使客户入住后可以得到无微不至的人性化服务,迄今为止,世界各国的约 20 万人曾经入住过那里,用他们的话说,只要每年有十分之一的老顾客光顾饭店就会永远客满。这就是东方饭店成功的秘诀。

点评:

现在 CRM 的观念已经被普遍接受,而且相当一部分企业都已经建立起了自己的 CRM 系统,但真正能做到东方饭店这样的还并不多见,关键是很多企业还只是处在初始阶段,仅仅是采用一套软件系统,并没有在内心深处思考如何去贯彻执行,所以大都浮于表面,难见实效。CRM 并非只是一套软件系统,而是以全员服务意识为核心贯穿于所有经营环节的一整套全面完善的服务理念和服务体系,是一种企业文化。在这一方面,东方饭店的做法值得我们很多企业认真地学习和借鉴。

4.1 客户关系的类型和选择

4.1.1 客户关系的类型

企业在具体的经营管理实践中，建立何种类型的客户关系，必须取决于其商品的特性和客户的定位。科特勒将企业与客户建立的客户关系的不同水平、程度区分为以下 5 种，见表 4-1。

表 4-1 典型客户关系类型

类 型	特 征 描 述
基本型	销售人员把产品销售出去后就不再与客户接触
被动型	销售人员把产品销售出去，同意或鼓励客户在遇到问题或有意见时联系企业
负责型	产品销售完成后，企业及时联系客户，询问产品是否符合客户的要求，有何缺陷或不足，有何意见或建议，以帮助企业不断改进产品，使之更加符合客户需求
能动型	销售完成后，企业不断联系客户，提供有关改进产品的建议和新产品的信息
伙伴型	企业不断地协同客户努力协助客户解决问题，支持客户的成功，实现共同发展

对于企业而言，这 5 种不同程度的客户关系类型之间并不存在好坏优劣的简单对比关系。不同企业甚至同一企业在面对不同客户时，都有可能建立不同的客户关系类型。一般来说，企业的直接客户与间接客户都应纳入企业的客户关系管理系统。按时间顺序划分按时间顺序划分，CRM 的对象主要包括原有客户、新客户和未来客户。企业一般应以老客户和新客户为重点管理对象。按交易过程划分，CRM 的对象主要包括曾经有过业务交易的客户、正在进行交易的客户和即将进行交易的客户。对于第一类客户，不能因为交易中断而放弃；对于第二类客户，须逐步充实和完善其管理内容；对于第三类客户，管理的重点是全面收集和整理客户资料，为即将展开的交易准备资料。按客户性质划分，CRM 的对象主要包括政府机构、特殊公司、普通公司、顾客和交易伙伴等。这些客户因其性质、需求特点、需求方式、需求量等不同，对其进行管理的方式也不尽相同。按交易数量和市场地位划分，CRM 的对象主要包括主力客户、一般客户和零散客户。一般来说，企业客户关系管理的重点应放在交易时间长、交易量大的主力客户身上。

4.1.2 客户关系类型的选择

科特勒认为，企业可以根据其客户的规模和产品的边际利润水平来选择合适的客户关系类型，如图 4.1 所示。

如果客户数量在一定时期内保持固定，假设其数量保持在一个较低的水平上，那么当企业的边际利润水平增加时，通常为了使自己的客户不被竞争对手挖走，将自己与客户之间的关系巩固起来是必然之路，而巩固与客户之间的联系会令原本处于较低阶的企业客户关系过渡到更高阶段，如从负责型过渡到能动型，或从能动型过渡到伙伴型。这说明，企业客户关系(类型)的变化与单纯的利润并没有直接的联系，而是与边际利润有关联。那么相应的，企业客户关系的变化在成本方面来说，是否也应当与边际这个概念挂钩呢？也就是说,量入为出地考虑企业运营,企业客户关系的变动从成本方面来看,应当是受边际成本的影响而非绝对的成本数量的影响,即考虑增加一单位客户令企业成本增加对企业客户关系类型的选择的变化。

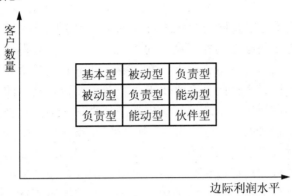

图 4.1 客户关系选择矩阵

企业客户数量的增加对企业带来的影响大体可从两个方面考虑。一是客户数量增长会使企业运营支出上升,这会影响企业的利润实现。但从另外的角度看,企业在与客户沟通和服务的过程中所获得的客户偏好等信息,以及在客户关系的维系与管理中所获得的知识具有一种规模效应,只有当客户数量增加(甚至达到一定量之后),企业方可由与客户建立的企客关系之中获得某种隐性利益与优势,如某类细分市场顾客的选择偏好、某些产品的使用知识、某个渠道的服务特征知识等。另外,客户服务也具有规模效应。因此,客户数量的绝对增加并不一定会导致企业客户关系管理上成本的增加,相反,它甚至可能带来企业的竞争优势的良性变化和核心能力的构建成果。

综合以上两点分析,企业的客户关系类型的选择所依据的应当是其所提供的产品或服务的边际利润水平与服务单位客户的边际成本水平。当边际成本水平小于边际利润水平时,企业为单位客户服务所获得的盈利见涨,于是企业会倾向于更多地投入资源到客户服务中去;反之,则倾向于缩减为这样客户的服务所占用的资源以保持企业的整体运营健康状况,这样,企业在选择适合自身的企业客户关系类型时,就会按照从低(基本型)到高(伙伴型)的顺序来确定其关系类型的水平。

再深入一些,企业在选择与客户之间关系的类型时,所涉及的因素还包括诸如产品和市场的特征等方面,这里不作过多的讨论。

4.2 客户关系定位及其研究核心

4.2.1 客户关系定位

1. 买卖关系

一些企业与其客户之间的关系维持在买卖关系水平,客户将企业作为一个普通的卖主,销售被认为仅仅是一次公平交易,交易目的简单。企业与客户之间只有低层次的人员接触,企业在客户企业中知名度低,双方较少进行交易以外的沟通,客户信息极为有限。客户只是购买企业按其自身标准所生产的产品，维护关系的成本与关系创造的价值均极低。无论是企业损失客户还是客户丧失这一供货渠道，对双方业务并无太大影响。

2. 优先供应关系

企业与客户的关系可以发展成为优先选择关系。处于此种关系水平的企业，销售团队与客户企业中的许多关键人物都有良好的关系，企业可以获得许多优先的甚至独占的机会，与客户之间信息的共享得到扩大，在同等条件下乃至竞争对手有一定优势的情况下，客户对企业仍有偏爱。在此关系水平上，企业需要投入较多的资源维护客户关系，主要包括给予重点客户销售优惠政策、优先考虑其交付需求、建立团队、加强双方人员交流等。此阶段关系价值的创造主要局限于双方接触障碍的消除、交易成本的下降等"降成本"方面，企业对客户信息的利用主要表现在战术层面，企业通对客户让渡部分价值来达到交易长期化的目的，可以说是一种通过价值向客户倾斜来换取长期获取价值的模式，是一种"不平等"关系，客户由于优惠、关系友好而不愿意离开供应商，但其离开供应商并不影响其竞争能力，关系的核心是价值在供应商与客户之间的分配比例和分配方式。

3. 合作伙伴关系

当双方的关系存在于企业的最高管理者之间，企业与客户交易长期化，双方就产品与服务达成认知上的高度一致时，双方进入合作伙伴阶段。

在这个阶段，企业深刻地了解客户的需求并进行客户导向的投资，双方人员共同探讨行动计划，企业对竞争对手形成了很高的进入壁垒。客户将这一关系视为垂直整合的关系，客户企业里的成员承认两个企业间的特殊关系，他们认识到企业的产品和服务对他们的意义，因此有着很强的忠诚度。在此关系水平上，价值由双方共同创造，共同分享，企业对客户成功地区别于其竞争对手、赢得竞争优势发挥重要作用。双方对关系的背弃均要付出巨大代价。企业对客户信息的利用表现在战略层面，关系的核心由价值的分配转变为新价值的创造。

4. 战略联盟关系

战略联盟是指双方有着正式或非正式的联盟关系，双方的近期目标和愿景高度一致，双方可能有相互的股权关系或成立合资企业。两个企业通过共同安排争取更大的市场份额与利润，竞争对手进入这一领域存在着极大的难度。现代企业的竞争不再是企业与企业之间的竞争，而是一个供应链体系与另一个供应链体系之间的竞争，供应商与客户之间的关系是"内部关系外部化"的体现。

这四类关系并无好坏优劣之分，并不是所有企业都需要与客户建立战略联盟。只有那些供应商与客户之间彼此具有重要意义且双方的谈判能力都不足以完全操控对方，互相需要，又具有较高转移成本的企业间，建立合作伙伴以上的关系才是恰当的。而对大部分企业与客户之间的关系来说，优先供应商级的关系就足够了。因为关系的建立需要资源，如果资源的付出比企业的所得还多，那么这种关系就是"奢侈的"。

4.2.2 研究核心

CRM 是对供应链中的各种一线活动(销售、市场情报收集和客户服务等)的集成和协调。传统的供应链管理系统只重视基本运作,往往忽视了客户需求对于拉式供应链的驱动作用。负责收集客户信息的一线职能(包括销售和客户服务)能否与上游职能(如生产和分销)有效衔接,就成为决定客户满意度的重要因素。为保证信息更为顺畅地流动,基于互联网的新方法正逐步取代传统的销售自动化和客户支持。

与技术变化相对应的是,CRM 这种新的客户交互战略正开始为许多公司接受。CRM 的基本思想是把客户看成企业最有价值的资产,与客户的每次交互都至关重要,而且必须能够增加价值。营销观念中一直强调吸引和维系客户的重要性,因此这也许算不上一个新观念。但实际上,它的"新"体现在利用技术把客户当做一种战略资源进行积极的管理。

很多企业都已经采用了 CRM 战略,它不仅能提高企业的收益,而且能最大限度地提高客户关系的价值。实际上,许多营销变革都是这个基本思想的不同侧面,如"零背叛"的客户忠诚策略、关系营销、直接营销、交互营销、数据库营销和大规模定制策略等。对这些营销方式的兴趣已从个别领域(如产品目录销售和财务服务)扩展到了耐用消费品业、普通消费品业和制造业。

CRM 战略对客户信息系统提出了新的要求,以前各自独立的系统造成了许多信息孤岛,现在需要用集成的软件包。传统的销售自动化系统只能用于销售阶段,而 CRM 系统则是在整个客户生命周期(从营销活动到客户服务)的各阶段里跟踪客户。

4.3 客户关系生命周期

4.3.1 客户关系生命周期的概念

服务市场营销学专家格鲁诺斯借用生命周期理论提出了客户关系生命周期概念,它是指一个客户从对企业进行了解或企业欲对某一客户进行开发开始,直到客户与企业的业务关系完全终止且与之相关的事宜完全处理完毕的这段时间,即把与客户关系的发展过程看作一个生命周期。这一理论区别于其他的研究客户关系的理论在于它是用一种动态的眼光来看待企业与客户关系的发展。它认为客户的关系是分阶段的,在不同的阶段,客户与企业往来的行为特征是不同的,同时企业在不同阶段可以获得的盈利情况也是不同的。也有观点认为在不同的阶段驱动顾客关系发展的驱动因素是不同的,即使是相同的驱动因素在不同的阶段也有不同的效果。在客户不同的生命周期阶段中,企业的投入与客户对企业收益的贡献是大不相同的。

客户关系生命周期主要针对现有客户而言,要延长与客户的关系,可通过培养客户忠诚、挽留有价值客户、减少顾客叛逃和流失、剔除不具有潜在价值的恶性关系等来提高客户关系生命周期的平均长度,发展与顾客的长期关系。客户将成为一股收入的源流,是重复业务的源泉,长期业务关系中他们将变得更容易服务,因为员工会了解到客户的需求和需要,更容易让他们满意。

在关系发展之前,企业进行市场调研了解顾客需求,用特定的营销手段吸引顾客,顾客对企业产品和服务形成知晓,然后考虑自身对该产品和服务的需求,进而结合其他产品和服务对该产品和服务进行综合评价,并做出购买决策,采取购买行为。使用该产品或服务,对其进行购后评价,如果客户满意,下次有此需求时顾客又会考虑购买其产品或服务。在第二次购买选择中,顾客并不是简单重复第一次的过程,而是在此基础上,根据前次的购买消费体验,将较为快捷地做出购买决策,节约了购买决策成本,进行购买和消费,并进行购买评价。

如此循环进行下去,顾客对其产品或服务不断产生信任,进而忠诚,以此延长了顾客关系。不论是哪次购买消费体验中有不满意,只要其转换成本是其可接受的范围,顾客因此就会转向其竞争对手,造成企业的顾客流失。如果对于不满意的客户,企业采取相应的措施进行挽留,顾客则会继续购买该企业的产品,两者的关系得以延长。否则,顾客将流失,从而结束与企业的关系,至此,客户关系生命周期结束。

延长客户关系的长度亦即将老客户留住,这是 CRM 的关键内容,因为保留老客户的收益远远大于开发新客户的收益。

4.3.2 影响顾客生命周期的因素

影响顾客生命周期的因素可从两大方面衡量:一是交易特征,二是客户差异。
用函数关系表示为

$$盈利的顾客生命周期 = f(交易特征,顾客差异性)$$

在此函数关系中,交易特征和顾客差异性又受许多因素的影响,所有这些因素的综合作用就形成了顾客关系生命周期。

1. 交易特征

任何对特定公司给定的花费由下面三部分组成:购买频率、每次购买量及购买构成(单类的或跨目录的)。凯利和蒂博提出交易双方之间的互动体现在互动的频率、互动的深度以及互动的范围上。从社会交换领域的观点看,顾客买得越多,购买越频繁,所购买的产品涉及的不同的目录越多,顾客与卖主之间的关系就越持久。奥利弗和温纳斯的效用框架支持了这一观点,并且他提出买得越多、越频繁、跨不同的目录越多将越能适应卖主的产品和定位,并且会从中收到越大的效用,因此两者的关系将会延长。具体而言,交易特征涉及如下变量:

(1) 购买量。实践证明在有契约关系的环境下越满意的顾客将与服务提供商有越长久的关系(博尔顿,1998)和对服务有越高的使用水平(博尔顿和莱蒙,1999)。在金融服务行业,满意是关系容量的函数。因此,关系容量和购买量成正相关关系,换句话说,顾客若将越多的钱包份额给公司,他们之间的关系就越强。因此,平均而言,长期持久的客户将比短期的客户花费水平高。有利可图的顾客生命期限与顾客的花费水平成正相关关系。

(2) 交叉购买。假定公司提供不同种类的产品或服务,消费者可以购买单一产品或服务,也可以购买不同种类的产品和服务。交叉购买是指顾客购买公司的一组相关或不相关的产品或服务的程度。例如,在一般商品环境下,一个妇女可能仅仅购买鞋或正式的服装,但是另外的顾客可能购买鞋、正式的服装,还购买非常时尚的服饰、运动装、配件和纺织品。在后一种情况中,顾客与公司互动交易的范围就相当广,而在前一种情况下,顾客只是集中在一种产品或服务的购买上。交叉购买对顾客保留产生影响，进而影响顾客关系生命周期。因为在契约关系环境下，随着顾客关系的多样化，其转换成本增加，顾客保留则随着多样产品或服务的交叉销售而提高。尽管这些转换成本在非契约环境下不存在，顾客也将从得知零售商产品的范围、质量水平和互动的过程中受益。也有人认为：提供的产品与服务的多样性被看做是维持未来客户忠诚的"入场费"，因此交叉购买程度越高，则有利可图的顾客生命周期就越长。

(3) 平均交互购买的时间。该变量代表了顾客购买的频率，因而对顾客生命周期产生影响。因为平均交互购买的时间越短，说明购买的频率越高，而购买的频率越高，一方面说明相互间关系强度越强，另一方面说明满意度高，而且对企业的产品或服务越信任，因而导致顾客生命周期延长。

此外，邮寄方式、产品种类等交易特征也影响顾客生命周期。

2. 顾客特征

多数情况下关系的维持与否取决于顾客从关系中所得到的利益与付出的成本的比较，也就是说顾客关系的生命周期是关系利益与关系成本的函数。因此顾客的收入、受教育程度、居住的地理位置等影响着顾客的消费购买行为，也因而影响着顾客关系生命周期。

3. 顾客生命周期的阶段划分

目前，对于如何具体的划分出不同的阶段及划分出几个阶段比较合适仍然存在着比较大的争议，故顾客关系生命周期理论还需要进一步的完善和发展。

格鲁诺斯将整个生命周期划分为不同的发展阶段：潜在客户期、客户开发期、客户成长期、客户成熟期、客户衰退期、客户终止期。

另有观点认为顾客的生命周期可以分为四个阶段，分别是考察期、形成期、稳定期、退化期(终止期)四个阶段，称为四阶段模型。考察期是客户关系的孕育期，形成期是客户关系的快速发展期，稳定期是客户关系的成熟期，退化期(终止期)是客户关系水平发生逆转的时期。考察期、形成期、稳定期客户关系水平依次增高，稳定期是供应商期望达到的理想阶段，但客户关系的发展具有不可跳跃性，客户关系必须越过考察期、形成期才能进入稳定期。

对需重复消费购买的产品而言，在考察期，顾客首先对产品和服务提出期望，然后购买产品和服务，购买后进行感知价值和期望价值的比较。若感知价值大于期望价值则满意，以后的一系列重复购买、一系列满意就形成了对企业的基本信任。在形成期，顾客继续重复购买企业产品和服务，若形成一系列满意，则对企业产生信任，引起顾客行为忠诚。此后又是一系列的重复购买，若又形成一系列的满意，则对企业高度信任，形成顾客的态度忠诚。再后，顾客对价值的公平性进行比较，对企业的完全满意和信任，则忠诚上升到情感忠诚。此阶段为顾客关系的稳定期。

客户关系的终止并不总是发生在稳定期后的第四阶段，可以发生在考察期、形成期和稳定期三个阶段的任一时点。实际上，在任何一阶段关系都可能退化，有些关系可能越不过考察期，有些关系可能在形成期终止，有些关系则经过考察期、形成期而进入稳定期，并在稳定期维持较长时间后结束。

根据客户关系衰退所处的阶段不同，可将客户生命周期模式划分成 4 种。一般而言所有中途夭折型的客户关系不外乎如下几种类型：一是客户主动终止关系，二是企业主动终止关系，三是双方同时终止关系。在实际经营中(尤其是买方市场环境)，客户主动终止关系为多。客户主动终止关系的原因多为在关系发展过程中企业不能为客户提供所期望的价值，或者是竞争对手提供了比该企业更有吸引力的价值，或者是双方从关系中获得的收益不对等。此种情况下，只要是客户的退出成本低于他所获得的增值价值，或者是退出成本在客户心理可承受的范围，客户就会毫不犹豫地终止这种关系。在企业主动终止关系的情况下，一般是企业意识到对于这样的客户将来也没有获利的可能，终止这样的关系是明智之举。

现实经营中客户关系的发展常常会一波三折，但只要供应商能有效调整客户保持策略，及时化险为夷，客户关系就会在新的起点上重复上述客户关系发展的过程。

企业与客户关系的质量决定了企业的竞争能力和持续发展的竞争优势。而客户关系生命周期的长短是客户关系质量的重要指标。根据对企业与客户关系所处阶段的分析，企业可以更有针对性地制定 CRM 的战略目标和实施方案。

4. 客户生命周期各阶段的特点及企业投入产出比

由于不同生命周期阶段的特点不一，所投入的成本不同，因此其产出也大不相同。

(1) 潜在客户期。当客户对企业的业务进行了解，或企业欲对某一区域的客户进行开发时，企业与客户开始交流并建立联系，此时客户已进入潜在客户期。因客户对企业的业务进行了解，企业要对其进行相应的解答，某一特定区域内的所有客户均是潜在客户，企业投入是对所有客户进行调研，以便确定出可开发的目标客户。此时企业有一定的投入成本，但客户尚未对企业做出任何贡献。

(2) 客户开发期。当企业对潜在客户进行了解后，对已选择的目标客户进行开发时，便进入客户开发期。此时企业要进行大量的投入，但客户为企业所做的贡献很小甚至没有。

(3) 客户成长期。当企业对目标客户开发成功后，客户已经与企业发生业务往来，且业务在逐步扩大，此时已进入客户成长期，企业的投入和开发期相比要小得多，主要是发展投入，目的是进一步融洽与客户的关系，提高客户的满意度、忠诚度，进一步扩大交易量。此时客户已经开始为企业做贡献，企业从客户交易获得的收入已经大于投入，开始盈利。

(4) 客户成熟期。当客户与企业相关联的全部业务或大部分业务均与企业发生交易时，说明此时客户已进入成熟期，成熟的标志主要看客户与企业发生的业务占其总业务的份额。此时企业的投入较少，客户为企业做出较大的贡献，企业与客户交易量处于较高的盈利时期。

(5) 客户衰退期。当客户与企业的业务交易量逐渐下降或急剧下降，客户自身的总业务量并未下降时，说明客户已进入衰退期。此时，企业有两种选择，一种是加大对客户的投入，重新恢复与客户的关系，确保忠诚度；另一种做法便是不再做过多的投入，渐渐放弃这些客户。企业两种不同做法自然就会有不同的投入产出效益。

(6) 客户终止期。当企业的客户不再与企业发生业务关系，且企业与客户之间的债权、债务关系已经理清时，意味着客户生命周期的完全终止。此时企业有少许成本支出而无收益。

客户的整个生命周期受到各种因素的影响。企业要尽可能地延长客户的生命周期,尤其是成熟期。客户成熟期的长度可以充分反映出一个企业的盈利能力。面对激烈的市场竞争,企业要掌握客户生命周期的不同特点,提供相应的个性化服务,进行不同的战略投入,使企业的成本尽可能低,盈利尽可能高,从而增强企业竞争力。

4.4 建立长期的客户关系

客户是需要成长的,由小到大,由少到多,因而客户经理在营销中对客户关系要进行长久的呵护和耐心的关注,要注重客户的培养,使之最终成为自己终身的客户。

4.4.1 暗示客户的潜意识需求

(1) 在与客户的交往过程中,对客户的需求表示肯定,不露痕迹地加以赞扬和鼓励,激发客户实现需求的欲望。例如,当客户说起曾经在媒体上看到有的企业聘请企业顾问时,你可以告诉客户:"像刚才您提出的聘请财务顾问这样的需求,是目前成功企业的必要手段,并且已经被很多事实所证实,这种做法在我国还是比较超前的。"

(2) 通过其他成功的案例暗示客户也有同类需求。例如,在介绍完一个使用产品的案例后可以说:"其实每一个企业在日常经营中,都可以利用它达到节约成本的效果。"

客户受到上述暗示,有可能会将这种潜意识的需求上升为现实需求。

4.4.2 注重客户第一满意度

(1) 注重客户的试探性满意度。业务关系的建立在很大程度上取决于第一次的满意度。第一次实质意义上的业务交往,很可能是客户的"体温计",他们会根据这个试探性的动作,判断你所代表的整个企业的服务,从而决定是否进行业务合作。

(2) 注重每一笔业务的首次满意度。在客户使用每一种产品时,要尽力保证客户在第一次就获得满意,缩短服务和产品的磨合期。

(3) 注重客户在第一时间的满意度。客户接受服务或使用产品的过程中,往往很在乎时效性,如果能让客户在客户预想的时间内达到满意,将会取得更好的效果。

(4) 注重客户业务范围之外需求的满意度。客户经理与客户的交往不仅仅局限于业务范围之内,客户对客户经理的需求也不仅仅局限于银行业务范围之内。客户的每一次需求都是不同的,客户经理要把客户每一次不同的需求当做第一次,在能力所及的情况下竭力满足。

4.4.3 增加业务的额外价值

(1) 及时把产品销售的优惠种类和优惠期告诉客户,提醒客户正确利用优惠种类和优惠期以增加收益。

(2) 根据客户与公司业务的进展情况,在客户没有要求额外优惠时,以各种名义主动给客户意外的惊喜。例如,信用卡刷卡有礼、与商家联合推出产品折扣优惠等。

(3) 把谈判变成惠赠。不要等客户提出要求时,才不得不给予减息优惠或产品折扣。通过成本收益分析,在利润前提下尽可能多地让客户获利,避免与客户相聚在谈判桌上的机会。

(4) 在客户的业务达到一定程度时，赋予客户享受额外服务的特权。

4.4.4 扩大客户选择的自由

(1) 本公司的产品选择。客户经理在介绍和建议使用产品时，不可过分强调个人的意愿或带有个人主观色彩，要实行超市自选式供应，你可以向客户推荐或建议，但不可强制性地让客户使用某种产品。

(2) 同业之间的选择。如果本公司的产品和服务确实无法满足客户的需求，可以为客户推荐同业的适合产品。竞争中的宽容往往会显示出较好的企业和个人形象，会让客户觉得你是以客户为中心而不是以企业为中心，不仅不会失去客户，反而会赢得客户对你的尊重。但这种方法切不可在客户投诉时使用。

(3) 客户服务人员的选择。一般情况下，客户经理应保持相对稳定，但是如果因为客户主管人员的变动或其他原因，导致客户与客户经理之间的合作无法达到和谐，可以推荐其他客户经理进行客户服务和CRM，也可以通过流动的方式，定期调整一部分客户经理的客户范围，使客户关系更加顺畅。

(4) 服务场所的选择。随着科技水平的提高，尤其是网上银行、电话银行等的开通，办理金融业务的场所越来越自由。在向客户推荐较好的服务方案的前提下，可让客户选择他们习惯的方式。

(5) 时间的选择。客户经理的服务应该是全天候的，让客户在24小时之内随时可以找到你。

4.4.5 激励客户

任何层次的客户都是需要激励的，只要你选对激励的方式和时间，都会取得较好的效果。

(1) 让客户知道你需要他，以此激励客户的成就感。客户也同样会从你的信息中获得这样的信息：因为他对你很重要，所以你会更加重视他。

(2) 让客户明白你将会带给他们更多的价值，以此激励客户继续与你合作的愿望。只有能带给别人实惠的人或企业，才不会被抛弃。

(3) 通过交往让客户感到你或公司的创新能力，激励客户深层次地挖掘从产品与服务创新中获利的欲望。

(4) 公开评定信用等级，颁发信誉称号，给客户声誉或信誉上的激励。

(5) 通过各种方式让客户清楚，你们是最佳搭档。你们的合作是带来双方共赢的基础。客户会从中感受到双方合作在经营中的重要性，不会轻易打破这个组合。

(6) 对客户介绍的新客户要加倍做好服务，因为客户介绍新客户是有一定风险的，为新的客户提供最佳服务，可以化解客户的风险，也是对客户最好的激励。

4.4.6 保持客户的长期满意度

(1) 在现有产品和服务的基础上，尽力满足客户需求。

(2) 通过降低客户预期值，实现客户满意，如事先告诉客户产品缺陷等。

(3) 发现客户需求，并不断改进产品和服务。

(4) 提供超出客户预想的产品功能、金融服务和收益，如花旗银行实行的"增值服务计划"，让客户获得更多的客户让渡价值。

(5) 在客户提出需求时，及时给予满足或答复。

(6) 优质服务自始至终。优质服务不因人而异，不因时而变。

(7) 努力使产品质量和服务质量做到完善。

(8) 不断创新，让客户获得精神和声誉上的满足。

(9) 当服务或产品出现问题时，运用科学的方法及时予以解决。

本 章 小 结

本章首先划分了客户关系的类型(基本型、被动型、负责型、能动型、伙伴型)，说明了客户关系类型的选择，并阐述了运用买卖关系、优先供应关系、合作伙伴关系、战略联盟关系这四种关系进行客户关系定位；其次提出了客户关系生命周期概念及影响因素，包括交易特征、顾客特征、顾客生命周期的阶段划分、客户生命周期各阶段的特点及企业投入产出比；最后阐述了如何建立长期客户关系，方法有暗示客户的潜意识需求、注重客户第一满意度、增加业务的额外价值、扩大客户选择的自由、激励客户、保持客户的长期满意度。

关键术语

客户关系类型、客户关系定位及其研究核心、客户关系生命周期、建立长期的客户关系

课 后 习 题

1. 填空题

(1) 企业的直接客户与间接客户都应纳入企业的_____系统。

(2) _____不同程度的客户关系类型之间并不存在好坏优劣的简单对比关系。

(3) CRM 是对供应链中的各种一线活动的集成和_____。

(4) CRM 战略对客户信息系统提出了新的要求，以前各自独立的系统造成了许多_____，现在需要用集成的软件包。

(5) 传统的销售自动化系统只能用于销售阶段，而 CRM 系统则是在整个_____的各阶段里跟踪客户。

2. 选择题

(1) 在客户不同的生命周期阶段中，企业的投入与客户对企业收益的(　　)是大不相

同的。

　　A. 贡献　　　　B. 区别　　　　C. 测量　　　　D. 限制

　　(2) 延长客户关系的长度亦即将老客户留住，这是 CRM 的(　　)内容，因保留老客户的收益远远大于开发新客户的收益。

　　A. 核心　　　　B. 主要　　　　C. 重要　　　　D. 关键

　　(3) 影响顾客生命周期的因素可从两大方面衡量；一是交易特征，二是(　　)。

　　A. 客户差异　　B. 买卖关系　　C. 谈判技巧　　D. 经营方式

　　(4) 实践证明在有(　　)关系的环境下越满意的顾客将与服务提供商有越长久的关系和对服务有越高的使用水平。

　　A. 契约　　　　B. 奖励　　　　C. 惩罚　　　　D. 法律

　　(5) 有利可图的顾客生命期限与顾客的花费水平成(　　)关系。

　　A. 不相关　　　B. 负相关　　　C. 正相关　　　D. 自相关

　　(6) 对需重复消费购买的产品而言，在(　　)期，顾客首先对产品和服务提出期望。

　　A. 形成　　　　B. 考察　　　　C. 成熟　　　　D. 衰退

3. 名词解释

(1)客户关系生命周期　(2)战略联盟

4. 简答题

(1) 简述典型客户关系类型。

(2) 客户关系定位有哪几种？

(3) 简述中途夭折型的客户关系的类型。

(4) 简述扩大客户选择的自由的途径。

5. 论述题

试述如何激励客户。

案例分析

伊莱克斯亲情化关系营销策略

　　20世纪90年代初期的中国家电市场竞争已是白热化，仅就电冰箱而言，1985年我国电冰箱制造企业是116家，而到了90年代初已剩50多家，甚至一些合资企业亦难逃被淘汰的命运。例如，声名显赫的"阿里斯顿家族"，鼎盛时期共有9个"兄弟"，但后来除美菱、长岭和华意外，其余的"兄弟"都不见了踪影。然而这一切都无法阻挡伊莱克斯的脚步，它认为中国是世界上最大的家电市场。中国家电业经过十几年的发展虽然卓有成效，但是产品科技含量、技术功能等方面与世界先进水平相比尚有一定差距，尽管某些产品知名度很高，但是品牌忠诚度却较低，所以对新旧品牌来讲，市场机会是相等的。

　　1. 明确市场定位以静音冰箱为切入点

　　外国品牌进入中国市场不仅面临着产品本土化的问题，也面临着营销策略本土化的问题。伊莱克斯很好地把握住了这两点。

　　90年代后期我国电冰箱生产能力已达2 300万台，实际产量已达1 000万台以上，而市场需求仅为800

万台。而且，由于冰箱市场已基本成熟，消费者对品牌的认知度很高。海尔、容声、美菱、新飞四大品牌的市场占有率已高达71.9%。在产品功能方面，海尔正在大力推介其抗菌冰箱，容声和新飞在节能、环保、除臭方面已取得领先地位，美菱则独树一帜，大力开发保鲜冰箱。

在这种难以撼动的强大对手面前，伊莱克斯针对自己的目标消费群特征和产品风格精心设计了一条充满亲情色彩的营销策略，并以"静音冰箱"作为进入中国千家万户的切入点。伊莱克斯提出："冰箱的噪音你要忍受不是一天，两天，而是十年，十五年……"，"好得让您一生都能相依相靠，静得让您日日夜夜察觉不到。"这种极具亲情色彩的营销语言，除使中国消费者感受到温馨和真诚外，品牌形象和产品形象也随之得到了认可——"静音"就是伊莱克斯的个性和风格。

其实，伊莱克斯推崇的"静音"冰箱并非是针对中国市场特别设计制造的产品，它只不过是采用扎努西高效低噪音压缩机而已，这和它在世界其他市场提供的产品是一样的，唯一的区别就在于成功地为其产品塑造了亲情化形象。

伊莱克斯集团总裁麦克·特莱科斯在做中国市场调查时说过的一句话很值得人们细心品味，他说："在开拓任何一个国家的市场时，我们都必须重视当地的民俗风情、生活习惯、消费方式等社会文化差异，只有尊重这些差异，充分地了解、分析消费者对我们产品的认识，我们才可能赢得他们的信赖和推崇。"

2. 以谦恭形象为品牌经营包装

20世纪90年代后期的中国电冰箱市场份额继续向知名品牌集中，非名牌市场进一步萎缩，海尔作为电冰箱行业的龙头老大，市场占有率已达30%以上，构成了伊莱克斯拓展中国冰箱市场主要的竞争对手之一。但同时，海尔在激烈的市场搏击过程中积累的丰富营销经验、售后服务经验、品牌形象扩展策略及销售网络营建经验对伊莱克斯在中国实施本土化营销无疑是最有效、最便捷也最具影响力的启示。

伊莱克斯认为外国企业尽管有自己的品牌优势和产品优势，但是要想在中国市场参与竞争，就必须要注意营销手段的适地性，要建立在对中国市场消费文化了解的基础上。为此，伊莱克斯在市场导入初期以低姿态虚心向海尔学习营销经验，不但可使自己的营销工作少走弯路，避免惠而浦、阿里斯顿与中国企业合作失败的教训，更可以在中国公众中树立谦恭务实的企业形象。而在中国商界历来就有"同行是冤家"的说法，视同行为大敌。当时一些冰箱生产企业浮夸风气日盛，为扩大品牌知名度，不惜倾尽全力在各种媒体上标榜自己的业绩。在这种情况下，伊莱克斯于1998年2月在海口召开的全国经销商大会上郑重提出向海尔学习的口号，立即在工商界掀起轩然大波，一个年销售额在147亿美元的国际家电巨人向销售额仅仅是它5%的中国品牌学习本身就造成了强烈的轰动效应。

3. 营销宣传始终体现品牌亲情化形象

伊莱克斯在市场推广方面，与当时国内一些企业投入巨资在媒体上大做广告的做法形成强烈反差。

伊莱克斯历来遵循广告宣传低姿态、科研开发高投入的经营宗旨。所以伊莱克斯在产品导入期的广告投放很有节制，并且不忘赋予广告以强烈的说服性和亲情性。据北京中企市场研究中心统计，在1998年电冰箱品牌的平面广告投放上，伊莱克斯的广告费用仅及海尔、容声的1/3。在广告投放地域分布上，海尔的特点是全国遍地开花，表明它雄心勃勃，以天下为己任；而伊莱克斯则主攻北京、上海及东北、华东、华南地区的大城市。在西北地区伊莱克斯投放仅为0.8万元，海尔则为27.7万元。伊莱克斯在甘肃、青海、云南、内蒙古等地区投入也很少甚至没有投入。而在北京伊莱克斯的投入量却高达10.06万元，海尔则为9.22万元，反不及伊莱克斯。由此可见，两个品牌广告投放策略不同，重点城市的高收入家庭是伊莱克斯既定的目标消费群体。

在中企调研监测网所监测的586家平面媒体上，伊莱克斯主要选择市级媒体，尤以晨报、晚报为主，目的是体现它的贴近性。为强化自己品牌的认可度，伊莱克斯在隐性广告宣传方面，认真借鉴海尔发动舆论攻势的成功经验，在众多宣传媒体上突出其产品优异性和与消费者建立的亲情化形象，其声势轰轰烈烈，所产生的影响之大难以估量。

伊莱克斯在宣传内容上常有惊人之举。去年，结合自己的售后服务营销策略，伊莱克斯在媒体上推出"一年包换，十年包修"的承诺，这与海尔在空调行业承诺"六年包修"异曲同工，如出一辙，这也是伊莱克斯提出向海尔学习之后再次在消费者中掀起的波澜。

4. 促销手段多样，体现亲情仍是主旨

伊莱克斯除了在电视及平面媒体发布广告外，其主要的促销活动是在销售店内直接面对消费者进行，使顾客对公司的规范运作、产品的技术水平和服务水准留下良好印象。例如，针对我国城市冰箱进入更新换代时期，伊莱克斯推出超值弃旧，以旧换新行动。凡是购买伊莱克斯的用户，可用其旧冰箱折换一台伊莱克斯生产的吸尘器或电水壶，并负责上门搬运。在有的地方则推行"零售价优惠300元，再送一辆自行车"活动，甚至还推出"先用两个星期，感到满意再付款"的促销招数。

伊莱克斯另一营销群体是城市新婚家庭。每逢"国庆"、"春节"期间，伊莱克斯都适时推出极富针对性的"有情人蜜月有礼"促销活动，在有的地区也称"送贴心嫁妆"活动，对购买伊莱克斯冰箱的新婚夫妇赠送食品搅拌机、蒸气熨斗、面包炉等小家电物品，伊莱克斯促销形式对普通消费者也适用，馈赠内容更广泛，甚至送饮料、送一年电费、送购物优惠卡等。伊莱克斯紧紧围绕电冰箱换代和新婚家庭作营销文章，不但扩大了市场占有份额，更重要的是在消费者中的亲情形象得到了淋漓尽致的发挥，这种亲情化形象反过来又强化了品牌优势，形成新的良性循环。

俗话说"谁拥有了消费者的心，谁就占有了市场"。伊莱克斯可谓深谙此道，营销策略采用攻"心"为上，既不称"王"，亦不称"霸"，更没有自吹自擂，广告投入也是低姿态，然而其品牌形象和产品形象却在消费者中产生了影响。

思考与分析：

(1) 伊莱克斯如何实现本土化竞争？

(2) 优质产品是不是当前市场竞争的灵魂？

(3) 伊莱克斯对国内企业进军海外市场有什么借鉴？

第 5 章　CRM 的技术手段

知识架构

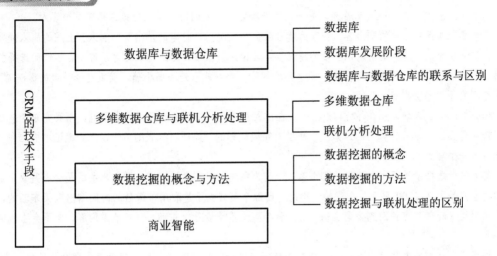

学习目标

通过本章的学习，应该能够达到以下目标。
熟悉数据库与数据仓库。
掌握数据仓库。
理解多维数据仓库与联机分析处理。
了解 CRM 发展的动力。
掌握商业智能。
掌握数据挖掘的概念与方法。
理解数据挖掘与联机分析处理的区别。

 **导入案例**

识别客人价值

掌握了客户价值的计算方法以后，我们一定会关注如何从茫茫人海中有效识别不同价值的客户。也就是如何从属性和消费行为特征去识别客户。

一般人都会认为出租车司机是靠运气。运气好就能拉几个高价值的长途客人，运气不好的话拉的都是低价值客人。在招手即停的几秒钟内，普通的出租车司机很难判断出客人的价值。但是善于观察和分析的臧勤却不这么认为。他举例说明了两个场景。

场景一：医院门口，一人拿着药，另一人拿着脸盆，两人同时要车，应该选择哪一个客人？

答案是：选择拿脸盆的那个客人。因为拿着脸盆在医院门口打车的是出院的病人，出院的病人通常会有一种重获新生的感觉，重新认识生命的意义——健康才最重要，因此他不会为了省一点车钱而选择打车去附近的地铁站，而后换乘地铁回家。而拿药的那位，很可能只是小病小痛，就近选择不远的医院看病，所以打车的距离不会很远。

场景二：人民广场，中午12:45，三个人在前面招手。一个年轻女子，拿着小包，刚买完东西。还有一对青年男女，一看就是逛街的。第三个是里面穿绒衬衫的、外面羽绒服的男子，拿着笔记本电脑包。应该选择哪一个客人？

答案是：选择拿笔记本电脑包的那个客人。因为在这个时刻拿笔记本电脑包出去的是公务拜访，很可能约的客户是下午2:00见面，车程约一小时。而那个年轻女子是利用午饭后的时间溜出来买东西的，估计公司很近，赶着一点钟回到公司上班。那对青年男女手上没什么东西，很可能是游客，也不会去远的地方。

许多企业已经在利用客户属性和消费行为特征来进行客户识别了。例如，房地产代理公司的售楼小姐，她们会根据客人的衣着细节、陪同的人员、选择的交通工具等快速评估客户的潜在价值。但需要注意的是，进行客户识别、评估客户的价值，只有在"非此即彼"的情况下才是为了拒绝低价值客户、保留为高价值客户服务的机会。例如，航空公司实施了收益管理系统以后，在飞机起飞前一两天，控制人员会拒绝继续接受一些申请低折扣票价的客人，因为空余座位不多了，他预测到会有一些愿意支付高票价的公商务旅客会在最后时刻购票，他需要为这些高票价旅客保留足够数量的座位。在大多数情况下，进行客户识别、评估客户潜在价值不是为了拒绝客户，而是为了提供符合其特点的产品或服务。例如，广东移动通信公司向手机话费金额比较高的商务人士提供广东省内漫游的包月套餐，向消费金额比较低的学生提供手机短信套餐等，通过不同的解决方案，同时满足差异化的客户需求来提高总体客户满意度，提高企业的总体收益和利润。

点评：

出租车司机"三秒钟识别客人"功夫讲究的是又快又准。与此相比，许多企业识别客户特征和客户价值管理的过程和方式要复杂得多。许多客户与企业打交道，不像搭乘出租车那样是"一锤子买卖"，而是通常要经过目标客户、潜在客户、机会客户、签约客户、用户等客户生命周期。在客户生命周期发生、发展和循环的过程中，会涉及企业内部的市场、销售、服务，甚至物流、财务管理等多个部门与岗位。在企业业务流程的每一个环节都会获得或产生若干反映客户属性、消费行为特征的管理信息。这些信息体现或预示着客户的当期价值、潜在价值和模型价值。

第5章 CRM 的技术手段

5.1 数据库与数据仓库

5.1.1 数据库

数据库(Database)是按照数据结构来组织、存储和管理数据的仓库,它产生于五十多年前,随着信息技术和市场的发展,特别是 20 世纪 90 年代以后,数据管理不再仅仅是存储和管理数据,而转变成用户所需要的各种数据管理的方式。数据库有很多种类型,从最简单的存储有各种数据的表格到能够进行海量数据存储的大型数据库系统都在各个方面得到了广泛的应用。

严格地说,数据库是"按照数据结构来组织、存储和管理数据的仓库"。在经济管理的日常工作中,常常需要把某些相关的数据放进这样的"仓库",并根据管理的需要进行相应的处理。例如,企业或事业单位的人事部门常常要把本单位职工的基本情况(职工号、姓名、年龄、性别、籍贯、工资、简历等)存放在表中,这张表就可以看成是一个数据库。有了这个"数据库"我们就可以根据需要随时查询某职工的基本情况,也可以查询工资在某个范围内的职工人数等。这些工作如果都能在计算机上自动进行,那我们的人事管理就可以达到极高的水平。此外,在财务管理、仓库管理、生产管理中也需要建立众多的这种"数据库",使其可以利用计算机实现财务、仓库、生产的自动化管理。

J.马丁给数据库下了一个比较完整的定义:数据库是存储在一起的相关数据的集合,这些数据是结构化的,无有害的或不必要的冗余,并为多种应用服务;数据的存储独立于使用它的程序;对数据库插入新数据,修改和检索原有数据均能按一种公用的和可控制的方式进行。当某个系统中存在结构上完全分开的若干个数据库时,则该系统包含一个"数据库集合"。

数据库是依照某种数据模型组织起来并存放二级存储器中的数据集合。这种数据集合具有如下特点:尽可能不重复,以最优方式为某个特定组织的多种应用服务,其数据结构独立于使用它的应用程序,对数据的增、删、改和检索由统一软件进行管理和控制。从发展的历史看,数据库是数据管理的高级阶段,它是由文件管理系统发展起来的。

5.1.2 数据库发展阶段

数据库发展阶段大致划分为如下几个阶段:人工管理阶段、文件系统阶段、数据库系统阶段、高级数据库阶段。

1. 人工管理

1950 年代中期之前,计算机的软硬件均不完善。硬件存储设备只有磁带、卡片和纸带,软件方面还没有操作系统,当时的计算机主要用于科学计算。这个阶段由于还没有软件系统对数据进行管理,程序员在程序中不仅要规定数据的逻辑结构,还要设计其物理结构,包括存储结构、存取方法、输入/输出方式等。当数据的物理组织或存储设备改变时,用户程序就必须重新编制。由于数据的组织面向应用,不同的计算程序之间不能共享数据,使得不同的应用之间存在大量的重复数据,很难维护应用程序之间数据的一致性。

这一阶段的主要特征可归纳为如下几点。
(1) 计算机中没有支持数据管理的软件。

(2) 数据组织面向应用，数据不能共享，数据重复。
(3) 在程序中要规定数据的逻辑结构和物理结构，数据与程序不独立。
(4) 数据处理方式——批处理。

2. 文件系统

这一阶段的主要标志是计算机中有了专门管理数据库的软件——操作系统(文件管理)。

20世纪50年代中期到60年代中期，由于计算机大容量存储设备(如硬盘)的出现，推动了软件技术的发展，而操作系统的出现标志着数据管理步入一个新的阶段。在文件系统阶段，数据以文件为单位存储在外存储器，且由操作系统统一管理。操作系统为用户使用文件提供了友好界面。文件的逻辑结构与物理结构脱钩，程序和数据分离，使数据与程序有了一定的独立性。用户的程序与数据可分别存放在外存储器上，各个应用程序可以共享一组数据，实现了以文件为单位的数据共享。

但由于数据的组织仍然是面向程序，所以存在大量的数据冗余。而且数据的逻辑结构不能方便地修改和扩充，数据逻辑结构的每一点微小改变都会影响到应用程序。由于文件之间互相独立，因而它们不能反映现实世界中事物之间的联系，操作系统不负责维护文件之间的联系信息。如果文件之间有内容上的联系，那也只能由应用程序处理。

3. 系统阶段

20世纪60年代后，随着计算机在数据管理领域的普遍应用，人们对数据管理技术提出了更高的要求：希望面向企业或部门，以数据为中心组织数据，减少数据的冗余，提供更高的数据共享能力，同时要求程序和数据具有较高的独立性，当数据的逻辑结构改变时，不涉及数据的物理结构，也不影响应用程序，以降低应用程序研制与维护的费用。数据库技术正是在这样一个应用需求的基础上发展起来的。

数据库技术有如下特点。

(1) 面向企业或部门，以数据为中心组织数据，形成综合性的数据库，为各应用共享。
(2) 采用一定的数据模型。数据模型不仅要描述数据本身的特点，而且要描述数据之间的联系。
(3) 数据冗余小，易修改、易扩充。不同的应用程序根据处理要求，从数据库中获取需要的数据，这样就减少了数据的重复存储，便于增加新的数据结构，也便于维护数据的一致性。
(4) 程序和数据有较高的独立性。
(5) 具有良好的用户接口，用户可方便地开发和使用数据库。
(6) 对数据进行统一管理和控制，提供了数据的安全性、完整性及并发控制。

从文件系统发展到数据库系统，这在信息领域中具有里程碑的意义。在文件系统阶段，人们在信息处理中关注的中心问题是系统功能的设计，因此程序设计占主导地位；而在数据库方式下，数据开始占据了中心位置，数据的结构设计成为信息系统首先关心的问题，而应用程序则以既定的结构为基础进行设计。

4. 发展趋势

随着信息管理内容的不断扩展，出现了丰富多样的数据模型(层次模型、网状模型、关系模型、面向对象模型、半结构化模型等)，新技术也层出不穷(数据流、Web 数据管理、数据挖掘等)。每隔几年，国际上一些资深的数据库专家就会聚集一堂，探讨数据库研究的现状、存在的问题和未来需要关注的新技术焦点。

5. 基本结构

数据库的基本结构分 3 个层次，反映了观察数据库的 3 种不同角度。

1) 物理数据层

物理数据层是数据库的最内层，是物理存储设备上实际存储的数据的集合。这些数据是原始数据，是用户加工的对象，由内部模式描述的指令操作处理的位串、字符和字组成。

2) 概念数据层

概念数据层是数据库的中间一层，是数据库的整体逻辑表示。指出了每个数据的逻辑定义及数据间的逻辑联系，是存储记录的集合。它所涉及的是数据库所有对象的逻辑关系，而不是它们的物理情况，是数据库管理员概念下的数据库。

3) 逻辑数据层

逻辑数据层是用户所看到和使用的数据库，表示了一个或一些特定用户使用的数据集合，即逻辑记录的集合。

数据库不同层次之间的联系是通过映射进行转换的。

6. 主要特点

(1) 实现数据共享。数据共享包含所有用户可同时存取数据库中的数据，也包括用户可以用各种方式通过接口使用数据库，并提供数据共享。

(2) 减少数据的冗余度。同文件系统相比，由于数据库实现了数据共享，从而避免了用户各自建立应用文件。减少了大量重复数据，减少了数据冗余，维护了数据的一致性。

(3) 数据的独立性。数据的独立性包括逻辑独立性(数据库中数据库的逻辑结构和应用程序相互独立)和物理独立性(数据物理结构的变化不影响数据的逻辑结构)。

(4) 数据实现集中控制。文件管理方式中，数据处于一种分散的状态，不同的用户或同一用户在不同处理中其文件之间毫无关系。利用数据库可对数据进行集中控制和管理，并通过数据模型表示各种数据的组织及数据间的联系。

(5) 数据一致性和可维护性，以确保数据的安全性和可靠性。主要包括：①安全性控制，以防止数据丢失、错误更新和越权使用；②完整性控制，保证数据的正确性、有效性和相容性；③并发控制，使在同一时间周期内，允许对数据实现多路存取，又能防止用户之间的不正常交互作用。

(6) 故障恢复。由数据库管理系统提供一套方法，可及时发现故障和修复故障，从而防止数据被破坏。数据库系统能尽快恢复数据库系统运行时出现的故障，可能是物理上或是逻辑上的错误。比如对系统的误操作造成的数据错误等。

7. 管理工具

Navicat for MySQL 是一个强大的 MySQL 数据库服务器管理和开发工具。它可以与任何 3.21 或以上版本的 MySQL 一起工作，并支持大部分的 MySQL 最新功能，包括触发器、存储过程、函数、事件、视图、管理用户等。它不仅对专业开发人员来说是非常尖端的技术,而且对于新手来说也易学易用。Navicat for MySQL 可以让你用一种安全简便的方式快速并容易地创建、组织、访问和共享信息。

5.1.3 数据仓库

1. 定义

数据仓库是决策支持系统(Decision Support System,DSS)和联机分析应用数据源的结构化数据环境。数据仓库研究和解决从数据库中获取信息的问题。数据仓库的特征在于面向主题、集成性、稳定性和时变性。

数据仓库,由数据仓库之父比尔·恩门于1990年提出,主要功能是将组织透过资讯系统之联机交易处理(On-Line Transaction Processing,OLTP)经年累月所累积的大量资料,透过数据仓库理论所特有的资料储存架构,作一有系统的分析整理,以利各种分析方法如线上分析处理(On-Line Analytical Processing,OLAP)、数据挖掘(Data Mining)之进行,并进而支持如决策支持系统、主管资讯系统(Executive Information System,EIS)之创建,帮助决策者能快速有效的自大量资料中,分析出有价值的资讯,以利决策拟定及快速回应外在环境变动,帮助建构商业智能(Business Intelligence,BI)。

数据仓库之父比尔·恩门在 1991 年提出的定义被广泛接受——数据仓库(Data Warehouse)是一个面向主题的(Subject Oriented)、集成的(Integrated)、相对稳定的(Non-Volatile)、反映历史变化(Time Variant)的数据集合,用于支持管理决策(Decision Making Support)。

2. 特点

(1) 数据仓库是面向主题的;操作型数据库的数据组织面向事务处理任务,而数据仓库中的数据是按照一定的主题域进行组织。主题是指用户使用数据仓库进行决策时所关心的重点方面,一个主题通常与多个操作型信息系统相关。

(2) 数据仓库是集成的,数据仓库的数据有来自于分散的操作型数据,将所需数据从原来的数据中抽取出数据仓库的核心工具来,进行加工与集成,统一与综合之后才能进入数据仓库。

(3) 数据仓库是不可更新的,数据仓库主要是为决策分析提供数据,所涉及的操作主要是数据的查询。

(4) 数据仓库是随时间而变化的,传统的关系数据库系统比较适合处理格式化的数据,能够较好地满足商业商务处理的需求。稳定的数据以只读格式保存,且不随时间改变。

(5) 汇总的。操作性数据映射成决策可用的格式。

(6) 大容量。时间序列数据集合通常都非常大。

(7) 非规范化的。数据可以是而且经常是冗余的。

(8) 元数据。将描述数据的数据保存起来。

(9) 数据源。数据来自内部的和外部的非集成操作系统。

数据仓库,是在数据库已经大量存在的情况下,为了进一步挖掘数据资源、为了决策需要而产生的,它并不是所谓的"大型数据库"。数据仓库的方案建设的目的,是作为前端查询和分析的基础,由于有较大的冗余,所以需要的存储也较大。为了更好地为前端应用服务，数据仓库往往有如下几点特征。

(1) 效率足够高。数据仓库的分析数据一般分为日、周、月、季、年等，可以看出，日为周期的数据要求的效率最高，要求 24 小时甚至 12 小时内，客户能看到昨天的数据分析。由于有的企业每日的数据量很大，设计不好的数据仓库经常会出问题，延迟 1~3 日才能给出数据显然是不行的。

(2) 数据质量。数据仓库所提供的各种信息，肯定要准确的数据，但由于数据仓库流程通常分为多个步骤，包括数据清洗、装载、查询、展现等，复杂的架构会有更多层次，那么由于数据源有脏数据或者代码不严谨，都可以导致数据失真，客户看到错误的信息就可能导致分析出错误的决策，造成损失，而不是效益。

(3) 扩展性。之所以有的大型数据仓库系统架构设计复杂，是因为考虑到了未来 3~5 年的扩展性，这样的话，未来不用太快花费资金去重建数据仓库系统，就能稳定运行。这主要体现在数据建模的合理性，数据仓库方案中多出一些中间层，使海量数据流有足够的缓冲，不至于数据量大很多，就运行不起来了。

3. 广义数据库

从上面的介绍中可以看出，数据仓库技术可以将企业多年积累的数据唤醒，不仅为企业管理好这些海量数据，而且挖掘数据潜在的价值，从而成为通信企业运营维护系统的亮点之一。

广义地说，基于数据仓库的决策支持系统由 3 个部件组成：数据仓库技术、联机分析处理技术和数据挖掘技术，其中数据仓库技术是系统的核心。

1) 构造数据仓库

数据仓库具有改变业务的威力。它能帮助公司深入了解客户行为，预测销售趋势，确定某一组客户或产品的收益率。尽管如此，数据仓库的实现却是一个长期的、充满风险的过程。最近，由 DM Review 发布的一项网络调查显示，51%受访者认为创建数据仓库的头号障碍是缺乏准确的数据。而其中最重要的一点是无法实时更新所有的数据。

有 6 项指导原则可帮助企业快速实现数据仓库计划并评估其过程。

(1) 简化需求收集和设计。公司通常会难以确定，哪些数据重要，哪些使得他们无法利用有价值的非结构化信息来驱动关键业务流程。组织应该检查一下 IT 经理是否深入理解业务计划及支持计划所需的信息。例如，源数据在哪里？需要怎样的转换能让其为关键应用程序所用？

(2) 支持业务和 IT 用户协作。不完整、过时或不准确的数据会导致可信信息的缺乏。要注意公司是否有一个业务术语表供用户查看、用于协作并根据他们集体业务视角进行调整。

(3) 避免代价高昂的低级错误和返工。明确公司是否拥有一个包含界定完善的数据模型的实施策略，为目前和将来的应用程序提供信息？

(4) 识别匹配信息，创建单一视图。同一事实的多个版本会导致在管理用户、产品和合作伙伴关系方面出现问题——增加违反法规遵从性的风险。

(5) 使用最快的、最具伸缩性的方法进行转换和发布。明确公司是否有能够利用并行处理并重用之前转换成果的自动化过程？公司系统能否及时按需将数据发布给用户和应用程序？

(6) 通过信息服务扩展信息可访问性。明确企业是否能真正将信息用作共有财产？IT专家能否保存好这些财产并让被授权者使用？信息能否在合适的时间发布到合适的地方和合适的场景？

2) 实现方式

数据仓库是一个过程而不是一个项目。

数据仓库系统是一个信息提供平台，它从业务处理系统获得数据，主要以星形模型和雪花模型进行数据组织，并为用户提供各种手段从数据中获取信息和知识。

从功能结构划分，数据仓库系统至少应该包含数据获取(Data Acquisition)、数据存储(Data Storage)、数据访问(Data Access)3个关键部分。

企业数据仓库的建设，是以现有企业业务系统和大量业务数据的积累为基础的。数据仓库不是静态的概念，只有把信息及时交给需要这些信息的使用者，供他们做出改善其业务经营的决策，信息才能发挥作用，信息才有意义。而把信息加以整理归纳和重组，并及时提供给相应的管理决策人员，是数据仓库的根本任务。因此，从产业界的角度看，数据仓库建设是一个工程，是一个过程。

3) 建立数据仓库的作用

企业建立数据仓库是为了填补现有数据存储形式已经不能满足信息分析的需要。数据仓库理论中的一个核心理念就是事务型数据和决策支持型数据的处理性能不同。

企业在它们的事务操作过程中收集数据。在企业运作过程中：随着订货、销售记录的进行，这些事务型数据也连续的产生。为了引入数据，企业必须优化事务型数据库。

处理决策支持型数据时，一些问题经常会被提出：哪类客户会购买哪类产品？促销后销售额会变化多少？价格变化后或者商店地址变化后销售额又会变化多少？在某一段时间内，相对其他产品来说哪类产品特别容易卖呢？哪些客户增加了他们的购买额？哪些客户又削减了他们的购买额？

事务型数据库可以为这些问题做出解答，但是它所给出的答案往往并不能让人十分满意。在运用有限的计算机资源时常常存在着竞争。在增加新信息的时候我们需要事务型数据库是空闲的。而在解答一系列具体的有关信息分析的问题的时候，系统处理新数据的有效性又会被大大降低。另一个问题就在于事务型数据总是在动态的变化之中的。决策支持型处理需要相对稳定的数据，从而问题都能得到一致连续的解答。

数据仓库的解决方法包括：将决策支持型数据处理从事务型数据处理中分离出来。数据按照一定的周期(通常在每晚或者每周末)，从事务型数据库中导入决策支持型数据库——即"数据仓库"。数据仓库是按回答企业某方面的问题来分"主题"组织数据的，这是最有效的数据组织方式。

5.1.4 数据库与数据仓库的联系与区别

1. 两者的联系

数据仓库的出现，并不是要取代数据库。目前，大部分数据仓库还是用关系数据库管理系统来管理的。可以说，数据库、数据仓库相辅相成、各有千秋。

2. 两者的区别

(1) 出发点不同：数据库是面向事务的设计；数据仓库是面向主题的设计。

(2) 存储的数据不同：数据库一般存储在线交易数据；数据仓库存储的一般是历史数据。

(3) 设计规则不同：数据库设计是尽量避免冗余，一般采用符合范式的规则来设计；数据仓库在设计时有意引入冗余，采用反范式的方式来设计。

(4) 提供的功能不同：数据库是为捕获数据而设计，数据仓库是为分析数据而设计。

(5) 基本元素不同：数据库的基本元素是事实表，数据仓库的基本元素是维度表。

(6) 容量不同：数据库在基本容量上要比数据仓库小得多。

(7) 服务对象不同：数据库是为了高效的事务处理而设计的，服务对象为企业业务处理方面的工作人员；数据仓库是为了分析数据进行决策而设计的，服务对象为企业高层决策人员。

5.2 多维数据仓库与联机分析处理

5.2.1 多维数据仓库

多维数据仓库(Multi Dimensional Database，MDD)可以简单地理解为将数据存放在一个 n 维数组中，而不是像关系数据库那样以记录的形式存放。因此它存在大量稀疏矩阵，人们可以通过多维视图来观察数据。多维数据库增加了一个时间维，与关系数据库相比，它的优势在于可以提高数据处理速度，加快反应时间，提高查询效率。

目前有两种 MDD 的 OLAP 产品：基于多维数据库的 MOLAP(Multidimension OLAP) 和基于关系数据库的 ROLAP(Relational OLAP)。ROLAP 建立了一种新的体系，即星形结构。

MDD 并没有公认的多维模型，也没有像关系模型那样标准地取得数据的方法(如 SQL、API 等)。基于 MDD 的 OLAP 产品，依据决策支持的内容使用范围也有很大的不同。

在低端，用户使用基于单用户或小型 LAN 的工具来观察多维数据。这些工具的功能性和实用性可能相当不错，但由于受到规模的限制，它们不具备 OLAP 的所有特性。这些工具使用超立方结构，将模型限制在 n 维形态。当模型足够大且稀疏数据没有控制好时，这种模型将会不堪一击。这些工具使用数据库的大小是以 MB 来计量的，而不是以 GB 计量的，因此只能进行只读操作，且具备有限的复杂计算。

在高端，OLAP 工具用第 4 代语言(Fourth-Generation Language，4GL)提供了完善的开发环境、统计分析、时间序列分析、财政报告、用户接口、多层体系结构、图表等许多其他功能。尽管不同的 OLAP 工具都使用了它们自己的多维数据库，但它们在不同程度上也利用了关系数据库作为存储媒体。因为关系数据库和 OLAP 工具同时在高端服务器上处理，所以速度和效率仍然很快。

纯多维数据库引擎也被开发出来。尽管这些工具缺乏 4GL 及充分的开发环境，但却有比高端 MDD 工具所使用的数据库更为复杂的数据库。这些工具也具有统计分析、财务分析和时间序列分析等功能，并有自己的应用程序编程接口(Application Programming

Interface，API)，允许其对前端的开发环境开放。

MDD 能提供优良的查询性能。存储在 MDD 中的信息比在关系数据库中的信息具有更详细的索引，可以常驻内存。MDD 的信息是以数组形式存放的，所以它可以在不影响索引的情况下更新数据。因此 MDD 非常适合于读写应用。

5.2.2 联机分析处理

1. 简介

随着数据库技术的发展和应用，数据库存储的数据量从 20 世纪 80 年代的兆(M)字节及千兆(G)字节过渡到现在的兆兆(T)字节和千兆兆(P)字节，同时，用户的查询需求也越来越复杂，涉及的已不仅是查询或操纵一张关系表中的一条或几条记录，而且要对多张表中千万条记录的数据进行数据分析和信息综合，关系数据库系统已不能全部满足这一要求。操作型应用和分析型应用，特别是在性能上难以两全，人们常常在关系数据库中放宽了对冗余的限制，引入了统计及综合数据，但这些统计综合数据的应用逻辑是分散而杂乱的、非系统化的，因此分析功能有限，不灵活，维护困难。在国外，不少软件厂商采取了发展其前端产品来弥补关系数据库管理系统支持的不足，他们通过专门的数据综合引擎，辅之以更加直观的数据访问界面，力图统一分散的公共应用逻辑，在短时间内响应非数据处理专业人员的复杂查询要求。

2. 作用

OLAP 是共享多维信息的、针对特定问题的联机数据访问和分析的快速软件技术。它通过对信息的多种可能的观察形式进行快速、稳定一致和交互性的存取，允许管理决策人员对数据进行深入观察。决策数据是多维数据，多维数据就是决策的主要内容。OLAP 专门设计用于支持复杂的分析操作，侧重对决策人员和高层管理人员的决策支持，可以根据分析人员的要求快速、灵活地进行大数据量的复杂查询处理，并且以一种直观而易懂的形式将查询结果提供给决策人员，以便他们准确掌握企业(公司)的经营状况，了解对象的需求，制定正确的方案。

联机分析处理具有灵活的分析功能、直观的数据操作和分析结果可视化表示等突出优点，从而使用户对基于大量复杂数据的分析变得轻松而高效，以利于迅速做出正确判断。它可用于证实人们提出的复杂的假设，其结果是以图形或者表格的形式来表示的对信息的总结。它并不将异常信息标记出来，是一种知识证实的方法。

3. 起源

OLAP 的概念最早是由关系数据库之父埃德加·弗兰克·科德于 1993 年提出的，他同时提出了关于 OLAP 的 12 条准则。OLAP 的提出引起了很大的反响，OLAP 作为一类产品同 OLTP 明显区分开来。

科德提出 OLAP 的 12 条准则来描述 OLAP 系统。

(1) OLAP 模型必须提供多维概念视图。

(2) 透明性准则。

(3) 存取能力推测。

(4) 稳定的报表能力。
(5) 客户/服务器体系结构。
(6) 维的等同性准则。
(7) 动态的稀疏矩阵处理准则。
(8) 多用户支持能力准则。
(9) 非受限的跨维操作。
(10) 直观的数据操纵。
(11) 灵活的报表生成。
(12) 不受限的维与聚集层次。

4. 分类

当今的数据处理大致可以分成两大类：OLTP 和 OLAP。OLTP 是传统的关系型数据库的主要应用，主要是基本的、日常的事务处理，如银行交易。OLAP 是数据仓库系统的主要应用，支持复杂的分析操作，侧重决策支持，并且提供直观易懂的查询结果。表 5-1 列出了 OLTP 与 OLAP 之间的比较。

表 5-1 OLTP 与 OLAP 的区别

分类 项目	OLTP	OLAP
用户	操作人员，低层管理人员	决策人员，高级管理人员
功能	日常操作处理	分析决策
DB 设计	面向应用	面向主题
数据	当前的，最新的，细节的，二维的，分立的	历史的，聚集的，多维的，集成的，统一的
存取	读/写数十条记录	读上百万条记录
工作单位	简单的事务	复杂的查询
用户数	上千个	上百个
DB 大小	100MB～1GB	100GB～1TB

5. 发展背景

随着数据库技术的广泛应用，企业信息系统产生了大量的数据，如何从这些海量数据中提取对企业决策分析有用的信息成为企业决策管理人员所面临的重要难题。传统的企业数据库系统(管理信息系统)即 OLTP 作为数据管理手段，主要用于事务处理，但它对分析处理的支持一直不能令人满意。因此，人们逐渐尝试对 OLTP 数据库中的数据进行再加工，形成一个综合的、面向分析的、更好地支持决策制定的决策支持系统。企业目前的信息系统的数据一般由数据库管理系统管理，但决策数据库和运行操作数据库在数据来源、数据内容、数据模式、服务对象、访问方式、事务管理乃至无力存储等方面都有不同的特点和要求，因此直接在运行操作的数据库上建立决策支持系统是不合适的。数据仓库技术就是在这样的背景下发展起来的。数据仓库的概念提出于 20 世纪 80 年代中期，20 世纪 90 年代,数据仓库已从早期的探索阶段走向实用阶段。业界公认的数据仓库概念创始人比尔·恩门对数据仓库的定义是:"数据仓库是支持管理决策过程的、面向主题的、集成的、随时间变化的持久的数据集合。"构建数据仓库的过程就是根据预先设计好的逻辑模式从分布在企业内部各处的 OLTP 数据库中提取数据并经过必要的变换最终形成全企业统一模式数据的过程。当前数据仓库的核心仍是关系型数据库管理系统管理下的一个数据库系统。数据仓库中数据量巨大,为了提高性能,关系型数据库管理系统一般也采取一些提高效率的措施:采用并行处理结构、新的数据组织、查询策略、索引技术等。

包括 OLAP 在内的诸多应用牵引驱动了数据仓库技术的出现和发展;而数据仓库技术反过来又促进了 OLAP 技术的发展。OLAP 的概念最早由关系数据库之父科德于 1993 年提出的。科德认为 OLTP 已不能满足终端用户对数据库查询分析的要求,SQL 对大数据库的简单查询也不能满足用户分析的需求。用户的决策分析需要对关系数据库进行大量计算才能得到结果,而查询的结果并不能满足决策者提出的需求。因此,科德提出了多维数据库和多维分析的概念,即 OLAP。OLAP 委员会对 OLAP 的定义为:使分析人员、管理人员或执行人员能够从多种角度对从原始数据中转化出来的、能够真正为用户所理解的、并真实反映企业特性的信息进行快速、一致、交互的存取,从而获得对数据的更深入了解的一类软件技术。OLAP 的目标是满足决策支持或多维环境特定的查询和报表需求,它的技术核心是"维"这个概念,因此 OLAP 也可以说是多维数据分析工具的集合。

6. 特点

在过去的 20 年中,大量的企业利用关系型数据库来存储和管理业务数据,并建立相应的应用系统来支持日常业务运作。这种应用以支持业务处理为主要目的,被称为 OLTP 应用,它所存储的数据被称为操作数据或者业务数据。

随着市场竞争的日趋激烈,近年来企业更加强调决策的及时性和准确性,这使得以支持决策管理分析为主要目的的应用迅速崛起,这类应用被称为 OLAP,它所存储的数据被称为信息数据。

OLAP 的用户是企业中的专业分析人员及管理决策人员,他们在分析业务经营的数据时,从不同的角度来审视业务的衡量指标是一种很自然的思考模式。例如,分析销售数据,可能会综合时间周期、产品类别、分销渠道、地理分布、客户群类等多种因素来考量。这些分析角度虽然可以通过报表来反映,但每一个分析的角度可以生成一张报表,各个分析角度的不同组合又可以生成不同的报表,使得 IT 人员的工作量相当大,而且往往难以跟上管理决策人员思考的步伐。

OLAP 的主要特点是直接仿照用户的多角度思考模式,预先为用户组建多维的数据模型,在这里,维指的是用户的分析角度。例如,对销售数据的分析,时间周期是一个维度,产品类别、分销渠道、地理分布、客户群类也分别是一个维度。一旦多维数据模型建立完成,用户可以快速地从各个分析角度获取数据,也能动态地在各个角度之间切换或者进行多角度综合分析,具有极大的分析灵活性。这也是 OLAP 在近年来被广泛关注的根本原因,它从设计理念和真正实现上都与旧有的管理信息系统有着本质的区别。

事实上,随着数据仓库理论的发展,数据仓库系统已逐步成为新型的决策管理信息系统的解决方案。数据仓库系统的核心是 OLAP,但数据仓库包括更为广泛的内容。

概括来说,数据仓库系统是指具有综合企业数据的能力,能够对大量企业数据进行快速和准确分析,辅助做出更好的商业决策的系统。它本身包括三部分内容。

(1) 数据层。实现对企业操作数据的抽取、转换、清洗和汇总,形成信息数据,并存储在企业级的中心信息数据库中。

(2) 应用层。通过OLAP,甚至是数据挖掘等应用处理,实现对信息数据的分析。

(3) 表现层。通过前台分析工具,将查询报表、统计分析、多维联机分析和数据挖掘的结论展现在用户面前。

从应用角度来说,数据仓库系统除了OLAP外,还可以采用传统的报表,或者采用数理统计和人工智能等数据挖掘手段,涵盖的范围更广;就应用范围而言,OLAP往往根据用户分析的主题进行应用分割。例如,销售分析、市场推广分析、客户利润率分析等,每一个分析的主题形成一个OLAP应用,而所有的OLAP应用实际上只是数据仓库系统的一部分。

7. 逻辑概念和典型操作

OLAP展现在用户面前的是一幅幅多维视图。

维(Dimension):是人们观察数据的特定角度,是考虑问题时的一类属性,属性集合构成一个维(时间维、地理维等)。

维的层次(Level):人们观察数据的某个特定角度(即某个维)还可以存在细节程度不同的各个描述方面(时间维:日期、月份、季度、年)。

维的成员(Member):维的一个取值,是数据项在某维中位置的描述("某年某月某日"是在时间维上位置的描述)。

度量(Measure):多维数组的取值(2000年1月,上海,笔记本电脑)。

OLAP的基本多维分析操作有钻取、切片(Slice)和切块(Dice)及旋转(Pivot)等。

钻取:是改变维的层次,变换分析的粒度。它包括向下钻取(Drill-down)和向上钻取(Drill-up)/上卷(Roll-up)。向上钻取是在某一维上将低层次的细节数据概括到高层次的汇总数据,或者减少维数;而向下钻取则相反,它从汇总数据深入到细节数据进行观察或增加新维。

切片和切块:是在一部分维上选定值后,关心度量数据在剩余维上的分布。如果剩余的维只有两个,则是切片;如果有三个或以上,则是切块。

旋转:是变换维的方向,即在表格中重新安排维的放置(如行列互换)。

8. 系统的体系结构和分类

数据仓库与OLAP的关系是互补的,现代OLAP系统一般以数据仓库作为基础,即从数据仓库中抽取详细数据的一个子集并经过必要的聚集存储到OLAP存储器中供前端分析工具读取。

OLAP系统按照其存储器的数据存储格式可以分为ROLAP、MOLAP和混合型OLAP(Hybrid OLAP,HOLAP)三种类型。

1) ROLAP

ROLAP将分析用的多维数据存储在关系数据库中并根据应用的需要有选择地定义一批实视图作为表存储在关系数据库中。不必要将每一个SQL查询都作为实视图保存,只定义那些应用频率比较高、计算工作量比较大的查询作为实视图。对每个针对 OLAP 服务器的查询，优先利用已经计算好的实视图来生成查询结果以提高查询效率。同时用作 ROLAP 存储器的关系型数据管理系统也针对 OLAP 作相应的优化，如并行存储、并行查询、并行数据管理、基于成本的查询优化、位图索引、SQL 的 OLAP 扩展等。

2) MOLAP

MOLAP 将 OLAP 分析所用到的多维数据物理上存储为多维数组的形式，形成"立方体"的结构。维的属性值被映射成多维数组的下标值或下标的范围，而总结数据作为多维数组的值存储在数组的单元中。由于 MOLAP 采用了新的存储结构，从物理层实现起，因此又称为物理 OLAP(Physical OLAP)；而 ROLAP 主要通过一些软件工具或中间软件实现，物理层仍采用关系数据库的存储结构，因此称为虚拟 OLAP(Virtual OLAP)。

3) HOLAP

由于 MOLAP 和 ROLAP 有着各自的优点和缺点(表 5-2)，且它们的结构迥然不同，这给分析人员设计 OLAP 结构提出了难题。为此一个新的 OLAP 结构——HOLAP 被提出，它能把 MOLAP 和 ROLAP 两种结构的优点结合起来。迄今为止，对 HOLAP 还没有一个正式的定义。但很明显，HOLAP 结构不应该是 MOLAP 与 ROLAP 结构的简单组合，而是这两种结构技术优点的有机结合，能满足用户各种复杂的分析请求。

表 5-2 MOLAP 和 ROLAP 的区别

ROLAP	MOLAP
沿用现有的关系数据库的技术	专为 OLAP 所设计
响应速度比 MOLAP 慢；现有关系型数据库已经对 OLAP 做了很多优化，包括并行存储、并行查询、并行数据管理、基于成本的查询优化、位图索引、SQL 的 OLAP 扩展等，性能有所提高	性能好、响应速度快
数据装载速度快	数据装载速度慢
存储空间耗费小，维数没有限制	需要进行预计算，可能导致数据爆炸，维数有限；无法支持维的动态变化
借用关系型数据管理系统存储数据，没有文件大小限制	受操作系统平台中文件大小的限制，难以达到 TB 级(只能是 10~20G)
可以通过 SQL 实现详细数据与概要数据的存储	缺乏数据模型和数据访问的标准
不支持有关预计算的读写操作 SQL 无法完成部分计算 无法完成多行的计算 无法完成维之间的计算	支持高性能的决策支持计算 复杂的跨维计算 多用户的读写操作 行级的计算
维护困难	管理简便

9. 实现方式

同样是仿照用户的多角度思考模式，OLAP 有三种不同的实现方法：ROLAP、MOLAP 和前端展示联机分析处理(Desktop OLAP)。

其中，前端展示联机分析需要将所有数据下载到客户机上，然后在客户机上进行数据结构/报表格式重组，使用户能在本机实现动态分析。该方式比较灵活，然而它能够支持的数据量非常有限，严重地影响了使用的范围和效率。因此，随着时间的推移，这种方式已退居次要地位，在此不作讨论。

以下就 ROLAP 和 MOLAP 的具体实施方法进行讨论。

1) ROLAP 的具体实施方法

顾名思义，ROLAP 是以关系型数据库为基础的。唯一特别之处在于 OLAP 中的数据结构组织的方式。

让我们考察一个例子，假设我们要进行产品销售的财务分析，分析的角度包括时间、产品类别、市场分布、实际发生与预算四方面内容，分析的财务指标包括销售额、销售支出、毛利(销售额-销售支出)、费用、纯利(毛利-费用)等内容，则我们可以建立如下的数据结构。

该数据结构的中心是主表，里面包含了所有分析维度的外键及所有的财务指标，可计算推导的财务指标不计在内，我们称之为事实表(Fact Table)。周围的表分别是对应于各个分析角度的维表(Dimension Table)，每个维表除了主键以外，还包含了描述和分类信息。无论原来的业务数据的数据结构为何，只要原业务数据能够整理成为以上模式，则无论业务人员据此提出任何问题，都可以用 SQL 语句进行表连接或汇总实现数据查询和解答(当然，有一些现成的 ROLAP 前端分析工具是可以自动根据以上模型生成 SQL 语句的)。这种模式被称为星形模式，可应用于不同的 OLAP 应用中。

以下是另一个采用星形模式的例子，分析的角度和指标截然不同，但数据结构模式一样。我们看到的不是表的数据，而是表的结构。在 OLAP 的数据模型设计中，这种表达方式更为常见。

有时候，维表的定义会变得复杂，如对产品维，既要按产品种类进行划分，对某些特殊商品，又要另外进行品牌划分，商品品牌和产品种类划分方法并不一样。因此，单张维表不是理想的解决方案，这种数据模型实际上是星形结构的拓展，我们称之为雪花形模式。

无论采用星形模式还是雪花形模式，ROLAP 都具有以下特点。

(1) 数据结构和组织模式需要预先设计和建立。

(2) 数据查询需要进行表连接，在查询性能测试中往往是影响速度的关键。

(3) 数据汇总查询(如查询某个品牌的所有产品销售额)，需要进行表汇总操作，虽然实际得出的数据量很少，但查询时间变得更长。

为了改善数据汇总查询的性能，可以建立汇总表，但汇总表的数量与用户分析的角度数目和每个角度的层次数目密切相关。例如，用户从 8 个角度进行分析，每个角度有 3 个汇总层次，则汇总表的数目高达 3 的 8 次方。

可以采取对常用汇总数据建立汇总表，对不常用的汇总数据进行表汇总操作，这样来取得性能和管理复杂度之间的均衡。

2) MOLAP 的具体实施方法

MOLAP 实际上是用多维数组的方式对关系型数据表进行处理。MOLAP 首先对事实表中的所有外键进行排序，并将排序后的具体指标数值一一写进虚拟的多维立方体中。当然，虚拟的多维立方体只是为了便于理解而构想的，MOLAP 实际的数据存储放在数据文件中，其数据放置的顺序与虚拟的多维立方体按 x、y、z 坐标展开的顺序是一致的。同时，为了数据查找的方便，MOLAP 需要预先建立维度的索引，这个索引被放置在 MOLAP 的概要文件中。

概要文件是 MOLAP 的核心，相当于 ROLAP 的数据模型设计。概要文件包括所有维的定义(包括复杂的维度结构)及各个层次的数据汇总关系(如在时间维，日汇总至月，月汇总至季，季汇总至年)，这些定义往往从关系型维表中直接引入即可。概要文件也包括分析指标的定义，因此可以在概要文件中包含丰富的衍生指标，这些衍生指标由基础指标计算推导出来。

一旦概要文件定义好，MOLAP 系统可以自动安排数据存储的方式和进行数据查询。从 MOLAP 的数据文件与 ROLAP 的事实表的对比可以看出，MOLAP 的数据文件完全不需要记录维度的外键，在维度比较多的情况下，这种数据存储方式大量地节省了空间。

但是，如果数据相当稀疏，虚拟的多维立方体中很多数值为空时，MOLAP 的数据文件需要对相关的位置留空，而 ROLAP 的事实表却不会存储这些记录。为了有效地解决这种情况，MOLAP 采用了稀疏维和密集维相结合的处理方式。

某些客户只通过某些分销渠道才购买，但是只要该客户存在，他在各个月和各个地区内均有消费(如华南 IBM 只通过熊猫国旅订购南航机票，但在华南四省在每个月均有机票订购)。时间维和地区维是密集维，客户和分销渠道是稀疏维，MOLAP 将稀疏维建成索引文件，密集维所对应的数值仍然保留在数据文件中，索引文件不存储空记录。这样保持了对空间的合理利用。我们也可以看到，如果所有维都是稀疏维，则 MOLAP 的索引文件就退化成 ROLAP 的事实表，两者没有区别了。

在实际应用中，不可能所有分析的维度都是密集的，也绝少存在所有分析的维度都是稀疏的，因此稀疏维和密集维并用的模式几乎主导了所有的 MOLAP 应用。而稀疏维和密集维的定义全部集中在概要文件中，因此，只要预先定义好概要文件，所有的数据分布就自动确定了。

在这种模式中，密集维的组合组成了的数据块(Data Block)，每个数据块是 I/O 读写的基础单位，所有的数据块组成了数据文件。稀疏维的组合组成了索引文件，索引文件的每一个数据记录的末尾都带有一个指针，指向要读写的数据块。因此，进行数据查询时，系统先搜索索引文件记录，然后直接调用指针指向的数据块进行 I/O 读写(如果该数据块尚未驻留内存)，将相应数据块调入内存后，根据密集维的数据放置顺序直接计算出要查询的数据距离数据块头的偏移量，直接提取数据下传到客户端。因此，MOLAP 方式基本上是索引搜索与直接寻址的查询方式相结合，比起 ROLAP 的表/索引搜索和表连接方式，速度要快得多。

3) MOLAP 的特点

(1) 需要预先定义概要文件。

(2) 数据查询采用索引搜索与直接寻址的方式相结合，不需要进行表连接，在查询性能测试中相比 ROLAP 有相当大的优势。

(3) 在进行数据汇总查询之前，MOLAP 需要预先按概要文件中定义的数据汇总关系进行计算，这个计算通常以批处理方式运行。计算结果回存在数据文件中，当用户查询时，直接调用计算结果，速度非常快。

(4) 无论是数据汇总还是计算衍生数据,预先计算的方式实际上是用空间来换时间。当然,用户也可以选择动态计算的方式,用查询时间来换取存储空间。MOLAP 可以灵活调整时空的取舍平衡。

(5) 用户难以使用概要文件中没有定义的数据汇总关系和衍生指标。

(6) 在大数据量环境下,关系型数据库可以达到 TB 级的数据量,现有的 MOLAP 应用局限于基于文件系统的处理和查询方式,其性能会在 100GB 级别开始下降,需要进行数据分区处理,因此扩展性不如 ROLAP。因此,MOLAP 多数用于部门级的主题分析应用。

4) 其他考虑因素

OLAP 其他要素包括假设分析、复杂计算、数据评估等。这些因素对用户的分析效用至关重要,但是与 ROLAP 和 MOLAP 的核心工作原理的不一定有很紧密的关系,事实上,ROLAP 和 MOLAP 都可以在以上 3 方面有所建树,只不过实现的方法迥异。因此,这些因素更取决于各个厂商为他们的产品提供的外延功能。对于像 IBM 的 DB2 OLAP Server 这样一个成熟的产品来说,这 3 方面均有独特的优势。

(1) 假设分析。假设分析提出了类似于以下的问题:"如果产品降价 5%,而运费增加 8%,对不同地区的分销商的进货成本会有什么影响?"这些问题常用于销售预测、费用预算分配、奖金制度确定等。据此,用户可以分析出哪些角度、哪些因素的变化将对企业产生重要影响;并且,用户可以灵活调节自己手中掌握的资源(如费用预算等),将它用到最有效的地方中去。

假设分析要求 OLAP 系统能够随用户的思路调整数据,并动态反映出在调整后对其他数据的影响结果。事实上,进入 OLAP 的数据分两大类:事实数据和预算数据,如本月实际发生的销售额是事实数据,上月对本月的销售额估算是预算数据。事实数据一般情况下不容修改,而预算数据则应常常进行调整。DB2 OLAP Server 通过详细的权限定义区分了数据的读写权限,允许用户对预算数据进行更改,系统可以对其他受影响的数据进行计算,以反映出"假如发生如上情况,将会引起以下结果"的结论。

(2) 复杂计算。分析人员往往需要分析复杂的衍生数据,如同期对比、期初/期末余额、百分比份额计算、资源分配(按从顶向下的结构图逐级分配)、移动平均、均方差等。对这些要求,DB2 OLAP Server 提供丰富的功能函数以便用户使用。因为只有在无需编程的环境下,商业用户才能更好地灵活利用这些功能进行复杂的真实世界模拟。

(3) 数据评估。数据评估包括两方面内容,有效性评估和商业意义评估。在有效性评估方面,数据抽取、清洗和转换的规则的定义是至关重要的。而合理的数据模型设计能有效防止无效数据的进入。例如,在 ROLAP 中,如果维表没有采用范式设计,可能会接受如下的维表:

机构代码	机构名称	所属区县	所属城市	所属省份
001	越秀支行	越秀区	广州	广东
002	祖庙支行	佛山	广州	广东
003	翠屏支行	佛山	南海	广东
004	…	…	…	…

显然,002 中显示的佛山属于广州市,与 003 中显示的佛山属于南海市是矛盾的。这显示出数据源有问题,但是如果采用星形模式设计,ROLAP 无法自动发现数据源的问题。

在类似情况下，MOLAP 的表现稍占优势。因为 MOLAP 需要预先定义概要文件，而概要文件会详细分析维度的层次关系，因此生成概要文件时会反映数据源的错误。因此，在 DB2 OLAP Server 中，记录 003 会被拒收，并记录在出错日志中，供 IT 人员更正。

但是，OLAP 对数据源有效性的验证能力毕竟是有限的，因此，数据有效性必须从源数据一级和数据抽取/清洗/转换处理一级来进行保障。

对用户而言，数据的商业含义评估更有意义。在商业活动中，指标数值的取值范围是比较稳定的，如果指标数值突然发生变化，或者在同期比较、同类比较中有特殊表现，意味着该指标代表的方方面面具有特别的分析意义。普通的 OLAP 往往需要用户自己去观察发现异常指标，而 DB2 OLAP Server 的多维数据挖掘功能能为用户特别地指出哪些条件下的哪些指标偏离常值，从而引起用户的注意和思考。例如，12 月份南部的圣诞礼品销售额不到同期类似区域(东部、中部、西部)的 50%。

综上所述，无论 ROLAP 还是 MOLAP，都能够实现 OLAP 的基本功能，两者在查询效率、存储空间和扩展性方面各有千秋。IT 人员在选择 OLAP 系统时，既要考虑产品内部的实现机制，同时也应考虑假设分析、复杂计算、数据评估方面的功能，为实现决策管理信息系统打下坚实的基础。

5.3 数据挖掘的概念与方法

5.3.1 数据挖掘的概念

过去的数十年中，产生和收集数据的能力已经迅速提高，存在大且数据可以被广泛利用。数据的丰富带来了对强有力的数据分析工具的需求，决策者迫切需要从海量数据中提取有价值的信息和知识。数据和信息之间的鸿沟要求系统地开发知识发现工具，将数据"坟墓"转换成知识"金块"。数据挖掘就是为满足从数据中挖掘知识的需要而发展起来的一门交叉学科。

数据挖掘也是信息技术自然演化的结果。信息技术的发展历程可归结为数据收集和数据库创建、数据管理，以及数据分析与理解。数据收集和数据库创建机制的早期开发已成为以后数据存储和检索、查询和事务处理有效机制开发的必备基础。随着提供查询和事务处理的大量数据库系统的广泛应用，数据分析和理解自然成为下一个目标。数据挖掘工具进行数据分析，可以发现重要的数据模式，对商务决策、知识库、科学和医学等研究做出贡献。

数据挖掘就是从数据当中发现趋势或模式的过程，其目的就是通过对大量数据的分析从而发现人们先前不知道的但又非常有用的新的信息。数据挖掘是数据库、机器学习、人工智能、数理统计、可视化和并行计算及其他学科相结合的产物。它不仅被许多研究人员看作是数据库系统和机器学习方面一个重要的研究课题，而且被许多工商界人士看做是一个可以带来巨大回报的重要领域。

从 20 世纪 80 年代中期的兴起到如今的蓬勃发展，数据挖掘已经成为科学界和企业开始关注的热点。事实上，世界 500 强企业中 80%都涉足数据挖掘的前瞻性研究。它帮助企业进行 CRM，减少不必要的投资，提高资金周转和回报，迅速获取所需的知识和信息，提高工作效率，改进服务质量。

5.3.2 数据挖掘的方法

1. 概念或类描述

概念描述以简洁汇总的形式描述给定的任务相关数据集，提供数据价值的一般特性，主要应用于描述式数据挖掘。概念或类描述由特征化和区分组成，大体有两种方法：基于数据立方体 OLAP 的方法和面向属性归纳的方法。包括以下技术：数据聚焦、通过属性删除或属性概化的概化数据、计数和聚集值累计、属性概化控制和概化数据可视化。与机器学习算法相比，面向数据库的概念描述保证了大型数据仓库中数据的有效性和可伸缩性。对基本方法加以修正，概念描述挖掘以增量方式、并行方式或分布方式进行。

2. 关联分析

关联分析能够发现关联规则，这些规则展示属性频繁地在给定数据集中一起出现的条件。关联分析广泛用于购物篮分析、商务管理和决策分析，是商业分析中应用最为广泛的一种数据挖掘方法和模式。有效的算法包括 Apriori 算法和频繁模式增长(FP 增长)算法，注重多层关联规则、多维关联规则和基于约束的关联规则的挖掘。

3. 分类和预测分析

分类和预测是数据分析的两种重要形式，可以用于提取描述重要数据类的模型或预测未来的数据趋势。主要方法如下。

(1) 决策树/判定树(Decision Tree)，算法有 ID3 和 C4.5、剪枝叶算法，以及 SIIQ、SPRINT、RainForest 和 PUBLIC 等可伸缩算法。

(2) 贝叶斯分类(Naive Bayesian Classification)和贝叶斯置信网络(Bayesian Belief Network)，这两种方法都基于贝叶斯后验概率定理。

(3) 后向传播，是一种用于分类的神经网络算法，使用梯度下降方法。

(4) 关联挖掘技术在大型数据合库中搜索频繁出现的模式，可以用于分类。

(5) K-最近邻分类和基于案例的推理是基于要求的分类方法。

(6) 在遗传算法中，规则群体通过交叉和变异操作进化，直到群体中所有的规则都满足指定的阈值。

(7) 粗糙集理论可以用来近似地定义类，这些类根据可用的属性是不可区分的。

(8) 模糊集方法用隶属函数替换连续值属性的陡峭阈值。

(9) 多策略学习方法。

(10) 线性、非线性和广义线性回归模型都可以用于预测。

4. 聚类分析

聚类分标属于无指导学习。对象根据最大化类内的相似性和最小化类内的相似性原则进行聚类或分组。聚类分析有广泛的应用，包括市场或客户细分、模式识别、生物学研究、空间数据分析、Web 文档分类及其他方面。它可以用作独立的数据挖掘工具来了解数据分布，也可以作为其他数据挖掘算法的预处理步骤。许多聚类算法已经被开发出来。主要包括以下几种。

(1) 划分方法，算法有 K-均值、K-中心点，CLARANS 和它们改进算法。

(2) 层次方法，根据层次分解的形成过程可分为凝聚法和分裂法。层次方法可集成其他聚类技术，如迭代重定位、DENCLUE 来改进。

(3) 基于密度的方法，DBSCAN 是一种基于高密度连接区域的密度聚类方法，OPTICS 是一种通过对象排序识别聚类结构的方法，DENCLUE 是一种基于密度分布函数的聚类方法。

(4) 基于网格的方法，STING 是基于网格方法的一个有代表性的算法，它基于存储在网格单元中的统计信息聚类。CLIQUE 和 Wave Cluster 是两个既基于网格又基于密度的聚类算法。

(5) 基于模型的方法，包括统计学方法(如 COBWEB、CLASSIT 和 Auto Class)和神经网络方法(如有竞争学习和自组织特征映射)。

(6) 模糊聚类方法。

5. 孤立点分析

孤立点分析对于欺诈探测、定制市场医疗分析及其他任务是非常有用的。孤立点挖掘方法包括统计学方法、距离法和偏差法。

6. 演变分析

演变分析描述行为随时间变化的对象的规律或趋势并对其建模，包括时间序列数据分析、序列或周期模式匹配和基于类似性的数据分析。演变分析可用于趋势分析、相似性搜索，以及与时间有关的序列模式挖掘和周期模式挖掘。

7. 复杂类型的数据挖掘

复杂类型的数据挖掘是当前数据挖掘技术的一个重要的研究领域，它极大提升了数据分析能力的深度和广度，主要方法包括对象数据挖掘、空间数据挖掘、多媒体数据挖掘、时序和序列数据挖掘、文本挖掘和 Web 挖掘等。

5.3.3 数据挖掘与 OLAP 的区别

(1) OLAP 是对当前事务进行处理，一般采取多"维度—事实"的库表结构，可以对当前的事务数据进行直观的分析和呈现，用户需求中经常提到的多维报表就是这个意思，市场上应用较广的数据报表工具：BO、BRIO 等就是 OLAP 工具。

(2) 数据挖掘应该说不是某个具体的工具和产品，而是一整套解决方案，如首先需要有数据仓库的支持，即有海量的数据仓库，一般对实时性没有具体要求，主要是对历史数据进行分析，从中发现用以支撑决策的规律性东西(知识)。

(3) OLAP 可以理解为是"数据—信息"的升华，而数据挖掘是"数据—信息—知识"的升华，显然二者之间的区别还是很明显，OLAP 处理后的一些结果甚至是数据挖掘的数据源之一。

(4) 数据挖掘需要用到更为复杂的算法和工具。一些启发式学习算法，如神经网络、遗传算法、SVM 等都会应用到数据挖掘中，而 OLAP 一般用到常规的统计学算法，如均值、一元回归、二元回归等。

(5) 二者的实施和项目结果输出都不同。OLAP 一般是当前事务型项目的辅助和补充(经常一个项目中需要用到报表工具就是 OLAP)，而数据挖掘一般是一个独立的，较为大型的 IT 项目，独立于当前的事务型应用。

5.4 商业智能

1. 概念

商业智能的概念于 1996 年最早由高德纳集团提出，高德纳集团将商业智能定义为：商业智能描述了一系列的概念和方法，通过应用基于事实的支持系统来辅助商业决策的制定。商业智能技术提供使企业迅速分析数据的技术和方法，包括收集、管理和分析数据，将这些数据转化为有用的信息，然后分发到企业各处。

目前，学术界对商业智能的定义并不统一。商业智能通常被理解为将企业中现有的数据转化为知识，帮助企业做出明智的业务经营决策的工具。这里所谈的数据包括来自企业业务系统的订单、库存、交易账目、客户和供应商等来自企业所处行业和竞争对手的数据以及来自企业所处的其他外部环境中的各种数据。而商业智能能够辅助的业务经营决策，既可以是操作层的，也可以是战术层和战略层的决策。为了将数据转化为知识，需要利用数据仓库、OLAP 工具和数据挖掘等技术。因此，从技术层面上讲，商业智能不是什么新技术，它只是数据仓库、OLAP 和数据挖掘等技术的综合运用。

可以认为，商业智能是对商业信息的搜集、管理和分析过程，目的是使企业的各级决策者获得知识或洞察力，促使他们做出对企业更有利的决策。商业智能一般由数据仓库、OLAP、数据挖掘、数据备份和数据恢复等部分组成。商业智能的实现涉及软件、硬件、咨询服务及应用，其基本体系结构包括数据仓库、OLAP 和数据挖掘三个部分。

因此，把商业智能看成是一种解决方案应该比较恰当。商业智能的关键是从许多来自不同的企业运作系统的数据中提取出有用的数据并进行清理，以保证数据的正确性，然后经过抽取(Extraction)、转换(Transformation)和装载(Load)，即 ETL 过程，合并到一个企业级的数据仓库里，从而得到企业数据的一个全局视图，在此基础上利用合适的查询和分析工具、数据挖掘工具、OLAP 工具等对其进行分析和处理(这时信息变为辅助决策的知识)，最后将知识呈现给管理者，为管理者的决策过程提供支持。

提供商业智能解决方案的著名 IT 厂商包括微软、IBM、Oracle、SAP、Informatica、MicroStrategy、SAS、Royal Soft 等。

2. 商业智能的架构

企业要实现业务信息智慧洞察的目标，必须使用适当的技术架构平台来支持业务数据分析系统。该平台不仅要为各种用户(无论其身处何处)提供分析和协作功能，还要充分利用现有基础结构，并维持低成本。它必须是可扩展的并具有高性能，以满足任意组织的发展需求。

适当的架构可以为系统成功铺平道路，并最终带领组织取得成功。开放的商业智能架构应该能同时满足 IT 和业务用户的需求。

对 IT 用户而言，商业智能软件需要满足如下条件才能向用户交付更高价值，具体包括：

能轻松地与组织的基础架构集成；支持当前的技术和标准；能根据不断发展的需求方便地进行调整；整合组织中的所有数据；能随着用户需求的发展不断进行扩展；可靠地执行；能在不增加预算和人力资源的情况下加以管理。

对于业务用户，商业智能软件必须与用户的众多角色、技能集和需求相匹配；为用户提供多种不同格式的信息，包括常规报表、特别查询、记分卡、仪表板等；易于使用，以使业务用户愿意采用并信任其提供的信息。

企业级商业智能架构具有几项共同特征和价值。这些需求是将在组织内部广泛部署的商业智能系统的基础。所有这些特质都将通过底层架构来体现。IBM Cognos 商业智能平台以面向服务的开放式架构为基础设计和构建，与那些只会把来自 Web 服务的多个架构中的旧式"客户机-服务器"组件简单打包的商业智能解决方案不同，它能够在 3 个不同的层面上交付所有的商业智能功能：演示层，可处理 Web 环境中的所有用户交互；应用层，包含用于执行所有 BI 处理的专用服务；数据层，可用于访问各种数据源。

3. 商业智能与业务分析

通过了解各种受众及相关利益方的独特分析需求，可以发挥商业智能解决方案的全部潜能。企业所需的分析功能应该能够访问几乎所有企业数据源，而不受平台限制；同时可以为所有用户提供便于理解的详细信息视图，而不受用户角色或所在位置的影响。这些解决方案应具有创新的工具，以帮助这些不同的业务用户组轻松地通过台式机或移动设备分析信息。

企业需要广泛的分析功能，但不同的分析工具、信息壁垒、多种平台，以及过度依赖于电子表格，让企业难以准确地分析信息。企业使用的分析解决方案必须能够满足所有业务用户的需求，从一线员工到部门主管，一直到高级分析员。这些用户希望能够自己分析数据，而无需等待部门提供所请求的信息，从而做出更出色、更智慧的业务决策。

需要说明的是，业务分析并非放之四海而皆准。用户需求可能会有很大的不同。通过了解不同类型的分析需求，并将其与组织中的特定角色相联系，企业可以从中受益。

4. 商业智能与决策管理

决策管理是用来优化并自动化业务决策的一种卓有成效的方法。它通过预测分析让组织能够在制定决策以前有所行动，以便预测哪些行动在未来最有可能获得成功。从广义角度来看，主要存在 3 种组织决策类型，即战略型、业务型和战术型。

其中，战略决策通常为组织设定长远方向。其制定者是高级主管人员、副总裁、业务线经理；业务决策通常包括策略或流程的制定。它们专注于在战术级别上执行特定项目或目标，其制定者为业务经理、系统经理和业务分析师；战术决策通常是将策略、流程或规则应用到具体事例的"前线"行动。这些类型的决策适用于自动化，使结果更具一致性和可预测性。其制定者包括消费者服务代表、财务服务代表、分支经理、销售人员及网站推荐引擎等自动化系统。

决策管理使改进成为可能。它使用决策流程框架和分析来优化并自动化决策、优化成果，并解决特定的业务问题。决策管理通常专注于大批量决策，并使用基于规则和基于分析模型的应用程序实现决策。因此，虽然决策管理相对较新，但是它受到已经证实技术的支撑。

了解了组织中的决策类型和可用的决策管理选择后，就可以着手建立决策管理基础架构。业务经理首先应该在影响他们决策的范围内定义其业务挑战。然后通过为特定业务问题开发的以决策为中心的应用程序，利用决策管理优化目标决策。这些应用程序展现了业务人员熟悉的相关信息，并在影响问题的决策范围内加入了预测分析。

5. 应用范围

商业智能系统可辅助建立信息中心，如产生各种工作报表和分析报表。主要用作以下分析。

(1) 销售分析。主要分析各项销售指标，如毛利、毛利率、交叉比、销进比、盈利能力、周转率、同比、环比等；而分析维又可从管理架构、类别品牌、日期、时段等角度观察，这些分析维又采用多级钻取，从而获得相当透彻的分析思路；同时根据海量数据产生预测信息、报警信息等分析数据；还可根据各种销售指标产生新的透视表。

(2) 商品分析。商品分析的主要数据来自销售数据和商品基础数据，从而产生以分析结构为主线的分析思路。主要分析数据有商品的类别结构、品牌结构、价格结构、毛利结构、结算方式结构、产地结构等，从而产生商品广度、商品深度、商品淘汰率、商品引进率、商品置换率、重点商品、畅销商品、滞销商品、季节商品等多种指标。通过系统对这些指标的分析来指导企业商品结构的调整，加强运营商品的竞争能力和合理配置。

(3) 人员分析。通过系统对公司的人员指标进行分析，特别是对销售人员指标(销售指标为主，毛利指标为辅)和采购人员指标(销售额、毛利、供应商更换、购销商品数、代销商品数、资金占用、资金周转等)的分析，以达到考核员工业绩，提高员工积极性，并为人力资源的合理利用提供科学依据。主要分析的主题有员工的人员构成、销售人员的人均销售额、对于销售的个人销售业绩、各管理架构的人均销售额、毛利贡献、采购人员分管商品的进货多少、购销代销的比例、引进的商品销量如何等。

6. 实施步骤

实施商业智能系统是一项复杂的系统工程，整个项目涉及企业管理、运作管理、信息系统、数据仓库、数据挖掘、统计分析等众多门类的知识，因此用户除了要选择合适的商业智能软件工具外还必须按照正确的实施方法才能保证项目得以成功，商业智能项目的实施步骤如下。

(1) 需求分析：需求分析是商业智能实施的第一步，在其他活动开展之前必须明确地定义企业对商业智能的期望和需求，包括需要分析的主题，各主题可能查看的角度(维度)，需要发现企业哪些方面的规律，用户的需求必须明确。

(2) 数据仓库建模：通过对企业需求的分析，建立企业数据仓库的逻辑模型和物理模型，并规划好系统的应用架构，将企业各类数据按照分析主题进行组织和归类。

(3) 数据抽取：数据仓库建立后必须将数据从业务系统中抽取到数据仓库中，在抽取的过程中还必须将数据进行转换、清洗，以适应分析的需要。

(4) 建立商业智能分析报表：商业智能分析报表需要专业人员按照用户制定的格式进行开发，用户也可自行开发(开发方式简单、快捷)。

(5) 用户培训和数据模拟测试：对于开发、使用分离型的商业智能系统，最终用户的使用是相当简单的，只需要点击操作就可针对特定的商业问题进行分析。

(6) 系统改进和完善：任何系统的实施都必须是不断完善的，商业智能系统更是如此，在用户使用一段时间后可能会提出更多的、更具体的要求，这时需要按照上述步骤对系统进行重构或完善。

本章小结

本章第一部分提出了数据库的概念及其发展阶段(人工管理阶段、文件系统阶段、数据库系统阶段、高级数据库阶段)并提出了数据仓库的概念和特点，阐述了两者的联系与区别；第二部分解释了多维数据库并介绍了OLAP的作用、起源、分类、发展背景、逻辑概念和典型操作等；第三部分提出了数据挖掘的概念和方法(概念或类描述、关联分析、分类和预测分析、聚类分析、孤立点分析、演变分析、复杂类型的数据挖掘)；第四部分首先提出了商业智能的概念，然后分别介绍了商业智能架构、商业智能与业务分析、商业智能与决策管理、应用范围及实施步骤。

关键术语

数据库、数据仓库、多维数据库、OLAP、数据挖掘、商业智能

课后习题

1. 填空题

(1) 从发展的历史看，数据库是数据管理的_____阶段，它是由文件管理系统发展起来的。

(2) 数据仓库是一个过程而不是一个_____。

(3) 企业数据仓库的建设，是以现有企业业务系统和大量业务数据的_____为基础。

(4) 决策支持型处理需要相对稳定的数据，从而问题都能得到_____的解答。

(5) OLAP是共享多维信息的、针对特定问题的联机_____和分析的快速软件技术。

2. 选择题

(1) OLAP是数据仓库系统的主要应用，支持复杂的分析操作，侧重(　　)。

A. 决策支持　　B. 图像处理　　C. 音频转换　　D. 定量计算

(2) 事实上，随着数据仓库理论的发展，数据仓库系统已逐步成为新型的决策管理信息系统的(　　)。

A. 操作工具　　B. 技术手段　　C. 解决方案　　D. 核心部件

(3) 对用户而言，数据的(　　)含义评估更有意义。

A. 采集　　　　B. 成本　　　　C. 应用　　　　D. 商业

3. 名词解释

(1)数据库　(2)数据仓库　(3)多维数据库　(4)维　(5)维的层次　(6)维的成员　(7)度量　(8)钻取　(9)切片和切块　(10)旋转　(11)数据挖掘　(12)商业智能

4. 简答题

(1) 简述人工管理数据库阶段的特点。
(2) 简述系统阶段数据库技术的特点。
(3) 简述数据库的基本结构。
(4) 简述数据仓库的构建原则。

5. 论述题

(1) 试述数据库的主要特点。
(2) 试述数据仓库的特点。
(3) 试述数据库与数据仓库的联系与区别。
(4) 试述数据挖掘与 OLAP 的区别。

案例分析

沃尔玛的数据游戏

还在为岳母或 16 岁的侄子挑选合适礼物发愁吗？让沃尔玛实验室的 Social Genome 帮你搞定吧。

登陆 facebook.com/shopycat，下载一个小型应用软件。这一软件将检查你在 Facebook 上的朋友清单，以及他们的兴趣爱好、活动，并创建一份礼品建议清单。你可通过姓名或兴趣检索，浏览这些推荐的项目，通过点击即可购买礼物。

越来越智能的零售系沃尔玛全球电子商务部高级副总裁阿纳德·拉贾拉曼在他的博客上进一步说明："例如，Shopycat 通知我，我的朋友乔不断地发表关于 Red Sox 棒球队的评论，这就表明他是该队的球迷。同时，Shopycat 也分析'喜好'与'分享'等类的信息，以判断其爱好，并推荐相应的礼物，如哈利·波特、跑步健身、'愤怒的小鸟'、瑜伽健美及为人父母。"

"第二步，通过大范围搜索，找到一个'令人心动'，但又不十分昂贵的礼物。Shopycat 在海量产品类别中匹配用户的兴趣，包括沃尔玛网店、沃尔玛零售店，合作网站包括 B&N、Red Envelope、Think Geek、及 Hot Topic 等。"拉贾拉曼解释说，沃尔玛深知，不可能拥有所有潜在的最佳备选礼品，因此联合了其他零售商。

1. 数据里的商机

在 Hadoop 这类海量数据分布式计算工具出现之前，对社交媒体类数据的分析非常困难，尽管不能称之为"Missionimpossible"的事情。现在，像 Facebook、Twitter，包括 Flicker 等其他网站，拓宽了零售商信息收集的渠道，也不再局限于仅对自己网站或者进店客流消费行为分析。沃尔玛还可监控社交媒体并研究趋势，如在英文歌手苏珊大妈的人气不断攀升的时候，商家买手需确保其 CD 库存量，保证其热销歌曲唱片。

拉贾拉曼曾经是硅谷的企业家和风险投资人，他曾在与文奇·哈里纳亚安共同创立的公司 Kosmix，开发了一项技术应用来分析理解社交媒体上的观点。开发的平台叫做 Social Genome，可以组织、分析和理解海量信息，如状态更新，发信息、博文和视频。沃尔玛在 9 个月前收购了这家公司，将 60 名雇员转到沃尔玛实验室，这是其电子商务运营部门的一个组成部分。拉贾拉曼还曾经在 1996 年把它成立的比较购物公司 Junglee 卖给了亚马逊，做价 2.5 亿美元。如今他利用 Kosmix 开发的社交媒体技术，帮助沃尔玛超越亚马逊。

在拉贾拉曼的博客中，他还举了一个例子："例如，我跟帖'喜欢 Salt 特工中的安杰利娜·朱莉'。"这条信息把我(用户)和朱莉(演员)及 Salt(电影)联系起来。通过每天不断地对这些社交媒体上海量信息的分析与积累，Social Genome 建立起丰富的关于用户、话题、产品、场地和事件的描述信息。

因此，如果他的朋友在 Facebook 上提到她喜欢 Salt，Shopycat 就可理解并建议购买 DVD 影碟作为生日礼物，而不是买食盐研磨机。所有这些存储在沃尔玛的数据似乎可以预测信息，但公司并不打算利用从 Shopycat 收集到的资料，建立起超大型基于个人用户信息的数据库，或者有针对性地频繁发送促销信息。

2. 经典回顾

总部位于美国阿肯色州的世界著名商业零售连锁企业沃尔玛拥有世界上最大的数据仓库系统。为了能够准确了解顾客在其门店的购买习惯，沃尔玛对其顾客的购物行为进行购物篮分析，想知道顾客经常一起购买的商品有哪些。沃尔玛数据仓库里集中了其各门店的详细原始交易数据。在这些原始交易数据的基础上，沃尔玛利用 NCR 数据挖掘工具对这些数据进行分析和挖掘。一个意外的发现是："跟尿布一起购买最多的商品竟是啤酒！"

这是数据挖掘技术对历史数据进行分析的结果，反映数据内在的规律。那么这个结果符合现实情况吗？是否是一个有用的知识？是否有利用价值？

于是，沃尔玛派出市场调查人员和分析师对这一数据挖掘结果进行调查分析。经过大量实际调查和分析，揭示了一个隐藏在"尿布与啤酒"背后的美国人的一种行为模式：在美国，一些年轻的父亲下班后经常要去超市买婴儿尿布，而他们中有 30%~40% 的人同时也为自己买一些啤酒。产生这一现象的原因是：美国的太太们常叮嘱她们的丈夫下班后为小孩买尿布，而丈夫们在买尿布后又随手带回了他们喜欢的啤酒。

既然尿布与啤酒一起被购买的机会很多，于是沃尔玛就在其一个个门店将尿布与啤酒并排摆放在一起，结果是尿布与啤酒的销售量双双增长。

按常规思维，尿布与啤酒风马牛不相及，若不是借助数据挖掘技术对大量交易数据进行挖掘分析，沃尔玛是不可能发现数据内在这一有价值的规律的。

3. 社交媒体展现商业价值

艾米特·考克斯，沃尔玛的前零售分析师，现在 BBVA 银行工作，他指出，沃尔玛并不像其他零售商那样存储客户个人信息，如 Target，据《纽约时报》报道，他们通过分析，在妇女刚怀孕时，就提前针对她们哺乳期的需求邮寄与婴儿相关的营销资料。

事实上，零售业杂志已经在批评沃尔玛并没有发放客户积分卡，来收集更多客户的私人信息；他们所提供给客户的卡就是 Discover 信用卡，可以获得 1% 的返点到卡上，或者加油时每加仑 5 美分的折扣给普通卡或 Discover 卡主。

正是由于沃尔玛推行了"天天低价"的策略，他们并不需要给那部分持有积分卡的顾客折扣或者礼物等促销手段。这听起来有些老调，但这就是沃尔玛成功的秘诀，其他的对手无法复制。考克斯说，因为其他一些折扣店，诱导顾客关注每周的折扣海报或促销信息。

凯玛特曾经尝试说服顾客接受他们的每天折扣，但最终还是放弃回到常规的促销方式。

拉贾拉曼认为可以把社交媒体看成是零售业的自然延伸。沃尔玛实验室正在从产品、客户关系两方面着手研究。

除了通过持续监控社交媒体了解个人客户，沃尔玛实验室也在关注产品信息。有数据表明，人们对棒棒蛋糕，即棍上的球形蛋糕(蛋糕与棒棒糖的结合体)的兴趣在持续增加。沃尔玛实验室通过对Twitter(推特)上的流量分析，告诉位于阿肯色州本顿维尔城市总部的采购人员，市场对棒棒蛋糕的需求将会很大，因此商家也可以开始寻找烘烤棒棒蛋糕炊具的供应商。

而且沃尔玛现在还颁布了另一项新举措——Get On The Shelf，新产品开发者可以为沃尔玛制作一段视频放到网上，而消费者可以在网上投票，选择他们最喜欢的产品。

"Get On The Shelf"可以为每一位产品开发者提供进入职业联盟的机会，可进入沃尔玛的零售道。沃尔玛表明，如需要可协助胜出的开发者寻找合适生产商，这一创意就源于实验室的工程师。

4. 大数据分析技术仍在发展中

所有的这些活动都需要大量的数据支持，拉贾拉曼正是一名大数据的专家。但是他拒绝回答沃尔玛到底已经收集了多少数据，他也强调如今多少会受到一些数字的误导。

"事实上，很难量化数据量的大小。以前仅是自己的数据是可以的；但现在，很多数据是来自Twitter、Flicker、还有Facebook。"

他指出大数据在零售行业具有三大重要趋势：数据源不再限于企业本身；数据面向整个世界；数据量相当大，而且以多种形式存在。

这项工作充满挑战，因为用于数据库的分析工具与技术大多是近20年来开发的，针对的是较小的数据文件。但面对如此大量数据的时候，很多用户仍然寄希望于原有的技术。

拉贾拉曼曾看到他在斯坦福的学生利用样本来分析大数据，这存在着相当大的风险，可能丢失重要的极端样本，"我们必须开发出适合分析大数据的工具，而不是试图把数据缩小来分析"。

除了采用Hadoop来分析存储的数据，沃尔玛实验室业开发了Muppet来分析高速增长的大型分布式网络产生的数据。"在Muppet之上，我们采用大范围语义分析技术，包括信息获取、集成、自然语言处理和机器学习认知技术。众所周知，针对社交网络的特殊性，对这些技术已进行了显著的改进或延展。最后，开发出了高效利用众包技术和类人计算技术，以此建立并维护Social Genome。"

这些大数据的分析结果通常会被提交给市场经理或门店经理，以便根据此分析，及时做出有效调整。

拉贾拉曼最后指出："数据就摆在我们的眼前，客户生活在一个真实的世界，有着越来越多的关于产品、关于客户的数据。最好的零售商就是那些通过最高效的方式把他们有机地联系在一起。最终，零售将是一场数据游戏。"

"数据"的含义很广，不仅指321、897这样一些数字，还指"abc"、"李明"、"96/10/11"等符号、字符、日期形式的数据。我们讨论的数据是指存放在计算机系统中的任何东西，如数字、字符、声音、图像、照片等，甚至处理数据的计算机程序本身也作为计算机的"数据"。随着国民经济和社会信息化的发展，人们在计算机系统中存放的数据量越来越大。我们发现这些数据是人们工作、生活和其他行为的记录，是企业和社会发展的记录，也是人与自然界本身的描述。这就是说在计算机系统中形成了庞大的"数据资源"。因此，发现这些数据所具有的规律也就是发现我们工作、生活和社会发展中的规律，发现人与自然界的规律，就相当于在数据资源中发现金矿。这就是数据资源的开发利用，是非常有价值的工作。而数据挖掘是目前最先进的数据资源开发利用技术。

思考与分析：

(1) 数据挖掘给沃尔玛带来了那些优势？

(2) 发现啤酒与尿布销售额的关系是巧合吗？

(3) 沃尔玛对于网络时代的数据分析投入是否适当？

第 6 章　CRM 系统理论

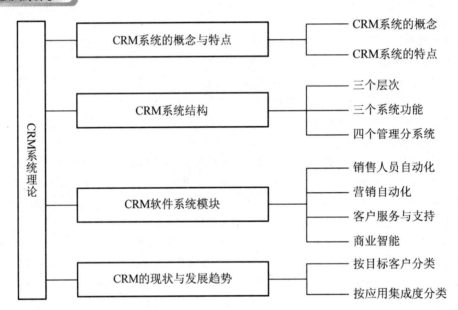

学习目标

通过本章的学习，应该能够达到以下目标。

熟悉 CRM 系统的概念与特点。
掌握 CRM 系统结构。
理解 CRM 定义与内涵。
了解 CRM 发展的动力。
掌握 CRM 系统类型。
掌握 CRM 的发展目标。
理解 CRM 软件系统模块。

第6章 CRM系统理论

 导入案例

迪克连锁超市客户关系管理

开拓者：肯·罗布，高级营销副总裁

肯·罗布有一个秘密，但实际上他并非那种不愿袒露心迹的人。他性格外向开朗，心里想什么就说什么，从不犹豫，这一点很好，因为他是迪克连锁超市的高级营销副总裁，这是一家在威斯康星州乡村地区拥有8家分店的超级市场。

罗布的秘密是当他的顾客来商场采购时，他十分了解这些顾客想要买些什么。这一点连同超市所提供的优质服务的良好声誉是迪克连锁超市对付低价位竞争对手及类别杀手的主要防御手段。迪克超市采用数据优势软件(Data Vantage)——一种由康涅狄格州的关系营销集团(Relationship Marketing Group, RMG)所开发的软件产品，对扫描设备里的数据加以梳理，即可预测出其顾客什么时候会再次购买某些特定产品。接下来，该系统就会"恰如其时地"推出特惠价格。

它是这样运行的：在迪克超市每周消费25美元以上的顾客每隔一周就会收到一份订制的购物清单。这张清单是由顾客以往的采购记录及厂家所提供的商品现价、交易政策或折扣共同派生出来的。顾客购物时可随身携带此清单也可以将其放在家中。当顾客到收银台结账时，收银员就会扫描一下印有条形码的购物清单或者顾客常用的优惠俱乐部会员卡。无论哪种方式，购物单上的任何特价商品都会被自动予以兑现，而且这位顾客在该店的购物记录会被刷新，生成下一份购物清单。

"这对于我们和生产厂家都很有利，因为你能根据顾客的需求订制促销方案。由此你就可以做出一个与顾客商业价值成正比的方案。"罗布说。

迪克连锁超市还依靠顾客特定信息，跨越一系列商品种类把订制的促销品瞄准各类最有价值的顾客。例如，非阿司匹林产品(如泰诺)的服用者可以被分成3组：全国性品牌、商店品牌和摇摆不定者。这些组中的每组顾客又可以根据低、中、高用量被分成3个次组。用量代表着在某类商品中顾客对迪克连锁超市所提供的长期价值(仅在这一个产品种类中，就有6个"模件"，产生出总共9种不同类型的顾客——这足以发动一次批量订制营销运动了)。

假设超市的目标是要把泰诺用户转变成商店品牌的用户，那么罗布就会将其最具攻击性的营销活动专用于用量大的顾客，因为他们最有潜在价值。给予大用量顾客的初始折扣优惠远高于给予低用量和中等用量的顾客。促销活动的时间会恰好与每一位顾客独有的购买周期相吻合，而对这一点，罗布通过分析顾客的以往购物记录即可做出合理预测。

"顾客们认为这太棒了，因为购物清单准确地反映了他们要购买的商品。如果顾客养有狗或猫，我们就会给他提供狗粮或猫粮优惠；如果顾客有小孩，他们就可以得到孩童产品优惠，如尿布及婴幼儿食品；常买很多蔬菜的顾客会得到许多蔬菜类产品的优惠，"罗布说，"如果他们不只在一家超市购物，他们就会错过我们根据其购物记录而专门提供的一些特价优惠，因为很显然我们无法得知他们在其他地方买了些什么。但是，如果他们所购商品中的大部分源于我们商店，他们通常可以得到相当的价值回报。我们比较忠诚的顾客常会随同购物清单一起得到价值为30~40美元的折价券。我们的目标就是回报那些把他们大部分的日常消费都花在我们这儿的顾客。"

有时可以通过获取其他相关单位的赞助，来尽量减少折扣优惠所造成的经济损失；反过来，这些单位可以分享你不断收集到的信息资讯。以迪克连锁超市为例，生产厂商会给予绝大多数的打折商品补贴。作为整个协议的一部分，生产厂家可以获得从极为详尽的销售信息中所发现的分析结果(消费者名字已去除)。

这些销售信息的处理加工均是由关系营销集团进行的，这家公司不但提供软件产品，而且还提供扫描数据采掘服务。

虽然频次营销和优惠卡计划是用于收集顾客资讯的有效途径，但却常常遭到滥用，造成不利于自己的结果。一对一营销商的首要任务就是识别和区分客户，所以在零售业，像迪克连锁超市那样的频次营销计划可能会成为一种不可或缺的辅助工具。它激励个体顾客在每次踏进店门就"举起手来申明身份"，以期获得打折优惠。频次营销计划的实际运作还提供了一个与顾客互动交流的良好平台，这种互动可以通过信函进行，也可以通过收银台或网上进行。

但这里隐藏着危险。频次营销只是用于获取个体客户信息和互动交流的一项策略，而非足以促使顾客保持忠诚的战略——面对着竞争对手的同样促销也不可能。要把这种客户信息与互动转变成一种学习型关系，让顾客认识到保持忠诚而非参与竞争对手所提供的类似活动对自己更为方便，那么你就必须按迪克连锁超市的办法去做。你必须根据所收集到的信息，针对每一个体客户订制相关的服务政策。这样，随着收集到的任一单独客户信息日渐增多，针对该客户的服务政策就会调整得越来越具体准确，同时也让客户在你所提供的服务中进行一番协同投入。除此之外，在最大可能的限度内，这项计划不仅应该包括给客户准确订制的折扣优惠，还应该包括一些价格以外的奖励，如食谱、每周饮食计划、产品使用技巧、健康营养知识、快速结账通道及送货上门服务等。

市场营销的目的绝不仅仅是分发赠品而已。短期来看，紧接着忠诚计划推出以后，这一点很容易就被忘掉。你可能会误以为赠送物品就可以让客户更忠诚于你。但是，如果你的竞争对手也推出了一个类似的计划，而且现在你的客户在任何一家店里都可以得到打折优惠，那么你该怎么办？谁想要一群总是不断寻觅打折的客户？你这样做的全部效果，无疑等同于在训练自己最有价值的顾客去追寻价格优惠。

1997年尼尔森公司对一个"典型的"美国城市进行了调查，3家当地相互竞争的主要食品杂货店各自均有一套频次营销计划。忠诚计划参与者的购买量占到了每家商店销售额的90%以上。然而，这些参与者之中有3/4的人在钱夹里不只放有一张忠诚计划优惠卡，而且超过半数的人3张全有。

罗布将这种信息看做是自己的小秘密。"在多数情况下，"他说，"如果你的对手想了解你的商品价位，他们只需到你的店里查看一下货架上的价格标签，要么也可以浏览一下你每周的广告。但是，有了这种购物清单，竞争对手对你目前所做的一切一无所知，因为每位顾客的购物清单都不一样。"

点评：

仅仅收集大量的客户信息还远远不够。成败关键取决于利用这些信息针对个体客户制定出量身定做的服务政策。罗布利用从其顾客处所得到的信息向顾客们提供了竞争对手无法轻易仿效的激励，因为这些激励是根据每个顾客独自的爱好及购物周期而专门设计订制的。一位顾客在迪克连锁超市购物越多，超市为其专门订制的优惠也就越多，这样就越发激励顾客保持忠诚。从而该项计划也就难以与之竞争。

6.1 CRM 系统的概念与特点

6.1.1 CRM 系统的概念

现代的 CRM 系统本质上是以客户关系为导向的一套计算机化的网络软件系统，其目的是有效地收集、汇总、分析和共享各种顾客数据，积累顾客知识，有效地支持客户关系策略。对客户数据的收集、分析、处理和共享手段决定了 CRM 的功效，因此 CRM 系统是确保企业成功实施 CRM 战略的技术保证。CRM 系统是指通过采用信息技术使企业市场营销销售管理、客户服务和支持等经营流程信息化,实现客户资源有效利用的管理软件系统,其核心思想是以客户为中心、提高客户满意度,改善客户关系,从而提高企业的竞争力。尽管每个企业推出不同的 CRM 软件方案,且其功能也存在差异,但其系统具有共性,而且其软件的结构模型也大向小异。

6.1.2 CRM 系统的特点

一个完整的 CRM 应用系统应具有如下特点。

1. 综合性

完整意义上的 CRM 系统不仅使企业拥有灵活有效的客户交流平台,而且使企业具备综合处理客户业务的基本能力,从而实现基于因特网和电子商务应用的新型客户管理模式。它能综合企业客户服务、销售和营销行为优化的自动化要求,在统一的信息库厂开展有效的顾客交流管理,使得交易流程成为综合性的业务操作方式。

2. 集成性

在电子商务背景下,CRM 系统具有与其他企业级应用系统(ERP、SCM——供应链管理)的集成能力。对于企业而言,只有实现了前后端应用系统的完全整合,才能真正实现客户价值的创造,如 CRM 与 ERP 的集成。ERP 的实施给企业带来内部资源的优化配置,CRM 则从根本上改革企业的管理方式和业务流程,因其具备的强大工作引擎,其解决方案可以确保各部门各系统的任务都能动态协调和无缝完成。例如,CRM 系统中的销售自动化系统,能够及时向 ERP 系统传送产品数量和交货日期等信息,营销自动化和在线销售组件,可使 ERP 订单与配置功能发挥到最大,客户可以真正实现按需要配置产品,并现场进行订购。

3. 智能化

成熟的 CRM 系统不仅能完全实现商业流程的自动化,而且还能为管理者的决策提供强大的支持。因为 CRM 获得并深化了大量客户的信息,通过成功的数据仓库建设和数据挖掘对市场和客户需求展开了完善的智能分析,为管理决策提供参考信息,从而提高管理者经营决策的有效性。此外,CRM 的商业智能还可以改善产品的定价方式,提高市场占有率,发现市场机会。

4. 高技术含量

CRM 系统涉及种类繁多的信息技术,如数据仓库、网络、语音、多媒体等多种先进技术,同时为实现与客户的全方位交流,在方案布置中要求呼叫中心、销售平台、远端销售、移动设备及基于因特网的电子商务站点的有机结合,这些不同技术和不同规则的功能模块和方案被结合成为一个统一的 CRM 环境,就要求不同类型的资源和专门的先进技术的支持。此外,CRM 为企业提供的数据知识的全面解决方案中,要通过数据挖掘、数据仓库和决策分析工具的技术支持,才能使企业理解统计数据和 CRM、购买行为等的关系,在整合不同来源的数据并以相关的形式提供给企业管理者或客户方面,IT 技术的影响是巨大的,当然也是最终的。

6.2 CRM 系统结构

CRM 系统结构分 3 个层次、3 个系统功能及 4 个管理分系统，如图 6.1 所示。

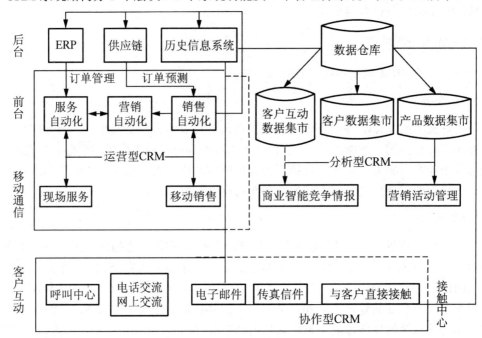

图 6.1 CRM 系统

1. CRM 的 3 个层次

从逻辑模型的角度来讲，一个完整的 CRM 系统可以分为三个层次。

(1) 界面层是 CRM 系统同用户或客户进行交互、获取或输出信息的接口。通过提供直观的、简便易用的界面，用户或客户可以方便地提出要求，得到所需要的信息。

(2) 功能层由执行 CRM 基本功能的各个系统构成，各分系统包含若干业务，这些业务可构成业务层，业务层之间又是有顺序的、并列的。这些分系统包括客户销售管理分系统、客户市场管理分系统、客户支持服务管理分系统。

(3) 支持层则是指 CRM 系统所用到的数据库管理系统、操作系统、网络通信协议等，是保证整个 CRM 系统正常运作的基础。

2. CRM 的 3 个系统功能

SAS 公司将 CRM 系统功能分为两个层次，运营型 CRM(Operational CRM)和分析型 CRM(Analytical CRM)，后来格林伯格又提出了第 3 个层次——协作型 CRM(Collaborative CRM)。这一分类现已成为市场上流行的功能分类法。因此 CRM 系统功能分为 3 个方面：对销售、营销和客户服务 3 部分业务流程的信息化——运营型 CRM；与客户进行沟通所需要的手段(如电话、传真、网络、E-mail 等)的集成和自动化处理——协作型 CRM；对前面两个部分功能所积累下的信息进行加工处理，产生客户智能，为企业的战略战术决策作支持——分析型 CRM。下面是各功能的具体内容。

第 6 章
CRM 系统理论

(1) 运营型 CRM。指与企业业务运营紧密相关的销售部、客户服务部、市场营销部、呼叫中心及企业的客户信用部。运营型 CRM 应用此模块的目的是让这些部门的业务人员在日常的工作中能够共享客户资源、减少信息流动滞留，从而力争把一个企业变成单一的"虚拟个人"呈现在客户印象中，它是 CRM 软件中最基本的应用模块。它通过基于角色的关系管理工作平台实现员工的授权和个性化，使前台交互系统和后台的订单执行可以无缝集成链接，并同步所有客户的交互活动，以此使相关部门的业务人员在日常的工作中能够共享客户资源。减少信息流动的滞留点，从而使企业作为一个统一的信息平台面对客户，大大减少客户在与企业的接触过程中产生的种种不协调。主要包括销售自动化、营销自动化、服务自动化。

(2) 分析型 CRM。以数据仓库和数据挖掘为基础，支持、发掘和理解顾客行为。主要原理是将交易操作所积累的大量数据进行过滤，然后存储到数据仓库中去，再利用数据挖掘技术建立各种行为预测模型，最后利用图标、曲线等对企业各种关键运行指标及客户市场分割情况向操作型模块发布，达到成功决策的目的。应用此模块的人员不同客户直接接触，而是从运营型系统所产生的大量数据中提取有价值的各种信息，如销售情况分析和对将来的趋势做出的必要预测，是一种企业决策支持工具。

(3) 协作型 CRM。一般有呼叫中心、客户多渠道联络中心、帮助台及自助服务帮助导航，具有多媒体多渠道整合能力的客户联络中心是其主要发展趋势。它将市场、销售和服务 3 个部门紧密地结合在一起，支持它们之间的协作，使企业各个部门之间协作畅通，数据一致，从而使 CRM 为企业发挥更大的作用。它能够让企业客户服务人员同客户一起完成某项活动，如支持中心人员通过电话指导客户修理设备，因为这个修理活动要有员工和客户共同参与，因此是协同的。

有人用形象的比喻来说明这 3 个功能之间的关系。若将 CRM 系统比作是一个人，那么分析型功能就像是人的大脑，运营型功能就像是人的手和脚，而协作型功能就像人的感觉器官。

3. CRM 的 4 个管理分系统

此外，一个完整、有效的 CRM 应用系统由以下 4 个分系统组成，分别如下。

(1) 客户协作管理分系统。客户协作管理分系统主要实现了客户信息的获取、传递、共享和应用；支持电话中心、Web 服务、电子邮件服务、传真等多种联系渠道的紧密集成；支持客户与企业的互动。

(2) 业务管理分系统。业务管理分系统主要实现了市场营销、销售、客户服务与支持等 3 种基本商务活动的优化和自动化，包括市场营销自动化、销售自动化和客户服务与支持自动化等 3 个功能模块。随着移动技术的快速发展，销售自动化可进一步实现移动销售；客户服务自动化则将实现对现场服务的支持。

(3) 分析管理分系统。分析管理分系统将实现客户数据仓库、数据集市、数据挖掘等工作，在此基础上实现商业智能和决策分析。此系统实现分析管理分系统的核心技术——数据仓库和数据挖掘技术。

(4) 应用集成管理分系统。应用集成管理分系统将实现与 ERP、供应链管理(Supply Chain Management，SCM)等系统的紧密集成，直至实现整个的企业应用集成。

在上面所讨论的4个分系统的支持下，CRM系统应能实现与客户的多渠道紧密联络；实现对客户销售、市场营销、客户支持与服务的全面管理；实现客户基本数据的记录、跟踪；实现客户订单的流程追踪；实现客户市场的划分和趋势研究；实现在线数据联机分析以支持智能决策；实现与ERP、SCM、办公自动化等系统的集成。

6.3 CRM软件系统模块

一般来说，CRM的软件系统模块分为以下几个方面。

1. 销售人员自动化

销售人员自动化模块主要是提高专业销售人员大部分活动的自动化程度，因为销售人员是企业信息的基本来源，必须要有获得最新现场信息和将信息提供给他人的工具。该模块是CRM中最基本的模块，它包括一系列功能，提高销售过程的自动化程度，并向销售人员提供工具，提高其工作效率。其功能包括日历和日程安排、联系和客户管理、佣金管理、商业机会和传递渠道管理、销售预测、建议的产生和管理、定价、区域划分、费用报告等。销售人员与潜在客户的互动行为、将潜在客户发展为真正客户并保持其忠诚度是使企业盈利的核心因素。销售人员自动化常被拓展为包括销售预测、客户名单和报价管理、建议产生及盈亏分析。

2. 营销自动化

它为营销提供独特的能力，如营销活动计划的编制和执行、计划结果的分析、清单的产生和管理，预算和预测、营销资料管理、营销百科全书(关于产品、定价、竞争信息等的知识库)；对有需求客户的跟踪、分销和管理。它不局限于提高销售人员活动的自动化程度，而且为营销及其相关活动的设计、执行和评估提供详细的框架，包括顾客产生(Lead Generation)、顾客获取和管理、商业活动管理及电话营销。初步的大众营销活动被用于首次客户接触，接下来是针对具体目标受众的更加集中的商业活动。个性化很快成为期望的互动规范，客户的喜好和购买习惯被列入考虑范围。旨在更好地向客户营销、带有有关客户特殊需求信息的目录管理和一对一营销成为趋势。市场营销迅速从传统的电话营销转向网站和E-mail。这些基于Web的营销活动给潜在客户更好的客户体验，使潜在客户以自己的方式、在方便的时间查看他们需要的信息。

3. 客户服务与支持

客户服务与支持对顾客来说是极为关注的内容，因此对企业来说是极为重要的内容。CRM客户服务与支持主要是通过呼叫中心和互联网来实现。在满足客户个性化的要求方面，它们是以高速度、准确性和高效率来完成客户服务人员的各种要求。CRM系统中强有力的客户数据通过多种渠道(如互联网、呼叫中心)使销售变为可能，当把客户服务与支持功能同销售、营销功能比较好地结合起来时，就能为企业提供很多好机会，向已有的客户销售更多的产品。其内容包括客户关怀、纠纷、次货、订单跟踪、现场服务，问题及解决方法的数据库，维修行为安排和调度，服务协议和合同，服务请求管理等。

4. 商业智能

商业智能是利用数据挖掘、知识发现等技术分析和挖掘结构化的、面向特定领域的存储于数据仓库内的信息，它可以帮助用户认清发展趋势、识别数据模式、获取智能决策支持、得出结论。在 CRM 系统中，商业智能主要是指客户智能。利用客户智能可以收集和分析市场、销售、服务和整个企业的各类信息，对客户进行全方位的了解，从而理顺企业资源与客户需求之间的关系，提升客户的满意度和忠诚度，实现获取新客户、支持交叉销售、保持和挽留老客户、发现重点客户、支持面向特定客户的个性化服务等目标，提高盈利能力。

在 CRM 系统的基础上，将企业边界延伸，形成一个虚拟的企业边界，这样，对于边界外部，企业通过网络设施将供应商、外部顾客等纳入本企业的资源和能力范围，对于边界内部，企业通过对信息的有效收集、转换和共享，不仅满足了供应商和顾客的需求，而且有效地促进了本企业的经营效率，如图 6.2 所示。

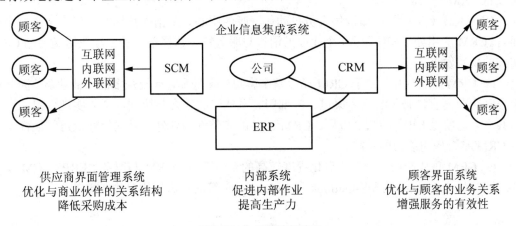

图 6.2　企业延伸的边界

目前，CRM 系统产品的功能和内容各有所侧重，能完整集合以上所有功能的系统产品还较为少见，企业主要是根据各行业特点和企业的自身情况做出选择。

6.4　CRM 系统类型

并非所有的企业都有同样的 CRM 系统，也并非所有的企业都执行相似的 CRM 策略。这取决于企业的行业性质、企业规模的大小及企业甚至同一企业不同部门的商业需要，所以 CRM 系统有不同的类型。

1. 按目标客户分类

在企业用户中，越是高端用户行业差异越大，客户对行业化的要求也越高，因而有一些专门的行业解决方案，如银行、电信、大型零售商等的 CRM 应用解决方案。小低端客户的 CRM 系统：一般采用基于不同应用模型的标准产品来满足不同客户群的需求。

因此一般将 CRM 系统分为 3 类。

(1) 以全球企业或者大型企业为目标客户的企业级 CRM。

(2) 以 200 人以上、跨地区经营的企业为目标客户的中端 CRM 系统。

(3) 以 200 人以下的企业为目标客户的中小企业 CRM 系统。

大型企业与中小型企业的 CRM 系统大不相同。因为大型企业在业务方面有明确分工，各业务系统有自己跨地区的垂直机构，组织体系庞大而复杂，各部门、各地区信息交流共享困难，而且其业务规模远大于中小型企业，致使信息量巨大。另外大型企业在业务运作上很强调严格的流程管理，而中小型企业在组织机构方面要轻型、简单得多，业务分工不一定明确，运作上更具有弹性。因此，大型企业所用的软件比小型企业的 CRM 要复杂得多、庞大得多。

2. 按应用集成度分类

不同企业或同一企业处于不同发展阶段时，对 CRM 整合应用和企业集成应用有不同的要求。为满足不同企业的需求，CRM 在集成度方面也有不同的分类。从应用集成度方面可以将 CRM 分为以下 3 种。

(1) CRM 专项应用：如销售人员自动化、呼叫中心、数据库营销等。对于中小型企业而言，CRM 应用处于初级阶段，企业根据销售与服务特点选择不同的专项应用是启动 CRM 实施的现实发展道路。

(2) CRM 整合应用：由于 CRM 涵盖整个客户生命周期，涉及众多的企业业务，因此对于很多企业而言，必须实现多渠道、多部门、多业务的整合与协同，必须实现信息的同步与共享，这就是 CRM 的整合应用。CRM 业务的完整性和软件产品的组件及可扩展性是衡量 CRM 整合应用能力的关键。

(3) CRM 集成应用：对于信息化程度较高的企业而言，CRM 与财务、ERP、SCM 及群件产品，如 Exchange 或 MS-Outlook 和 Lotus Notes 等的集成应用是很重要的。

本 章 小 结

本章首先提出了 CRM 系统的概念和特点(综合性、集合性、智能化、高技术含量)；然后将 CRM 系统分为 3 个层次(界面层、功能层、支持层)、3 个系统功能(运营型、分析型、协作型)、4 个管理分系统(客户协作管理分系统、业务管理分系统、分析管理分系统、应用集成管理分系统)；CRM 的软件系统模块分为 4 个方面，销售人员自动化、营销自动化、客户服务与支持、商业智能；最后阐述了 CRM 系统可以按照不同的标准分为两种类型，一种是按照目标客户分为 3 类，企业级 CRM、中端 CRM 系统、中小企业 CRM 系统，另一种是按照应用集成度分为 3 类，CRM 专项应用、CRM 整合应用、CRM 集成应用。

关键术语

CRM 系统、CRM 系统类型、CRM 系统结构、CRM 软件系统模块、CRM 的现状与发展趋势

课 后 习 题

1. 填空题

(1) 现代的 CRM 系统本质上是以客户关系为导向的一套计算机化的_____软件系统。

(2) CRM 系统是确保企业成功实施 CRM 战略的技术保证，是 CRM 战略的_____。

(3) 界面层是 CRM 系统同用户或客户进行交互、获取或输出信息的_____。

(4) 支持层则是指 CRM 系统所用到的数据库管理系统、操作系统、_____等，是保证整个 CRM 系统正常运作的基础。

(5) 业务管理分系统主要实现了市场营销、销售、客户服务与支持等 3 种基本商务活动的_____和自动化。

(6) 分析管理分系统将实现客户数据仓库、数据集市、数据挖掘等工作，在此基础上实现_____和决策分析。

2. 选择题

(1) CRM 系统产品的功能和内容各有所侧重，能完整集合以上所有功能的系统产品还较为少见，企业主要是根据各(　　)和企业的自身情况做出选择。

A．资源配置　　B．行业特点　　C．产品结构　　D．产业集中度

(2) 并非所有的企业都有同样的 CRM 系统，也并非所有的企业都执行相似的 CRM(　　)。

A．战略　　B．目标　　C．策略　　D．战术

(3) 初步的大众营销活动被用于首次客户(　　)，接下来是针对具体目标受众的更加集中的商业活动。

A．接触　　B．识别　　C．交流　　D．关怀

(4) 销售人员自动化常被拓展为包括销售预测、客户名单和报价管理、建议产生及(　　)分析。

A．改进　　B．收入　　C．盈亏　　D．机会

(5) 市场营销迅速从传统的(　　)营销转向网站和 E-mail。

A．电话　　B．传真　　C．电报　　D．信件

3. 名词解释

商业智能

4. 简答题

(1) 简述 CRM 系统的特点。

(2) CRM 的软件系统模块分为几个方面？

(3) CRM 系统按目标客户分类有哪些？

(4) CRM 系统按应用集成度分为哪几类？

5. 论述题

试述 CRM 的四个管理分系统。

案例分析

三家 CRM 失败案例

1. 误解客户

1994 年，通用汽车金融服务公司(General Motors Acceptance Corp)的商业抵押业务(GMACCM)被拆分成独立公司时，只拥有 50 亿美元的抵押资产，现在其资产超过 1 000 亿美元。GMACCM 成功的原因之一是把业务建立在最新最先进的 IT 平台上。20 世纪末,它就投资 300 万美元把贷款文件数字化且可以快速在全球范围内互相传送。这个平台使 GMACCM 可以提供更快更有效的客户服务。"我认为，没有一个竞争对手在商业抵押方面做了与我们相同的技术投资。"GMACCM 的执行副总裁迈克·利普森说。

在 GMACCM，IT 项目的实施通常会落实得很顺利，但 CRM 却成为一大难题。其 CIO 帕特尔和公司其他领导人都把 CRM 看成能更好地留住客户、从市场脱颖而出的妙方。于是，GMACCM 邀请普华永道(Price Waterhouse Coopers，PWC)帮助它重新设计客户关系体系。帕特尔说："我们的目标是更高的自动化和更高的效率，以及能让呼叫中心员工对他们的客户有更多的了解。当普华永道对我们的客户群的复杂性产生了根本性的错误理解并陷入其中时，问题出现了。"(普华永道已被 IBM 收购，他们不愿对本文做出评论。)

对 GMACCM 的客户复杂性，利普森解释道："他们的平均贷款额是 300 万美元，有小到 10 万美元，也有大到 16 亿美元贷款的客户。任何客户都有可能给我们打电话咨询，上到公司总裁，下到付款部门的某个普通员工。"

新 CRM 系统基本按照相同的方式对待所有的客户。"这很不好。"帕特尔说："咨询顾问们没有对我们现有的客户结构提出质疑，依旧按照职能来划分客户服务，只对回答初次贷款问题的业务代表和处理贷款后服务问题的业务代表进行了区分。我们的 CRM 系统经过这样的'大修'后，给我们打电话的客户必须对 GMACCM 内部的客户服务结构有足够的了解，他们才会知道谁能回答他们的问题，然后再去找对应的部门。"

更糟糕的是，普华永道建议 GMACCM 应试着采用效率更高、成本更低的自动应答系统来回答尽量多的客户询问。于是，GMACCM 安装了一套复杂的语音应答系统。"设备运转起来后，我们发现 99%的客户直接按零选择和人工直接交谈。"利普森说："尽管个人银行的客户愿意在电话上按一长串数字查询账户信息，可当他咨询商业贷款时，却不愿意这么做。"

"在最初的几个月里，我们 2 万个客户中的大多数给我们打电话时，疯狂按零退出。"利普森说："竞争对手甚至将此作为攻击我们营销工具的借口。"在估计由此带来的损失时，他说："很多。我们惹恼了客户，他们不愿意继续同我们做业务；内部抱怨也很多，借贷部的员工说他们丢失生意是因为客户对我们的服务不满意。"GMACCM 的新 CRM 系统带来的损失比收益更多，利普森必须对刚"大修"过的系统再次进行"大修"。

利普森在业务代表的帮助下，首先取消了自动应答系统，又按照产品线重组了客户服务运作体系。"客户完成借贷后，我们会给他一个 800 电话的指定代表，以方便其将来的联系。"另外，利普森还加强了客户中心的员工，雇佣了一批有房地产经验的业务代表。

最终，利普森把问题解决了，他说："我们听到越来越多来自客户和内部的赞扬，我花在客户投诉上的时间也越来越少了。"

2. 位置次要

欧文斯康宁(Owens Corning)是一家老牌的财富500强公司，总部位于俄亥俄州底特律河岸边。20世纪90年代初期，由于公司架构过于庞大，欧文斯康宁的客户管理相当混乱。当时，欧文斯康宁并购了很多小公司，以扩展隔热系统产品线；同时，公司高层开始借助著名形象设计公司建立家居专家的新定位。不幸的是，所有这些扩展造成了客户服务体系的广泛化和多层次化，经常会有同一个客户信息在几个数据库中混乱地复制，每个复制信息都被重新组织在不同的产品线之下。混乱的系统引起了麻烦。84 兰博房屋公司是欧文斯康宁屋顶产品和隔热产品的大客户，"它的问题也给我们这儿带来了混乱。"

作为一家老牌的提供鱼鳞板隔热材料的传统公司，欧文斯康宁也具有不同寻常的战略优势——一个年轻的经理层，他们明白CRM可以带来什么，并决心去做。经理们申请了一项基金并获得了进行试点的批准。

尽管如此，CRM工作在每次看上去要取得进展时被打断。例如，有一个试点项目是在波兰的新屋顶产品测试过程中，进行CRM模型测试。但这个项目因为欧文斯康宁决定在全球范围内快速推出该产品而被搁浅。

1997年，欧文斯康宁内部的CRM支持者们被告知就全面提升公司的客户管理能力做一份为期3年的纲领性计划，并提出一个7位数字的综合性预算。这个计划取代了原来的专项基金。

"我们在预算周期内把计划交了上去，希望能被批准。结果预算被削减了一大块，最终批准的预算只够运作我们前几年已开始实施的试点项目。"一位20世纪90年代大部分时间都在欧文斯康宁工作的员工理查德·卡尔曼回忆道："到1999年，我们的CRM水平和1992年是一样的。"

大部分应该投入到CRM上的预算被挪用到更大的ERP项目中去了。这个项目用统一的平台取代了欧文斯康宁原来200个各不相同的计算机系统，以支撑全球各地不同业务部门的运作。ERP项目持续了7年，花费2 800万美元。

"'攘外必先安内'，你得先把内部流程做到位，运作得可靠有效后，才能考虑终端客户方面的自动化。"欧文斯康宁CIO戴维·琼斯说。"所有精力都放在核心业务系统上了，此时CRM没有优先性。"欧文斯康宁前市场总监斯蒂夫·斯穆特说。

琼斯认为，CRM的鼓吹者确实有好的意愿，"但他们把'马车'放在'马'前面了，尤其是想用CRM在网上和客户做生意。"不过，他也承认，欧文斯康宁应该更关注客户需求，而不能只埋头让内部流程运转得更好。

"如果可以从头再来的话，我们会花更多的时间研究客户，然后从那儿再回到公司内部事务。"Diamond Cluster国际管理咨询公司副总裁约翰·斯威尔克拉说。"CRM项目应该从深入研究顾客、发现他们最看重的需求开始。这项工作涉及整个公司业务的设计，优秀的公司都明白这一点。"

2001年年中，欧文斯康宁的ERP项目成功完成，它开始在互联网上从叫做"居家专家"的家庭服务产品开始实施客户事务处理项目。但它已经错失了很多时间，一位帮助过欧文斯康宁的CRM倡导者说："对欧文斯康宁而言，我已经无法估计在六七年中没有实施CRM的损失是多少。"

3. 技术困境

帕尔修斯(Perseus)公司很早就意识到了CRM的重要性，因为它是一家帮助其他公司设计和运作客户调查的公司。它是从出售价值179美元的调查软件起家的，很快就拥有了一长串客户名单，从大公司到家庭作坊。但是公司的所有人都忙于设计下一版本的软件及销售，以至于没有人把客户登记信息转移到一个基本的关系管理程序中。公司的COO杰夫·亨宁说："客户纷纷把数据提供给我们，我们却没有做任何处理。"

1999年，亨宁意识到帕尔修斯需要对客户进行更好的跟踪，因为他们的客户除了与技术支持部门接触外，与公司其他部门没有任何交流渠道，这使得公司失去了很多机会，"如向那些打电话问不相干问题的人出售软件的机会"。于是，亨宁和公司的CEO理查德·纳德勒决定购买Epicor公司的CRM模块——Clientele。

不可思议的是，纳德勒和亨宁在把Clientele集成到公司现有IT系统的计划中，没把Epicor公司考虑在内，其实只需多花不到两万美元。"我们以为它的产品非常简单，对我们来讲，集成不是难事，因为我们没有旧的CRM系统带来的困扰，而且我们就是一家软件开发公司。"亨宁回忆说："就它向我们收取的费用看，我们完全可以自己做。"很快，帕尔修斯进行Clientele集成的技术支持经理就撞了南墙——公司的销售人员下电子订单时，难以协调现有表格和Clientele需要的新表格。几个月过去了，帕尔修斯的员工仍然和Clientele没安装时一样，不能和客户进行交流。与此同时，公司的竞争对手因为成功地实施了CRM项目而提高了市场占有率。

焦头烂额的帕尔修斯市场部员工每周都要用人工把公司数据库中的几千个用户数据导出，然后按照字母排序给客户发送电子邮件，以提醒用户30天的免费试用期要到期了等；当客户找到负责技术支持的员工时，这些员工的手头甚至没有最基本的客户信息。"我们经常要花很长时间，回答类似用户购买了几个软件许可证、订单的状态如何的简单问题。"亨宁说。

2001年，恰逢IT行业不景气。帕尔修斯也没有那么忙碌了，亨宁开始有时间整理自己的CRM思路，他聘请了一个内部数据经理约翰·鲍恩，由他教公司的员工使用两年前安装的CRM系统。

"如果CRM能正常运转，我们可能早就进入美国增长最快的企业500强了。"亨宁判断道。"过去两年中，我们的业务收入本应该有每年30%的增长。"

思考与分析：

(1) 分别分析这三家公司失败的各自原因。

(2) 总结三家公司失败的共同原因。

(3) 结合案例材料，分析实施CRM要注意哪些问题。

第 7 章 CRM 系统实践

知识架构

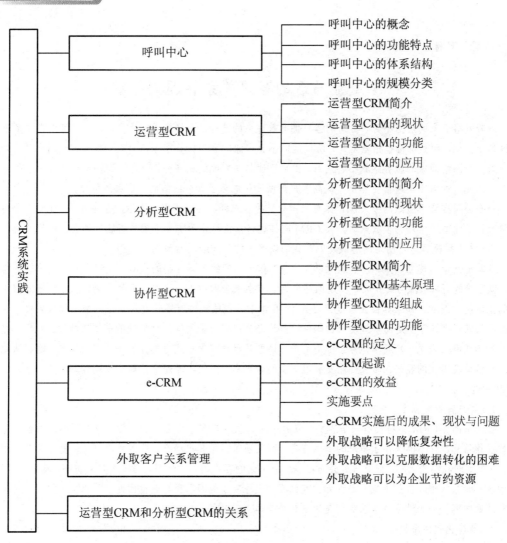

学习目标

通过本章的学习，应该能够达到以下目标。
熟悉 CRM 系统的分类。
掌握分析型 CRM。
理解呼叫中心。
了解协作型 CRM。
掌握外取客户关系管理。
理解 e-CRM。

导入案例

亚马逊的客户关系管理

随着网络商家的层出不穷，目前的客户拥有着许多的选择，同样要买一件商品，客户可以在许多不同的网站上找到，而且价格也相差无几，所以他们不会再像过去那样长期保持对某一商家的绝对忠诚。如果客户对一个网络商家的服务感到不甚满意，则可迅速转向其他的销售商，而商家则将永远失去一个利益的来源。因此，如何牢牢地锁住客户，提高客户忠诚度便成为了如今网络商家们关注的要点。

一个公司在竞争激烈的今天能否保有相当数量的客户群，在很大程度上取决于企业的 CRM。而对高度依赖信息化的网络购物模式来讲，其 CRM 同样也将以信息化为主要手段来解决。那么，如何通过电子化的 CRM 来提高客户对网站的忠诚度呢？我们以著名的亚马逊网站为例。

亚马逊网站从建立以来，一直以"以客为尊"作为他们的市场营销的重心，他们摆脱了以前的营销策略，以客户的需求和服务为中心，利用网站中的各方面来全力拉近与客户之间的距离，从而更好地增强客户的忠诚度。例如，如果你在亚马逊公司买了 10 本书，但收到的时候却发现少了一本，你只要去和亚马逊公司反映情况，即使是简单地发一份邮件，亚马逊公司就会毫无疑问地把缺的书快递给你。我想，这种体验对于任何人来说一定超乎想象。你是不是怀疑亚马逊这样做一定亏本了？不，完全没有，他们从此拥有了一位极度忠诚的客户，而且可能发展出更多的新客户。而亚马逊能留住那么多顾客的脚步，靠的正是 e-CRM 这个法宝。

1. 客户背景数据库

亚马逊的 e-CRM 系统拥有一个客户背景数据库，从客户在亚马逊购书开始，它便开始记录客户每一次的操作信息，它不但保存了客户的基本信息，而且还保存了客户动态、业务发展、兴趣爱好等方面的资料。它就如同我们的大脑，帮亚马逊公司记住所有不同的客户的相关信息，当老客户来访时，就不会陌生，因为客户背景数据库自从上次交易开始，就已经"记住"了他们，亚马逊也因此"认识"了他们。亚马逊所有的面向客户的个性化营销服务都是以这个数据库为基础的。

2. 智能化软件系统

亚马逊公司的客户背景数据库存放了所有客户的资料，它是 CRM 的基础，而它需要上层软件平台的支持，才能发挥其 100%的功效。在亚马逊的 CRM 中，为了达到其"以客为尊"的服务宗旨与特色，采用了智能分类、数据分析和智能化推销系统，为客户个性化服务提供了强有力的软件支持。

当客户在亚马逊网站上完成一次购买以后，系统记录下其交易信息的同时，把数据库上储存的客户的业务、兴趣、爱好等资料进行智能分类，这样当客户再次浏览他们的网页时，系统就能从不同的分类中取得客户的兴趣、爱好等个性化的信息，接着对其数据分析，得出客户将来可能需要的服务，然后智能化推销会自动展开一系列针对客户的兴趣、爱好的推销活动。这种智能化推销，同时也被称作为一对一营销，它是亚马逊公司所提倡的个性化的一对一服务实现的关键。

亚马逊的这种 CRM 结合推销的服务切合了客户的需要，节省了营销费，增加了销售额。

当你通过 Internet 连接到亚马逊网站时，系统便将你在亚马逊购买和浏览过的书目等数据记入数据库，并运用智能分类来进行个性化的归类。当你再次来访时，对系统来说，你已经不再是一个陌生顾客了，系统识别出你的身份后，它会热情地向你问候。然后自动根据你的喜好或者兴趣，向你推荐你可能喜欢或者考虑要买的有关书目。

这种面向客户的个性化的智能服务对提供客户的忠诚度有极大帮助。

点评：

在 CRM 系统的支持下，客户从登录到亚马逊网站开始就能感受到这种温馨的服务态度，在每个操作环节，亚马逊都始终坚持给予客户最好的服务，并且围绕着一个中心，即一对一营销，个性化营销。客户会感到亚马逊网站似乎为你而量身定做一般，在这种深层次的服务中，客户价值已远远大于商品本身的价值，而且在亚马逊商品价格低廉的优势下，谁还会冒风险去选择其他的零售商呢。据统计：e-CRM 给亚马逊书店带来了 65%的回头客。

7.1 呼叫中心

7.1.1 呼叫中心的概念

由于呼叫中心能有效地加强与客户的沟通，提高服务质量和服务效率，因此早在 20 世纪 80 年代就已在许多方面，特别是电话、航空、银行等行业中得到应用。现在，呼叫中心已经广泛地应用在市政、公安、交管、邮政、电信、银行、保险、证券、电力和市场行销等行业，以及所有需要利用电话进行产品行销、服务与支持的大型企业，使企业的客户服务与支持和增值业务得以实现，并极大地提高了相应行业的服务水平和运营效率。

从 1999 年开始，我国呼叫中心的研究、开发及应用一浪高过一浪。它们所含的内容、反映的技术和要解决的问题有着很大的差别。北京邮电大学宋俊德教授在 2001 年 2 月回顾中国电信企业呼叫中心建设时谈到：我国的呼叫中心首先是从中国电信、中国移动开始的。当时应用这一技术的目的在于改善服务质量和态度，密切与客户的关系，所以主要是信息、咨询、投诉、查询等服务，当然也完成一些话费核对，甚至做一些收费、销售等工作。可以说，以前的电信企业呼叫中心的功能，主要停留在"服务"上。在西方国家，几年前就已把这种前台的服务延伸到了后台。也就是我们说的客户信息管理，即把前台获得的大量数据移动到了后台，并运用一些经实践证明可行的算法，把杂乱无章的用户数据提炼成供决策使用的宝贵资源。

呼叫中心是充分利用现代通信与计算机技术，人工或自动地处理大量电话呼入、呼出业务和服务的场所。其特点是通过接听和拨打顾客电话，为顾客提供一系列的服务与支持，并进行市场推广和销售活动。

呼叫中心就是在一个相对集中的场所，由一批服务人员组成的服务机构，通常利用计算机通信技术，处理来自企业顾客的电话垂询，尤其具备同时处理大量来电的能力，还具备主叫号码显示功能，可将来电自动分配给具备相应技能的人员处理，并能记录和储存所有来话信息。一个典型的以客户服务为主的呼叫中心可以兼具呼入与呼出功能，当处理顾客的信息查询、咨询、投诉等业务的同时，可以进行顾客访问、满意度调查等呼出业务。

呼叫中心是一种结合电话、传真、E-mail、Web 等多种渠道来实现客户服务、销售及市场推广等多种目的的功能实体。现在随着计算机技术和电信技术的发展，尤其是计算机电话语音综合集成技术的研究成果，把电信领域的呼叫中心、CTI 技术、自动传真及计算机网络数据库等现代先进科学技术与电信相关业务系统(如计费、网管等系统)完善地结合起来，使呼叫中心发展成为完美服务的系统——客户服务中心，从而能够高质量、高效率、全方位地为用户提供多种服务，实现任何时候、任何地方，让客户得到贴心关怀，享受完美服务，为企业树立全新形象，创造无限商机，实现企业的成本最小化和利润最大化。

7.1.2 呼叫中心的功能特点

呼叫中心是一种基于 CTI 技术的综合信息服务系统，现代呼叫中心本身的含义应该是：它是一种基于 CTI 技术，不断将通信网、计算机网和信息领域最新技术集成融合，并与企业连为一体的综合信息服务系统。它将逐渐发展成为完整的电子商务系统。其最大作用在于能有效、高速地为用户提供多种服务，实现企业的成本最小化和利润最大化。呼叫中心不仅对企业的外部用户具有服务功能，同时也对企业内部的管理、服务、调度、增值起到非常重要的协调作用。

现代呼叫中心至少应具备如下功能。

(1) 全天候服务。应能提供每周 7 天，每天 24 小时的不间断服务。允许顾客在与业务代表联络时选择语音(传输方式可以选有线或无线)、IP 电话、电子邮件(可实现语音到文字、文字到语音的转换)、传真、IP 接入、文字交谈、视频信息等任何通信方式。

(2) 智能坐席选择。应能事先了解有关顾客的各种信息，不同用户安排不同业务代表与之交谈，并能让业务代表做到心中有数，逐步转为以客户为中心的服务系统。

(3) 利润中心。呼叫中心不是"支出中心"。它不仅有良好的社会效益，同时也是有良好的经济效益的"利润中心"。

(4) 内外衔接。呼叫中心对外面向用户，对内与整个企业相联系，与整个企业的管理、服务、调度、生产、维修结为一体。它可以把从用户那里所获得的各种信息、数据全部储存在庞大的数据仓库中，供企业领导者做分析和决策之用。

(5) 技术管理并重。呼叫中心采用现代化的技术，有高效的管理系统，随时可以了解到呼叫中心运行情况和业务代表的工作情况，为用户提供最优服务。

(6) 跟随技术发展。呼叫中心要不断地融合各种新技术，在服务上不断改进，应用覆盖面越来越宽。

当前，呼叫中心在中国的电信企业中具有非常重要的作用。呼叫中心是电信企业与客户接触、交往、销售产品的电子平台，包括电话呼叫中心，Web、E-mail、FAX 业务处理中心、短信、WAP 业务订制处理中心等。呼叫中心实质上是电信企业的网上营业厅，是解决电信客户购买电信企业提供的各种通信服务的电子商务平台。

7.1.3 呼叫中心的体系结构

随着呼叫中心相关技术的发展，呼叫中心的功能日益丰富，其组成结构也日益复杂。一个完整的呼叫中心可以认为由基本部分和扩展部分所组成。

基本部分是呼叫中心的必要组成部分，包括自动呼叫分配设备、IVR、CTI 服务器、人工坐席、数据库服务器、管理平台等；扩展部分是随着呼叫中心技术的发展而逐渐丰富的，扩展部分目前主要包括 Web 服务器、E-mail 服务器、传真服务器、IP 电话网关等。

呼叫中心的体系结构如图 7.1 所示。图中 ACD 主要负责根据一定的分配算法(例如，平均分配算法或基于服务技能算法等)，将用户的呼叫自动分配给业务组内最合适的业务代表。自动呼叫分配设备系统性能的优劣直接影响到呼叫中心的效率和顾客的满意度。物理上，ACD 对外提供与中继线的接口，对内提供连接坐席话机和自动语音应答系统的内线接口。

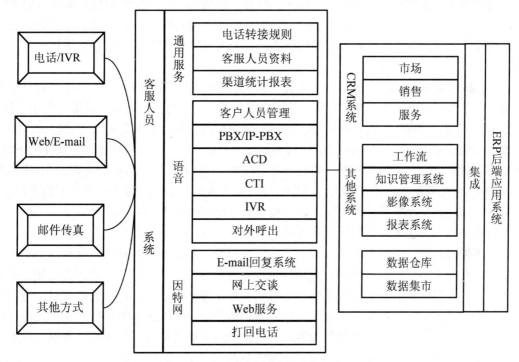

图 7.1　呼叫中心的体系结构

IVR 又叫做 VRU(Voice Respond Unit，语音应答单元)，它通过 EI 接口与 ACD 相连，为接入到呼叫中心的用户提供语音导航、语音应答和录音功能。用户接入系统后，IVR 根据呼叫中心的业务流程对客户进行引导，以方便用户进行业务选择；对于查询或咨询类业务，IVR 可以通过预先录制的语音文件再配合文字语音转换软件对客户进行解答；当系统资源忙时，IVR 可以引导用户留言。IVR 实际上是一个"自动的业务代表"，它可以取代或减少人工坐席的操作，提高效率，节约人力，实现 24 小时服务。

CTI(Computer Telecommunication Interaction，计算机电信集成)，由传统的计算机电话集成技术演变而来，包括了现代数据通信及传统语音通信的内容。硬件方面，CTI 服务器是呼叫中心的核心，它为呼叫中心业务的实现提供软件控制和硬件支持。硬件方面，CTI 服务器提供交换机和计算机互通的接口，将电话的语音通信和计算机网络的数据通信集成起来，完成计算机平台与通信平台间的信息交换；软件方面，CTI 服务器可使电话与计算机系统实现信息共享，在系统进行电话语音信号传送的同时实现客户数据相信的预提取，在坐席人员应答客户电话的同时，立即在其计算机屏幕上显示与客户相关的信息，实现屏幕弹出功能(如根据用户属性和用户呼叫信息迅速识别用户，使坐席人员立即了解客户的情况，从而提供有针对性的服务)、协调语音和数据传送功能(如实现语音数据的同步转移)、个性化的呼叫路由功能(如将呼叫接通到上一次为其服务的业务代表)、自动拨号(包括屏幕拨号、记录拨号和预先拨号)等功能。

人工坐席：呼叫中心提供的一些服务，如业务查询、故障报告和服务投诉等，必须由具有专业知识的业务代表来人工完成。所谓坐席就是指业务代表(又称为坐席人员)及其工作设备，如话机、耳机、话筒、运行 CTI 程序的个人计算机或计算机终端等。坐席人员可以通过鼠标和键盘完成电话的接听、挂断、转移、外拨等工作。坐席根据处理业务的能力可以分为普通席、专家席和管理席(班长席)等。坐席人员是呼叫中心组成部分中唯一的外设备成分，同时也是最灵活和最宝贵的资源。与 IVR 相比，坐席人员可以提供更亲切、更周到的服务。

数据库服务器与应用服务器。主要提供系统的数据存储和数据访问等功能。客户基本信息、交互数据、业务资料等都存储在数据库服务器中。以便为坐席人员的服务提供支持，为管理人员的决策提供依据。呼叫中心的数据随时间而累积，数据量常常非常巨大，因而对数据库处理能力的要求相当高。规模较大的呼叫中心，为了防止负载过大导致性能下降，系统实现时常常引入应用服务器，将呼叫中心的客户/服务器二层结构变为客户端/应用服务器/数据库服务器三层计算模式，将界面表示、业务逻辑和数据库处理分别分配到客户端、应用服务器和数据库服务器来实现，以平衡负载，提高呼叫中心的性能。

管理平台。负责实现系统运行状态管理、权限管理、坐席管理、数据管理及统计、系统安全维护等功能。一般包括业务管理系统、客户管理系统、坐席管理系统和日志及统计分析系统等几个组成部分。业务管理系统负责各种业务的管理，包括新业务的添加、业务使用情况统计与考评。客户管理系统负责收集和维护呼叫中心与客户相关的数据，包括在坐席终端上显示系统分配的客户队列及在线客户信息。坐席管理系统负责对坐席人员进行管理，包括人员登记、权限管理等内容，可以据此对坐席人员进行服务监督考核。日志及统计分析系统负责将客户的呼叫记录、坐席人员的服务记录、系统运行记录、系统异常记录等写入日志、产生呼叫中心系统的各种统计信息、生成统计报表等。

Web 服务器、E-mail 服务器、传真服务器、IP 电话网关等设备。Web 服务器是为了满足 Web 呼叫的需要，Web 服务器成了现代 Internet 呼叫中心的一个重要组成部分。通过 Web 服务器及其相关部分，用户可使用随手可得的 Web 自助服务，通过文本交谈、VoIP、同步浏览、表单协作等与坐席进行交互。随着接入方式的增加，E-mail 服务器、传真服务器、IP 电话网关等也越来越多地融入到呼叫中心。

7.1.4 呼叫中心的规模分类

企业建立呼叫中心可以根据用户多少、平均呼叫次数及企业性质、业务收入等区别，选择不同的系统。系统的大小一般用可提供多少个业务代表坐席或接入多少中继线路来衡量。

第一类，大型呼叫中心：一般认为超过 100 个坐席代表的呼叫中心为大型呼叫中心。它们可以是全球型的，为跨国公司和大型企业服务。有的坐席高达上千个。这种呼叫中心一般配置庞大、投资很高。它至少需要有足够容量的大型交换机、ACD、IVR、CTI 系统、呼叫管理系统、业务代表坐席和终端、数据仓库或数据库。

第二类，中型呼叫中心：坐席代表数目为 50～100 的呼叫中心称为中型呼叫中心；据专业数据统计公司预测，中型系统需求量最大。因此不少呼叫中心软、硬件开发商对准这一目标市场进行开发。这些呼叫中心系统的结构相对简单，投资也较少，容易被中、小企业所接受。目前我国的一些非交换机生产商开发的系统多属于此类型。

中型呼叫中心可以省掉大型交换机的投资，而利用用户级交换机与 CTI 服务器和业务代表坐席直接相连，业务代表同时与应用服务器相连，及时获得各种信息。客户资料也存储在应用服务器中，可实时地将打入电话的客户的姓名自动在计算机屏幕上弹出。

CTI 服务器一般由 CTI 硬件开发商的板卡和 PC 组成，其扩容和增加功能比较方便，成本低，因此是一种投资小、见效快、升级灵活的系统，正因为如此，这种系统的市场情况最好，需求量直线上升。

第三类，小型呼叫中心：坐席数目在 50 以下的称为小型呼叫中心。其系统结构与中型呼叫中心类似，不过几个主要部分如 PBX(也可以板卡代替)、CTI 服务器(主要板卡线数可选择低一些的)、业务代表坐席、应用服务器(根据数据库大小确定)在数量上均可相应减少。它主要适合业务量不太大的中、小型企业。

现在，国内外也有另一种方案可以解决部分企业对呼叫中心的需求，即由一个专业提供呼叫中心服务的第三方企业——呼叫中心运营商——完成呼叫中心服务业务。运营商可以选择建立大型呼叫中心，并采取集中服务，与各企业签订协议提供服务。运营商呼叫中心系统与各企业的应用服务器及相关人员相连。一般呼叫由运营商直接处理，特殊问题转到相应公司由相应的人解决。这样做的好处是减轻企业负招，而且呼叫中心可采用最先进的通信技术、计算机网络技术和管理运营技术，提供每周 7 天，每天 24 小时服务。它将为所有入网的企业提供高质量的对外服务，使各个企业的用户都获得满意的服务。这种从事呼叫中心服务业务的运营商，称为呼叫中心的外包运营商，这种呼叫中心称为外包呼叫中心。

1. 呼叫中心的最佳实践

根据国际上呼叫中心的实践经验，最佳的实践主要集中在人员、流程、组织结构、技术等 4 个方面。这些方面的经验有助于中国的电信运营企业在建设客户服务中心方面获得成功，并加快建设的进度。

第一是人员。人员是呼叫中心成功的核心与灵魂，如果没有合适的人员，则所有的计划、技术和收集的知识将毫无用武之地。坐席代表是对客户的主要接口，他们给客户的印象将会直接影响公司给用户的形象。坐席代表从事工作的时间长短决定了其知识的存储，也决定了是否能够更快地解决客户的实际问题。因此能够雇佣好的坐席代表是呼叫中心成功的关键。

具体情况如下。

(1) 寻找合适的雇员很重要。

(2) 呼叫中心的60%~70%的开销是职员的费用。

(3) 需要能够理解客户咨询需求和真正热爱该项工作的职员。

(4) 保留好的雇员是困难的,需要寻找合适的方法减少好的员工的流失,"关心职员就是关心自己的客户"。

(5) 创建一个员工工作舒心的环境。

(6) 众多的世界级的呼叫中心对雇员提供了大量的专业训练。

(7) 提供本地化的服务是非常重要的。

(8) 提供亲和力。

第二是流程。商业流程是由特定的组织的任务决定的工作开展的方式,流程也是企业增加利润的驱动力。通过细致地规划呼叫中心的工作流程,从而动态地满足客户的需求。一致的、及时的和正确的沟通,在公司各个环节对于呼叫中心的职责范围是重要的,而且在这些职责的生命周期内,它们的进展符合客户需要。规划具有创意的流程对于企业的利益往往是至关重要的,因此,对于电信行业的呼叫中心,应该适应市场的需求,对服务流程进行重新改造,提高客户服务质量,适应激烈的市场竞争需求。

具体要求如下。

(1) 大型呼叫中心的建设时间大概需要3~15个月。

(2) 有远见的公司总是试图寻找将其积累的知识分别提供给任何时间、任何地点需要的人的能力。

(3) 采用新技术,扩展客户沟通的手段,延伸流程的深度和广度。

(4) 经常度量客户服务的满意度。

(5) 分配一定时间考虑未来的服务计划。

(6) 明确定义服务的内容,清晰地描述回答问题的类型。

(7) 在进行查询之前,获取客户所需。

(8) 提供解决方案,而不仅仅是信息,而且可以提供免费的咨询内容。

(9) 客户往往需要直接得到答案,而不是进行多次转接。

(10) 将呼叫中心作为销售窗口,增加企业的利益。

第三是组织结构。组织的结构决定了部门内部和部门之间的接口,结构创建了内部的框架结构,因此也决定了条件和氛围。工作作为团队工作的有效性和人员能否满足客户需求的度量。

具体要求如下。

(1) 提供24×7的客户服务,满足客户任何时间的需求。

(2) 提供宽松的工作条件,吸引优秀的员工。

(3) 创建灵活的工作环境,保持员工对工作的热情。

(4) 提供专业知识培训,提高员工的专业技能,提供快速、及时的解决方案。

(5) 以服务次数和客户满意度为标准,考核员工业绩。

(6) 当客户的需求改变或增加时,能够尽快调整服务流程和模式。

第四是技术。在很多情况下,技术与工具起到关键的作用,对于呼叫中心的建设尤其重要,技术决定了呼叫中心的使用模式、业务流程、商业盈利模式等。技术帮助引导客户到最适合的坐席代表处得到服务,CTI技术帮助坐席代表获取客户的名称和历史访问数据,复杂的呼叫中心应用允许坐席代表访问信息知识库、问题解答库及细节问题的专业回答，所有的这些能增加客户服务质量，并大大降低企业的运营成本。

具体要求如下。

(1) 提供统一的接入模式，简化与客户的接触，提高接入成功率。

(2) 保存客户信息，提供个性化的服务，增强对客户的亲和力，提高服务质量。

(3) 丰富的客户资料与数据系统，并实现共享企业的知识资源。

(4) 与企业现有流程紧密结合，客户需求能够快速满足。

(5) 合理的业务流程控制与优化，能够提升应用价值。

通道及时的在线分析，挖掘服务问题的根源，及时调整服务策略，将服务资源转向有更高价值的方向。

2. 呼叫中心的应用案例

Internet 呼叫中心的典型功能包括以下几个方面。

(1) 文字交谈(Text Chat)：客户在浏览客户服务中心网页时，可通过点击页面上的按钮等方式，从浏览器上发起，经路由分配至话务员。话务员应答后，话务员与客户进行文字交谈。

(2) 点击通话：客户在访问呼叫中心主页时，可通过点击页面上的按钮等方式，使用与 ISP(Internet Server Provider，服务提供商)连接的同一条电话线向呼叫中心发起 Internet 呼叫。

(3) 电子邮件呼叫：客户从浏览器上发起或按传统的方式向呼叫中心发送邮件，经路由分配至话务员。话务员弹出窗口显示，可迅速进行邮件的应答，包括回呼等。

(4) 护航浏览：即网页同步。将客户的浏览网页内容与话务员的同步，或将话务员的浏览网页内容与客户的同步。同步时双方在浏览器上将看到同样的网页内容。

(5) 支持回呼功能，包括语音呼叫的回呼请求呼叫、回传请求呼叫。回传包括回传至客户的电子邮箱、传真机、BP 短消息、语音邮箱、手机短消息。

现代通信系统技术、互联网技术和交互式视频信号系统的发展将作用于呼叫中心，使其向着智能化、个人化、多媒体化、网络化、移动化发展。互联网呼叫中心、多媒体呼叫中心及虚拟呼叫中心在未来市场，也将随着企业对呼叫中心认识程度的进步提高、客户关系管理市场及设备制造商的全力推动得到推广。未来呼叫中心在性能、结构和应用等几个方面将发生质的飞跃，其功能也必将使呼叫中心最终成为未来企业电子商务的主体、平台、核心和灵魂。

从技术发展趋势上看，未来的呼叫中心主要向两个方向发展。

其一是进一步与 WAP 技术、ASR 技术、GPRs 技术的结合，称之为无线 Internet 的呼叫中心(Wireless Internet Call Center，WICC)。WICC 带来的实质性变革的意义在于可以直接用手机获取各种不同形式的信息。

呼叫中心的另一个技术发展方面是多媒体技术与 ICC 的融合。未来的呼叫中心将基于语音数据和视频信息的 CTI 技术，从而将使呼叫中心在功能上得以飞跃。

此外，CRM 技术的引入将使呼叫中心的价值得以大幅提升。

3. 基于 IP 技术的虚拟呼叫中心

在发达国家，由于人力成本相对较高，许多呼叫中心的坐席已经建立在了人力成本相对低的地区。在实际的案例中，建设在印度的某呼叫中心的坐席代表已经可以操着有浓郁得克萨斯州口音的英语，为来自美国得克萨斯州的客户提供服务，尽管客户在打入电话的时候并不了解线路的另外一端是一个土生土长的印度人。

客户打入电话后，系统会根据主叫号码将来电路由到本地呼叫中心坐席，或者判断分布的呼叫中心各个点，将电话自动路由到最空闲的异地客户服务坐席，实现呼叫量的统筹分配及最合理的运用。这样将直接带来两大好处：实现各地统一的客户服务号码，并调动整合世界各地各分支机构的资源；可以将庞大的客户服务电话应答队伍建设在人力成本相对较低的地区，大大降低呼叫中心的运营成本。

基于 IP 技术的呼叫中心在人员配备方面提供了史无前例的灵活性。业务代表可以在自己的家中或者在配备了适当电话的远地上班。他们完全与在呼叫中心上班的业务代表完成相同的呼叫处理功能，收到相同的服务及监督级别，形成"虚拟的呼叫中心"。同时，智能网络可以把多个系统组成超大规模的系统，用多个系统实现高负荷系统的资源共享、负载均衡及实现多个系统之间的容灾。

客户只用一根电话线即可浏览网页并与一名业务员对话，订购服务或咨询，两者可同时进行。例如，一位客户浏览网上的商品目录时想要买一部手机，可能想知道是否有另一种颜色可供选择。点击一下鼠标，客户即与一名查看同一网页目录的业务员对话。于是该业务员就回答问题，指导客户看另一页目录或接受订货。

基于 IP 技术的呼叫中心是新一代的呼叫中心技术，帮助你享受由互联网带来的商机。这些"虚拟"的呼叫中心分享客户服务中心共同的目标、应用、资源及业务代表的技能/业务，具有以下功能和特点。

1）智能呼叫路由

智能呼叫路由有效减少带宽拥塞和路由延迟，增加业务代表占用率，以减少成本，增加收入，同时改进客户呼叫。

最佳服务路由功能的工作方式如下。

首先根据预期等候时间、业务代表技能及业务代表占用状况，将呼叫转至最佳地方，分配算法包括了客户供应用使用的预期等候时间，以交付优异的客户服务和多站点负荷平衡，并节省网络成本。利用此种算法扫描多个站点，准确预测处理客户呼叫的最佳分组。这样，呼叫将转至指定站点，客户将立即受到业务代表的注意，或接受适当的延迟处理。

2）呼叫引导网络技术

呼叫引导能够将呼叫迂回到一个本地分机号、一个集中出勤服务队列、一个计算机访问中继组、另一个引导表号码、一个内置语音应答系统或者一个远端地点(使用自动选择迂回、自动路出选择、分布通信系统、先行业务代表调配或者主/从网络功能)。

3）先行业务代表调配

具有先行业务代表调配的联网 ACD 能够为多地点呼叫中心提供高效的解决方案。每一个地点都有呼叫中心，用 ISDN—PRI 交换或者专线同先行业务代表调配软件相连。呼叫可以经过多个交换机汇接到其他地点，以避免对将每个地点与每个远端交换机进行连接的设备的需要。当呼叫进入呼叫中心时，根据地理判断，呼叫中心软件根据每个交换机的条件与各个地点通信以确定适合呼叫的最佳路由。一套软件能够管理多个地点，当需要时允许实时变更，以使虚拟呼叫中心达到最佳状态。

4) 提高了网络利用率

随着业务内容的丰富，必将推动网络利用率的提高，均衡网络的负载，并极大地带动业务的使用频率，为运营商带来更多的利润。目前的呼叫中心系统基本是集中式系统，每个系统都十分独立，每个呼叫中心系统仅局限在自己的用户范围，无法为用户提供更全面的服务。

5) 改善服务质量

用户可以仅进行一次拨号，就获取其所需的信息和服务，而不用多次拨号。真正可以实现"一点服务"的优质服务，提高企业的服务质量。在网络呼叫中心业务中，通过采用分布式处理技术，可以提供十分灵活的业务服务模式，这不仅极大地丰富了网络增值业务内容，而且扩大了业务服务的领域，提高了服务水平。

网络呼叫中心跨地域以分担业务负荷，繁忙的呼叫中心可以考察整个交换系统，以将呼叫送到最符合服务需要的中心。呼叫与所有该呼叫人信息及本地存储的客户信息一起传送，使整个过程对于处理呼叫的业务代表及需要尽快服务的呼叫人是透明的。先行业务代表调配与将呼叫送到多个地点排队的方式相比也更有成本效益，因为它不会在较长的预期等待时间内无谓地连接昂贵的中继线路，送呼叫去排队。

虚拟呼叫中心具有如下的优势。

(1) 通过互联网将省级集中的呼叫中心联结起来形成分布式的虚拟呼叫中心。

(2) 虚拟呼叫中心能够实现负载均衡，分担工作繁忙的呼叫中心。

(3) 提高服务质量。

(4) 能够更好地共享资源，如人力、设备、知识库等。

(5) 能够节省通信费用。

(6) 根据服务请求时间分布的不均，可以设定独立的服务中心在夜晚服务，而白天则设定多个省级中心的呼叫中心均提供服务，大大降低运营成本。

(7) 降低呼叫放弃率。

以 IP 技术为基础的分布式网络解决方案具有可升级、可设置、灵活性强和实时变更等优点。使用 IP 技术的呼叫中心的优势主要体现在以下几方面。

(1) 减少建设费用。基于 IP 技术的呼叫中心最大的好处也许就是它简化了呼叫中心的底层架构。由于 IP 呼叫中心是基于软件的计算机系统，故呼叫中心的构建不需要昂贵的 PBX 和智能排队机。又因为呼叫中心的语音是在数据网络中传输的，在极大提高了系统利用率的基础上，不再需要维护 LAN/WAN 之外的基于电路交换的内部电话网，并且当公司运营在不同的地理位置时，还可以节省它们之间连线的开支。

(2) 快速启用。因为底层架构被简化，所以基于 IP 的呼叫中心易于启用，降低了集成、认证和首次展示的费用，使投资带来迅速的回报。而且这种架构使得商业发展要求的功能扩充变得更容易，比起铺设电话线、购买和配置新的私有的 ACD 和 PBX 这些硬件，增加服务器、内存和网络带宽要更简单、更便宜。

(3) 方便地实现了集中管理。使呼叫中心的管理功能不仅能管理多种媒体通道，还能管理多个分布点。集中的管理和维护降低了设备、硬件和人力的开销，还能将产生的收入迅速投入到再生产中去。

(4) 把商业规则巩固到应用程序中。通过把语音、电子邮件和 Web 结合到一个队列中，可以将中心化管理的商业规则应用到通过各种通道进来的所有联系中,而不需要为语音开发一套商业规则,再复制一份用于其他联系通道。

(5) 地形位置的独定性和可扩展性。IP 呼叫中心的建立,理论上可以在企业网络的任何位置。一个单独的 IP 呼叫中心可以管理多个地点的商业规则和路由,保证不同地理位置的销售人员和服务人员正常处理客户联系。可以在一个或多个地点添加坐席人员,而继续在一个位置管理系统。

(6) 使远程坐席成为可能。IP 呼叫中心的一个显著的优势就是它对异地办公和远程坐席的支持。IP 呼叫中心中的坐席可以处于任何一个位置,如另一幢大楼,另一个城市甚至另一个国家,而且拥有和呼叫中心主体部分的坐席一样的服务能力和监视级别。使用远程坐席,可以允许坐席人员在家里办公,吸引和留住一些技能高超的坐席人员;可以有效地减少设备和日常开销;可以更好地解决季节性的业务波动和高峰时刻人员问题,增强防灾能力。

(7) 减少运营成本。可以使许多呼叫中心的坐席设置在人力成本相对低的地区。在保证实现各地统一的客户服务号码的前提下,合理整合企业在世界各地的资源,大大降低呼叫中心的运营成本。同时,IP 呼叫中心节省了远程坐席需要用电话线连接到呼叫中心的这笔巨大的开销。现在坐席通过数据线就可以连过来,语音信息像其他数字信息一样被传送给坐席,而不会带来使用 PSTN(Public Switched Telephone Network,公共交换电话网络)的花费。

(8) 降低呼入电话的费用。最后一点正如某公司指出的:"VoIP 很可能与市场上主要的浏览器结合,而不需要用户自己配置或安装插件。"当支持 VoIP 的 PC 或 Web 浏览器普及后,越来越多的客户将用计算机打电话,这样用于让客户拨打免费电话的费用也会降下来。

简而言之,IP 呼叫中心实现了一个虚拟呼叫中心。坐席可以分布在任何地方,客户可以在任何地方选择任何通信通道访问呼叫中心,最后取得一致的客户服务和极大提高的客户关系这样的圆满结果。

7.2 运营型 CRM

7.2.1 运营型 CRM 的定义

运营型 CRM 建立在这样一种概念上,客户管理在企业成功方面起着很重要的作用,它要求所有业务流积的流线化和自动化,包括经由多渠道的客户"接触点"的整合、前台和后台运营之间的平滑的互相连接和整合。

运营型 CRM,也称为"前台"CRM,它与客户直接发生接触。运营型是 CRM 系统的"躯体",它是整个 CRM 系统的基础,可为分析客户和服务提供支持依据。运营型 CRM 主要包括销售、市场和服务 3 个过程的流程化、规范化、自动化和一体化。

7.2.2 运营型 CRM 的现状

目前市场上大多数的 CRM 产品关注的焦点是运营型 CRM 产品,主要涉及自动化管理、销售、营销及客户服务支持等领域的与客户关系有关的业务流程处理,运营型的 CRM 产品占据了 CRM 市场大部分的份额。运营型 CRM 解决方案虽然能够基本保证了企业业务沉积的自动化处理、企业与客户间沟通及相互协作等问题。但是随着企业的不断发展，客户信息的日趋复杂，对于一个企业的长远发展来说，如何使 CRM 解决方案拥有强大的业务智能和分析能力才是最重要的。

运营型 CRM 产品主要解决企业市场、销售、服务过程中的协作问题，并使这些过程有效集成且自动化。其主要作用是构造一个面向客户的协作环境，帮助企业的各个触角(部门与人员)发掘市场机会，并促成其转化为企业收益。其代表性厂商及产品有 Siebel、SAP 的 mySAP.com、Oracle lli、Power CRM、Onyx、Saleslogix、Turbo CRM、联城互动 MyCRM、中圣 Sell Well、合力金桥 Holly CRM 和用友 iCRM 等。

7.2.3 运营型 CRM 的功能

运营型 CRM 的功能主要体现在销售、市场营销和客户服务 3 个方面。

在销售方面，为企业管理销售业务的全过程提供丰富强大的支持，包括销售信息管理、销售过程定制、销售过程监控、销售预测、销售信息分析等，主要包括客户与联系人管理、销售机会管理、待办事项与工作流程、产品的报价和配置、渠道销售管理、合同制订和管理、网上购物、销售的预测和统计报表、竞争对手的跟踪和合作伙伴的信息。

在市场营销方面，为企业提供市场营销活动信息管理、计划预算、项目追踪、成本明细、回应管理、效果评估等支持，帮助企业管理者清楚了解所有市场营销活动的成效与投资回报，主要包括市场预算和收入跟踪管理、市场活动管理、活动反响跟踪、促销内容管理、市场宣传资料、工作流自动化、任务管理、市场衡量指标、时间表管理、电话促销管理、邮件促销管理和 Web 促销管理。

在客户服务方面，为企业提供一个强大的支持工具，来满足现在和未来的市场需求，包括客户交易中心/呼叫中心、电子服务、现场服务与分派、服务产品、修复与退货、安装点管理、服务协议和服务分析等。

7.2.4 运营型 CRM 的应用

我们以运营型 CRM 保险业的应用为例介绍运营型 CRM 的应用。

运营型 CRM 适于保险公司在建立 CRM 的中期。利用运营型 CRM 可以使保险业务流程化、营销部分自动化、建立前台和后台运营之间平滑的相互连接和结合，跟踪、分析、驱动市场导向，为保险公司的运营提供决策支持。

运营型 CRM 能够满足保险公司网点分布决策与效益最大化的需求。它能够合理调整保险公司网点分布，整合保险公司的核心业务流程，使保险公司与保户之间具有更亲近、响应性的关系。它能够对保户数据进行在线分析和数据处理，明确网点分布，减少冗余，使保险业务处理的流程更加流程化。

运营型 CRM 满足保险公司对运行管理、自动销售管理、时间管理的需求。它能够连接、调整、整合保险公司的现有系统，并能够自我修复系统，使保险公司以更多的时间管理业务。通过运营型 CRM 系统可以实现保险公司的运行管理、自动销售管理、时间管理、工作流的动态配置与管理、业务信息交换等功能。它将保险的市场、销售、咨询、服务和支持等全部集成起来，充分利用保险网点柜台、自助设备和电话保险、手机保险和网上保险等为保户提供保险信息和咨询服务，同时采集保户信息的第一手资料，并与保险公司的管理与运营紧密结合在一起，形成一个使保险公司各业务部门共享信息的自动化工作平台，将来自保险公司各个柜面业务系统的保户交易数据和来自于其他有关保户资料信息和服务信息有机地集成在一起，建立统一的保户信息中心。

运营型 CRM 收集了大量的客户信息、市场活动信息和客户服务的信息，并且使得销售、市场、服务一体化、规范化和流程化。但是，对于大量的客户信息将如何处理。如何从数据中得到信息，从信息中得到知识，并对我们的决策和政策制定加以指导是十分重要的。因此，运营型 CRM 向分析型的 CRM 的过渡势在必行。

运营型 CRM 系统是建立在这样一种概念上的，即客户管理在企业成功方面起着很重要的作用，它要求所有业务流程的流线化和自动化，包括经由多渠道的客户"接触点"的整合，前台和后台运营之间的平滑的相互链接和整合。运营型 CRM 是面向客户的 CRM 应用——主要是销售力自动化、企业营销自动化、前端办公套件等。运营型 CRM 有点类似 ERP 的部分功能。典型的功能包括客户服务、订购管理、发票/账单，或销售及营销的自动化及管理等。运营型 CRM 可能用于整合 ERP 应用的财务及人力资源职能，如 PeopleSoft 及 SAP。利用这种整合，端到端职能从线索管理到订购跟踪都可以被实施，当然有时实施起来并不容易做到无缝衔接。事实上，2000 年 META 组织的调查研究认为，CRM 项目的失败率为 55%～75%。项目失败或产生问题的主要原因在于无法充分整合原有系统。

运作型 CRM 需求量还将上升，一个不争的事实是，由销售自动化和业务自动化等数据处理系统构成的运作型 CRM，具有很大的需求空间，成为 CRM 供应商激烈竞争的焦点。市场研究机构 Jupiter Media Metrix 估计，到 2006 年年底，北美运作型和分析型 CRM、电子商务和财务管理应用软件的购买量将从 2001 年的 9.71 亿美元攀升到 34 亿美元，盈利空间巨大。另据微软资深产品经理霍利·霍尔特估计，只有 10% 的企业已经实施了 CRM 应用软件；高德纳集团研究总监乔·奥特洛认为，实施 CRM 的企业只接近 20%。企业的 CRM 软件应用一般首先从运作型 CRM 开始，由此可见运作型 CRM 还将有很强的需求，因此引得广大厂商趋之若鹜，成为 CRM 供应商拓展市场发展和盈利空间的强大动力。有资料显示，CRM 供应商 Onyx 2016 财年收入将达 1.5 亿美元。Best 的 CRM 部的 TeteMagic 应用软件 2011 财年收入达 1.3 亿美元。

7.3 分析型 CRM

7.3.1 分析型 CRM 简介

分析型 CRM 主要是分析运营型 CRM 和原有系统中获得的各种数据，进而为企业的经营和决策提供可靠的量化依据。分析型 CRM 一般需要用到一些数据管理和数据分析工具，如数据仓库、OLAP 和数据挖掘等。

分析型 CRM 是以改善业务管理为目的的分析活动。分析的对象是由企业的 CRM 业务和当前应用所产生的相关数据。分析型 CRM 可对客户数据进行捕捉、存储、提取、处理、解释和产生相应报告。

分析型 CRM 产品通过对企业生产运营过程中产生的数据进行分析，及时掌握企业运营状况和业绩、发现企业运作过程中的问题、寻找隐藏在这些数据背后的规律等，来帮助企业管理者进一步改善业务过程，辅助决策者调整或制定新的策略。有代表性的厂商及产品有 SAS，NCR Teradata CRM， SPSS，Brio 和 Cognos 等。

分析型 CRM 主要是分析运营型 CRM 和原有系统中获得的各种数据，进而为企业的经营和决策提供可靠的量化依据，一般需要用到一些数据管理和数据分析工具和数据挖掘等。例如，用于各种应用的客户数据库，使用相应的算法选择数据，然后将其以某种形式表现出来。分析型 CRM 可对客户数据进行捕捉、存储、提取、处理、解释、产生相应报告。例如，Micro Strategy 已经开发出相应的应用，可以从多个源头捕捉客户数据，并将其存储到客户数据库中，然后使用上百种算法在需要的时候分析/解释数据。分析型 CRM 的价值并不仅仅在算法和存储上，也包括如何使用相应数据来为客户提供个性化服务。

分析型 CRM 的主要功能是支持公司整合不同来源的数据，从长期积累的复杂客户数据中挖掘出有价值的"知识"，即客户知识。这些知识将可以转化或运用于发现机会管理、内容管理、客户管理、渠道管理等环节，最终转化为响应客户需求，使客户感受到"溢价体验"，提升客户满意度和忠诚度。有研究数据表明，在当今经济形势下，分析型 CRM 已成为高增长率的市场。一些重要的研究机构对美国的分析型 CRM 市场发展规模作了预测。例如，MR Research 估计，投资于分析型 CRM 软件的增长速度将是运作型 CRM 系统的 2 倍；META Group 2003 年调查了 400 多家企业，发现在以后的 12～18 个月当中，购买客户分析解决方案的数量超过其他任何类型的 CRM 应用软件；Jupiter Media Metrix 2004 年认为，在以后的 2 年中，美国将有 1/4 的公司将要在与客户相关的技术上花费 50 万美元以上，并且大量的投资将集中于分析型软件上，分析型软件市场到 2006 年将达到 87 亿美元。有的公司已经付诸行动，如 Pivotal 公司用销售、营销和服务解决方案来迎合对分析决策型 CRM 需求的企业客户。

7.3.2 分析型 CRM 的功能

1. 客户分析

客户行为分析功能旨在让行销人员可以完整、方便地了解客户的概貌信息，通过分析与查询，掌握特定细分市场的客户行为、购买模式、属性及人口统计资料等信息，为行销活动的展开提供方向性的指导。

此外，行销人员可以通过客户行为分析功能追踪行销活动的执行过程，从而了解这类活动的内容和随之传达的信息对客户所造成的实际影响。一个良好的分析型 CRM 应该有能力让行销人员通过轻松的鼠标点击即可锁定特定客户群、建立新的细分市场。

2. 客户建模

客户建模功能主要依据客户的历史资料和交易模式等影响未来购买倾向的信息来构造预测模型。例如，根据客户的促销活动回应率、利润贡献度、流失可能性和风险值等信息，为每一位客户赋予适当的评分。从技术方面看，客户建模主要是通过信息分析或者数据挖掘等方法获得。客户建模的结果可以构成一个完备的规则库。

客户建模功能可以使企业充分利用分析型 CRM 的知识处理能力，帮助企业建立成熟有效的统计模型，准确识别和预测与有价值的客户沟通的机会。一旦这种模型得以建立，企业就可以对每一个客户进行价值评估并在适当的时机以适当的方式与这个客户进行沟通，从而创造更多的盈利机会。

3. 客户沟通

客户分析的结果可以与客户建立形成的一系列适用规则相联系。当这个客户的某个行为触发了某个规则，企业就会得到提示，启动相应的沟通活动。

客户沟通功能可以集成来自企业各个层次的各种信息，包括客户分析和客户建模的结果，针对不同部门的不同产品，帮助企业规划和实施高度整合的行销活动；客户沟通的另一大特色是帮助企业进行基于事件的行销。根据客户与企业之间发生的貌似偶然的交互活动，企业可以迅速发现客户的潜在需求并做出适当的反应。客户沟通功能支持行销人员设计和实施潜在客户行销、单一步骤行销、多步骤行销和周期性行销等4种不同类型的行销活动。

4. 个性化

个性化功能帮助企业根据不同客户的不同消费模型建立相应的沟通方式和促销内容，以非常低的成本实现真正的一对一行销。

例如，行销人员可以通过鼠标点击方式建立和编辑个性化的电子邮件模版，以纯文本、HTML 或其他适当的格式向客户发送促销信息。更重要的是，行销人员可以利用复杂的获利能力评估规则、条件与公式为不同的客户创建更具亲和力的沟通方式。

5. 优化

每位营销人员每天应当处理多少个目标客户？每隔多长时间应该对客户进行一次例行联络？各类行销方式对各类客户的有效程度如何？对于这些问题，分析型 CRM 的优化功能都可以提供答案，帮助企业建立最优的处理模式。优化功能还可以基于消息的优先级别和采取行动所需资源的就绪状况来指导和帮助营销人员提高工作效率。

6. 接触管理

接触管理功能可以帮助企业有效地实现客户联络并记录客户对促销活动的反应态度，将客户所发生的交易与互动事件转化为有意义、高获利的行销商机。例如，当接触管理模块检测到重大事件时，即刻启动特别设计的行销活动计划，针对该事件所涉及的客户提供适用的产品或者服务，这种功能又被称作实时事件注入。

7.3.3 分析型 CRM 的组成

分析型 CRM 可以包括许多不同的组成部分，但是并非所有的分析型 CRM 解决方案中都包括所有的组成部分。在这里介绍的分析型 CRM 的组成是分析型 CRM 解决方案中可能包含的组件。

1. 数据仓库

数据仓库技术及一个全面的客户数据仓库是分析型 CRM 运作的关键所在。理想状况下，企业应当拥有一个存储所有客户交易、行为、偏好、客户利润贡献率、客户价值和客户细分等数据的数据仓库；但是现实是，大多数企业已经建立了数据库，却很难一开始就协调好不同来源的数据。数据仓库技术包括提取、转换和上载功能，它可以从传统系统中移入和移出数据，也可将独立的数据集市转为综合的客户数据仓库。

2. 数据挖掘

数据挖掘为个性化和细分化提供实现方法。数据挖掘提供不同的描述和预测模型用以预测、分析客户信息。数据挖掘可以 OLAP 共同作用，对数据库或数据仓库中的数据进行有效操作和处理。这是分析型 CRM 实现其"分析"功能的必要手段。

3. 商业智能

商业智能解决方案包括查询、OLAP 分析、数据挖掘等一系列对数据的分析处理过程。商业智能将为用户提供访问客户信息的入口，并且对于不同的用户要求分别对待。商业智能是理解分析性信息的途径。

4. 营销或促销

营销应用软件通过创建、执行和跟踪客户信息，来实施管理营销流程行。市场营销的执行意图与运营型或客户导向的 CRM 解决方案关系非常密切。

5. 数据移动、工作流以及与其他 CRM 应用系统的集成

最后一种类别的组成部分是用来将分析型解决方案和运营型解决方案整合为一个全面的、无缝的完整解决方案的桥梁。XML 作为一种用于集成的标准的出现，将成为一个巨大的"使能器"。工作流和基于业务规则的能力也很关键。最终，CRM 应用套件应当最小化集成问题，但是这需要花费时间和金钱来将现有系统转换为新系统。

7.3.4 分析型 CRM 的 4 个阶段

一个典型的分析型 CRM 系统包括 4 个阶段：进行客户分析，将市场区段信息运用于客户分析，一对一的市场和预报客户行为的各种方法模型。

1. 客户分析

客户分析需要很多可以定量化的信息，这些信息通常来自各种不同的数据源。对于这些信息必须加以整合，并以合理的方式放到客户数据仓库中，以便于对其作分段或挖掘处理。

一个结构良好的客户数据仓库，应能回答以下问题。

(1) 新客户是否比现有的客户更有价值？
(2) 最有价值的客户最为关注的是什么？
(3) 某个年龄段或某个职业的客户是否更有价值？
(4) 互联网技术是否有助于业务增长？如果答案是肯定的，如何做到这一步？
(5) 是否吸引了客户的消费？

客户分析所需要的信息，一般来自 3 个方面：企业与其客户的主要"接触点"(客户服务中心、Web 和自动柜员机)、关键收益点(POS、电子商务、订单录入)和外部数据(客户的地域分布、生活方式等信息)。客户分析阶段所需的关键信息包括客户服务历史信息、客户市场历史信息、销售信息、收益信息、客户的地域分布数据及生活方式数据等。

为了在客户数据仓库中形成一个完整的视图，必须对这些不同的信息源加以整合与清

理。在进行分析之前，必须了解信息的可用性、信息的质量、信息的整合与清洗程度是否符合向客户数据仓库提交的要求，这里的侧重点是信息的质量，而不是它的"完备"。因为任何决策支持系统，总处在不断得到新的信息源，不断地补充新的信息，并且不断地对信息实施清洗的过程中。另外，这类系统还要求根据当前的业务与市场的需要，对原有的信息持续地做出评估。

一旦完成了这个过程，则反映产品采购、收益、服务、客户地域分布及生活方式的信息就已具备。这时，就可以对客户的行为及收益率进行统计处理，并借此建立能够预报客户未来行为的种种模型。

2. 市场区段

在客户数据仓库准备就绪之后，就可以对当前客户及预期的客户群作区段分析，判断不同区段的优势与弱势。市场区段分析中常见的问题如下。

(1) 哪些客户购买某产品而不购买其他产品？
(2) 哪些客户对某个特定的市场活动最感兴趣？
(3) 客户的价值是否因其地域分布和人口学特征的不同而不同？

对客户群实施区段分析时，可以利用客户数据仓库所积累的大量有用信息。对这些信息的分析与数据挖掘，有助于发现和评价各种可变因素的不同排列组合会导致什么样的后果。

3. 一对一的市场

在找到最具价值的市场区段后，就可以为不同区段设计并提交适应其特定需要的成套服务。有针对性的市场开拓工作，可以促使企业瞄准更有前景和更有商机的领域。如果能够使企业的产品或服务被本来可能并不需要它们的客户所接受，就可能为本企业赢得最具价值的客户。通过对很多业务细节的分析，可以对那些为不同领域所设计的做法作全局性的考察，将相似的处理策略集中起来并加以提炼。在条件成熟的时候，向新的用户群推广这些做法，当将产品或服务也延伸到那些本来并不需要它们的用户群时，可以针对这个群体中那些最具可能和最有价值客户的特定需要，制定特定的市场策略。

4. 事件模型

事件模型是一种技术手段，旨在帮助企业使其市场活动与处理策略准确，并最终取得成功。事件模型可以"刻画"客户的行为和客户的反应，还可以预见未来市场活动的后果。事件模型提供了一种可能，让我们能从客户生活中的某些事件(如生日、买房、买车等)中找到新的商机。这些事件不仅形成不同的市场区段，而且也是对客户实施评估并预期未来收益的有利工具。事件模型有助于发现使企业利润最大化的方法，如减少促销活动的次数、提高客户对促销活动的回应率和控制业务策划的费用等。与事件模型有关的典型问题如下。

(1) 哪些年龄段的客户对降价处理最感兴趣？
(2) 哪些客户更喜欢通过个人渠道购物？
(3) 针对高收入客户的市场策略是否达到了预期的目的？

提出此类问题的目的，在于发现影响客户反应的主要因素，然后，才能将客户按照他们的特征加以标志与分类。在很多情况下，可以运用有关购买特征的新发现的知识，对各种不同的处置策略加以检验。如果将这些工作进一步细化，必然会因这些策略的正确运用而提高客户的满意程度。

7.4 协作型 CRM

7.4.1 协作型 CRM 简介

协作型 CRM 是指企业直接与客户互动(通常通过网络)的一种状态,它能实现全方位地为客户交互服务和收集客户信息,形成与多种客户交流的渠道。协作型 CRM 是一种综合性的 CRM 解决方式,它将多渠道的交流方式融为一体。

协作型 CRM 可以跨越客户"接触点"(包括各种客户与其交流沟通的方式,如电子邮件、电话、传真、网站页面等),同时也包括伙伴关系管理(Partner Relationship Management,PRM)应用。协作型 CRM 是沟通交流的中心,它通过协作网络为客户及供应商提供相应路径。它可能意味着门户、PRM 或客户交互中心(Customer Interaction Center, CIC)。它也可能意味着交流渠道,如 Web 或电子邮件、语音应用。它还可能意味着渠道战略。就是说,它可能是任何 CRM 职能,它为客户和渠道本身之间提供交互点。

英文中,Collaborative 的意思指两个以上的人同时做一项工作,协作型 CRM 的参与对象也是两种不同类型的人共同完成的,即企业客户服务人员和客户共同参与。如支持中心人员通过电话指导客户修理设备,在修理这个活动中间有员工和客户共同参与,他们之间是协作的,而运营型 CRM 和分析型 CRM 只是企业员工自己单方面的业务工具,在进行某项活动时,客户并未一起参与。

7.4.2 协作型 CRM 基本原理

显然,协作型 CRM 有其本身的特点,由员工和客户一起完成某种任务,就要求时间短。员工和客户由于要同时完成某项工作,都希望快一点解决问题。这种速度需要就要求 CRM 的应用必须能够帮助员工快速、准确地记录客户请求内容及快速找到问题的答案。换言之,对特定工作业务必须有知识量丰富和智能查询等特点。同时,员工本身也必须经验丰富。如果问题无法在线解决,协作型 CRM 还必须提供智能升级处理,员工必须及时做出任务转发的决定。

随着网络技术的发展,网络服务将成为 CRM 系统中不可或缺的套件或软件组件。这类系统是通过标准技术(如 XML)在互联网上传递的松散联系的软件组成,其关键技术如下。

(1) 服务定位和需求发现的机制。

(2) 服务确认和描述。

(3) 传输(如服务信息的传递方法)。

(4) 服务环境及时响应机制。

已得到应用的 Web 自助式服务是一种在线应用系统,它让客户通过网络在网站上使用导航器,来获得一些问题的解决方案。产品技术复杂性和需求多样性日益增长的趋势使得客户不仅期望通过 Web 自助式服务获得价格、产品、供应商信息、发送订单状态信息等简单的信息平台支持,更期望得到专业性服务,如产品配置、订单状态处理和产品培训。客户按照自己特殊的需要调整学习产品进程和服务内容,并且更加充分地发挥产品功效,进而学习更多的产品特性,改进客户产品使用和评价能力。若这些专业性强的服务特性和服务过程具有过程可规范、可程序化的特性，服务对象和细则可以以选参方式在限定范围内自由选择组配，这时开发和采用 Web 自助服务系统是理想的技术解决方案。通过 Web 自助服务和自我资格培训可以使人工从常规服务事务中解放出来，更多地关注和处理客户服务需求特性和变化特性，服务于非常规需求，这对公司是有利的。资料研究表明，客户自助式服务系统和支持技术是 CRM 系统中发展较快、分布于客户购买周期各个过程的需求响应系统。自助式服务的另一大好处是它有利于供应厂商收集访问者的信息，客户可能在处理他们的请求时需要确认信息，这将会节省很多客户服务成本。

与 Web 自助服务相关的最新技术研究内容是语音确认、预先服务、智能代理服务。在语音确认领域，IBM、Nortel Networks、Phillips 和 SPeech Works International 等厂商有比较大的影响。语音确认应属于原创性的技术研究，仅沉溺于 CRM 开发势必导致其软件滞后于竞争性的标准。预先服务主要是应对远程诊断并修理设备和软件的需要，在这些方面，一些软件提供商为终端客户提供特殊内容专家接入、软件补丁及对软件和设备的建议和解决方案。智能代理服务主要帮助客户搜索、比较、订购产品、跟踪订单状态。

协作型 CRM 的流程。协作型 CRM 主要是对各种沟通渠道的整合和协调各个部门之间的联系，其处理流程为先利用 CRM 的运营功能从客户的各种"接触点"将客户的各种背景数据和行为数据收集并整合在一起，这些运营数据和外来的市场数据经过整合和变换，装载进数据仓库。然后，运用在线分析和数据挖掘等技术从数据中分析和提取相关规律、模式或趋势。最后，利用相应的动态报表系统和企业信息系统使有关客户的信息和知识在整个企业内得到有效的流转和共享。这将转变企业的战略和战术行动，可以提高同客户的交互的有效性和针对性，把合适的产品服务，通过合适的渠道，在适当的时候，提供给适当的客户。

7.4.3 协作型 CRM 的组成

协作型 CRM 是一种综合性的 CRM 解决方式，它将多渠道的交流方式融为一体，同时采用了先进的电子技术，保证了客户关系项目的实施和运作。

协作型 CRM 包括了呼叫中心、Internet、E-mail、Fax 等多种内容。协作型 CRM 中，客户和企业进行交互的前端应用，可以通过多种渠道提供。这种协作型平台的作用是交换信息和服务。借助多渠道协作及 IVR 和 CTI 技术，客户能够在任何时间从任何地点通过自己方便的渠道了解相应的产品和服务。不仅如此，各机构还可以利用这种交互方式收集客户和潜在客户的信息。

协作型 CRM 主要由呼叫中心、客户多渠道联系中心、帮助平台及自助服务帮助导航等功能模块组成，具有多媒体多渠道整合能力的客户联络中心是今后协作型 CRM 的主要发展趋势。

7.4.4 协作型 CRM 的功能

协作型 CRM 解决方案将实现全方位地为客户交互服务和收集客户信息，实现多种客户交流渠道(如呼叫中心、面对面交流、Internet/Web、E-mail/Fax 等)的集成，使各种渠道相互交融，以保证企业和客户都能得到完整、准确和一致的信息。协作型 CRM 的主要功能有以下几点。

1. 电话接口

电话接口能提供与世界先进水平的电话系统集成的接口；主要支持 Proxim、Lucent 等 CTI 中间件。

2. 电子邮件和传真接口

电子邮件和传真接口能与电子邮件和传真集成，接收和发送电子邮件和传真，能自动产生电子邮件以确认信息接收等。

3. 网上互动交流

网上互动交流能进一步加强与网络服务器的集成以支持互动浏览、个性化网页、站点查询等功能。

4. 呼出功能

呼出功能支持电话销售/电话市场推广，如预知拨号、持续拨号和预先拨号等功能。

7.5　e-CRM

7.5.1　e-CRM 的定义

e-CRM 是 CRM 系统的电子化扩展，是 CRM 系统与网络技术深入结合的产物。

随着互联网的迅猛发展，企业开始越来越多地将目光转向一些自助服务渠道，如 Web、电子邮件及聊天室。无论是营销、销售或是服务，均可通过电子沟通的方式管理与客户交互的每一个细节。因此，企业正在寻求那些能使客户的网上体验更具个性化的技术与工具。这个工具便是 e-CRM——电子客户关系管理，可以视为企业实现电子化 CRM 的所有应用系统和软件。

传统 CRM 所关注的焦点主要是管理和增加供应商-客户(B2C)关系的价值。无疑，实施 CRM 有助于获取和挽留顾客，但是，由于传统经营模式下存在的跨部门沟通、数据交换等方面的问题，往往增大了经营成本，使得 CRM 的代价异常昂贵。

e-CRM 的概念并不难于理解，它是随着电子商务的发展而产生的一种基于 Web 网站的客户关系管理系统。通过互联网等网络接触方式，e-CRM 集成和简化了业务流程，实现了与客户之间几乎自动化的、快捷的沟通。对于客户而言，完全集成化的 e-CRM 系统可以提供快速、自动化、全天候的在线服务。对于服务提供商而言，e-CRM 将前台办公系统、后台办公系统和跨部门的业务活动整合起来，有效地实现了企业在网络环境中的统一。目前，尽管许多企业或多或少地将业务逐渐转移到网上空间，但真正完全采用 e-CRM 的多是那些容易建立网上门面的行业，如网上书店、网上商城、网上职业介绍、新闻网站、软件商等。例如，一些新闻网站会自动记载和保存访问者对不同页面的浏览顺序，采用数据挖掘工具对访问者的上站时间和访问顺序等数据进行分析，可以获得该访问者的访问模式和信息偏好，当某个访问者登录该网站时，系统会根据该访问者的偏好特征，自动安排新闻页面的顺序，增加页面链接，调整页面组合，使访问者更为方便地获得自己感兴趣的信息。

7.5.2　e-CRM 起源

目前，提供 CRM 解决方案的厂商分为 3 类，其一是传统的 Front Office 产品提供商，包括 Siebel、Pivotal、Vantive 及 Clarify 等厂商，它们都是较早涉足这一领域的 CRM 厂商，主要提供销售部门专用的应用软件，在 Front Office 阶段增加销售部门的效率；其二是卖方电子商务厂商，他们可以帮助客户在网络上完成交易，代表厂商有 Broad Vision 和 Open Market；其三是进入 CRM 的传统 ERP 厂商，这些厂商由于看好 CRM 的发展潜力，通过自行发展或并购等方式进入 CRM 市场，具有代表性的厂商包括 Oracle、People Soft、SAP 及 BaaN 等。

随着 CRM 在大服务量系统中的应用，人工服务渠道中出现了新的瓶颈，该瓶颈源于传统交流方式的局限。与此同时，基于互联网的交流渠道已经形成，这一新的交流渠道和基于其上的应用程序有可能缓解个人服务瓶颈，并为客户及合作伙伴提供扩展 CRM 优势的方法。这种对 CRM 系统的电子扩展就是 e-CRM。

e-CRM 的催生和发展完全归功于网络技术的发展。企业对 CRM 概念的关注集中在与客户的及时交互上，而互联网及在它之上运营的电子商务提供了最好的途径，企业可以充分利用基于互联网的销售和售后服务渠道，进行实时的、个性化的营销。

7.5.3 e-CRM 的效益

随着人们对网络环境的熟悉和接纳，在网上的活动也越来越频繁。一般而言，在线客户的需求变得越来越苛刻，容忍度也越来越低，他们希望获得迅速的反应，如果一家网站不能满足他们的需求，他们会立刻转向另外一家。在电子商务环境中，人们事实上很容易找到供应商，转换成本也大大低于传统的商业形式。从这个意义上讲，e-CRM 在提高了 CRM 效率的同时，也面临着更为严峻的挑战。概括而言，e-CRM 能够为企业带来如下方面的利益。

(1) 提高客户满意度。在电子商务环境中，顾客可以随时享用电子化服务(e-Service)，增加了服务使用的便利和灵活性。通常，e-CRM 的服务可以直接与客户的电脑平台相连接，客户可以在家里查阅服务种类，选购心仪的服务产品，所订购的产品或服务也可以得到迅速处理和提供，免去了许多传统交易方式下的麻烦。事实上，网络平台还提供给顾客在线自助服务的机会，顾客可以自行设计自己需要的产品或服务，使得产品或服务的提供更为准确，同时还保护了顾客的隐私。此外，顾客的反馈信息也可以迅速传递给公司，并及时获得满意的答复。更为重要的是，电子化服务降低了顾客的服务接触成本或时间消耗，这一点对于繁忙的现代人而言是尤其重要的。

(2) 降低企业的运营成本，提高运营绩效。e-CRM 为企业提供了 24 小时的自动化服务运营，而运营的成本却十分低廉，无疑可以降低单位交易成本。同时，网络渠道为企业提供了一个更为有效的、廉价的数据传输渠道，从而简化了跨部门合作的流程，提高了作业的准确度。此外，在电子商务环境中，企业可以更方便、更完善地记载客户的行为数据，从而更有效地分析客户行为和偏好，有针对性地提供产品或服务，提高顾客的满意度。客户满意度的提高会强化客户关系，有效地促进顾客挽留。

(3) 由内到外的效益为企业提供自助服务系统，可以自助地处理服务要求，从而降低企业的运营成本。这里面包含了"任务替代"的概念，由人工渠道提供的服务可以通过自助渠道来处理，为管理节省了大量的人力，可以将人力资源集中于更具有挑战性和更高价值的服务。

(4) 由外到内的效益除了由互联网带来的低成本优势，e-CRM 还具有满足客户的实质性需求的优势。互联网上的客户自助服务提高了服务的响应速度和服务的有效性。e-CRM 的这些优势提高了客户满意程度，进而帮助企业扩大市场份额、提高获利的能力。

7.5.4　e-CRM 实施要点

在实施 e-CRM 系统的过程中，要充分考虑用户的角色、内容风格、功能性、e-CRM 和 CRM 系统集成及应用程序结构等关键因素。

1. 用户的角色

优秀的计算机系统设计有一个基本原则，就是系统是为最终用户设计的，并牢记他们的角色。用户角色的备选方案可描述为"由内到外的 e-CRM"和"由外到内的 e-CRM"。

(1) 由内到外的 e-CRM。虽然很多 CRM 厂商扩展了传统的 CRM 系统，向客户提供网络方案，但很多系统只是在传统的内部系统中加上了标准的浏览器界面，主要适用于公司内部的流程作业。

(2) 由外到内的 e-CRM。虽然对客户管理工作的"任务替代"是 e-CRM 的一个重要优势，但互联网自助系统应主要关注使客户和合作伙伴的工作流程自动化和简易化，这是 e-CRM 系统要解决的问题。

2. 内容风格

由于企业员工、合作伙伴和客户的专业知识水平不同、角色不同、观点也不同，因此应为他们提供不同的内容风格。通常，对内容风格的备选方案可描述为执行型和处理型内容。

(1) 执行型内容。此种类型的内容为具有专业水准的系统使用者设计，这些使用者受过训练并有一定经验，对公司、产品及 CRM 系统的相关信息已经有较充分的认识。

(2) 处理型内容。适合于系统的自愿用户使用，他们可能对该领域知之甚少，需要执行支持工具来指导他们的决策过程。处理型内容包括价格指导、产品回顾、营销策划等。

3. 功能性

雇员的工作在整个客户生命周期中是变化的，客户及合作伙伴的工作在客户生命周期的不同阶段也各不相同。客户角色要完成信息收集、选购、评估选择、采购、自助支持和向企业提供反馈等任务；而合作伙伴角色反映了雇员在整个客户生命周期中的角色。要为客户和合作伙伴提供有意义的自动化服务，就需要有一系列应用程序提供使用者需要的综合功能。对企业来说，选择 e-CRM 系统有两种方式：其一是购买整套 e-CRM 技术，并将其集成到自身的系统中；另一种更具挑战性的方法是采购预制式 e-CRM 产品套装，它包括客户和合作伙伴在客户生命周期中每个阶段的综合性功能，然后根据自身的需求实施整个 e-CRM 系统。

4. e-CRM 和 CRM 系统集成

CRM 是一种合作运动，正如其他关系一样，客户关系也存在两面性。传统的 CRM 在技术上将权力授予企业方的管理人员，e-CRM 却将权力授予客户和企业的合作伙伴。e-CRM 和 CRM 系统的集成可采用两种方案。

(1) 独立运行的 e-CRM 系统。新的软件销售商将技术和应用程序相结合，放入 e-CRM 套装，它强调任何 e-CRM 功能在设计时应该谨记客户或伙伴用户的角色，e-CRM 套装提供的内容可能更适合于用户的风格，其功能也优于功能分离的产品。

(2) 统一的 e-CRM 评估。CRM 的集成方式时，一个重要的因素就是每个备选方案在不同 CRM 使用群体之间的实时程度。例如，客户通过网站索要产品资料时，该需求是否能实时地传送给相关人员和合作伙伴；另外，如果有人向合作伙伴提供了新的销售线索，该线索是否能立即送达合作伙伴。只有通过 e-CRM 和 CRM 系统的"即时"集成，才能确保可靠和及时的应答。

5. 应用程序结构

e-CRM 系统的特点之一就是充分利用了网络技术。互联网将客户和合作伙伴的关系管理流程提高到一个新的水平，但同时基于网络的应用会在一定程度上增加成本，这主要体现在基于网络的应用程序通常缺少交互性。

为了达到网络平衡，e-CRM 系统提供了 3 种应用程序结构：网上型、浏览器增强型和网络增强型。

(1) 网上型。对于网络的出现，C/S 应用程序销售商的第一个反应是如何打开他们现有产品通往互联网的通道。实现此目标最直接的方法就是将应用程序连接到主页上。这种结构被称为网上应用程序结构，它适用于在已有 C/S 结构的应用程序基础上实现 e-CRM 系统。

(2) 浏览器增强型。应用程序利用内置于浏览器的技术来实现更多的功能，使界面更丰富，该结构使用了动态 HTML 等技术。

(3) 网络增强型。在某些使用情况里，动态 HTML 技术不能满足应用程序的要求，需要借助操作系统和虚拟机功能，这些应用程序采用了 ActiveX、Java 等技术。

虽然这些网络应用程序的结构都不能最佳地满足 e-CRM 的所有用户。但在不久的将来，随着网络技术的发展，新一代的网络应用程序结构完全可以实现。

7.5.5　e-CRM 实施后收到的成果、现状与问题

1. e-CRM 实施后的成果

(1) 及时有效的客户服务，增强客户忠诚度与企业知名度。由于金丰易居网已建立统一联络中心，可以在客户要求服务的第一时间提供服务。在目前要求速度与服务品质的 e 时代，更可以加强客户对企业的满意度，进而提升客户忠诚度。

(2) 统一服务平台可节省人力、物力，提高服务效率。由统一客户服务中心，设立统一标准问题库和统一客户服务号码，利用问题分组及话务分配，随时让客户找到适合回答问题的服务人员，得到满意的答复。客户服务人员之间也可以利用统一联络中心的电子公告板交流信息。

(3) 利用电话行销主动对外销售，挖掘客户的潜在价值，增加收益。透过 e-CRM 使得企业内部的客户资料可以共享，利用 e-CRM 的 PTP(Product To Product，产品关联性)与 PTC(Product To Customer，产品与客户关联性)分析，对不同需求的客户进行分组，找到特定产品的目标客户群。

(4) 部门间可即时沟通以提高工作效率，整合企业 CRM 及内部资源管理系统，可降低

管理成本。

(5) 减少网上客户流失率：透过 e-CRM 企业可以提供即时、且多样化的服务。例如，即时捕捉网页上客户要求服务的信息，将客户浏览网页的记录提供给服务专员。还可让客户选择其最方便的联络渠道，如专员可透过 PSTN 或是网络电话，并可借由影像交谈，与客户同步浏览网页，以及与客户共用应用软件等方式，同时提供文字、语音、影像等多媒体的在线即时服务功能，与客户进行互动或网上交易，以减少上网放弃率。

2. e-CRM 实施后的现状

每一个企业都明白，争得新客户，保留老客户是取得成功最基本的条件。越来越多的企业家认识到客户已经成为现代企业生产、经营、管理的核心，在市场竞争中要让客户感到满意，就必须时刻关注客户的需求。同样，在电子商务环境中，企业要在争保客户中取得竞争优势，其根本在于企业对客户的关怀程度和方式，而 e-CRM 则无疑是企业通过高品质电子化服务实现对客户关怀的最重要手段。

另外，尽管 CRM 应用系统的产生应归功于网络技术的发展，但在企业对互联网的应用及在互联网上运营的电子商务方面，在对 CRM 的关注、理解方面，并不能认为 CRM 已经就基于互联网的销售和售后服务渠道，进行实时的、个性化的营销做好了充分的部署。互联网观念和技术必须处于 CRM 系统的中心，只有真正基于互联网平台的 CRM 产品，在构建其客户/服务应用的根本的技术上，才能够支持未来企业全面电子化运营的需要。

3. e-CRM 实施后需要注意的问题

建立长期关系是 e-CRM 的专长，但公司需要首先了解顾客行为，如他们如何进行交易。如果你的客户习惯通过电话向公司的代表发表意见，当他们访问网页找不到相关的链接时肯定不会满意。一旦了解客户的交易方式，就要对关系进行详尽的评估、想方设法优化关系。向客户询问的问题必须简单而可行，一些问题处理不好会让你失去 5%的大客户。现在的技术已经能够在被客户抛弃前发现线索。这样可以迅速行动、建立信任、及时挽回客户的忠诚。另外还要格外关注高收入的顾客，提供给高收入阶层顾客的服务要同提供给收入相对较低的顾客不同。充分利用资源，有效地运用商业资源是至关重要的。

e-CRM 把电子邮件、电话和在线交流系统整合在一起，这样才能发挥系统的最大作用。这样公司就不会对客户的情况一无所知。公司应该了解客户访问网站的时间，浏览了哪些网页。公司应该认真考虑自己所要达到的目的，这样才能令整个系统相统一并且富于灵活性。灵活性是 e-CRM 方案的关键。e-CRM 系统必须能因应市场转变，让企业迅速进行重新配置，迎合业务模式的改变，以避免传统 CRM 方案安装时间过长而未能赶上业务发展的问题。所以采用由单一供货商提供综合方案的策略不失为一种比较好的选择，企业自可简化 e-CRM 的开展过程，避免由系统设计到开展期间层层的繁复程序。另外，工作流程管理是 e-CRM 概念中不可或缺的一环，因为系统内各个部分必须有着紧密的联系，达到流程的顺畅，才能让企业透过互联网改善与客户、伙伴和供货商的关系，创造更大效益。

具体地讲，在实施一个 e-CRM 系统时需要关注以下几点。

(1) 整合效果最重要。e-CRM 系统应当确保企业前端与后端应用系统的整合效果。在设计和执行综合性客户交互软件或者创建企业广域 CRM 环境时，不同的技术和解决方案要结合到一起，企业要详尽了解商业过程和商业策略，以确保整体优于分离的功能和效果。

(2) 实时响应是要点。在网络时代，对 e-CRM 系统实时响应的要求更高。e-CRM 系统只有通过实质性的集成才能确保统一、可靠和及时的客户回应能力。

(3) 优秀的 e-CRM 系统的设计，是围绕最终用户展开的。因此在方案备选的过程中，企业是选择由内到外还是由外到内开展 e-CRM 集成需要慎重考虑。由内到外的 e-CRM 集成指解决方案是在传统的企业内部系统中加上了标准的浏览器界面，向客户提供网络交互渠道，这种系统更适用于公司内部的流程作业；由外到内的 e-CRM 集成是指一方面对客户管理工作开展"任务替代"，另一方面关注使客户交互的工作流程自动化和简易化。

e-CRM 是基于互联网的 CRM 应用，它包括自助服务知识库、自动电子邮件应答、个性化的 Web 内容、在线产品捆绑和价格等。e-CRM 使得互联网用户可以利用自己所偏爱的沟通渠道与企业产生交互行为，它使得企业可以利用技术来实现昂贵的客户服务代理。这样可以通过改善效率极大地提高客户满意程度，降低成本。但是 e-CRM 战略同时也是一把双刃剑，它也可能导致客户满意程度降低。如果客户通过电子渠道的交互并没有被无缝整合到传统渠道中，客户就会有很强的挫折感。同时，如果提供给客户的内容并没有经过整合，客户也不会满意。因此，e-CRM 必须与传统 CRM 紧密整合，否则它可能带来负面影响。

7.6　外取客户关系管理

在现实生活中，许多企业，尤其是中小型企业，缺乏实施 CRM 所需要的技术资源和人才资源。当这样的企业希望尽快建立起一套可靠的 CRM 系统时，外取客户关系管理(Outsourcing CRM)不失为一条好的思路。通过向专业的方案提供商(Application Service Provider，ASP)外取所需要的 CRM 系统，企业可以节省大量的系统开发、调试和安装时间，转而将主要精力放在顾客而不是技术身上。

例如，一家电子信息公司意识到 CRM 系统的强大功能，决定引入 CRM 系统。于是，该公司选择了一家方案提供商的 CRM 产品，用了不到一个星期的时间，就全部安装成功。借助这套外取的 CRM 系统，该公司有效地识别了关键的客户及他们的信息需求，据此选派专门的销售队伍，实现与目标客户的有效接触。

对于企业而言，外取客户关系管理可以带来如下好处。

1. 可以降低复杂性

通常，专业的方案提供商，如 IBM、SAS、Oracle 等在 CRM 软件系统领域具有丰富的经验，其开发的软件产品往往嵌入了最新的研究成果和分析工具，在功能上十分完备。此外，方案提供商所开发的 CRM 软件系统产品大多数组件都是标准化的，不过事先预留出了大量系统接口，可以根据企业的实际情况进行修改和矫正。从这个意义上讲，外取 CRM 系统不仅保证了系统的功能，而且还提供了充足的灵活性。采用 CRM 系统外取战略，方案提供商会提供大量的技术支持、培训和维护，确保系统的正常运行。企业本身不必过分为 CRM 技术系统担忧，可以将大部分精力放在客户身上。

2. 可以克服数据转化和整理方面的困难

任何 CRM 系统，无论是自行开发还是外取，都面临着两个主要的挑战，即数据的转化和数据的整理。在许多企业内部，由于缺乏集中的数据控制，数据的编码和记录方式很不统一,最后影响到顾客数据、交易数据的质量。CRM 系统是基于数据分析的系统,拙劣的数据质量势必影响到系统的有效性。要实现对数据充分、有效的运用,就必须对所有的数据进行转化和整理。通常,对数据的转化和整理需要重新对各种数据的内涵和使用做出定义,这是一项十分复杂的工作。如果外取 CRM 系统,CRM 方案提供商会派出拥有丰富经验的专业人员,根据所提供的 CRM 系统的特点,帮助企业实现所有顾客接触点、销售渠道和业务部门之间在数据使用上的统一。

3. 可以为企业节约大量的资源

企业一旦建立了 CRM 系统,就必须不断地予以维护和改进,这个维护过程将耗费企业大量的信息技术资源,同时占用大量的人力资源。对于资源十分紧张的中小型企业而言,这无疑是雪上加霜,进一步加重了内部 IT 专业人员的负担。采用外取战略,方案提供商在为客户提供 CRM 系统的同时,还可以提供一个精于系统维护的专家,帮助企业解决诸如服务器、方案、数据库、操作系统、网络和后台存储系统、运输和财务、B2B 接触等领域的问题,而企业只需支付一笔相对较少的费用。因此,对于中小型企业而言,通过外取 CRM 系统,只需付出相对较少的代价,就可以为企业释放出大量的紧缺资源,将其投入到更具有战略性和增值前景的方案中。

当然,外取 CRM 系统也存在同其他外取战略一样的问题,如外取资源的适应性、企业核心能力的安全性等。是否外取 CRM 系统,需要企业综合评估自身的状况,做出权衡。如果企业内部资源有限,但又想充分获取 CRM 的巨大优势,外取战略不失为一个极佳的备选方案。

随着社会的发展和技术的进步,我们有理由相信,CRM 也将逐渐成熟和完善,并将与其他战略相结合,不断衍生出新的形式。但是,形式的变化只能代表人们对效率和创新的追求,无论怎么变化,CRM 的本质不会发生变化,只要抓住了顾客价值、关系价值和信息技术这 3 个 CRM 的关键内涵,也就把握住了 CRM 的脉搏,奠定了成功 CRM 的基础。

7.7 运营型 CRM 和分析型 CRM 的关系

CRM 整体解决方案的基本流程是 CRM 系统从客户的各种"接触点"将客户的各种数据进行收集并整合,这些运营数据和外部市场数据经过整合和变换,装载进数据仓库。然后运用 OLAP 和数据挖掘等技术从数据中分析和提取相关规律和趋势。最后利用动态报表和企业信息系统将客户信息和相关知识表现出来并进行企业内共享。这些信息相知识将转化为企业的战略行动,用于提高在所有渠道上同客户交互的有效性和针对性。

客户与企业的互动就需要把分析型 CRM 和运营型 CRM 结合起来。运营型 CRM 管理接触点,适用于通过 Web 与客户联系;而数据仓库不管理接触点,用于分析和支持决策。一个强大的 CRM 系统解决方案应该把运营型 CRM 的接触点管理同分析型 CRM 的数据仓库相结合,也就是产生协作型 CRM。

目前,运营型 CRM 产品占据了 CRM 市场的大部分份额。运营型 CRM 解决方案虽然能够基本保证企业业务流程的自动化处理、企业与客户之间的沟通及相互协作等问题,但随着客户信息的日益复杂,在现有的 CRM 解决方案基础上扩展强大的业务智能和分析能力更加重要。因此，分析型 CRM 将成为未来 CRM 市场的主流。

本 章 小 结

本章详细介绍了 CRM 系统在实践中的分类，呼叫中心，包括呼叫中心的概念、呼叫中心的功能特点、呼叫中心的体系结构、呼叫中心的规模分类；运营型 CRM，包括运营型 CRM 的定义、运营型 CRM 的现状、运营型 CRM 的功能、运营型 CRM 的应用；分析型 CRM，包括分析型 CRM 的定义、分析型 CRM 的功能、分析型 CRM 的组成，分析型 CRM 的 4 个阶段(进行客户分析、将市场分区信息运用于客户分析、一对一的市场、预报客户行为的各种方法模型)；协作型 CRM，包括协作型 CRM 的概念、协作型 CRM 的原理、协作型 CRM 的组成、协作型 CRM 的功能(电话接口、电子邮件和传真接口、网上互动交流、呼出功能)；e-CRM，包括 e-CRM 的定义、e-CRM 的起源、e-CRM 的效益、e-CRM 实施要点等。本章在结尾处提出了外取客户关系管理的优越性，并将运营型 CRM 和分析型 CRM 的关系做出了分析。

关键术语

CRM 系统分类、呼叫中心、运营型 CRM、分析型 CRM、协作型 CRM、运营型 CRM 和分析型 CRM 的关系

课 后 习 题

1. 填空题

(1) 随着呼叫中心相关技术的发展，呼叫中心的功能日益丰富，其_____也日益复杂。

(2) _____是呼叫中心组成部分中唯一的外设备成分，同时也是最灵活和最宝贵的资源。

(3) 客户基本信息、交互数据、业务资料等都存储在数据库_____中。

(4) 基于 IP 技术的呼叫中心最大的好处也许就是它简化了呼叫中心的_____架构。

(5) 使呼叫中心的管理功能不仅能管理多种媒体通道，还能管理多个_____。

(6) IP 呼叫中心的建立，理论上可以在_____的任何位置。

2. 选择题

(1) 运营型 CRM 收集了大量的客户信息、市场活动信息和客户服务的信息，并且使得销售、市场、服务一体化、规范化和(　　)。

A. 标准化　　　　B. 便捷化　　　　C. 自动化　　　　D. 流程化

(2) 在客户数据仓库准备就绪之后，就可以对当前客户及(　　)的客户群作区段分析，

判断不同区段的优势与弱势。
    A．预期   B．历史   C．潜在   D．忠诚

(3) (　　)模型是一种技术手段，旨在帮助企业使其市场活动与处理策略准确，并最终取得成功。
    A．收益   B．成本   C．事件   D．时间

(4) 协作型 CRM 主要是对各种沟通渠道的整合和协调各个部门之间的(　　)。
    A．信息   B．数据   C．问题   D．联系

3．名词解释

(1) 呼叫中心　(2) 商业流程　(3) 运营型 CRM　(4) 分析型 CRM　(5) 协作型 CRM
(6) e-CRM

4．简答题

(1) 简述现代呼叫中心功能。
(2) 简述呼叫中心的最佳实践因素。
(3) 简述运营型 CRM 的功能。
(4) 简述分析型 CRM 的组成。
(5) 简述一个结构良好的客户数据仓库，应能回答的问题。
(6) 简述协作型 CRM 的功能。
(7) 简述 e-CRM 的效益包括什么。
(8) 简述外取 CRM 可以带来的好处。

5．论述题

(1) 试述分析型 CRM 的功能。
(2) 试述运营型 CRM 和分析型 CRM 的关系。

案例分析

上海金丰易居客户关系管理

金丰易居为 A 股上市公司金丰投资旗下专业从事房地产策划与销售代理的企业。它是集租赁、销售、装潢、物业管理于一身的房地产集团。由于房地产领域竞争日趋激烈，花一大笔钱在展会上建个样板间来招揽客户的做法已经很难起到好的效果，在电子商务之潮席卷而来时，很多房地产企业都在考虑用新的方式来吸引客户。

金丰易居在上海有 250 多家连锁门店的有形网点，以前如果客户有购房、租房的需求，都是通过电话、传真等原始的手段与之联系。由于没有统一的客服中心，而服务员的水平参差不齐，导致用户常常要多次交涉才能找到适合解答他们关心问题的部门。又由于各个部门信息共享程度很低，所以用户从不同部门得到的回复有很大的出入，由此给用户留下了很不好的印象，很多客户因此干脆弃之而去。更让金丰易居一筹莫展的是，尽管以前积累了大量的客户资料和信息，但由于缺乏对客户潜在需求的分析和分类，这些很有价值的资料利用率很低。

金丰易居的总经理彭加亮意识到，在互联网时代，如果再不去了解客户的真正需求，主动出击，肯定

会在竞争中被淘汰。1999年5月，金丰易居与美国艾克公司接触后，决定采用该公司的e-CRM产品。

1. 找到突破口

经过双方人员充分沟通之后，艾克认为金丰易居的条件很适合实施CRM系统，艾克公司的中国区产品行销总监张颖说："首先，金丰易居有很丰富的客户资料，只要把各个分支的资料放在一个统一的数据库中，就可以作为e-CRM的资料源；另外，金丰易居有自己的电子商务平台，可以作为e-CRM与客户交流的接口。"

但是金丰易居还是有不少顾虑，因为CRM在国内还没有多少成功的案例。另外，传统的CRM系统需要具备庞大的客户数据样本库，并且建设的周期长，投资大，不是一般的企业可以承受的。最后，e-CRM系统的特色打消了金丰易居的顾虑，e-CRM系统与传统的CRM有很大的不同——它是模块化的结构，用户可以各取所需；用户选定模块后，厂商只需做一些定制化的工作就可以运行起来，实施的周期也很短，很适合中小企业使用。经过充分沟通以后，为了尽量减少风险，双方都认为先从需求最迫切的地方入手，根据实施的效果，然后再决定下一步的实施。

通过对金丰易居情况的分析，双方人员最后决定先从以下几个部分实施。

(1) 金丰易居有营销中心、网上查询等服务，因此需要设立多媒体、多渠道的即时客服中心，提高整体服务质量，节省管理成本。

(2) 实现一对一的客户需求回应，通过对客户爱好、需求分析，实现个性化服务。

(3) 有效利用已积累的客户资料，挖掘客户的潜在价值。

(4) 充分利用数据库信息，挖掘潜在客户，并通过电话主动拜访客户和向客户推荐满足客户要求的房型，以达到充分了解客户，提高销售机会。

(5) 实时数据库资源共享使金丰易居的网站技术中心、服务中心与实体业务有效结合，降低销售和管理成本。

根据这些需求，艾克公司提供了有针对性的解决方案，主要用到艾克e-CRM产品eNterpriseⅠ，该产品结合了网页、电话、电子邮件、传真等与客户进行交流，并提供客户消费行为追踪、客户行销数据分析功能，实现一对一行销。另外，结合艾克的电子商务平台eACP，与金丰易居现有的系统有效整合。

2. 艾克的方案

艾克公司为金丰易居提供的CRM平台包括前端的"综合客户服务中心UCC"及后端的数据分析模块。前端采用艾克UCC3.20，该产品整合了电话、Web、传真等多渠道、多媒介传播及多方式分析系统的综合应用平台。在前端与后端之间是数据库，它如同信息蓄水池，可以把从各个渠道接收的信息分类，如客户基本信息、交易信息和行为记录等。后台采用艾克OTO2.0，它用于数据分析，找出产品与产品之间的关系，根据不同的目的，从中间的数据库中抽取相应的数据，并得出结果，然后返回数据库。于是，从前端就可以看到行销建议或者市场指导计划，由此构成了从前到后的实时的一对一行销平台。通过这个平台，解决了金丰易居的大部分需求。

在前端，UCC系统整合电话、Web、传真等多种服务，客服人员在为客户提供多媒体交流的同时，还可以服务于来自电话、Web、传真等媒介的需求，管理人员可以实时监控、管理客服人员的服务状况，实现统一管理。这个统一的服务中心设立统一标准问题集及统一客服号，利用问题分组及话务分配随时让客户找到适合回答问题的服务人员，得到满意的答复。该系统中的UCC-Approach模块可以有效挖掘客户潜在的价值。

3. 按计划实施

金丰易居与艾克公司认为，实施的原则是，必须以金丰易居的现有系统和业务不做大的改动为前提，充分利用现有的硬件、软件和网络环境，并且与以前的系统有效地整合在一起。

1) 建立多渠道客户沟通方式

这一步骤包括3个部分UCC-Web、UCC-Ware和UCC-Approach。

(1) UCC-Web。客户通过Web进来时，客户的基本信息与以往交易纪录一并显示于服务界面，客服人员可给予客户个性化服务，并根据后端分析结果做出连带的销售建议。

(2) UCC-Ware。客户租房、买房等咨询电话经话务分配后到达专门的服务人员，同时自动调用后台客户数据显示于客服界面供客服人员参考，而一些标准问题，可以利用IVR系统做自动语音、传真回复，节省人力。

(3) UCC-Approach。根据CRM系统分析出数据所制定的服务和行销计划，对目标客户发送电话呼叫，将接通的电话自动转到适当的坐席，为客户提供产品售后回访或者新产品行销服务。

2) 实现OTO分析与前端互动功能的整合

利用OTO分析结果，直接进入UCC的Planer数据库，作为建议事项及外拨行销依据。目前金丰易居有4项主营业务，已积累了大量的客户资料。该部分针对资料做检测，剔除无效信息，对有效信息按照业务需求类型分组，然后对分组数据做PTP分析，找出相关性最强的两种产品，据此可以做连带销售建议。同时，对目标客户贡献度做分析，找到在一定时效内对产品有购买能力与贡献度最大的客户，其余客户可按照时效及重要程度做力度和方式不同的跟踪处理。

另外，金丰易居以前的销售系统、楼盘管理系统、购房中心系统和业务办公系统，现在都通过艾克产品提供的接口，整合到客户关系系统内。该项目的实施总共只花了3个星期，由于前期的工作做得很充分，所以项目实施很顺利，并且很快就运行起来。

应用艾克公司的CRM系统之后，金丰易居很快取得了很好的效果，统一的服务平台不仅提高了企业的服务形象，还节省了人力物力。通过挖掘客户的潜在价值，金丰易居制定了更具特色的服务方法，提高了业务量。另外，由于CRM整合了内部的管理资源，降低了管理成本。

4. 小步前进

现在回想起来，张颖说，虽然项目的实施时间并不长，但这个成功来之不易。CRM对于中国企业来说还很陌生，没有多少成功的经验可以借鉴，所以要说动企业相信它就不是一件容易的事情。艾克公司为了让金丰易居相信e-CRM，做了大量的工作，并且把试用版本给金丰易居使用。虽然金丰易居承认它能够为自己带来很多好处，但是由于害怕风险，所以并不能立即决定采用，因为大家都知道上CRM意味着巨大的资金投入和管理革新。真正让金丰易居决定采用艾克产品的原因是，应用艾克的产品不需要花很多钱，而且以前的设备很多可以保留下来，也不用进行伤筋动骨的人事和管理的调整。

在考虑如何与金丰易居原有系统连接问题时，双方的意见并不一致。对艾克公司来讲，开始连接的系统越简单越好，而金丰易居则认为能把自己所有的系统和CRM整合起来当然最好——客户往往忽视过于复杂的实施会带来更大的风险。张颖说，国内的客户与国外的客户区别很大，国外的客户很清楚自己要什么，而国内的用户很多只知道自己大概要什么，具体的需求并不清楚，而一旦厂商提供了产品之后，它们又觉得很多地方要改进，使厂商又花很多精力重新做很多工作。

为了防止系统在实施过程中发生意外，艾克公司和金丰易居在实施之前签订了一个协议，明确规定什么时候完成什么事情，完成到什么程度，达到什么样的效果，由谁来负责，然后在实施过程中按照这个步骤执行，有效保证了系统的顺利实施。

作为一家外资企业，能够了解中国用户的特殊需求，是其产品能否在国内站稳脚跟的关键。张颖说，艾克公司成功的原因在于他们能够从最简单的地方入手，而不是一上来就把系统所有的功能推给用户。先实施一部分功能，然后根据客户的反馈意见做一些改动，直到稳定之后，接着继续实施其他的功能。这种小步前进的方法适合中国的国情，也容易为中国的用户接受。

思考与分析:
(1) 金丰易居为什么要和艾克公司进行合作,主要解决的是什么问题?
(2) e-CRM 与传统 CRM 主要区别是什么?

第 8 章　典型 CRM 系统模块及其功能

知识架构

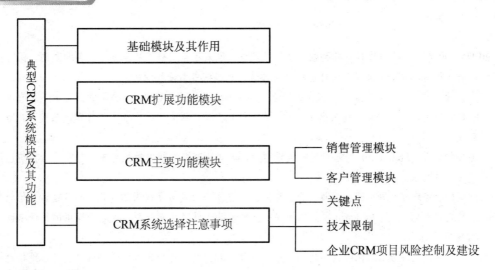

学习目标

通过本章的学习，应该能够达到以下目标。
熟悉基础模块及其作用。
掌握客户关系不同方面的含义。
理解技术限制。
了解 CRM 发展的动力。
掌握 CRM 系统选择注意事项。
掌握 CRM 主要功能模块。
理解 CRM 扩展功能模块。

> 导入案例

保险公司的新契机

创建于1922年的State Farm保险公司(以下简称State Farm)，是美国最大的互助保险公司，也是排名第二的保险公司。全美超过1/5的汽车都在State Farm投保。State Farm能从一个小小的汽车互助保险公司发展成为现在财富500强排名第25、全球最大的金融机构之一，其多样化的优质服务是功不可没的。

正如State Farm的广告词说的那样："Like a good neighbor，State Farm is there."(犹如一个好邻居，State Farm无处不在)。对State Farm来说，"好邻居"服务就是无论何时何地，只要客户有需要，State Farm能够提供面对面的服务。

1. 成长的烦恼

20世纪90年代，美国政府对其金融立法作了调整，取消了保险公司从事证券业务的限制。保险业务已经发展成熟的State Farm决定扩大自己的经营领域，从事信贷和证券业务。

因为新增加的信贷和证券业务与原有的保险业务是各自独立的业务部门，公司的业务一下子增加了许多。这就要求有更多的人员和机构来操作。庞大的人员和机构在很大程度上加大了管理的难度，并增加了经营运营成本。

业务增加以后，State Farm的客户量也大量增加，客户所需要的数据越来越多。呼叫中心系统已经不再能满足客户的需求。

与此同时，随着互联网的迅速发展，金融保险业的交易手段发生了很大的变化。很多顾客开始利用电子邮件和公司进行联系。State Farm要想保持在行业的前头，就必须充分利用互联网提供的机遇来创新发展自己的业务。

而且，互联网出现以后，保险公司的网上销售方便了客户同时比较各家保险公司的价格，价格已经不再能成为竞争的手段，服务就显得更加重要。如何在网络时代保持并提高公司的服务，成为一个更加亲切、更加周到的"好邻居"，成为摆在State Farm面前最为急迫的问题。整合公司所有业务的信息，实施CRM系统势在必行。

2. 寻宝解忧

除了想解决呼叫中心的需求问题以外，State Farm还希望通过CRM系统来改善并提高自己的业务水平。所以在确定实施CRM系统以后，如何选择最合理的CRM软件，State Farm做了很多考虑。

开始，State Farm打算用自己的IT部门来做这套系统，因为他们自己的IT部门有6 000多名员工，而且有很强的研发能力。但是，经过仔细的分析考察以后，State Farm的管理层最终还是决定让专业软件公司来做。因为专业CRM系统公司的产品专业性强、质量可靠、综合成本低、产品按时上线的可能性高，而且专业公司还富有创新精神。最后，经过严格的挑选，State Farm选用了WebTone Technologies的CRM系统。

WebTone的CRM思想正好能与State Farm的需求相吻合。

(1) 它把State Farm的各种金融保险业务的信息有效地整合在一起。

(2) 它的界面对State Farm原有其他系统的界面开放。

(3) 它提供了产品推销、信用管理和顾客利润分析系统。

(4) 它把别的系统的数据都整合到一起，这样就可以更快、更方便地为客户解决问题。

State Farm没有采用知名品牌，如SAP、People Soft等大公司的系统，最主要的原因是这些知名品牌公司的优势在于ERP。而且SAP、People Soft的CRM系统是在他们的ERP系统上附加的，State Farm不想因为上一套 CRM 系统而再购买一套昂贵的 ERP 系统。

更重要的是,虽然 WebTone 只是一个比较小的 CRM 软件公司,它对金融保险行业却更加专注。

3. 对症下药

作为一个金融保险公司,State Farm 最关心的是客户的利润率,因为公司生存的关键是在保证顾客满意的条件下为公司赢得利润。但是,客户的利润率和金融风险挂钩,是一个风险和回报的问题。例如,给风险大的客户贷款,有可能回报很高,但是也有可能损失很大。如何计算风险是金融保险公司盈利的关键。所以 State Farm 希望它的 CRM 系统能够提供合理准确的计算方法来计算风险。WebTone 提供了可以准确计算风险的系统,还提供了不同的计算方法,包括行为模型计算和期权计算方法。

State Farm 的客户有 6 000 多万个,客户有大有小,客户的需求各不相同。State Farm 不可能用同样的处理方法来处理不同的客户需求。有些需求只要通过自动处理就可以解决问题,有的却需要人为地处理。能够合理安排顾客群是 State Farm 选择 WebTone 主要原因之一。

随着互联网的普及,越来越多客户希望通过电子邮件来处理业务。因为发送电子邮件非常简单快捷,过去只需要一封普通信件就能解决的问题,现在客户却可能发 10 个电子邮件来解决。人为地阅读这些数量很大的电子邮件几乎是不可能的。WebTone 系统里面带有人工智能阅读电子邮件的功能,能够自动地对电子邮件进行分类;不仅如此,有些邮件直接通过邮件系统就自动处理了。

State Farm 在满足客户需求的同时,也非常讲求内部管理的效益。如何合理有效地安排员工的工作、评估员工的工作成绩,在 CRM 中也是很重要的。WebTone 的数据分析工具,能够可以分析什么人都做了什么工作,等等,为有效安排员工的工作、评估员工的业绩提供了有益的参考。

4. 成全新"好邻居"

系统上线工作以后,很快就取得了显著的效果。

(1) 呼叫中心的效率和成本都降低了。因为 CRM 系统和别的系统都连接着,有效地把信息整合起来。处理事务的员工很快就能调用客户的详细资料,尽快地帮助客户发现问题、解决问题。这对于拥有 6 000 多万个客户的 State Farm 来说,可以大量减少呼叫中心员工的数量,从而大大降低人力成本。

(2) 销售能力明显提高,销售量增长了将近百分之百。实施 CRM 信息得到整合以后,客户到门市办理业务的时候,业务员可以同时了解客户其他方面的需求,有的放矢地进行产品推销,如在客户购买保险的时候,可以争取客户再开个银行账户或者股票交易账户。

(3) 在员工培训方面,这个系统的 Userfriendly(用户之友)让新手学起来非常容易上手。而且系统已经把别的系统的数据都整合好了,员工只需要学习新系统,而没有必要把旧系统重新学习一遍。因此在营业部,State Farm 对新雇员的系统训练时间从过去的两周缩短到现在的两天。

Tom 已经八十多岁了,但是还很好学,不久前他开通了互联网。他也是 State Farm 的客户。他不仅在那里买保险,还拥有他们的股票账户和银行账户。一天,他上网去取消一张支票,同时还想新开支票。但是他网页上面找来找去也没做好。后来他找到了客户服务的网上电话。按了那个电话以后,他还真和他们的一个客户服务的员工联系上了。令他吃惊的是:他刚才去过的网页,甚至在网页上做了什么操作,这个员工也都清楚。最后在这个工作人员的帮助下,他一步一步地在网页取消了支票,并开立了新的支票。

点评:

效率的提高,使客户的满意度也大大提高了,高效率的 CRM 系统具有灵活的分析功能、直观的数据操作和分析结果可视化表示等突出优点,从而使用户对基于大量复杂数据的分析变得轻松而高效,以利于迅速做出正确判断。它可用于证实人们提出的复杂的假设,其结果是以图形或者表格的形式来表示的对信息的总结。State Farm 从成立开始就认识到了客户关系的重要性。因为,金融保险行业的客户关系是稳定、长久的,有的客户甚至一生只和一家银行或保险公司做交易。在金融保险行业,客户关系已经成为所有商业关系中最为重要的一种。

8.1 基础模块及其作用

CRM 系统以"客户"为中心，将销售、市场和服务等有机地结合起来，形成一个跨部门的统一业务管理平台。CRM 系统通过对客户生命周期的有效管理，帮助企业有效管理客户资源、控制销售过程、缩短销售周期、提高销售成功率；通过对客户相关信息的分析与挖掘，识别客户消费规律和客户价值，指导企业的部门运作和市场规划，从而提供更加快捷和周到的优质服务，帮助企业提升客户满意和忠诚度，最终提高企业市场竞争力。

CRM 系统包括客户管理、进销存、营销中心、我的办公室、通信中心、系统设置六大基础模块。

1. 客户管理

客户管理包括客户分类、渠道管理、供应商管理、检索中心、机会管理、项目管理、后期维护、服务管理、来电处理 9 个小模块。

客户分类：将客户细分为所属部门、客户等级、客户类型、客户来源、行业类型、区域、信用等级等。通过具体分析客户的各方面筛选出有价值的客户，规划出每天、每周、每月需要联系的客户及已经联系过的客户。并且将与这相关的联系人、活动信息、活动历史、机会报价、销售记录、相关合同、机会、项目、后期维护、产品/服务、相关费用、相关文档、相关发货、共享列表、变更记录等分别记录在下面。由此可以使企业多角度地把握客户需求，全面透视客户情况，更好地为客户提供服务与帮助。

渠道管理：基本上与客户分类相同，首先将渠道详细记录，进行分组、筛选出有价值的渠道。并且记录与这相关的联系人、活动记录、客户信息等，通过渠道管理，企业可以很容易地实现对渠道商业机会的收集、分析和合理分配功能；渠道成员也可通过该功能对机会的背景信息进行分析和衡量，从而实现双方及时的信息交互；实现对渠道内的市场活动信息、竞争信息、产品信息等市场信息的合理分配，实现对跨地区、跨行业的市场营销等任务的组织、调配，实现良好的渠道协作功能。

供应商管理：在管理模式上客户管理与渠道管理基本上相同。管理供应商信息，主要针对采购工作进行管理。包括日程沟通内容、采购记录、相关的合同、相关费用与文档等信息进行全面的记录。

检索中心：主要用于检索客户、活动、渠道、供应商的信息，可以更方便快捷地找到需要查询的信息。

机会—项目—后期维护管理—服务管理：是一套完整的销售流程，主要包括影响者、团队、活动、任务、竞争对手、服务、费用等进行管理、分析，是对客户管理的一个重要环节。

来电处理：主要用于记录和检索客户的来电信息，包括来电客户、来电日期时间、与来电相关的活动等。

2. 进销存

进销存包括商品管理、调拨管理、资金往来管理、采购管理、采购退货、销售管理、发货管理 7 个小模块。

商品管理：主要从商品管理、库存调整记录、仓库管理、仓库查询 4 个方面管理。商品管理主要记录商品最基本的信息，如商品编号、商品名称、商品类别、规格型号、成本单价、销售价格等。库存调整记录主要是调整商品的日期。仓库管理主要管理仓库里的商品信息。仓库查询可以清晰了解实时库存数量，随时查询产品的销售情况。

调拨管理：主要记录商品进出仓库的实时情况，以及调拨的业务员和审核者。

资金往来管理：主要管理单据资金往来和客户资金往来，真实记录其资金往来数据。

采购管理：针对供应商建立采购单，具有新建—审核—确认—采购整个管理流程，详细记录采购客户的名称、联系人、产品、价格等资料。

采购退货：也要经过新建—审核—确认—退货这个管理流程，并且记录采购退货客户的名称和联系人等资料。

销售管理：进行销售单据的审核，有效管理销售的情况。针对客户建立销售单，具有新建—审核—送货整个管理流程，详细记录客户的名称联系人、地址、产品、价格等资料。

发货管理：记录每笔单据的快递公司名称、联系人、收件方、发货日期、费用等情况。

3．营销中心

营销中心包括报价管理、合同管理、费用管理、绩效考核、市场活动、成本分析、统计分析 7 个小模块。

报价管理：主要将报价分为客户报价、供应商报价、渠道报价 3 个类型。并且详细记录其客户名称、商品名称、报价金额、商品类别、折扣等信息进行存档，方便查询。

合同管理：直接在客户管理窗口下，新增合同资料，快捷方便，并能及时汇总，进行合同审核，有效管理销售的情况。除此之外，还有相应的会签信息、活动信息、活动历史、相关销售、相关文档等功能完善合同资料，并与日程安排相结合，具有提醒功能。

费用管理：包含申请—审核等流程。既可使客户与流程管理相结合，详细记录的费用支出，有效控制费用；又可作为公司内部费用管理功能，为节流打下基础。

绩效考核：通过表格的形式记录各部门各业务员某个时间段的工作情况，包括客户联系数、新客户开发数、日程安排数、销售订单数、应收金额、实收金额、合同数、合同金额各方面工作情况，便于进一步挖掘员工潜在价值。

市场活动：可按活动进行分类，对某一活动进程进行跟踪，并详细记录相关客户的活动情况。

成本分析：详细记录每个商品的采购、采购退货、销售、销售退货等数据变化，可根据某个时间段进行成本数据查询，并可以得到实时毛利、总金额等数据。

统计分析：对客户资料、跟进客户的过程、销售预测、销售情况等方方面面进行详细、周全的分析，使企业人员能全面掌握客户的信息；对销售预测及销售情况的汇总分析，使企业员工能全面了解产品的销量，有针对性地选择营销策略。

4．我的办公室

我的办公室包括工作安排、日程安排、文件中心、通讯录、知识库 5 个模块。

工作安排：主要从主题、撰写日期、内容、撰写人等方面记录某一段时间各工作人员需要工作的内容。

日程安排：具有单次、周期性及每日的提醒，并可与活动信息功能相结合，灵活帮助员工安排好时间；并可自由选择日程安排的格式；可以与短信管理关联使用，在到达提醒时间时，自动发送短信进行提醒。快捷有效地对客户进行短信方面的联系；也可实现上级对下级的日程安排进行查询，监控。

文件中心：对客户资源进行优化，使客户资源得到最大化的利用。

(1) "我的文档"可根据实际情况对文件夹设在共享属性及权限。

(2) "公共文档"功能可将日常常用资料进行及时共享。

(3) "共享文件夹"功能能使员工与合作伙伴及时分享资讯，达到共享、安全的目的。

通讯录：针对用户私人资料，进行条理化、规范化，并可采用打印功能将资料进行另一种方式的建档，配合不同需要的使用。

知识库：将好的经验与心得，或好的文章同大家一起学习、分享、交流，也可在工作中运用；并可将成功的案例和心得与同事分享，使大家得到学习的机会。

5. 通信中心

通信中心包括公告栏、短信管理、电子邮件、接收邮件、发送邮件5个小模块。这一模块主要是通过各种渠道、方式与客户取得联系，进行沟通，了解客户的需要，提高客户对我们的忠诚度。

6. 系统设置

系统设置是企业管理系统管理控制的核心，它控制和管理整个企业系统的平稳进行，其安全性最为重要，使用权限应十分严格地控制。系统设置主要包括报表管理、系统选项、个性化设置、自定义设置、用户管理、权限设置、数据导入、界面设置、本单位信息9个模块的具体设置。

8.2 CRM 系统扩展功能模块

1. 客户管理功能

客户信息管理：客户档案信息、客户基本扩展资料和属性、客户个性化信息、交往记录、联系记录、反馈信息。

联系人信息管理：联系人记录客户、供应商的经办人员的信息资料，包括通信地址、登录账号、生日及个人爱好等尽可能详细的信息资料，联系人信息可用做通讯簿，方便查询和发送邮件等操作。

潜在客户管理：机构成员通过潜在客户管理，提升对市场收集客户的技巧与能力，通过对潜在客户的跟踪、管理，建立业务往来，直接转化为客户。

客户关怀管理：对客户的关怀包括客户销售、服务等过程中的关怀。企业可以将以往关怀的经验量化并生成系统的关怀值，如关怀时间、关怀方式、关怀条件等，由系统的计时器进行提醒。

客户满意度管理：客户度是通过对客户反馈及时地收集分析，增加企业对客户的满意度的了解，以便改进工作，提高人员的素质，最终实现提高客户满意度。

客户请求及投诉：客户请求/投诉的处理情况及回访情况。

客户信用评估：主要内容有公司的概况；股东及管理层情况；财务状况；银行信用；付款记录；经营情况；实地调查结果；关联企业及关联方交易情况；公共记录；媒体披露及评语；对客户公司的总体评价；给予客户的授信建议等。

在线捕捉潜在客户：可集成电子商务系统，通过电子商务系统，可实现在线捕获潜在客户；可从电子邮件、留言记录、访问日志等数据记录中通过分析捕获潜在客户名单；也可以从其他渠道获得更多的潜在客户目录，如黄页、互联网或行业门户网站的信息等。

客户统计管理：客户流失统计、客户新增统计、客户地区分布统计、客户行业分布统计。

2. 服务管理功能

客户服务自动化：客户服务从架构上分为两部分，一部分为员工使用的服务平台，一部分是客户的自我服务平台。员工使用的服务平台主要进行客户的信息的注册、客户请求的录入、请求的解答、知识库的建立、请求的答复、请求的知识化。客户的自我服务平台，由客户自己进行服务请求的申请，客户可以查看服务请求的执行状态。

合作伙伴入口：是为客户、供应商、代理商等合作伙伴提供的访问入口。系统管理员可以定义合作伙伴可以访问哪些模块，并分配每个模块的详细操作权限。

客户服务知识库：客户服务知识库(产品知识库、方案知识库、案例知识库、服务对策库、服务知识库)的建立，更大程度上提高服务人员的服务能力和水平，从而又促进服务质量的提高。

客户反馈管理：客户反馈管理对客户反馈(包括问题投诉等)和要求进行记录，相关人员接到客户的记录后，系统对投诉等进行量化。对于需要返回给客户的信息，系统还将向客户发送处理的结果，并对客户满意度进行记录评估。

与呼叫中心集成：呼叫中心又叫做客户服务中心，它是一种基于CTI技术、充分利用通信网和计算机网的多项功能集成。

3. 合同管理功能

合同档案管理：合同签订后归档到合同档案，对合同档案实行集中管理。

合同审批、汇签流程，主要包括合同拟订、签订、执行、评价等项目合同的全过程管理，合同履行过程(计量、支付、结算、决算)的自动化处理，合同变更、签证，及时跟踪处理及审批控制并关联合同结算，合同关键数据及时对比项目计划进度、资金支付、合同报表全面反映合同执行状况。

4. 市场管理功能

市场活动管理：对直接市场营销活动加以计划、执行、监视和分析。

市场信息管理：负责收集各种市场的情报资料，并以文档或数据表形式保存在系统数据库中。

合作伙伴管理：参照客户信息管理。

5. 财务管理功能

应收款管理：订单或其他收入产生的应收款进行统计和查询，并自动提醒经办人员跟踪回款。

应付款管理：对费用产生的应付款进行统计和查询，并自动提醒经办人员及时跟踪付款。

费用预算：根据财务分析做出下期的财务预算。

报销管理：费用报销申请审批，员工填写费用报销申请并提交给审核人，申请通过批准后，由出纳人员按流程执行费用登记。

用款管理：包括用款登记、用款归还登记、用款查询、用款统计。

6. 文档管理功能

文档管理功能主要包括文档上传、文档发布、文件权限、文档查询、文档加密、文档分类等功能。

7. 个人工具

个人工作平台：个人工作平台集中个人相关的工作快捷查询方式，并显示在主画面中，包括个人日程管理、内部消息管理、通讯录、流程操作、个人信息管理、实时任务和事件日程查询、个人日程安排。

考勤管理：请假、销假、销假核准、加班确认、加班核准、生成考勤统计、考勤统计查询、个人考勤信息查询、全部考勤信息查询、考勤参数维护、休息日设置、请假类别字典维护。

8. 工作任务管理

工作任务管理主要包括工作流程控制、工作任务分配、工作总结报告、工作日志、工作任务管理、工作质量评估。

9. 信息交流功能

内部公告信息管理：管理员可以根据实际需要进行栏目的分级设置，设定各栏目相关的发布、管理权限、显示模板，实现内部新闻、公告、规章制度等公用信息的发布管理。

内部消息管理：内部消息用于系统的工作任务跟踪、重要审批需要办理、待办工作到达、会议通知、会议变更、重要文档提醒阅读等消息的通知。

10. 内部文章管理

内部文章管理主要功能包括文件分类、文件上传、文件查阅、文件权限管理。

11. 事件日程功能

个人日程安排：用于个人进行自己的日程管理，如日程安排、日程查询、日程的按状态分组排序。

实时任务和事件日程查询：系统成员的每一件任务、过程、事件处在每一时间阶段均有相应的成员负责办理，并可在工作日程管理功能上展开。

事件计划：事件计划用于创建未来日程的安排，或过去日程的记录。

审批流功能：就是相当于一个多级审批功能，常用于对于一些表单的审批，如请假单，需要部门经理、人力资源部、总经理审批，那么发起请假单的时候就会产生有这三个部门审批，其中又有多种设置情况，其一，只需要其中任意一人审核即可；其二，需要由部门经理—人力资源部—总经理这样的流程。这就是审批流的功能。

12. 系统设置管理

基础数据管理：基础数据管理包括系统服务的各种基本参数设置，以及系统各种基础数据的初始化设置。包括机构设置、成员管理、流程设置、模板设置、分类设置、参数设置、字典设置、服务设置。

13. 自定义表单功能

自定义表单就是不需要系统再次开发表单，不需要太多的代码，如同一个平台一样，制作业务表单，并加入审批流的功能。

14. 报表功能

主要包含两种报表，其一是普通的二维表单，其二是透视表单，具有多维度的功能。CRM常用的报表主要是一些财务报表、统计报表，报表是建立在数据的基础上的，这个报表功能可以在最后系统即将完成的时候开发。

15. 全文检索功能

全文检索功能包括智能搜索引擎、中文分词系统、信息量化和度量系统。

16. 业务流程控制

业务流程即是整个CRM系统的纽带，CRM系统的运转功能需要建立在业务流程上面，业务流程也就是业务逻辑。例如，行政管理方面，请假单、出差申请、各类日用工作物品申请，财务方面：应收应付款、工资核算、各种预算等；客户服务方面：客户信息管理、客户投诉及建议等。

8.3 CRM系统主要功能模块

8.3.1 销售管理模块

销售管理模块通常由销售经理、销售总监及总经理使用，其主要功能有机会跟踪、销售管线、销售预测、竞争管理、员工管理、销售分析、机会管理、销售项目管理等。

1. 机会跟踪

通过"机会视图"分类跟踪机会升迁状况和机会接触状况；同时，系统提供按公司、部门、人员、时间的"机会总览表"。此功能可以帮助销售经理及时了解和掌握公司、部门和销售人员的销售机会状况及机会推进状况，及时发现潜在问题，指导销售。

2. 销售管线

销售管线是科学反应机会状态及销售效率的一个重要的销售管理模型。通过对销售管线要素的定义(如阶段划分、阶段升迁标志、阶段升迁率、平均阶段耗时、阶段任务等)，形成自身的销售管线管理模型；当日常销售信息进入系统后，系统可自动生成对应的销售管线图，通过对销售管线的分析可以动态反映销售机会的升迁状态，预测销售结果；通过对销售升迁周期、机会阶段转化率、机会升迁耗时等指标的分析评估，可以准确评估销售人员和销售团队的销售能力，发现销售过程的障碍和瓶颈；同时，通过对销售管线的分析可以及时发现销售机会的异常。销售管线是一个科学有效的管理手段和方法，尤其对直销模式的销售管理能够带来极大的帮助。

3. 销售预测

根据销售机会的阶段升迁状况和预计销售额，订单(合同)收款计划，预测未来某时间段可能实现的销售机会和销售收入；对比销售计划，确定重点关注机会和重点收款任务。系统的销售预测功能可以帮助销售经理准确预测某计划期的销售结果，并锁定对销售计划影响权重最大的销售机会，从而保障销售计划的可实现性；同时，通过销售预测可以对市场工作和客户发展工作提出明确的要求，并对供货计划提出参考意见。

4. 竞争管理

此功能主要是从企业级和销售支持的角度管理竞争。其主要功能有竞争对手信息、竞争信息汇总、竞争监测报告、竞争比较、按竞争对手的机会视图。竞争管理可以帮助销售经理及时了解竞争状况，分析竞争对手，及时制定竞争策略。

5. 员工管理

系统提供对销售人员的任务、工作状况、绩效、业务能力等方面的管理。其主要功能有定额管理、任务管理、工作管理、绩效管理、能力评估等功能。

定额管理：根据公司和部门的销售计划，确定销售人员的销售定额，统计定额完成情况。

任务管理：记录每个销售人员的任务，通过视图了解任务完成情况，查询按任务的"工作日志"(即行动历史)。

工作管理：通过"日程"查询每个销售人员的日、周、月的工作安排，根据行动记录自动生成"周、月工作报告"及按客户(或机会)的"工作日志"。

绩效管理：系统可按部门、人员、时间提供销售业绩、定额完成率、机会成功率、销售回款率等绩效考核统计报表。

能力评估：系统可提供每个销售人员的管线分析数据，并与企业平均数据对比，以此评估销售人员的销售能力，如升迁周期、流失客户最多的阶段、销售成功率等。

6. 销售分析

系统提供以下类型的销售分析，见表8-1。

7. 机会管理

机会也叫商机，即一个可能的销售机会，机会管理是一个销售人员使用的模块，其主要功能有机会管理、报价管理、销售定额管理、联系人管理、竞争管理、收款管理、费用管理、知识管理、客户关怀等功能；是销售人员有效的销售工具。

表 8-1 销售情况分析

项目	客户	线索	机会	销售	员工	产品
状况分析	★	★	★	★	★	★
构成分析	★	★	★	★	★	★
趋势分析	★	★	★	★	★	★
对比分析	★	★	★	★	★	★
排序分析	★	★	★	★	★	★

1) 机会管理

机会管理是指对销售人员所拥有机会的管理，机会管理的主要功能有：机会确认、接触计划、决策树管理、联系人管理、机会升迁、时间管理、任务行动、提醒/报警、客户关怀、机会管线分析等。销售人员可以通过系统制定客户接触(拜访)计划，并形成客户拜访日程；通过任务行动和日程合理分配和安排时间；通过决策树管理把握客户决策状况，通过机会升迁和机会管线分析把握机会状况。

2) 报价管理

报价管理是企业销售管理中一个重要的环节，报价的规范性、一致性对销售结果影响十分重要。报价管理主要功能有：报价单、客户报价记录、报价参考等。报价管理功能能统一规范销售人员报价，避免报价失误和内部报价混乱，使报价的规范性、一致性得到有效的管理和控制。

3) 销售定额管理

销售定额主要管理销售人员的定额和定额执行情况；主要功能有：定额计划、重点机会、接触计划、机会日程、机会行动等。系统可制定定额计划，并根据定额计划确定重点销售机会，安排客户拜访行动和日程，通过从定额出发的机会管理确保定额的实现。

4) 联系人管理

系统对联系人分二类进行管理，一是某具体机会的联系人；二是公共关系资源联系人。其主要功能有：联系人信息、联系人重要事件提醒、联系计划、日程等。

5) 竞争管理

此功能是针对某具体销售机会的竞争管理；主要功能有查询竞争对手信息、记录竞争对手的竞价条件和动态。

6) 收款管理

收款是销售的一项重要工作，收款管理主要是管理销售人员的应收账款。其主要功能有应收款管理、收款计划/日程、电子催收、收款记录单。收款管理能清晰明了的管理客户的应收账款，并及时的安排收款计划和执行收款计划，通过收款管理可以减少应收款坏账，及时回收应收账款。

7) 费用管理

主要功能有费用明细账、按客户的费用统计、费用报销单等。

8) 知识管理

系统具备强大的知识管理功能，销售人员可以通过知识库获得诸多相关信息和知识，以及公司业务规范和经验，系统提供分类的知识文档管理，使用方便灵活。

9) 客户关怀

对机会/客户的联系人(决策人)进行客户关怀的预设置，系统到时提醒；同时，系统提供批处理功能，如客户关怀信函模板、群发邮件、短消息、信封打印等。

8. 销售项目管理

有一类销售机会由于客户的采购订单规模较大，销售沟通过程较长，供求双方投入的资源较多，客户的采购决策也比较慎重。因此，企业通常按项目的方式组织销售。销售项目管理便是专门为这种销售方式而设计的。

销售项目管理通常由项目组成员和销售经理使用，其主要功能有立项管理、项目计划、项目团队、项目预算、项目进程、决策树管理、竞争与合作管理、项目业务管理、项目总结等功能。

1) 立项管理

立项管理是对项目建立及项目审批的管理。

立项报告：由项目经理创建，报告将全面反映销售项目的主要信息，其中包括项目主题、项目类型、客户、预计项目收益、费用预算、竞争态势、项目来源的线索、当前阶段、总体评估、项目立项时间、项目经理、项目有关的合同、合同金额、当前项目未解决的问题、当前阶段的任务等信息。同时，系统提供相关文档的功能支持，立项报告人可将该项目的相关文档作为报告附件提交审批。

项目审批：立项报告建立后按系统设定的审批权限提交审批，系统支持单一审批和会审两种审批模式。同时，系统还支持项目的变更和项目撤销。项目审批后项目正式建立。

2) 项目计划

项目立项后制订项目计划。项目计划包括项目任务计划、项目进程计划、项目费用计划、项目人员计划等。通过项目计划可以明确项目的任务、工作计划与分工、费用预算等。随着项目的进程可以对项目计划进行修订和调整。

3) 项目团队

根据项目计划安排项目团队成员与工作分工，系统提供项目团队的工作协同，以及信息共享；可以了解项目团队成员工作任务完成情况及面临的问题；可以调整项目团队人员及分工；系统支持临时项目团队成员加入团队工作。

4) 项目预算

根据立项审批的项目预算和任务计划制定项目费用预算明细，记录费用发生额，对比预算执行状况，结合费用管理控制预算执行。

5) 项目进程

根据客户的进程计划及项目任务计划安排项目组的行动和日程；随着项目进程按照"问题—任务—行动"的机制进行项目进程的管理。项目经理可以通过系统随时了解和掌握项目进展情况、任务完成情况和存在的问题，并针对问题及时调整和安排新的任务和行动；同时，系统的提醒和报警机制将及时提示项目组相关人员。

6) 决策树管理

对于采购订单规模较大的销售项目，客户方的决策往往比较复杂，对客户决策树的管理便成为销售项目管理的重点。MyCRM 的决策树管理重点管理"决策树的构成"、"决策树各角色的决策意见、态度和评价"、"通过对决策树决策态度的评判分析,确定接触策略,影响客户决策人的决策意见",并根据"问题—任务—行动"机制安排相应的任务和行动,检查任务和行动的完成情况及问题解决状况,从而推动项目进程。通过对项目决策树的管理可以及时、准确地把握客户和竞争对手的动态,发现潜在的危机,及时采取措施,做到总比竞争对手快一步。

7) 竞争与合作管理

竞争管理主要提供竞争对手信息管理和竞争分析功能。系统通过结构化信息和文档信息进行竞争信息管理,使项目组成员能及时了解和掌握竞争对手信息及竞争动态;同时,通过对竞争力要素的分析比较(如"公司"、"产品"、"价格"、"客户关系"等),按照权重分值,用量化的方式进行竞争分析,及时发现潜在危机,采取措施。

8) 项目业务管理

项目业务管理主要是通过文档的方式管理销售项目过程中的重要业务内容,如客户需求、招标文件、解决方案、投标文件、报价单、销售合同等;报价单可按交付产品类型进行分类型管理,可以对产品、分类、全部报价多方面进行折扣和报价;可以复制报价单、可通过报价单生成销售订单;对报价单、合同等信息采用版本管理的方式,记录变更历史。

9) 项目总结

项目结束,对项目进行总结,并记录成功经验或者失败原因,为以后工作提供借鉴;对于成功的项目可以把相关报价单转换为订单,并进行相关商务管理。

8.3.2 客户管理模块

1. 客户管理

客户是企业最重要的战略性资源,企业的一切经营活动、营销策略都是围绕"发现、保持和留住客户"的。因此,对客户资源进行集中统一的管理十分重要,分散的客户信息、客户资料形成了对客户进行有效管理的屏障,导致企业对客户的状况把握不准,而使企业的营销策略出现偏差;同时客户与企业的关系也变成了孤立的客户与个人的关系。客户管理最重要的作用就是实现客户资源的企业化管理,使客户能够得到企业整体的支持和服务。

客户管理是 CRM 的基本功能模块,主要提供客户分类、客户信息、客户价值管理、客户满意度管理、客户分析等功能。

2. 客户管理

MyCRM 中的客户是一个广义的概念,它可以是最终客户,也可以是渠道分销商或用户等,系统可以分别对不同的客户进行管理。客户管理的功能主要包括客户信息(基本信息、动态信息、交易信息、需求信息、客户价值、客户信誉度、客户满意度等)、客户状态(指客户处在生命周期的什么阶段)、客户总览、客户分类、客户转移等功能。MyCRM 的客户管理可以帮助企业全面掌握客户的基本状况及客户与企业的关系度和变化情况;为企业决策及营销业务管理提供有效的支持。

3. 联系人管理

联系人是销售过程中的一个重要角色,企业和客户之间的关系是通过联系人来建立并保持的,他是企业与客户之间沟通的纽带和桥梁。对联系人的维护和管理是销售过程中一项非常重要的工作。MyCRM 提供了许多对联系人维护和管理的功能,如联系人信息、联系人偏好、联系人动态、联系人生日提醒、联系人接触计划、联系人共享、联系人文档等。

4. 用户管理

用户是客户的一种形态,一般定义为企业产品和服务的使用者;维护好用户,挖掘用户的潜在价值是许多企业非常重要的一项工作。为此,MyCRM 专门设计了用户管理模块,用户管理包括用户档案、服务卡管理、收费管理、投诉管理、客户满意度管理、客户关怀等功能。

5. 客户价值管理

按价值管理客户是 CRM 的基本思想,不同的客户对企业的价值贡献是不同的,从某种意义来说,企业利润最大化来源于有效的客户价值管理。MyCRM 的客户价值管理提供"价值模型定义"、"客户价值分类"和"客户价值分析"三方面的功能。客户价值管理可以帮助企业建立统一的客户价值评估标准和评估体系,按价值等级合理的对客户进行分类,并制定对应的客户满意策略,提供个性化服务。

6. 客户满意度管理

客户满意度是衡量一个企业持续发展潜力的一个重要指标,不满意的客户不仅会自己远离你,而且会把不满意的体验传递给你的潜在客户。因此,了解和掌握客户的满意度状况对企业的发展是十分重要的。MyCRM 的客户满意度管理提供了"客户调查"和"客户满意度分析"的功能,为企业进行客户满意度管理提供必要的支持。"客户调查"功能可以批量地进行客户满意度调查,并统计和记录调查结果;同时,利用客户调查结果和服务管理中的客户服务评价统计可以进行客户满意度分析。从而使企业可以很方便地掌握客户满意度状况,及时发现客户的不满。

7. 客户信誉度管理

对客户信誉度的管理也是许多企业十分关注的内容,尤其是在与客户的交易方式和交付方式的选择上需要掌握客户的信誉度状况,以避免企业风险。MyCRM 在客户信息管理中可记录客户信誉度,并可方便地查询客户信誉度状况。

8. 客户分析

MyCRM 提供多维度的客户分析,为管理提供决策支持。

9. 客户关怀

MyCRM 可针对客户进行客户关怀,具体功能见 8.3.1 销售管理模块。

8.4 CRM 系统选择注意事项

8.4.1 关键点

在企业中 CRM 软件选型非常重要,根据经验在 CRM 软件选型中,有 4 个关键点经常

第8章 典型 CRM 系统模块及其功能

被忽视，扫除 CRM 软件选型中的盲点，帮助选择一款真正合适企业的 CRM 软件是企业的重中之重。

1. 对 Office 等常用办公软件的集成

在很多 CRM 项目中笔者发现即使 CRM 软件应用得最好的企业，仍然离不开 Excel 等办公软件。例如，企业管理层喜欢员工把系统中的数据导到 Excel 表中，方便他们查询。再如，可能 CRM 软件中报表的格式不符合企业的要求，用户需要把他导入到 Excel 表中然后再进行加工。虽然说，现在大部分 CRM 软件都可以把系统中的数据导入到 Excel 表中。不过大部分 CRM 软件仍然无法与 Office 办公软件进行很好的集成。

例如，在 CRM 系统中，可以利用 2/4 等分属形式来表示数字。但是，若这个数据导入到 Excel 表中，这个数字就会变为 2 月 4 日，从分数变为日期型数据，只能够在 CRM 系统中把 2/4 写作 2\4。只有如此，在导入到 Excel 表格中，才会原封不动。此时，Excel 表格把它当作一个字符型数据，而不是分数。若 CRM 系统能够与 Excel 办公软件很好的集成，就不会遇到这种麻烦了。

又如把 CRM 软件中的数据导入到 Excel 表格中，大部分软件无法实现 Excel 办公软件中的分页功能。如现在用户需要把 CRM 软件中的半年客户销售订单导入到 Excel 表格中。要求是按客户进行分类，一个客户一个页签。据编者所知，现在很少有 CRM 软件能够实现这个功能。编者后来应客户的需求，还是自己开发了一个小程序，从数据库中直接把数据导入到 Excel 表中，并且把同一个客户的数据放入到同一个页签中。

这无法与 Office 办公软件进行友好集成，主要是由于微软 Office 办公软件没有开源的原因，以及软件架构上的问题。在技术上实现其实没有多大的难度。像微软自己的 CRM 软件，就跟 Office 有很好的集成性。基本上 CRM 系统中的数据，可以原封不动地导入到 Excel 中。而且格式等方面也不会有很大的变化。如此的话，导入到 Excel 中的数据就不用再进行格式加工了。

因此，企业若还是抛不开 Excel 等办公软件的话，那么在选型的时候，就需要注意跟 Excel 等办公软件的兼容性。若一开始没考虑到这方面内容，等到事后再去搞二次开发，那将是很困难的事情。有些软件可能架构上不支持，还不得不搞另外的插件。那就更加麻烦了。

2. 顾问离职的预防与解决方案

对于 CRM 项目来说，其软件质量的好坏虽然对项目的成败具有很大的影响。但是，在产品同质化现象越来越严重的今天，其已经不是决定项目成败的最大因素。而左右项目成败的最大关键已经转为实施。实施的好坏将直接决定 CRM 项目能否成功，以及其最后的结果能否达到预期的效果。

而实施是否过关，则很大程度上就要看顾问的水平，如顾问能否合理安排时间，能否调动员工的积极性，是否应对意外的解决方案等。企业在 CRM 项目选型的时候，对顾问的水平也比较重视。但是，他们忽略的一点是，是否允许软件企业随意更换顾问？要知道，临阵换将，是兵家的大忌。若在项目实施过程中，软件公司更换实施顾问，那么对于项目的影响，可能是致命的。

有一家企业，在 CRM 项目刚准备上线的时候，实施顾问告知企业将有另外的顾问来负责这个 CRM 项目。因为自己将被派往外地去管理一个办事处。一开始，企业没有感觉什么不妥，以为就是换一个"业务员"罢了。也就没有多为难这个实施顾问。可是，结果证明他们错了。新的实施顾问开始负责这个项目后，由于不熟悉情况，使得企业的 CRM 项目走了很多冤枉路。如本来再过一个星期就可以上线的 CRM 项目，因为新来的实施顾问不了解前任实施顾问确定的业务处理流程、不清楚开发的一些二次需求。结果项目就硬被拖了一个月才上线。除此之外，在上线过程中出现的一些问题，也相互推托。总之，这家企业 CRM 项目前期实施得还很顺利，可是换了一个实施顾问过后，就变了一个样。

因此，企业在 CRM 软件选型的过程中，除了要考虑实施顾问的能力水平之外，还需要考虑其稳定性，即对方实施队伍的稳定性。同时，对方最好能够给出一些应对的方案，防止临时更换实施顾问对企业 CRM 项目的不利影响，如有些软件公司提出了标准化实施的概念，即实施顾问在项目实施的过程中，要根据企业规定的步骤与流程来处理。如此的话，可以在一定程度上降低实施顾问调动对 CRM 项目的不利影响。

3. 免费服务后的收费标准

CRM 软件显性成本往往包括 3 部分内容，分别为软件授权费用、项目实施费用与后续维护费用。其中前面两部分费用是会在合同中明确规定的。但是，对于后续的维护费用有些软件公司则规定的不清不楚。通常情况下，企业在项目上线后一年或者两年之内是提供免费服务的。但是，过后就要收取一定的费用。

有些软件企业就占了这个空子。在一开始，并没有规定后续的维护费用。而到了免费服务期到后，就单方面中止了售后服务。如果企业还需要这方面的服务，就需要另外加价。有的日后维护费用占到总合同金额的 10%以上。但是，企业自己又没有相应的技术实力对 CRM 软件进行后续的独立管理。一般而言，年维护费用在合同金额的 5%以内可以接受。

有一家企业，在这方面做得不错。他们实施 CRM 项目后，第一年是免费服务的。第二年到第三年可能遇到的问题会比较多，维护费用为合同金额的 4%。第三年以后，维护费用为合同金额的 3%。这主要是电话与远程连接维护。若需要上门服务的话，则费用另计。这种后续费用的收费方式是比较合理的。这在企业与软件公司之间达到了双赢的结果。

4. 对于跨平台性能的需求

企业在选择 CRM 软件的时候，很少有项目管理员去考虑 CRM 软件的跨平台性。这是非常危险的。因为，很少有企业去购买微软的正版操作系统来使用。而自从加入 WTO 以来，来自国内与国外的反盗版力度都空前的高涨。2008 年一年，微软就采取了正版软件验证、起诉番茄家园等盗版软件等行为来保护自己操作系统的版权。而国内司法部门也不会对盗版操作系统采取不理不睬的态度。

在这种背景下，企业免费使用盗版操作软件的时间还能长久吗？而企业又不愿意掏腰包去购为正版的操作软件，那么剩给企业的只有一条路，就是对操作系统进行转型。采用免费、开源的操作系统，如 Linux 等。因此，有不少企业在更换操作系统。但是它们在转型中，就遇到了一个很大的阻碍。原先采用的信息化管理系统，如财务管理软件或者 OA 应用系统及 CRM 系统等，都支持微软的操作系统平台。那么，到底是放弃这些管理软件，还是花巨资去购买微软正版的操作软件，让它们难以取舍。

随着微软盗版力度的加强，这股盗版打击之风迟早会刮到自己企业的头上来。若认识到这一点，那么现在在选择 CRM 等信息化管理软件的时候，还能够不考虑软件的跨平台性能吗？除非不打算在这家企业中长久做下去。否则的话，企业在选型的时候，一定不能够忽视这个跨平台性能。只要管理软件支持多种操作系统，那么企业以后再操作系统转型的时候，不会遇到多少实质性的困难。

8.4.2 技术限制

虽然说，技术层面的内容在 CRM 项目选型中不是非常关键。但是，有时候，出于一些特殊的目的及环境的限制，CRM 软件的实现技术也会左右 CRM 项目的选型。

1. 体系结构

现在市场上的 CRM 软件，其体系结构基本上存在两种形式。一种是比较传统的 C/S(客户端/服务器端)结构，另一种是现在比较时尚的 B/S(浏览器/服务器)结构。这两种体系结构，各有各的特点。相对来说，利用 B/S 结构有两个好处。

一是版本升级、新功能定义等。若遇到版本升级时，利用 B/S 结构的话，有一个非常明显的好处，就是我们不用一个客户端一个客户端地去升级，而是只要在服务器端上做好设置，那么在客户端上就会自动从服务器上去下载更新的内容。这是一个非常便捷的功能，特别是在 CRM 项目上线初期，难免会对 CRM 软件进行小修小改。这对于系统管理员来说，就非常的方便。

二是远程访问的支持。对于 C/S 模式的 CRM 软件来说，当员工出差时，要实现远程访问，那是一件比较困难的事情。员工不得不凭借 VPN(Virtual Private Network，虚拟专用网络)等方式进行企业内部系统的访问。但是，现在若采用 B/S 模式的话，则对于远程访问的支持很好。我们只需要在企业的网关上设置一个指向 CRM 服务器的一个路由，就可以跟内部访问一样地访问 CRM 服务器，只是在速度上会有点差异而已。

现在对 B/S 模式的应用最大的限制，就在于支持这种模式的 CRM 软件不是很多，用户的选择范围也就比较少了。

一般来说，若用户对于员工的远程访问要求比较高，那还是要好好考虑是否采用 C/S 模式的 CRM 软件。当然那些已经解决好了此类问题的 CRM 软件除外。

2. 服务器、主机、网络

企业在上 CRM 项目时，一般都已经成功建立了内部的局域网络，有的甚至可能有了服务器。现在用户要考虑的是，现有的基础设备能否满足即将部署的 CRM 项目的需求。

一方面，CRM 软件采用的数据库不同，对于系统的配置要求也就不同。在网上查询一下，就可以知道，微软的 SQL SERVER 服务器与 ORACLE 公司的数据库，其硬件的要求是不一样的。若客户想采用现有的服务器，则就要考虑 CRM 软件所采用的数据库是否能够在现有服务器的硬件配置上运行得畅通无阻。若不满足，那摆在企业面前的只有两个选择，一是更换服务器或者提高硬件配置，二是更换 CRM 软件的数据库。一般来说，最好选择那些支持数据库比较多的 CRM 软件，那么，在后续的选择余地比较大，甚至可以选择一些免费的数据库，以降低信息化项目的成本。

另一方面，软件设计模式的不同，对于网络带宽也不一致。有些软件，其对于网络带宽的要求比较高，在多人并发的情况下，可以明显地测试出其对网络的影响。也就是说，

CRM 软件要占用多少的带宽，除了业务本身以外，软件的设计模式对其也有很大的影响，最明显的一点就是缓存的作用。有些 CRM 软件若设置了缓存，那就可以比较节省带宽，虽然，可能会带来一定的副作用。因此，我们在 CRM 项目选型的时候，要考虑现在网络的带宽。特别是楼层与楼层之间的带宽。在光纤还没有普及的时候，公司之间不同的楼之间的网络访问，还可能简单地通过一根网线进行连接。遇到这种情况的企业，那就更加要注意网络数据的传输效率。

3. 运行环境

运行环境主要指的是 CRM 软件所支持的操作系统。一般企业对于这方面考虑得不是很到位。现在大部分的 CRM 软件都不支持跨平台的运作，一般都只是支持微软的操作系统，很少有系统能够支持免费的 Linux 系统。但是，现在随着微软对于操作系统的盗版力度加大，用户对于 Linux 的需求越来越大。

曾经有的企业内部，就是用两种操作系统，一是微软的操作系统，基本上都是笔记本自带的；二是免费的 Linux 系统。他们之所以如此，很大一部分原因就是出于版权的考虑，当然，还出于 Linux 维护方便的考虑。

因此，在选择 CRM 软件时，对其跨平台性能也要有所考虑。

一方面，要考虑服务器端能否支持 Linux 的服务器。业界都认为，利用 Linux 系统作为服务器，比利用微软操作系统作为服务器要稳定得多。所以，大部分企业都是利用 Linxu 作为服务器操作软件。所以，有些 CRM 软件可能在客户段还不能够支持 Linux 系统，但是，在服务器端已经可以在这个免费的操作系统上运行。

另一方面，就是要考虑客户端是否支持 Linux 系统。这里要注意的一点是，现在可能客户端还在使用微软的操作系统，但是，要考虑得长远一点。除非公司在不久的将来，愿意支付一笔可观的操作系统软件授权费用，否则的话，还是要考虑一下 CRM 软件的跨平台性，免得给以后带来更大的损失。

4. 接口开放程度

接口开放程度主要是用来考虑系统的集成问题。因为企业在使用 CRM 软件之前，可能已经部署了其他的一些信息化管理软件，如邮件系统、办公自动化系统等。若 CRM 系统开发了一些接口，能够实现与这些系统的有效集成的话，那对于企业来说，是个福音。

因此，无论企业现在是否已经采用了其他的信息化管理系统，即使现在不采用，在未来也可能采用。因为 CRM 系统不是一个全能的系统，它只能够实现企业部分管理的需求。所以，无论从现实来说，还是从将来来说，都要注意一点，就是要考虑 CRM 系统现有的接口，是否能够满足现在及将来的需要。

有些企业会采用一些瞒天过海的手段，来欺骗客户。他们可能是提供了某个接口，但是，这个接口根本没有与内部功能结合起来。

5. CRM 的外延功能

现在的 CRM 软件，跟以前的 CRM 软件有了很大的改进，很多 CRM 的外延功能，现在都集成到了 CRM 软件上去。最明显的，如电子商务。现在很多 CRM 软件公司为了增加系统的卖点，都在 CRM 系统中实现了电子商务功能。这就降低了用户集成的麻烦。

有些软件公司还集成了呼叫中心的功能。如此，用户要实现呼叫功能的话，就不用再额外地去开发这个功能。

因此，企业要根据自己的需要，在软件选型的时候，考虑其是否集成了一些有用的外延功能。这些功能虽然可能比较小，但是，若企业真的需要的话，那就是一个非常有用的功能了。

6. 安全保障

CRM 系统的安全保障，主要包含两层含义。

(1) 软件的稳定性。对于企业来说，软件的稳定性比软件的性能要重要得多。而软件的稳定性又包括两方面的内容，一是系统本身的成熟程度，是否有漏洞；二是技术上的考虑，其采取的一些技术，是否容易被病毒利用。软件的稳定性上，有时候，还需要企业自己的网络管理员参与到具体的选型当中来，提出一些建议，如数据在网络上传输的安全性问题、是否要采取一些加密手段，等等。

(2) 权限的控制。权限控制一方面与流程相关，另一方面，与系统技术也紧密相关。如系统对于记录的访问控制到哪个级别。是在单据级别上控制访问权限，还是在记录级别上控制，甚至可以实现对于字段的访问控制。同时，在考虑权限控制复杂度的时候，还要考虑权限管理的便利性。以前的一个 CRM 系统，其权限控制做得很细，可以从字段级别上对于数据访问权限进行控制，其细化，必然会带来管理上的难度。

7. 自定义功能的实现

由于 CRM 系统是套装系统，故其进行一些二次开发的定制是难免的。若用户需要功能定制，全部都要依靠开发公司来完成的话，那企业就太过被动了。企业用户在选择 CRM 软件时，还要考虑自定义是否方便。特别是报表的自定义。自定义报表对于企业来说，是最常见的自定义需求。若这都要依靠软件公司才能够完成的话，项目成本也就会居高不下。

8.4.3 企业 CRM 项目风险控制及建议

据国外调查机构研究表明，CRM 在国外的实施成功率在 30%左右，换句话说就是有 70%的项目都是不成功的，造成这种现象的原因是多方面的，其中有很多失败是完全可以避免的。究竟什么才是 CRM 成功实施的标准，如何才能提升实施的成功率呢？通过几百家客户的成功实施和案例实践，总结出了以下几个方面的主要因素，以供企业参考。

1. 一步到位与循序渐进

CRM 建设是一个长期的管理工程，项目的成功与否要看项目当初确立的目标是否合理。过去，对于企业管理者而言，当然希望 CRM 系统经过实施上线，很快就能见到效果——销售量能直线上升，人员能力快速加强，利润率大幅提升等；企业需求有很多，分支机构有很多，人员有很多，问题有很多，怎么办？

经过多年的研究和实践，我们建议企业的管理者在上马 CRM 系统之初，不要将目标设定得过高，而是应该通过分期、分步骤来实现，包括对系统的应用也是一个逐步加深的过程，系统实施初期，我们需要从所有可预见的问题中找出最关键的问题，放在初期解决；次要的问题随着系统的应用程度的深入、企业的发展、CRM 供应商的发展进步及系统的持续升级分布实现。

首先，从 CRM 的应用层面考虑，分为 3 个层次。

第一个层次是通过 CRM 系统的实施在企业中树立"以客户为中心"的管理理念。实现"以客户为中心"的信息整合，也就是将过去散落在不同部门、业务环节或员工个人手中的客户静态信息和动态信息整合到一起，完成企业化的客户资源管理。这是企业必须要迈出的一步，做到这一点才能谈其他应用。要做到这点非常难，因为信息随时在变，信息的第一利用人、第一获取人等都不固定，需要支持多角度的查询检索条件等，这通常需要借助 CRM 系统中相对固化的采集和汇总方式来进行。

第二个层次在客户信息整合的基础上建立各部门协同配合的工作流程管理。在企业内部完善"以客户为中心"的精细业务规则，通过这个阶段的实现，可以帮助企业提高协同工作的效率，加快客户的响应速度，提升企业整体运营的战斗力，这个流程的优化能够减少现阶段冗余的工作环节，甚至可以优化某些重复性、事务性的工作岗位。

第三个层次是利用上述信息完成"以客户为中心"的决策分析，把过去很难提炼出来的业务信息进行深加工处理，帮助企业更多地依靠数据说话，对业务从结果性的分析过渡到过程与结果并重的分析，如根据客户的价值体系和购买特征的变化来制定合理的销售服务策略，从而达到 CRM 应用的高级目标。如果企业在选择 CRM 的时候就比较清楚地了解每一步深化应用的条件，设定合理的预期，就能够更好地从企业的管理现状出发，改善客户管理中最迫切也最容易成功的环节，这样企业上下可以在每个阶段都看到实施的明显效果，用成果来推动进一步的应用，实践证明，这样的实施很容易成功。

其次，从 CRM 系统部署方面，提出如下建议。

由于系统实施完毕上线后，需要经历一段时间的试运行和磨合期；在这段时间内，系统的应用人员会反馈发现的相关问题，公司的系统管理部门会进行必要的调整，保证系统的稳定、良好、持续运行。

所以，对于一些大型企业，特别是拥有众多分支机构和大量的业务人员的企业，如果系统上线开始就涉及所有区域部门和人员，公司系统管理部门则会面临无法有效管控范围过大的系统覆盖领域的局面，系统的有效推进也很难保证，从而会给整体项目的成功率造成一定的影响。

大中型企业 CRM 系统的实施，在区域人员推广过程中，也应该遵循"循序渐进"的原则：首先应该选择重点业务区域和部门(如总部机构)进行系统部署和试运行，经过一段时间的系统应用，不断发现问题、分析问题和解决问题；待系统应用相对成熟和稳定后，逐步将系统推广至次重点区域和其他区域，最终普及所有部门和人员，从而保证项目的成功率。

同时，由于建议初期 CRM 系统的部署放在重点区域和部门(如业务总部)进行，所以系统网络环境也可以先置于总部局域网内，进行系统的内部调整和测试，待系统相对稳定、成熟后，再推广至其他区域时，可以将系统接入公网，外地分支机构、外地办公人员通过互联网即可随时访问公司系统，实现工作协同和资源共享。

2. 行业细分与模式差异化

CRM 在国内呈现了两种发展态势，一种是按照行业细分，根据行业共同的特点，开发专门的行业 CRM 软件；另外一种是按照企业前端管理模式的差异化，提供不同"业态"的 CRM 系统。

从近些年在国内实施的数百家客户和国外的 CRM 应用状况来看，CRM 和 ERP 不同，它没有明显的行业特征，但是在营销管理上有明显的业务模式差异。我们接触到的有些客户行业不同，但业务模式是相同的，而有些是行业相同，但业务模式差异却很大。经过多年的研究与实践，透过管理差异的表象看本质，Turbo CRM 在国内率先提出了企业五种业务模式的划分，分别是标准产品业务模式、推广管理业务模式、复杂销售业务模式、会员制管理业务模式和大客户业务模式。

曾有这样两家企业，一个属于制药行业、一个属于低压电器行业，从行业上来看它们的差距是很大的，但它们都属于推广管理模式，也就是需要区域推广经理带领本区域的推广人员不断进行终端客户的拜访，收集市场信息，并汇总到总部进行市场分析，他们在 CRM 上的关键应用和管理流程上非常接近，只不过管理的客户对象不同，一个是医院和药店，一个是商场和建材城。这两家企业在参观交流时也认为与这样的"非同行"但"管理业态"非常相似的"同类"进行交流，能够有很多共同话题，而且可以容易地进行经验共享。

再比如，同样是机械制造企业，有的企业需要采用项目方式来销售，有的则采用分销和代理方式来销售，业务模式差异很大，因而 CRM 应用重点也迥异。

3. 方案(产品)选型的困惑

企业在 CRM 系统选型期间，势必会接触到两类厂商：项目开发型和成熟产品方案型；公正地来讲两者各有各的好处，项目式定制开发从理论上讲可以完全满足企业目前所提出来的要求，包括界面和风格的个性化，但也有些不可避免的弊端，如因为没有其他的企业分摊成本，项目的成本投入会大一些；周期一般也会长一些，因为要从需求分析开始到编码、测试、实施等整个过程走下来；系统稳定性也要差一些，因为无法进行大规模的测试，包括大量客户的反馈测试等。所以定制开发的风险相对比较高，尤其是企业的业务总是在发展，业务模式和组织机构也会发生变化，因项目开发周期过长，等开发出软件后，企业业务也发生变化了，而这种定制化开发是依据现有的流程和机构定制的，软件中会写死一些程序，所以缺乏灵活性，如果要做成灵活定义式的，则工作量会大出几倍。从这几个角度来看产品化的模式也许不能满足企业现在所有的要求，但风险相对会小很多，因为功能都是现成可以看到的，也有其他企业应用成功的案例可借鉴，而且主体需求一般都能满足，项目成本也小，实施周期比较短。最重要的是产品化的软件，在架构设计上追求平台化和灵活性，因为是要满足各行业大量客户的需求，所以流程、表单和组织模型都能自定义，还会持续升级，以满足企业不断发展变化的需要。

所以企业在进行产品方案选型期间，应当针对实际情况，需要进行综合衡量决策。

本 章 小 结

本章首先介绍了 CRM 系统的六大基础模块，包括客户管理、进销存、营销中心、我的办公室、通信中心、系统设置；然后介绍了 CRM 扩展功能模块和 CRM 主要功能模块(销售管理模块、客户管理模块)；最后介绍了企业在选择 CRM 系统时注意事项，主要有第一，关键点，就是包含对 Office 等常用办公软件的集成、顾问离职的预防与解决方案、免费服务后的收费标准、对于跨平台性能的需求，第二，技术限制，包括体系结构、服务器、主机、网络、运行环境、接口开放程度、CRM 的外延功能、安全保障、自定义功能的实现，第三，企业 CRM 项目风险控制及建议，包括一步到位与循序渐进、行业细分与模式差异化、方案(产品)选型的困惑。

关键术语

CRM 系统的六大基础模块、CRM 扩展功能模块、CRM 主要功能模块、CRM 系统选择注意事项

课 后 习 题

1. 填空题

(1) 客户管理模块包括_____小模块。

(2) 通过具体分析客户的各方面_____有价值的客户，规划出每天、每周、每月需要联系的客户及已经联系过的客户。

(3) 针对客户建立_____，具有新建—审核—送货整个管理流程，详细记录客户的名称、联系人、地址、产品、价格等资料。

(4) 直接在客户管理_____下，新增合同资料，快捷方便，并能及时汇总，进行合同审核，有效管理销售的情况。

(5) 可按活动进行分类，对某一活动进程进行_____，并详细记录相关客户的活动情况。

(6) 详细记录每个商品的采购、采购退货、销售、_____等数据变化，可根据某个时间段进行成本数据查询，并可以得到实时毛利、总金额等数据。

2. 选择题

(1) 我的文档可根据实际情况对文件夹设定共享属性及( )。
　A．权限　　　　B．脚注　　　　C．索引　　　　D．标注

(2) 公共文档功能可将日常常用资料进行及时( )。
　A．分析　　　　B．记录　　　　C．共享　　　　D．调用

(3) 可集成电子商务系统，通过电子商务系统，可实现在线(　　)潜在客户。
A．跟踪　　　　B．访问　　　　C．捕获　　　　D．测试
(4) 客户服务从架构上分为两部分，一部分为员工使用的服务平台，一部分是客户的(　　)服务平台。
A．操作　　　　B．自我　　　　C．集成　　　　D．选择
(5) 客户的自我服务平台，由客户自己进行服务请求的申请，客户可以查看服务请求的(　　)状态。
A．注册　　　　B．加盟　　　　C．规定　　　　D．执行
(6) 对客户信誉度的管理也是许多企业十分关注的内容，尤其是在与客户的交易方式和交付方式的选择上需要掌握客户的信誉度状况，以避免企业(　　)。
A．失误　　　　B．风险　　　　C．损失　　　　D．责任

3．名词解释

(1) 销售管线　(2) 机会管理　(3) 立项管理

4．简答题

(1) 简述全文检索的功能。
(2) 简述工作任务管理的功能。
(3) 简述用款管理的功能。
(4) 简述项目计划的功能。
(5) 简述 CRM 系统选择的关键点。
(6) 简述 CRM 系统选择的技术限制。

5．论述题

试述企业 CRM 项目风险控制及建议。

案例分析

7-11 便利店的天气数据分析

随着一次又一次极端天气的到来，我们对气象信息的关注非常密切。然而对于一些商家来说，天气也是运营中一个非常重要的因素。全球最大的连锁零售店 7-11 就觉察到了天气变化与门店运营的微妙联系，并影响了订货、供货、铺货等众多环节。这对细节零售店来说都值得考虑的。

在日本，7-11 门店的系统每天固定五次收集天气动态信息，这自然不是无的放矢。那么，天气对于零售行业尤其是便利店这样的零售业态究竟有什么影响呢？

下面是日本发生于在 2002 年 10 月的一个"商业事件"：由于天气反常变暖，日本 10 月的零售业绩比一年前减少 1.9%。日本经济产业省官员在当天公布的资料中说："由于 10 月上半月格外暖和，影响西装与外套等冬季成衣销售，10 月百货公司销售业绩下降 3.5%；超级市场零售业绩减少 0.6%；成衣销售降低 3.7%；但食品饮料销售反而上扬 1.1%。10 月销售特别强劲的是加工奶制品。"

在所有连锁零售企业中，我们发现销售受到天气变化影响最大的是便利店和标准超市。一个微小的天气变化就可能为便利店这种小型业态带来巨大商机。因此，所谓的"气象经济"也就同时产生了，最

初的气象经济是便于一些生产型的厂商安排生产计划,而现在的气象经济则越来越多地被应用到了更广的层面上。

1. 气候是销售的风向标

人们的生活方式和购物环境的变化使得天气因素对消费行为产生了更显著的影响。简而言之,随着生活节奏的加快,人们经常只在需要这种商品的时候才购买,很少有人事先做购物计划。因此,尽管零售商们和有关的市场研究人员仍然在根据常规惯例、明显的季节变化及其他可预见的因素来制定每年的营销方案,但在现实当中顾客们却很少按照所谓的季节规律来改变自己的消费。毕竟人们是因为天气冷了才会想到去买羽绒服,而不会考虑今天到底是不是立冬。

一旦天空飘落下第一片雪花,最先吸引到顾客注意的人就会是赢家。对于便利店来讲,这意味着应当及时在户外设置一些招贴广告,因为这个时候宣传季节商品才是效果最好的。无论是防冻液还是热可可饮品等都很容易引起顾客的共鸣:"是呀,冬天已经到了。"同样的,在店里店外安排一些有冬日气息的内容,也会让顾客产生亲切感。例如,加拿大的一些小店会在入冬头场雪到来的时候,马上在店外码放起取暖用的木柴。

当零售商们分析去年或前几年的销售数据,并进行今年的销售预测的时候,他们首先假定了天气的影响在这些年份中是基本稳定的。然而实际上这又怎么可能呢?例如,我们通过数据分析可以得出每年6月冰激凌和瓶装饮料的销售与室外气温紧密相关;但是气象专家告诉我们,天气条件及受其影响的天数,在年与年之间仅有30%是基本相同的。也就是说,简单地按照去年冰激凌的销量来安排今年夏天的采购量并不是最科学、最有效的方法。如果只是简单地根据上一年的商品销售走势来给各个门店配货,就可能因为天气的突然变化而导致地区之间的配货不合理,造成局部的库存积压或临时性缺货。

即使是目前最完善的零售分析系统,对于每周或每月短期销售波动的预测也难以经受实践的检验,这就使得零售商处在一种在现代社会里"靠天吃饭"的尴尬境地中。与季节反常的天气,如像出奇温暖的冬季或者特别凉爽的夏季,这些天气变化都会导致严格按照季节更替制定的配送方案失去意义。这就是为什么理论上的库存商品种类和最佳库存量总是与现实情况发生矛盾的原因。当计划中的商品送达门店的时候,天气可能会发生变化,而销售的良机则已转瞬而逝。

了解天气因素在上周、上个月及去年对销售额造成的影响是非常有价值的;何时何地才是开始销售季节性商品的最佳机会,什么时候销量最好,什么时候达到季节销售的波峰,这些分析结果都会给零售商的经营带来可观的经济效益。只有善于利用人们对天气变化的敏感反应,零售商家才能够在合适的时间、合适的地点提供最合适的商品,并在竞争中保持自己的领先地位。

那么,我们应当如何将气象信息与实际的业务经营相结合,并使之融入我们的日常管理工作中呢?

2. 天气变化对便利店的影响

天气变化对便利店带来的影响,主要包括以下几个方面。

(1) 天气变化对门店订货量和销售额的影响。门店要根据天气情况预测每天的销售趋势。由于午餐、饭团和三明治等食品占据日本7-11每日销售额的一半左右,而这些商品的销售周期短,贩卖情况又和天气息息相关,因此事先掌握天气情况,是预定当日商品数量的关键。7-11系统每天收集气象报告数据5次,供各地的门店参考,以免所订的讲求新鲜度的食物数量积压或者不足。

由此,我们可以看到天气的影响其实对便利店是相当巨大的,那么,如何寻求天气与订货之间的变量并使之有利于销售呢?

要做到这一点,就要求门店在收集了一段时间的天气销售与商品之间的销售关系之后,在商品自动订货的参数中加入天气因素,该因素可能包括温度、湿度、风力的高低及紧急的天气变化,如暴雨、地震、飓风等,这些影响都将对商品的订货和库存计划产生影响。

为了区分每一个大中小类商品对于不同天气变化的敏感程度,因此也就需要将商品订货属性进行划分，如矿泉水随着温度的上升，订货系数将会上升，而具体上升的比例是根据以往销售的最高峰和最低谷的变化程度来拟定天气影响系数变化的范围。而有些气象变化如飓风来临，这样的天气恐怕对门店的所有商品都会产生影响，所以这时的订货参数也许是统一将商品的订货系数下调。

如果某一特殊天气持续数日，人们对于这种外在天气的影响变化就必须十分关注。例如，第一天下雨和第二天还在下雨，对客户的购物行为的影响是不同的，应当考虑消费者对于外在天气变化的适应能力和预防心理，避免订货数量发生变化时产生差错。

(2) 对实际的商品陈列和堆头的影响。天气变化除了会对商品订货量和销售量产生影响之外，还将会对门店商品的陈列位置和陈列面积产生相应的影响，如预报在未来的天气变化中将会出现持续的阴雨，那么是否对适合阴雨天气的商品进行一些排面的调整呢？这些及时的变化有利于发挥便利店的店面小、经营灵活的特点，进而避免和减少门店的经营风险。

(3) 对门店硬件设施投入的影响。当天气发生变化的时候，便利店的商品和人力策略都进行了调整，同时便利店的硬件设备也是需要同时调整的。例如，门店外正在下雨，温度急速下降，门店的空调系统是不是可以做一些适度的调整呢？答案是，必须根据顾客体表的温度与天气变化情况进行相应的调整。当最近几日天气湿度非常大，门店的硬件设备就应该根据这一情况进行相应的调整了。相信很多消费者都有体验，原本外面很热，而进入门店后，空调没有开，不得不赶快离开，速购速决。而随着天气信息体系的连接，我们已经可以通过网络系统来控制门店的这些设备设施的开启和设置了。

(4) 对门店的背景音乐的影响。也许有人会问"天气的变化与门店的背景音乐有什么关系呢？"越来越多的连锁便利店的管理现在已经统一了门店的背景音乐，而大部分门店的背景音乐还是通过总部统一录制、刻盘并分发给各门店，这样既浪费时间又浪费资源。

目前已经有一些软件企业正在整合门店的背景系统加入门店的管理体系中，门店只需定时通过网络与总部系统联机就能够更新门店的背景音乐信息，总部可以根据各地的天气情况将不同的背景音乐及问候语录制在背景音乐中，给顾客更为直接和便捷的服务。

(5) 对客户服务的影响。随着连锁零售企业客户化服务的竞争，连锁门店的客户化服务的准确程度和适应度的要求越来越高。便利店能够给顾客带来什么样的服务已经是便利店竞争的重要方面之一。在有些时候，由于天气变化，门店对于顾客的一些客户化服务也就应该随之改变，如突然下雨，门店的盒饭和一些快餐的送餐订单一定会大大增加，这时候就需要有足够的人力去配合这一变化，满足客户的特殊需求，同时对于门店的员工工作休息日的调整也要随之变化，必要的时候要提前安排钟点工的参与和管理。如果便利店系统支持管理门店的人员工作安排，就需要将天气变化的因素列入影响工作计划安排的问题上，以便对工作时间表进行设计安排。

思考与分析：

(1) 7-11 连锁店收集天气数据信息的原则是什么？
(2) 除了挖掘利润之外，天气信息还有什么作用？
(3) 列举一些你认为影响客户购买决策的重要因素。

第 9 章　CRM 战略与执行

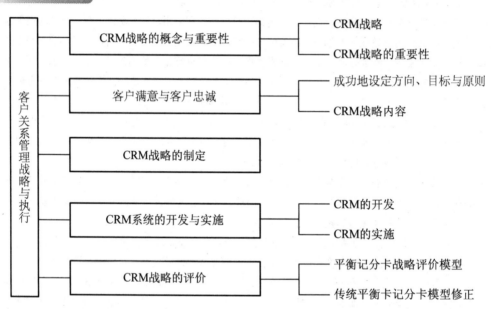

学习目标

通过本章的学习，应该能够达到以下目标。

熟悉 CRM 战略的概念。

掌握 CRM 战略的重要性。

理解构建 CRM 战略。

了解 CRM 发展的动力。

掌握 CRM 战略的制定。

掌握 CRM 战略的评价。

理解 CRM 系统的开发与实施。

第9章 CRM 战略与执行

导入案例

希尔顿酒店集团的 CRM 战略

2003 年酒店 IT 界的事件簿中,希尔顿酒店集团的两项新举措吸引了许多行业分析人士的眼球,一个是无线局域网技术应用的拓展,另一个就是以 CRM 策略为龙头的 ONQ 全面科技解决方案在集团内各个连锁品牌中的大规模推广实施。为此,希尔顿大幅度增加了在酒店 IT 方面的预算达 13%,并期望借助 IT 技术为集团带来可观的投资回报和盈利能力。而这一切无疑是四年前那次被列入各大酒店管理学院教案中的著名并购行动的自然延续。

下面我们就从头来看,看希尔顿国际是怎样以 IT 为核心推动集团化的 CRM 策略的。

1999 年,希尔顿国际收购了美国本土的大型特许经营连锁酒店集团 Promus,从而把双树(Double Tree)、枫屋(Homewood)、大使(Embassy)和汉普顿(Hampton)等几个品牌纳入到希尔顿的大家庭,由于希尔顿国际之前主要是以全资拥有或者全面管理的方式进行品牌拓展,而且酒店的规模较大,以全功能酒店为主,因此发展速度受到一定的限制。这次并购行动为希尔顿国际带来了一套成功的特许经营运营管理模式,以及具有 1 000 多家酒店的发展成熟的酒店特许经营网络,是酒店集团发展史上一次互补双赢的成功并购案例。

但这个案例之所以备受关注,不仅仅是品牌商业运营模式上的强强联合,而且在酒店 IT 方面,希尔顿国际通过合并,获得了 Promus 的研发团队和技术专利,从而巩固了希尔顿国际在酒店 IT 应用的领先地位。

希尔顿国际一直很重视在酒店资讯科技上的投入,尤其是总部和酒店之间的经营信息交流,而在这一点上,Promus 是英雄所见略同。Promus 作为一个拥有多品牌特许经营体系的酒店管理公司,对于庞大的成员酒店网络的支持和控制,很大程度上依靠的是 IT 技术,从 1997 年起,Promus 自行组织技术力量进行新一代酒店管理系统及互联网酒店电子商务的研发,成效显著。希尔顿国际伴随着品牌并购,得到了一个 CIO、一支 450 人的 IT 技术队伍、一套成熟的酒店管理软件及一个现代化的数据中心。

从 2000 年开始,希尔顿国际设立了一个由品牌整合总裁、HHonor 会员计划总裁和各个品牌经理组成的品牌整合委员会,开始把希尔顿国际的 HHonor 会员计划推广到原来 Promus 的各个品牌,并在各个品牌之间建立交叉销售体系,合并一些重复冗余的部门,把希尔顿国际"顾客至尊、追求品质"的公司文化与 Promus"感性、温情、年轻"的企业活力相互贯通融合。建立一个名为希尔顿大家庭的全新品牌标识(Hilton Family)。

与此同时,来自 Promus 的希尔顿国际集团副总裁兼 CIO 蒂姆·哈维带领他的团队开始了对希尔顿国际的技术整合和改造,其中最重要的行动就是用 Promus 的酒店管理软件 System 21 全面取代希尔顿国际原有的 H1 系统。与其他酒店集团不同,希尔顿国际采取的科技策略是自行开发酒店管理软件,并要求旗下所有酒店使用相同的酒店管理软件。

希尔顿国际认为,酒店管理数据及软件的标准化和集中化是首要的,只有这样,才能保证各个销售渠道实时和准确地把握酒店的可供应房间数量和价格,跟踪至尊会员和常客的消费历史和积分,这是收益最大化和加强顾客忠诚度所必需的。单单做到各个电话预订中心和订房网站所见到的房间数量和价格一致,但与酒店管理系统中的实际情况不同的话,一方面,服务代表无法即时对宾客的预定或更改请求进行确认,另一方面,又会造成客人直接打电话到酒店拿到更好价格的情况,这些都会降低客户的满意度同时减少酒店的收入。

从最初就在 Windows 平台下开发和使用的 System 21 系统,有别于其他厂商的产品,它从一开始就是针对连锁酒店数据共享的需求而设计的,是一个高度集成的系统,包括客房管理、预定、收益管理、客历和销售管理的数据，都集中到数据中心，可以进行统一的查询和统计分析处理。

例如，通过 System 21，一个订房文员，可以预订集团内部任何一家酒店的客房，可以根据客人提供的确认号码，调出订房单进行修改或取消预订，可以根据客人的姓名、电话号码或信用卡号码实时查询客人的档案，在 HHonor 系统中的积分和特殊喜好。

System 21 超前的理念，先进的设计概念，注定了它可以最终取代希尔顿国际原有的酒店管理系统，并在日后的 CRM 总体规划中占据重要地位。

希尔顿国际的 CRM 发展策略是在 2002 年 5 月提出来的，这是基于对品牌整合两年来的成效评估而做出的商业决定，希尔顿国际看到，随着旗下品牌的增多，需要有一个更科学的宾客价值评估机制，需要有更高效的迎送、服务补救和投诉跟踪流程，需要更充分地利用收集到的信息获得顾客忠诚度和利润的同步增长。

希尔顿国际认为 CRM 就是创造价值，包括为顾客创造价值，以及为业主、加盟者和管理者创造价值。CRM 在希尔顿国际的语汇中，代表"Customer Really Matters"（客人确实重要），它包括追求业务策略的清晰制定、聚焦最有价值的顾客、追求短期成功、向客人提供实际利益、充分运用现有的科技和资源，以及在各个接触点建立共同的宾客视图。

希尔顿国际把自己的 CRM 计划划分为 4 个阶段，并形象地比喻为爬行、走路、奔跑、飞行。

第一阶段从 2002 年 5 月开始，采取的措施包括以下几项。

(1) 设立宾客档案经理的职位，负责对原有科技底下收集到的顾客信息进行汇总，从而保障在每个品牌每个宾客接触环节都可以识别某个顾客及其个人偏好。

(2) 改良抵店客人报表，反映客人的个人偏好、特殊要求及在各个接触点的过往的服务失误及跟踪补救。

(3) 重整 HHonor 体系和钻石服务承诺，确保任何时候在任何酒店，"最佳客人"都能获得最佳服务。

(4) 建立"服务补救工具箱"，保证补偿的成效，消弭客人因为服务失误造成的不快。

(5) 增强了宾客档案的功能，包括了加急预订及对过去/将来预订的浏览。

(6) 酒店级 CRM 入门培训。

第一阶段取得的成绩使被识别的至尊宾客人数增加了 4%，每人的平均消费房晚增加了 1.1～1.7 个，交叉销售的增长率为 21.3%，各个品牌的服务评分和顾客满意度都有 2～5 个百分点的增幅。

第二阶段是从 2002 年 12 月开始。

(1) CRM 数据到 System 21 酒店管理系统的整合，让一线人员可以得到弹出账单消息等自动提示。

(2) 客人自助式的在线客户档案更新系统。

(3) 把客户投诉/服务失误整合到宾客档案管理系统中，从而让经营者可以界定存在流失风险的客人。

(4) 把希尔顿国际全球预订和客户服务中心与宾客档案管理系统进行整合，使预订人员可以得到自动的系统提示。

(5) 改善宾客隐私保护政策和程序。

(6) 酒店进行强化培训等。

第三阶段是从 2003 年年中开始。

(1) 让客户档案在任何地方、任何渠道都可以访问和修改；改善在品牌和 HHonor 互联网站的宾客欢迎和识别；扩充及加强客人喜好和特殊需求的可选项；抵店前 48 小时的确认和欢迎，包括天气信息、交通指引及特殊服务等。

(2) 在所有接触点提供个性化信息传递的能力。

(3) 离店后电子信息和电子账单的传递，包括在线账单查询、感谢信、满意度调查、HHonors 积分公告、特殊的市场优惠等。

(4) 酒店级科技的加强。

(5) 报表的汇集。

第四阶段从2003年年底到2004年年初开始。

(1) 针对性的个性化行销-客户化的促销活动、按照客人旅程安排的特别服务项目。

(2) 无线技术的深入使用。

(3) 远程入住登记和无钥匙进入。

(4) 个性化的客房内娱乐和服务项目。

(5) 客户生命周期管理，从尝试、绑定、跨品牌体验，直到持续的关系巩固，乃至驱动其频繁使用。

(6) 宾客级的收益管理，根据客人的终生价值和风险因子确定价格策略。

从整个计划当中我们可以看到IT技术的研发和实施占了一个相当重要的角色，蒂姆·哈维曾向媒体阐述了2003年其IT部门的几个主要目标，继续System 21系统的新版本研制及在各个成员酒店中的升级和推广，在年底以前把所有酒店的管理系统更换为最新版本的System 21，包括目前使用HPMS2的几十家最大型的Hilton酒店；通过对第三方收益管理和CRM数据分析系统的整合，提供一个历史数据、竞争者分析和业务预测的工具平台；酒店无线局域网的应用研发和试验推广。从而为希尔顿国际下属的所有酒店品牌提供一个全面的技术解决方案。

这个解决方案被称为ONQ，其核心是System 21酒店管理系统，目前已经发展到2.11版本，将会被重新命名为ONQ V2系统，它作为一个统一的前端系统，除了完成日常的酒店业务外，还可以透明地访问到由其他后台系统提供的数据，这些系统包括Focus收益管理系统、Group 1客户联络管理系统、E.piphany客户关系数据分析系统等，同时具有与各种电话计费系统、程控交换机系统、语音信箱系统、高速互联网系统、迷你吧系统、门锁系统、POS系统、收费电影系统、能源管理系统、客房内传真系统的接口。

(1) ONQ的收费模式是按照酒店客房收入的0.75%收费，并提供一系列的IT服务，包括基于现有配备情况及对酒店业务需求分析选定的硬件平台。

(2) 24小时×7日的硬件和专利软件支持。

(3) 业界领先的完全整合的收益管理模块。

(4) CRM模块。

(5) 改良的HILSMART系统。

(6) 7个E-mail账号。

(7) 通过System 21桌面完全的互联网访问。

(8) 硬件升级保证，大概3年更新一次设备。

(9) 软件核心模块升级，无须另外收费。

ONQ中的Q是质量的缩写，代表了希尔顿国际对服务质量的一贯追求，同时，也是英文On-demand Cue的简称，代表这个科技平台可以在服务团队需要的时候，提供充分的提示，让他们成为顾客的个人助理，提供个性化服务，从而取悦顾客，获得对于集团忠诚度的提升。同时对于管理层，系统也能在需要的时候，通过分析数据，提供对修正经营策略的提示，从而更能适应高度竞争的市场环境。

针对新酒店和现有酒店加入特许经营体系的不同情况，ONQ解决方案提供了详细的部署计划和培训指导，包括一本40多页的系统规格要求(包括前厅服务图的尺寸布局图纸、电脑房和设备间的规格、网络布线规范、硬件采购指南以及培训室的规格等)，一本96页的培训管理手册(包括系统向导、情景作业、在线指导、技能测试、模拟操作、补充实习、资格认证七个阶段的工作指引)，一本30多页的培训系统安装手册，以及项目会议程序、标准实施进度表、数据库初始化问卷和各种检查表格等资料。对于新开业的酒店，标准的实施进度从开业前4个月到开业后一个月，分12个阶段，43个项目；对于从其他品牌转换过来的酒店时间要长一些，需要从转换前半年到之后的一个月，分12个阶段，52项任务，计划中详细列出了每个人物的目标、负责人、完成时间和具体步骤。培训时间通常占其中的60到45天，管理层的培训时间较多，因为除了系统的使用之外，还有相关的管理领导课程。

ONQ 的培训绝大部分是通过电脑进行，电脑提供了整个系统功能的向导、在线的教学笔记和习题、情景模拟、考试都在培训系统中完成。同时，在实际使用的系统中也设置了 Coach 的图标，可以随时为工作人员给出交互式的帮助信息。从而大大降低了培训成本，缩短了培训时间，也保证了培训内容的一致性。

ONQ 由于是基于一个集中式的系统，具有互联互通的网络架构，所以其业务系统和培训系统都实现了自动分发和远程更新。为了保证工作效率，每天都会自动下载数据库的备份到本地，方便检索的速度，仅对修改做出同步。

点评：

与 Fidelio、MSI 等著名的酒店管理系统供应商的产品相比，System 21/ONQ 的功能也许没有那么全面细致，也没有太多的多样化和适应性。但由于是作为希尔顿国际的专有系统，更多时候强调的是核心流程和数据格式的一致性，从硬件配置到功能特性，都是自上而下根据管理目标和策略进行规划和定义的，而不向个别酒店的特殊要求进行妥协，而且所有关键的业务数据都完整地传送到集团的信息中心，酒店的业绩对于管理公司一览无遗，酒店的常住客自然成为管理公司的重点客户，在连锁范围内共享。毕竟所有加入希尔顿大家庭的酒店，无论是全面管理还是特许经营，都必须接受使用集团指定的电脑系统，并签订信息授权使用的条款。而这也就是希尔顿国际之所以可以大刀阔斧地在企业级推行 CRM 策略，并成为行业翘楚的根本因素。也许这也是中国的连锁酒店经营者值得借鉴的。

9.1 CRM 战略的内涵与重要性

9.1.1 CRM 战略的内涵

当一个聚焦企业业务和"以客户为中心"的 CRM 战略获得正式实施时，它将对定位组织很有意义，可以来预测、管理、满足未来客户与供应商的需求。而要让这些 CRM 功能得到全面的发挥，离不开 CRM 战略的制定、战略的设计及战略的实施。

对于大多数公司而言，一个产品战略很好理解。但是 CRM 战略却不太让人理解。这是因为在 CRM 产业界、学术界对"CRM 是什么"、"CRM 战略由什么组成"还没有达成共识。一个 CRM 战略必须包括以下几个内容。

(1) 定义价值前提：企业价值前提是指作为一个企业应当完成什么使命，企业价值观是什么。这是企业的核心，因为它是区别其他企业的核心所在。针对 CRM 的价值前提必须被应用到两个领域：它必须确定客户价值是什么(毕竟我们现在是"以客户为中心")；它必须确定能为客户提供什么(企业的品牌价值)。如果与价值前提密切相关的这两个方面没有得到很好的界定，企业的客户价值交付必然会存在问题，企业将难以赢得客户满意。

(2) 定义客户战略：客户战略定义为公司如何建立和管理一个客户组合，一个客户战略至少包括 4 个元素。

① 客户理解。客户战略的中心在于将客户群分解成可管理的细分客户，而细分客户形成客户组合的结构。对于每一种细分，客户对产品和服务需求必须要被考虑在内。而对于每一种产品和服务需求，企业需要区分是积极的还是被动的需求，即"推式需求"还是"拉式需求"。总之，企业应当深刻理解客户、理解客户的需求。

② 客户竞争。在一个竞争激烈的市场中，一个客户战略必须能够为竞争服务。企业的

竞争力战略是否既可以保持原有客户的份额，也可以提高客户的份额？

③ 客户亲和力。客户对公司的亲和力是非常关键的，因为这将是公司能够通过交叉销售和向上销售来保持和提取更大客户价值的首要因素。

④ 客户管理。在大多数公司中存在一个有趣的问题：谁来管理客户？事实上，客户正受到公司的每一位职员的管理；而且，已经有一部分公司把管理客户的工作交给了技术，而不是人。这些做法行吗？谁应当管理有情感的客户？客户关系由谁来维护和管理？一个客户战略必须要能够回答：客户是谁？客户想要什么？客户如何被管理？这种理解将能够确保客户群被作为一种客户组合来管理，而不是简单作为营销活动的对象。

(3) 全方位变革的支撑：一个客户战略并不是一种简单的规划图。客户战略的实施需要很多方面变革的支撑。

① 业务流程。所有主要的流程都必须从客户战略的角度来重新定位，流程要能够确定"是否"及"如何"满足客户的需求。

② 组织。组织变革，包括文化转变，是绝大多数建立客户战略的企业所不可避免的。客户对企业评价好坏的主要因素依然是人际交互，而并不是技术能力。

③ 位置和设施。企业的实物资产也要受到战略的影响。尤其是客户所访问部门(如分店)的位置对"客户感知企业"有着深远的影响。甚至通过职员的作用，接触中心设施和网站也会对客户有一个间接的影响。

④ 数据流。对于绝大多数 CRM 战略而言，必须要收集大量的数据，然后对数据加工、处理，再让企业员工和客户得到不同程度的共享。一个不包括数据战略的 CRM 战略就像一辆没有汽油的汽车。

⑤ 技术设计。在一个 CRM 项目中，新的硬件、操作系统和操作员是费钱又费力的重要因素之一。因此，在具体实施 CRM 战略时，企业必须要考虑技术设计，包括硬件、软件和人。

(4) 定义 CRM 战略：企业必须意识到作为一个企业战略，CRM 将要"管理变革"而不是"变革管理"。CRM 战略是指企业为了优化管理客户资源、最大化客户价值而制定的受到管理的、并得到信息技术支撑的长远规划和长远目标。战略目标的实现需要所有全体员工和高层管理者的参与和支持，各个部门领导的参与对于整体实施成功非常关键。这是实施 CRM 的一个基本原则。

要想成为一个"以客户为中心"的组织，需要进行运作管理创新和流程变革，以让公司能够快速响应客户行为的变化。这可能需要更多的员工授权、灵活的产品/服务的价格模型及扩充的产品特征/收益。然而真正实现"以客户为中心"是一个不容易达到的目标。组织为了识别 CRM 实施的目标区域，必须要重新定义他们的业务方法。这将有助于识别和定义创新可以实现的目标。

一个成功的 CRM 创新开始于：①真正理解谁是公司真正的客户？②公司已有的客户体验是什么？③客户未来希望接受什么样的服务？④需要执行什么样的运作变革？

在如今的环境下谈论一个结构化的思路是 CRM 战略满足业务需求的最好方法。其中包括以下步骤：①确认将被 CRM 支持的产品和服务；②画出现今的业务工作流、接触点和内部关联图；③评估现有技术、特性和能力；④讨论 CRM 运作和业务远景。

9.1.2 CRM 战略的重要性

"处于激烈竞争中的企业，最可怕的事莫过于机会（危险）已悄然降临而自己却还木然不知"。对于 CRM 许多人很容易犯眼高手低或自以为是的毛病；而对其新的思想、观念、方法、技术和应用视而不见。这种意识在"客户就是财富，客户就是资产，客户就是价值"的年代无疑是十分危险的。那么作为非专业的普通用户对 CRM 究竟应持什么样的态度呢？

高德纳集团认为，CRM 是迄今为止规模最大的 IT 概念，但 CRM 并非等同于单纯的信息技术或管理技术。它是一种企业战略，目的是使企业根据客户分段进行重组，强化使客户满意的行为并连接客户与供应商之间的过程，从而优化企业的可盈利性，提高利润并改善客户的满意程度。

CRM 近来的迅猛发展，再次向人们证明 CRM 绝不是一种简单的软件和技术；CRM 是一种新的企业管理思想和管理模式，当然其中管理方法的实现需要 CRM 应用系统的支持。CRM 已经渗透到各行各业，在买方市场逐步成熟的今天，企业在保证产品质量的基础上，竞争的是服务、营销和销售，而这正是 CRM 的焦点。因此 CRM 将为企业带来新的契机、新的核心竞争力。

因此，CRM 不再是某一个部门(如营销部门或服务中心)的事，CRM 应当成为整个企业关注和重视的焦点。企业应当要从全局来部署 CRM 的实施；而且企业要从长远来考虑，进行整体的战略设计，并分步骤实施。

企业的高层领导要在战略的高度重视 CRM 管理层面和技术层面的实施。首先当然是管理层面，企业领导应当始终坚持"以客户为中心"的理念，争取在企业中间形成一种企业文化(共同价值观)，真正将该管理理念灌输到企业的每一位职工之中。该理念的灌输需要一个循序渐进的过程，我们可以考虑采用这种方式，首先要让企业各个流程上的负责人坚持该思想，然后再让具体工作岗位上的职工逐渐形成一种意识：客户永远是第一位的。这样就会在公司上上下下形成一种氛围，从而慢慢会形成一种文化，让所有的人都知道，公司的发展离不开客户，只有不断改进企业与客户的关系，提升客户忠诚度，扩大忠诚客户的数量，企业才会在激烈的市场竞争中取得竞争优势，企业才会永葆青春活力。简而言之，客户资源是企业发展的动脉。而企业要想持久地把握住客户资源，必须要进行 CRM 战略设计、CRM 战略目标制定和实施。

9.2 构建 CRM 战略

9.2.1 设定方向、目标和原则

众所周知，CRM 是一种经营管理战略和理念，而并非是某种信息技术。在具体操作中，是通过一系列的战略设定、流程优化与改造、经营职能的重新设计和技术辅助手段等整合的过程而实现的。很多企业在规划和实施 CRM 过程中都曾有过各种各样的困惑，通常包括：无法清晰界定 CRM 目标；实施 CRM 后在企业营运和操作层面并没有实际落实；企业开展了一系列的工作，而似乎客户并不完全认可，收效甚微；组织和员工在接受理念和管理及制度上的转变存在抵触等。

第 9 章 CRM 战略与执行

CRM 是公司实施新的战略举措而进行的管理工作，试想，如果没有根据公司总体发展战略和目标制定明确的 CRM 战略，如何有效实现过程中在组织、营运和流程等方面的优化和改善？没有一个明确的战略目标，如何能确保 CRM 的目标收益？

因此，CRM 战略不仅是在规划阶段就应认真完成的战略步骤，而且它还将为下一阶段的 CRM 实施工作制定战略方向。除此之外，明确的 CRM 战略也为企业指明了具体的 CRM 目标，明确了具体的工作方向和范围。更为重要的是正确的 CRM 战略为企业在实施和推行 CRM 过程中所要面对纷繁复杂的情况提供了明确的价值标准。

在 CRM 战略制定的过程中，企业将基于内外部环境做仔细分析，同时对于企业业务、组织和客户现状进行 CRM 准备度评估，才能明确资源、阻力、助力和目标等 CRM 战略关键要素。

基于关键要素整合而形成的 CRM 战略对于企业进行 CRM 相关工作的重要意义如下。

(1) 以企业发展战略为基础，明确未来以客户为中心的业务营运模式蓝图，理解 CRM 工作在实现企业战略过程中的重要性、预期收益和战略使命。

(2) 对于目标客户价值定位的总体分析，明确哪一部分客户是企业 CRM 工作的重点目标，形成未来这部分客户与企业之间关系的愿景。

(3) 对于 CRM 工作的总体目标有明确的设定，并可据此逐步分解到效益收益、客户管理、业务运营、组织人员和信息技术等具体客户关系管理目标。

(4) 明确企业进行 CRM 工作的准备度，根据 CRM 目标设计在具体工作开展中的方式和原则。

(5) 对下一步实施和推广过程中的工作成果形成评估的方法，并可以有原则地对工作方法和目标进行优化。

9.2.2 CRM 战略的内容

总体而言，CRM 战略是基于企业发展战略的产物，其制定的过程中主要包括设定未来以客户为中心业务模式的愿景和定位、制定 CRM 工作方向、CRM 准备度分析、CRM 目标和成功要素设定等。

由于各个企业所处的市场环境和自身状况各有不同，所以其 CRM 战略结果也不相同。但就 CRM 战略的内容而言，基本包括以下 3 个重要组成部分。

(1) 战略考虑是企业在构筑 CRM 战略和未来 CRM 战略执行中的核心部分。CRM 战略中的每一项战略考虑都将指引出其相关的战略重点(和目标)。这两项关键内容将指引企业确认和映射到 CRM 战略的战略意义和成功要素，而战略意义和成功要素将指导企业 CRM 工作的方向、目标、原则和评估。

(2) 客户关系管理战略一般由 5 个部分的战略考虑和相关的战略重点构成，如图 9.1 所示。

① 细分客户。在 CRM 战略中，"细分客户"这一战略考虑是设定企业 CRM 所专注的客户细分，与之相关联的战略重点是针对客户细分的价值定位。这一部分将对以后工作中的客户价值和需求分析、客户模型建立和客户定位提供指导性的原则。

② 效益目标。"效益目标"这一战略考虑是设定企业 CRM 战略中的针对细分客户的收益目标，与之相关联的战略重点是最大化针对细分客户的客户价值。这一部分将对以后

工作中的 CRM 客户收益提供方向和评估方法。

③ 客户管理。"客户管理"的战略考虑是设定 CRM 战略中为了实现针对细分客户实现效益目标的关键因素。与之相关联的战略重点是最大化客户体验。这部分将明确 CRM 工作中对于客户管理的业务营运功能和渠道资源的需求，并对于 CRM 在业务营运上提出了具体目标。

④ 运营管理。"运营管理"的战略考虑是设定为实现之前目标而在于企业业务执行层面的关键要素，比如明确的市场、销售、服务和客户支持等业务功能，并且还将对实现这些业务功能的客户互动渠道资源提出具体要求。与这部分相关联的战略重点是最大化企业 CRM 运营的效率和效力。

⑤ 人员/技术管理。"人员/技术管理"战略考虑是设定在实现以上目标的过程中，对 CRM 功能中与组织、人员和信息技术的策略。与之相关的战略重点是提升员工能力和满意度、构筑组织记忆与文化和建立 CRM 营运模式。

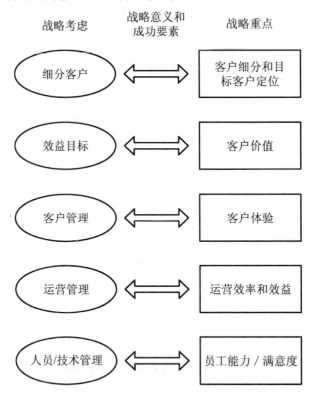

图 9.1 CRM 战略的内容构成

(3) 战略意义和成功要素。战略意义和成功要素是企业 CRM 战略中指引企业进行战略执行的部分。战略意义和成功要素将协助企业实现和完成 CRM 战略中战略重点的方法和目标。也就是说，这部分内容将协助回答诸如"那我们企业应该如何实现客户关系管理战略中战略重点？"之类的问题。

其中每一 CRM 战略的成功要素均指引企业在下一步实施中战术实现层面中选择对应的一个和多个具体 CRM 目标。实现成功要素和明确的 CRM 目标，将协助企业分阶段地顺利实现总体 CRM 战略，也使 CRM 战略在企业管理和运营中得到更好的诠释。

第9章 CRM战略与执行

① 构建CRM战略。国内一家综合类证券公司("某公司")在进行CRM相关工作时,并没有急于选择技术供应商,而是充分利用内外部资源,首先进行了详尽和认真的CRM规划工作。

在这个阶段中,某公司成立了制定CRM战略的工作小组,成员包括公司领导和主要业务部门骨干等。工作小组对公司所处的市场环境进行了分析,以公司发展战略为基础,初步界定了CRM工作的方向。

工作小组就公司在实施CRM的分析与规划、对于客户体验的理解、业务绩效体系、客户管理制度、业务模式和关键流程、组织和人员的理解和现有信息技术系统等多方面设计了详细的关于公司在实施CRM准备程度的分析工具。通过采用定性和定量结合的分析方法,工作小组调查了公司内部未来CRM工作可能涉及的主要部门和人员,并就客户期望情况进行了分析。当时的工作范围包括了总部层面的大多部门和北京、上海等地的6个营业部等业务部门和单位。通过分析,某公司发现了自身在CRM准备度中"分析与规划"、"客户体验"和"价值取向与定位"方面的基础较弱,准备度评估的平均值分别为35%、29%和30%(CRM准备度分析中各方面的评估满分值为100%);而在"客户管理"和"人员和组织文化"方面的准备度较高,平均值为62%和59%。

基于以上分析基础,某公司了解和掌握在了下一步CRM实施和推广过程中,在以上主要方面的准备程度;明确存在的主要改善空间和工作内容;针对在实施和推广过程中可能遇到的阻力与助力,制定了针对性策略。

随后,工作小组在以上的工作基础上,设定了关于细分客户、效益目标、客户管理、运营管理和组织/人员/技术管理等CRM战略中主要的战略考虑和重点;同时,工作小组分析了这些方面的战略意义,并依此确立了某公司进行CRM的关键要素。工作小组和相关部门人员通过1个多月的CRM战略规划的工作,在理解CRM战略中战略要素、重点和意义的过程中,加深了对于CRM的理解,对于未来公司的客户关系管理目标形成了共识。根据形成的关键要素,结合自身的CRM准备度情况,某公司明确地设定了"获取客户"、"挽留客户"和"客户收益最大化"的目标、根据总体目标分解的不同阶段的CRM目标和相关考核方法,见表9-1。

表9-1 某公司CRM战略体系组成

目标	关键指标	预期收益
获取客户	客户增长率	获取客户效益=新客户获取数量×[客户终生价值-获取成本]
挽留客户	客户挽留率	挽留客户收益=挽留客户数量×[增加的客户价值-挽留成本]
提高客户价值	客户价值提升率	提高客户价值收益=客户数量×[增加的客户价值-营销成本](如交叉销售、服务组合和附加销售等)
成本管理	运营成本降低率	成本管理收益=运营预算或费用×运营效率提高
营销管理	营销成本降低率、效益和效率提高率	营销管理收益=营销预算或费用×营销效率和效益的提高
		总体预期收益小计

② 构建CRM战略的意义。根据所设定的CRM战略,A公司的工作小组形成了具体

的战略执行计划，并为下一个阶段的客户分析、渠道资源整合和业务功能设计等具体工作提出了详细的要求和分工。考虑到公司内部对于 CRM 准备度较为薄弱的几个方面，A 公司还着重加强安排了相关的研讨和培训。在此期间，从总部到具体业务部门和单位，参与的规模超过了 100 人次。

在 CRM 战略规划的工作阶段内，工作小组和主要部门的相关人员进行了大量认真和细致的工作，过程中也伴随着各种理念的碰撞和激烈的讨论。最终，以公司发展战略为基础，大家厘清了如何在 CRM 中有效完成公司战略的执行，对 CRM 战略规划方案达成了一致的共识。这个阶段的工作成果，在后期的执行和实施中起到了指引作用，对于部分在后来具体战术执行层面遇到的问题和困惑有了清晰和一致的判断标准。通过以后的具体分析、详细设计和实施等项目阶段的实际效果，A 公司在 CRM 战略规划阶段的工作成果对于实现公司 CRM 目标起到了至关重要的作用。

9.3　CRM 战略的制定

在今天 CRM 市场营销实践不断发展的环境下，已有越来越多的人意识到，建立密切的客户关系，对企业在市场竞争中建立持久的竞争优势并保证持久的利润收益的重要性。然而，目前 CRM 的市场营销方法产生的结果却往往不尽如人意。另外，在调查中还发现，CRM 系统有着惊人的高失败率。欧美主要的 CRM 系统开发商的用户满意度也远远低于其他行业的一般水平。其实，就 CRM 市场营销实践而言，其知名度越高，就意味着越多的人意识到，目前的 CRM 实践无法从根本上改变企业与客户的关系。

目前流行的 CRM 实践起源于数据库技术与数据库市场营销方法(分析技术)的结合。它继承了数据库作为其唯一的运作中心。当这个 CRM 实践受到众人的关注并成为一个主要的市场营销手段的时候，它所继承的特征也成为其在确定市场经营范畴时的严重制约。首先，它错误地把客户行为定义为客户关系；其次，它只关注数据库中的数据而忽视其市场竞争及市场的潜能；再者，它还忽视客户真正的需求而只关心数据库中购买行为的相关性。

那么什么才是一个好的 CRM 系统呢？

所有好的 CRM 系统都必须首先回答以下 6 个关键的问题：客户关系是什么？什么决定了客户关系？如何测量客户关系？必须与哪些客户建立密切的关系？如何改进客户关系？如何制定有效的 CRM 战略？

然而，令人遗憾的是，现有的 CRM 系统竟然没有一个能回答以上这些关键问题。如果对这些问题没有一个清晰明了的答案，一个企业怎么知道它需要管理什么样的客户关系？它怎么知道它在市场竞争中是否有着比对手更密切的客户关系？它又怎么知道它需要与哪些客户建立密切的关系？诸如此类，还有很多。

因此，为了有效地管理客户关系，我们应该遵循以下 4 条规则。

(1) 把建立密切的客户关系确立为企业市场营销的首要任务，销售管理。企业所有的市场营销功能都应服务于增强企业的客户关系。

(2) 应根据客户在市场竞争中的基本需求来定义客户关系。在以客户为中心的 CRM 实践中，客户需求构造价值，价值确定客户关系。

(3) 应在市场竞争中测量和改进客户关系。客户关系充满了竞争。企业应该相应地管理其竞争的客户关系。

(4) CRM 应是企业市场营销实践的一个有机的组成。CRM 实践不应是企业 IT 部门的一个附属功能。

由于目前的市场营销理论和方法仍无法帮助解决企业为建立密切的客户关系所面临的困难，因此，为了应对日常市场营销战略咨询业务中遭遇的严峻挑战，在多年积累的市场营销战略咨询经验的基础上，发展了"整合客户关系管理"(Integrated Customer Relationship Management，ICRM)这一有效的市场营销战略。

此方法是我们为克服目前流行的 CRM 实践中固有缺陷的所提出的解决方法。ICRM 提供了在市场竞争中根据客户的需求定义并构造客户关系的理论框架。另外，ICRM 还提供了有效 CRM 的实践指南及相应的标准程序。

其实，ICRM 是建立在下列的信念上的，即企业通过建立密切的客户关系，可以建立持久的竞争优势。同时，在 ICRM 的实践中，建立密切的客户关系被确立为企业市场营销的首要任务，并且要求企业所有的市场营销功能都服务于增强企业的客户关系。

ICRM 把客户的需求放在市场营销实践的中心，并根据客户在市场竞争中的基本需求来定义客户关系。此外，ICRM 还把企业主要的市场营销功能统一到增强企业与客户的关系过程中。

9.4 CRM 系统的开发与实施

9.4.1 CRM 系统的开发

CRM 软件系统可以帮助企业实现销售、营销和客户服务等业务环节的自动化，并对这些环节进行管理和有效的整合。较完善的 CRM 软件系统应包括统计报告、Web 支持、产品配置引擎和与后端系统的整合等各种功能。实施 CRM，可帮助企业增加销售量，提高客户忠诚度，从而降低成本、提高利润。一个执行良好的 CRM 实施方案可以做到以下几点。

(1) 对企业所有客户的关键信息进行有效的整合。
(2) 瞄准最有价值的客户，制定可行的方案以增加他们对企业的忠诚度。
(3) 为每一客户提供量身定做的服务和产品。
(4) 提高销售人员的平均收入及工作业绩，并进一步降低平均销售成本。
(5) 提高售前工作的效率和质量。
(6) 减少因 IT 系统过时或超载而引起客户流失的可能性。
(7) 让企业管理层即时了解市场信息并跟踪销售人员的工作情况。
(8) 让企业对市场条件的变化做出即时反应。

通过对大量成功案例的研究，我们认为以下 9 个步骤是决定企业最终成功实施 CRM 的关键。

第一步，获得企业所有人员的认可。实施 CRM 需要企业各方面专业人才的参与。由于 CRM 涉及企业内多个不同的领域，因此获得销售、营销、客户支持、财务、制造、货运等各个部门的支持十分重要。通过相关部门成员的参与，企业在正式实施 CRM 之前就能获得必要的资源支持，并推动相关部门的合作，帮助他们接受 CRM。

即时将每一阶段的信息传递给有关部门，强调 CRM 带来的好处，可最大限度地减少各方面的阻力，增加项目成功的机会。

第二步，建立 CRM 项目实施团队。项目获得各相关部门认可后，就可着手挑选 CRM 项目实施团队的成员。这个团队是项目实施的核心，负责做出重要决策和建议，并将 CRM 实施过程的细节和好处介绍给企业所有人员。CRM 项目实施团队应包括来自销售与营销、信息服务/技术部门、财务部门的相关人员和企业高层管理人员，以及最终系统用户的代表。团队各成员代表企业内不同部门提出对 CRM 的具体业务需求，CRM 的实施将充分考虑到这些需求。

另外，可寻求外部的 CRM 专家(一般是专业咨询公司的 CRM 顾问)的加入。经验丰富的顾问能在 CRM 开始实施前及实施过程中提供有价值的建议，协助企业分析实际商业需求及建立项目工作组，并与项目实施团队一起审视、修改和确定 CRM 实施计划中的各种细节，从而帮助企业降低项目实施风险及成本，提高项目实施的效率及质量。

第三步，商业需求分析。项目实施团队成员应就一系列的问题向销售、营销和客户服务高级经理进行了解并进行认真研究，并使他们在什么是理想的 CRM 系统这一问题上达成共识。同时，在每一部门内部确认 CRM 的主要目标，然后向他们进一步说明 CRM 将如何影响整个企业及相关部门。

在计划目标的确定过程中，可吸收外部 CRM 顾问的参与。外部顾问站在第三方立场参与调查并协助进行需求分析，从而帮助企业确定最佳的 CRM 实施目标，并能提供 CRM 解决方案所需要的技术支持。基于调查结果的商业需求分析将最终保证企业能更好制定实施 CRM 的蓝图。

第四步，CRM 实施计划。有了较完善的 CRM 蓝图后，还必须制订具体的实施计划，该计划应包括将 CRM 构想变成现实所需的具体程序，并充分考虑以下要素。

(1) 从哪里开始寻求 CRM 解决方案？

(2) CRM 解决方案的最佳来源是行业专家。CRM 行业内有许多资深顾问和专家，他们能帮助企业对当前市场上各种主流的 CRM 产品及解决方案进行客观比较和分析。

(3) 如何判断 CRM 解决方案是否适合企业需求？

(4) 考虑 CRM 解决方案应注意 3 个因素：软件、技术和供应商。要保证 CRM 成功，就必须使这 3 要素形成一个连贯的整体，互为补充。

(5) 在可能适合的几个 CRM 解决方案中，怎样进一步缩小选择范围？

(6) 与供应商取得联系，并向他们提问。在调查每一潜在供应商和其产品服务时，要求供应商提供相应的案例。通过现场产品演示，进一步了解供应商所能提供的 CRM 软件性能。此外，企业还要考虑如何同供应商进行进一步沟通。

(7) 在最终选定 CRM 解决方案之前，还应该考虑什么？首先要考虑的是成本。业内估计 CRM 项目成本的标准是软件占成本的 1/3，咨询、实施和培训占 2/3。另外，应注意有些 CRM 软件系统在进行定制或客户化时需要相关供应商技术人员和顾问的参与。如果是高质量的 CRM 软件系统，且相关的咨询、实施和培训也均能得到适当的保证，那么系统的定制及客户化应该简单易行，不需要总是支付额外的咨询费用。

第五步，CRM 软件选择。软件的选择应考虑到企业当前的技术基础和实际需求。CRM

软件至少要能提供以下主要功能。

①联系与账户管理；②销售管理；③远程营销/远程销售管理；④客户服务管理；⑤营销管理；⑥商业智能；⑦领导管理；⑧电子商务。

当然，上述功能并未包括 CRM 软件能为企业做出的所有工作。首先要设法达到企业 CRM 项目实施团队已经确定的目标，然后再去研究目前或将来能使企业受益的其他因素。

第六步，技术。必须注意技术的灵活性。没有任何两家企业的需求完全相同，因此，不存在适合所有公司的 CRM 解决方案。选择的所有技术都必须是开放的并可以进行定制，同时能与企业现有的 IT 基础设施进行整合。

第七步，挑选供应商。最好将复杂的 CRM 计划委托给一个拥有丰富 CRM 和行业经验的咨询服务商，以帮助选择一个可信赖、拥有强大技术支持能力、便于沟通、并且对你的需要和要求有所反应的供应商。

第八步，CRM 系统的实施与安装。CRM 的成功取决于实施 CRM 战略的决心。我们已发现了成功实施 CRM 的 7 个战略阶段，并在多年的实践中得到成功运用。

第一阶段：分析与规范。确定综合性的需求分析，确定项目范围和系统规范。

第二阶段：项目计划和管理。项目管理者应是供应商同企业之间的沟通桥梁，这一角色可由专业咨询公司经验丰富的顾问人员担任。另外，还需任命一名来自企业的系统管理员，作为内部系统专家。除制订项目实施计划外，本阶段还包括组建和培训项目工作组。最后，必须将 ROI(Return On Investment，投资回报率)量化，以有效衡量新系统的投资收益。

第三阶段：系统配置与定制。重新配置和定制 CRM 软件系统，以适应企业的具体商业需求。伴随必要的技术培训，使员工能尽量自己解决技术问题。同时，所有新的软硬件都应在本阶段安装好。

第四阶段：原型、兼容测试和系统重复运行。企业员工将在此阶段熟悉安装程序和所安装系统的方方面面，同时，对系统进行的所有必要修改也在此阶段完成。数据转换这一关键任务也属于这一阶段。供应商的实施专家和企业的 IT 人员之间将进行大量的沟通。

第五阶段：主导系统和质量保证测试。此阶段包括大量的培训。有人说这是一个"培训培训者"的阶段。"培训者"应负责培训所有的终端用户和管理层如何使用新系统。不过，为了让这一方法有效，"培训者"必须接受由软件供应商或咨询顾问进行的培训，成为新系统专家。主导系统应该是一个可重复运行的系统完美原型。开始应同小型的用户全体合作，对新系统进行测试。这些质量保险测试应作成文档，提供给你的项目工作组管理人。

第六阶段：最后实施和推广。准备好一份实施指南，简单列出实施前或实施过程中必须完成的每一项任务。本阶段还包括对所有用户的正规培训。确定一系列的预期效果后，通常必须通过正规的培训来达到预期目的。用户必须认识到使用新系统的即时和明显的好处，否则你有可能面临诸多反对。培训必须以计划阶段确定的需要为基础。一个执行良好的培训计划决定着成败。

第七阶段：持续支持。应配备全职的内部系统管理员。为积累专业技能，系统管理员应从计划阶段就开始接触 CRM 系统。因为 CRM 软件系统的技术支持是一项艰巨的工作，所以务必让供应商提供综合性的支持计划，以进一步支持内部工作组。

第九步，CRM 系统的持续管理。CRM 系统基础设施一定要提供业绩衡量标准。该系统必须有效地获取适当的数据，并为接触的每个个体提供途径。为保证系统带来所希望的益处，在将其推广到所有用户之前一定要加以测试。如果它的表现无法让您满意，那么花点时间对其进行修改，直到满意为止。最后，CRM 系统还应为监管指导委员会和项目工作组提供反馈信息。这样做能使人更好地理解什么有效，什么无效，以及存在什么能提高技术投资成效的机遇。

CRM 是一项复杂的工程。规划一项成功的 CRM 计划，必须同样重视整个 CRM 项目的计划、实施和管理等所有阶段。充分地向 CRM 项目每一阶段投入所需的时间和资源，你将很快能感受到 CRM 成功所带来的种种好处。

9.4.2 CRM 系统的实施

1. CRM 在企业的应用现状

CRM 兴起于国外，以北欧和英国的应用最为发达，越来越多的国外企业通过 CRM 逐渐拥有了大量客户数据和资源。而我国的 CRM 市场起步比较晚，从 1999 年下半年才在我国的 IT 企业逐渐实施起来。到目前为止，虽然企业对 CRM 的了解逐渐加深，对其需求量越来越大，但是实施此系统的企业所占的比例依然比较小。其中已经宣称实施 CRM 的企业也多是推进了 CRM 中的个别模块在企业中的应用，如销售自动化模块和营销自动化中的客户信息管理、渠道管理和客户服务中的呼叫中心等。

目前我国实施 CRM 的主要客户是来自银行、电信、电子等行业的大型企业，而多数制造型企业的需求动力明显不足，并很少以终端客户为核心需求，它们与终端客户的接触主要集中在售后服务上。还有许多企业盲目地实施 CRM，不但不能产生预期的效果，而且可能给企业带来巨大的损失。究其原因主要有以下几点。

(1) 企业由于竞争的激烈和市场变动的快速，往往对业务维持增长的重视更重于对内部管理的规范调整与优化，他们更注重能带给自己短期内业务增长的事情。

(2) CRM 系统巨大的成本也让许多企业望而却步，中国企业还缺少相应的支付能力。

(3) 与国外形成 CRM 的情况不同，我国是先有了引进的产品，而不是管理思想。所以在中国，CRM 思想非常薄弱，在很大程度上还没有被归纳、整理、提炼成一种思想，没能形成一定的思想体系，更没能形成如市场营销一样的知识架构。

2. CRM 实施成功的因素

要真正实现 CRM 的成功，主要原因不是软件技术的问题，更多的是企业管理问题，必须重视和了解下面这些因素在其实施过程中的关键作用。

1) 领导者的支持与参与

成功的 CRM 项目都必须有一个行政上的项目支持者，他们的职位一般是销售副总经理、总经理、营销副总经理、董事长或合伙人。CRM 更多的是关于营销、销售和服务的流程规范和优化，而不仅仅是关于营销、销售和服务的自动化。当 CRM 涉及跨部门业务时，为了保证公司范围的改进，取得行政领导的鼎力支持是必需的。因为高层领导者有足够的权威来改变企业，能够从总体上把握这个项目，扫除通往前进道路上的障碍，保证这个项目的顺利开展。

2) 科学制定实施规划

实施规划是针对系统、流程、结构、技术、价值、工作角色和环境等未来状态的完整描述，它是 CRM 实施过程中的指导纲领，是其成功的必要条件。CRM 实施不仅仅是市场部门的责任，而且是各部门共同的职责，这就要求各部门要明确各自在实施过程中的权利和义务、通力合作，不断提高企业服务客户的能力。CRM 不仅包括整合信息和客户接触点，还要包括对员工的培训、赋权、客户沟通系统的自动化等内容，还要涉及技术、流程、人、信息等方面的事项，尤其要对客户数据模型和客户流程的模型加以重视，基于上述内容整合，确定完整有效的实施规划和解决方案。

3) 树立全员参与意识

CRM 需要全公司范围的协调、信息传达和责任承担。只有树立全员意识，才能使其获得必要的人、财、物等资源的保障，才能够克服各种障碍，确保 CRM 的成功实施。

首先，必须使员工充分理解并能积极参与支持。通过培训使员工及时更新和掌握所需的营销和技术知识，把企业的商业理念反映在 CRM 的应用上，并且在上至高层下至可能与客户发生关系的每一位员工之间进行及时沟通和落实。其次，在组织和实施 CRM 过程中紧密合作。CRM 的实施过程可以说是一项团队工作。一方面要把来自企业的外部技术支持人员和本公司内部项目实施人员整合成一个实施团队，实现内、外部人员丰富的实践经验与企业具体情况的有机结合；一方面要求企业内部各部门之间共享企业范围内的信息，使原本"各自为战"的销售人员、市场推广人员、电话服务人员、售后维修人员等真正协调工作，成为围绕着"满足客户需求"这一中心要旨的强大团队，提高企业内部运转效率，降低企业经营成本。

4) 重视咨询公司发挥的作用

成功的 CRM 项目实施离不开专业咨询公司的服务和参与。作为一项大型企业管理软件，实施难度通常都比较大，使得项目实施具备相当的风险性。而专业咨询公司则在项目实施方面占有多方优势：他们拥有高素质、经验丰富的咨询顾问专家，拥有较为完善的项目实施方法，拥有大量的可借鉴的项目实施案例和知识库。咨询公司作为 CRM 厂商与应用企业之间的桥梁，不仅对厂商在推出软件产品之后的进一步发展起推动作用，而且对于 CRM 产品能够在企业的成功应用起到了积极的、不可或缺的作用，是 CRM 项目成功实施的有力保证。

9.5 CRM 战略的评价

9.5.1 平衡记分卡战略评价模型

1. 定义

平衡计分卡(Balanced Score Card，BSC)是从财务、客户、内部运营、学习与成长 4 个角度，将组织的战略落实为可操作的衡量指标和目标值的一种新型绩效管理体系。设计平衡计分卡的目的就是要建立"实现战略制导"的绩效管理系统，从而保证企业战略得到有效的执行。因此，人们通常称平衡计分卡是加强企业战略执行力的最有效的战略管理工具。

2. 发展阶段

1) 第一阶段：平衡计分卡

该阶段罗伯特·卡普兰与戴维·诺顿研究的结论"平衡计分卡：驱动绩效的量度"发表在 1992 年《哈佛商业评论》，平衡计分卡强调，传统的财务会计模式只能衡量过去发生的事项(落后的结果因素)，但无法评估企业前瞻性的投资(领先的驱动因素)，因此，必须改用一个将组织的愿景转变为一组由四项观点组成的绩效指标架构来评价组织的绩效。此 4 项指标分别是财务、客户、内部运营、学习与成长。借着这四项指标的衡量，组织得以用明确和严谨的手法来诠释其策略，它一方面保留传统上衡量过去绩效的财务指标，并且兼顾了促成财务目标的绩效因素之衡量；在支持组织追求业绩之余，也监督组织的行为应兼顾学习与成长的面向，并且透过一连串的互动因果关系，组织得以把产出和绩效驱动因素串联起来，以衡量指标与其量度作为语言，把组织的使命和策略转变为一套前后连贯的系统绩效评核量度，把复杂而笼统的概念转化为精确的目标，借以寻求财务与非财务的衡量之间、短期与长期的目标之间、落后的与领先的指标之间，以及外部与内部绩效之间的平衡。

2) 第二阶段：平衡计分卡＋战略地图

该阶段罗伯特·卡普兰与戴维·诺顿研究的结论所谓图主要指的是战略地图，它是对平衡计分卡原先考核功能扩展，平衡计分卡创始人罗伯特·卡普兰与戴维·诺顿曾经指出："在盛行的管理思想大师们的智慧中，我们很难寻找到有关全局框架的帮助。战略教义存在于下列领域：股东价值、客户管理、流程管理、质量、核心能力、创新、人力资源、信息技术、组织设计和学习组织。尽管上述领域都有深刻见解，但是没有一个领域能提出一个全面的、集成观点来描述战略。连迈克尔·波特的竞争优势定位方法都没有提供一个简单、有效的描述战略的通用平台，因此描述战略的公认方法还不存在。让我们想想后果吧！由于无法全面地描述战略，管理者之间及管理者与员工之间无法轻松地沟通。对战略无法达成共识，管理者也无法使战略协同一致。你不能描述，你就无法评价；而你无法评价，就无法进行管理。当组织规模日益膨胀的中国企业集团，面对大规模、多层次、多地域对带来的管控挑战时，如果没有掌握一个简单有效的描述集团战略的工具，必将无法将战略在集团内部各成员之间直观地展现。而平衡计分卡体系则成功地解决了这个问题，它主要是通过战略地图来实现描述、规划集团战略的功能。战略地图的构成文件主要是"图、卡、表"。所谓是"图、卡、表"是指"战略地图"、"平衡计分卡"、"单项战略行动计划表"，它是运用战略地图来描述战略的 3 个必备构成文件。

首先"战略地图"以几张简洁的图表将原本数百页战略规划文件才能描述清楚的集团战略、SBU 战略、职能战略直观地展现出来，"一张地图胜似千言万语"，"战略地图"是企业集团战略描述的一个集成平台；其次与众不同的是，"平衡计分卡"本身是对"战略地图"的进行深入的进一步解释的表格，它由战略目标与主题、核心衡量指标、战略指标值(3～5 年)、单独战略行动计划表(名称)所构成；而"单项战略行动计划表"则是对"平衡计分卡"中罗列出的一个个单项战略行动计划(名称)的进一步演绎，它将那些所谓"务虚的战略"落实为一步一步可操作监控的、具有明确时间结点、责任归属、资源安排的行动计划。可以说"单项战略行动计划表"正是化战略为行动的关键所在，也是平衡计分卡体系在描述战略中独特的魅力。

3) 第三阶段：平衡计分卡＋战略地图＋战略中心组织

平衡计分卡＋战略地图＋战略中心组织是第三代平衡计分卡体系的核心思想，罗伯特·卡普兰与戴维·诺顿认为在今天的商业环境中，战略从来没有显得这样重要过。但研究表明，大多数企业仍不能成功地实施战略。在浩繁的记录背后隐藏着一个无法否认的事实是，大多数企业仍然继续使用专门为传统组织而设计的管理流程。

佐佳国际咨询集团认为：第三代平衡计分卡体系"战略中心型组织"和其他一般组织的区别在于，他们能够系统地描述、衡量和管理战略。

罗伯特·卡普兰和戴维·诺顿阐明了构筑以战略为中心的组织的5项关键原则。

(1) 将战略转变为业务术语。
(2) 使组织与战略一致。
(3) 使战略成为每个人的日常工作。
(4) 使战略成为连续的过程。
(5) 通过果断、有效的领导方式动员变革。

3. 战略包含重点分析活动

运用平衡计分卡体系演绎企业集团的战略，需要我们将传统的战略环境扫描与分析决策支持工具整合到战略地图的绘制中来。对于一个多元化的控股集团来说，描述战略包含以下重点分析活动。

(1) 集团与业务单元战略环境扫描、SWOT分析。
(2) 开发集团的"战略地图"、"平衡计分卡"、"战略计划表"。
(3) 开发集团各业务单元的"战略地图"、"平衡计分卡"、"战略计划表"。
(4) 开发集团职能部门的"战略地图"、"平衡计分卡"、"战略计划表"。
(5) 结合全面预算管理，将图、卡、表与年度目标管理相连接。

4. 作用

(1) 平衡计分卡的出现，使得传统的绩效管理从人员考核和评估的工具转变成为战略实施的工具。

(2) 平衡计分卡的出现，使得领导者拥有了全面的统筹战略、人员、流程和执行4个关键因素的管理工具。

(3) 平衡计分卡的出现，使得领导者可以平衡长期和短期、内部和外部，确保持续发展的管理工具。

(4) 平衡计分卡被《哈佛商业评论》评为75年来最具影响力的管理学工具，它打破了传统的单一使用财务指标衡量业绩的方法。而是在财务指标的基础上加入了未来驱动因素，即客户因素、内部经营管理过程和员工的学习成长。

5. 核心思想

平衡计分卡的核心思想就是通过财务、客户、内部流程及学习与发展4个方面的指标之间的相互驱动的因果关系展现组织的战略轨迹，实现绩效考核——绩效改进及战略实施——战略修正的战略目标过程。它把绩效考核的地位上升到组织的战略层面，使之成为组织战略的实施工具。

平衡记分卡方法的引入改变了企业以往只关注财务指标的考核体系的缺陷，仅关注财务指标会使企业过分关注一些短期行为而牺牲一些长期利益，如员工的培养和开发、客户关系的开拓和维护等。平衡记分卡最大的优点在于：它从企业的4个方面来建立起衡量体系：财务、客户、业务管理和人员的培养和开发。这4个方面是相互联系、相互影响的，其他3类指标的实现，最终保证了财务指标的实现。同时平衡记分卡方法下设立的考核指标既包括了对过去业绩的考核，也包括了对未来业绩的考核。

9.5.2 传统平衡计分卡模型修正

如前所述，平衡计分卡模型的提出者最初要求企业从4种角度出发选择数量有限的关键指标(它用对"顾客"、"内部业务流程"及"学习和成长"4种纬度的绩效测评指标来补充传统的财务指标)，因而有助于把注意力集中到战略远景上来。现在的平衡计分卡超越了发明者最初仅仅评估公司绩效工具的想法，它可以作为最新的战略管理体系基石为企业管理者提供了一个全面的框架，用以把公司的战略目标转化为一套系统的绩效测评指标，解决了传统管理体系无法把公司的长期战略和短期行动联系起来的缺陷。

但是，平衡计分卡不是一块适合于所有企业或整个行业的模板。不同的市场地位、产品战略和竞争环境，要求有不同的平衡计分卡。各企业应当设计出各有特点的平衡计分卡以便使之与自己的使命、战略、技术和文化相符。实际上，检验平衡计分卡是否有效、是否成功的关键，在于其透明度。一个观察者通过15~20个平衡记分指标，应该能够看清楚该企业的竞争战略。

对于实施CRM竞争战略的企业来说，他们所追求的战略目标虽根据各自的竞争地位、所处的竞争环境的不同而有所不同，但根据CRM战略以"以客户为中心"的变革管理理念及CRM战略实施的主体内容，一般来说，企业在实施CRM战略中的各种关键因果环节是有一定的统一性的。本文在对应于传统平衡计分卡"以企业为中心"的4个组成部分的主要内容，根据前文中对CRM战略实施中关键战略因素因果链条的分析，对传统的BSC评估内容做了相应调整，构建出一个能够反映以"以客户为中心"的先进营销管理理念的评价体系，见表9-2。

表9-2 对传统平衡计分卡评价模型的修正

以企业为中心的平衡计分卡	战略要素	以客户为中心的平衡计分卡	战略要素
财务观	为股东创造价值	客户价值	提高顾客忠诚度 增加企业财务收益
顾客观	为顾客创造价值	客户满意	调查、分析顾客满意度 提高顾客的全面满意
内部业务流程观	提高内部业务流程的操作效率和效用	客户沟通	改善沟通渠道管理 提高业务操作水平
学习和成长观	通过持续改善保持组织的学习和创新能力	客户知识	提高客户信息的获取和分析能力

传统的平衡计分卡模型由 4 方面构成：财务、顾客、内部业务流程、学习和成长。调整后的平衡计分卡模型分别由客户知识、客户沟通、客户满意和客户价值与其相对应。相比传统的平衡计分卡体系的 4 个构成部分的内容，经修正后的 4 个内容更能体现 CRM 战略以"以客户为中心"的对组织和管理流程的变革管理的思想，同时，又将传统平衡计分卡四维的主要评价要点纳入新的适用于 CRM 战略实施过程的评价与控制当中。这新的四维内容以"以客户为中心"的 CRM 战略的精髓为评价主线，分别反映、概括了前文对 CRM 战略要素与战略目标之间因果关系分析中的主要 CRM 活动内容。

其中，修正后的客户知识的主要衡量内容为 CRM 战略实施中对客户细分状况和客户数据的管理。对客户知识的管理活动侧重于对各种信息分析技术的学习与运用，用以了解客户的需求特征和客户的行为特征。客户知识环节的活动内容是满足客户潜在或将来需求及改善管理流程的重要前提。组织学会对各种数据挖掘技术和统计分析技术的应用以更好地了解他们的客户是非常关键的。因此，它基本反映了原计分卡模型中关于组织学习与成长的内容。

客户沟通的主要衡量内容为客户服务和渠道管理等操作环节的工作效率和服务质量。

各种企业开发了许多渠道与其顾客进行有效的互动式沟通。为了有效地管理这些不同的沟通渠道，企业需要对整个业务流程进行监控。同原平衡计分卡业务流程观所侧重的内容一致，修正后的业务流程同是被分为内部和外部两个流程。内部流程指企业内部各业务环节的操作流程，而外部流程主要是指企业与顾客及供应商的互动性交易流程。内部业务流程决定了企业内部操作水平的优劣，外部流程则表明了企业渠道管理的有效性，这些主要操作环节所提供的产品和服务质量的好坏、对客户反馈、投诉及其他需求响应程度等都会直接关系到下一个环节——客户满意度的水平并最终影响企业的利润。在 CRM 战略实施中，企业与顾客之间互动性的沟通主要表现为以下几种方式。

(1) 顾客与企业员工的接触——一线或其他场合。
(2) 发出型接触方式的管理——信件、电话、销售拜访及送货等。
(3) 现实的服务环境。
(4) 交易——价格、价值和合同条款。

客户满意度是现代质量的最终标准和现代企业的最重要资产。从顾客角度来评测经营业绩及对生产力进行客观评价变得越来越重要。如果顾客的满意度没有增加，那么，企业对产品和服务质量的提高将变得毫无意义。顾客满意度会给管理者和投资者提供以下两个方面的信息：第一，企业已经为顾客做了什么。这关系到企业目前的经营状况。第二，顾客将会如何对待公司。这关系到公司日后的创造财富的能力。顾客满意度代表了一种不容忽视、真实存在的无形资产。因此，客户满意的管理这一维也是以原平衡计分卡中提高客户满意度等内容为基础的。

客户价值反映了企业从客户那里获得的收益，如客户终生价值或客户忠诚度。不同的是，修正后的客户价值观更能反映出以客户为起点及以客户为终点的管理思想。它关注的是客户的让渡价值和企业财务收益的同时提升。换而言之，它更能体现出企业的利润来源。客户终生价值是衡量 CRM 战略的一个重要指标。客户忠诚度的提高更是有利于企业财务收益的增长。有研究表明，若客户保持率提高 5%，企业的利润将会提高 25%～85%，而且企业吸引一个新客户的投入将是留住一个老客户所需成本的 5～10 倍，而挽留一个不满意的客户的成本是保持一个老客户的 10 倍。由此可见，客户保持对公司盈利能力有着惊人的影响，客户忠诚度的提高是企业 CRM 的重要内容。

结合该改进模型，通过建立 CRM 战略实施绩效评价指标体系和应用层次分析法，不仅可以度量 CRM 战略整体运行效果，而且还可以根据递阶层次结构中每个准则单元(类似于部门业绩或团队业绩)的绩效评价过程，通过对单元内每一指标的权重和得分情况两个方面的评价结果综合分析，确定指标改进的优先级和相应的改进策略。

除此之外，还可以应用于以下几个方面。

(1) 挖掘绩效变动的主要领域。对于不同周期内 CRM 战略实施绩效进行评价，可以对比得到 CRM 战略绩效变动的幅度，但是变动具体发生在哪些领域，则需要进一步的分析。对此，可以按照指标体系层次结构从上至下的方向，对每一层次中的每个准则因素应用层次分析法，对比其不同评价周期的综合得分变动情况，然后对每一层次变动幅度进行大小排序，排序靠前准则因素就是 CRM 战略实施绩效变动发生的主要领域。通过层层排序，这些变动的因素如同评价指标体系一样，也形成递阶层次结构。

(2) 明确绩效改进的方向。遵循 CRM 绩效评价指标体系结构，在度量层指标改进幅度相同的情况下，这样两类指标对 CRM 绩效贡献率比较大；一类是组合权重排序靠前的指标，这类指标对 CRM 绩效综合得分的高低影响重大；另一类是目前经无量纲处理排序靠后的指标，这类指标为 CRM 绩效综合得分的提高提供了空间。虽然这两类指标较其他指标对 CRM 绩效贡献率大，然而现实中当 CRM 管理人员决定绩效改进的突破口时，还要考虑这样一个问题，即这两类指标有无改进的空间。这就需要 CRM 管理人员评估 CRM 战略实施时所处的市场环境，以及 CRM 系统内部资源和能力等重大问题，然后做出决策。

(3) 当 CRM 管理人员做出决策时，管理者要考虑这项决策会在多大程度上影响供应链的绩效等，为此，需对决策进行分析。可以通过评估决策实施后 CRM 绩效评价指标体系中各度量层指标的预期得分值，从而测算出 CRM 的预期绩效，以此为标准判断决策的合理性。当决策实施后，CRM 管理者可以从实际中获得 CRM 绩效评价指标体系中各度量层指标的得分值，从而计算出 CRM 的实际绩效，以此为标准做出决策的评价。

本 章 小 结

本章首先定义了 CRM 战略并指明了其重要性；通过有效地设定方向、目标和原则来构建 CRM 战略并阐述了 CRM 战略的主要内容(战略考虑、战略重点、战略意义和成功要素)；

然后介绍了 CRM 战略制定的方法并提出了 CRM 系统的开发和企业实施过程中关键的 9 个步骤，包括获得企业所有人员的认同、建立 CRM 项目实施团队、商业需求分析、CRM 实施计划、CRM 软件选择、技术、挑选供应商、CRM 系统的实施与安装、CRM 的持续管理；最后介绍了 CRM 战略评价包含两部分，一是平衡记分卡战略评价模型，二是传统平衡计分卡模型修正。

第 9 章 CRM 战略与执行

关键术语

CRM 战略、CRM 战略的重要性、CRM 战略制定、CRM 战略评价、
CRM 系统的开发与实施

课后习题

1. 填空题

(1) 在一个竞争激励的市场中，一个客户战略必须能够为竞争_____。
(2) 要想成为一个"以客户为中心"的组织，需要进行运作管理创新和流程变革，以让公司能够快速_____客户行为的变化。
(3) 组织为了识别 CRM 实施的目标区域，必须要重新_____他们的业务方法。
(4) CRM 是一种新的企业管理思想和_____。
(5) CRM 将为企业带来新的_____、新的核心竞争力。
(6) 企业要想持久地把握住客户资源，必须要进行 CRM 战略设计、CRM 战略目标制定和_____。
(7) 平衡记分卡方法的引入改变了企业以往只关注财务指标的考核体系的_____。
(8) 客户沟通的主要衡量内容为客户服务和_____等操作环节的工作效率和服务质量。

2. 选择题

(1) 众所周知，客户关系管理是一种经营管理战略和理念，而并非是某种(　　)技术。
　　A．信息　　　　B．管理　　　　C．加工　　　　D．营销
(2) CRM 战略不仅是在规划阶段就应认真完成的战略步骤，而且它还将为下一阶段的 CRM 实施工作制定战略(　　)。
　　A．路线　　　　B．政策　　　　C．目标　　　　D．方向
(3) 目前流行的 CRM 实践起源于数据库技术与数据库(　　)方法的结合。
　　A．供应链管理　B．工业工程　　C．质量控制　　D．市场营销
(4) CRM 系统基础设施一定要提供(　　)衡量标准。
　　A．状态　　　　B．业绩　　　　C．目标　　　　D．成本
(5) 目前我国实施 CRM 的主要客户是来自银行、电信、电子等行业的(　　)企业。
　　A．小型　　　　B．中型　　　　C．大型　　　　D．特大型

3. 名词解释

(1) CRM 战略　 (2) 平衡计分卡

4. 简答题

(1) 简述客户战略的元素。
(2) 简述全方位变革的支撑包括什么。
(3) 简述 CRM 战略的一般构成。

(4) 简述 CRM 实施成功的因素。

(5) 简述平衡计分卡的发展阶段。

(6) 简述平衡计分卡的作用。

5. 论述题

(1) 试述基于关键要素整合而形成的 CRM 战略对于企业进行 CRM 相关工作的重要意义。

(2) 试述为了有效地管理客户关系，应该遵循的规则。

(3) 试述决定企业最终成功实施 CRM 关键的 9 个步骤。

案例分析

成就上海大众的 CRM 战略与实施

1. 上海大众实施 CRM 战略的背景和目标

2001 年年底上海大众启动 CRM 项目时，中国汽车市场的情况及上海大众所面临的挑战有如下几方面。

(1) 中国经济持续高速发展，中国消费者的购买力持续上升，使得汽车消费进入了一个新的阶段。汽车市场的购买主力，开始由政府、企事业单位、出租车公司转为私人。根据 Financial Time 的市场数据，在 1999 年中国汽车市场的购买者中，政府和事业单位占据了 49%，出租车占了 24%，而私人用户仅为 27%，当时预计到 2005 年，这出数字将变为 35%、10%、55%。

(2) 越来越多的国际品牌开始进入中国市场，大众汽车在国外市场所面临的竞争开始延续到国内。一方面，国外推向市场的新的型号、新的车辆概念，直接对大众的产品线进行冲击。另一方面，国际水准的营销手段也开始对大众当时的营销体系带来挑战。

(3) 与此同时，大众品牌出现了一定程度的老化，尤其是上海大众，被认为是一个"过时"和"保守"的品牌。尽管上海大众和一汽大众一度曾联合占据了 50% 的市场份额，但在一份对重复购买意向的调查中，只有 28% 的车主表示下一次购买会考虑大众品牌。随着汽车市场的成熟，汽车的生命周期会越来越短，消费者更换汽车的频率会越来越快。现有客户的满意程度和重复购买意向对于今后的市场竞争有着决定性的战略意义，28% 这个数字为上海大众的管理层敲响了警钟。管理客户的购车和使用体验，提升客户的忠诚度，实现忠诚客户的重复购买和正面的品牌宣传就成为上海大众 CRM 战略实施的首要目标。

基于上述原因，上海大众的 CRM 项目于 2001 年开始筹划，2002 年年初正式启动实施，多年来收到良好效果。

2. 上海大众的 CRM 战略

1) 让 CRM 成为连接品牌形象与客户体验的闭环行销理念的完美体现

传统的市场行销强调的是品牌宣传，侧重的是品牌知名度和美誉度，它是把品牌作为一种战略资产，从客户那里发现品牌的独特性，进而与相应的群体进行广泛的沟通，但这种沟通并没有对客户的反应和行为进行相应的跟踪和分析，没有形成闭环，而只是半圆。

客户体验管理是把客户作为一种战略资产，从客户的行为上发现什么是客户的独特性，从而创造与客户需求相关的体验。但单纯的行为体验，往往是问题导向或者产品导向的，并没有与品牌形成互动，因而也只是半圆。

必须将品牌形象与客户体验相连接，通过跟踪客户行为和交易记录，分析客户行为与市场活动的相关性，进而指导平面训调整品牌宣传和品牌形象塑造的策略，并通过品牌传播和活动策划，引导客户的品牌体验,最终形成良性的品牌客户关系,实现闭环行销。上海大众的 CRM 战略,正是这一闭环行销理念的完美体现——通过各种触点与目标户群进行沟通,建立品牌知名度,激发购买意愿。同时,在各个触点建市信息反馈机制,了解客户意向,收集客户信息,并根据客户在购买过程中所处的小同阶段,提供相应的产品和市场信息,开展相应的市场活动,进而有针对性地进行沟通和销售服务。

所有的客户信息反馈到同一个数据库中,每一个客户都有唯一的客户终生档案。随着沟通的逐渐深入,所收集到的客户信息也更为详尽,经过汇总分析、数据挖掘,从而形成对市场、产品、顾客需求及营销活动和销售体系的充分洞察,进而指导上海大众的产品规划和市场推广策略的制定。

2) 上海大众 CRM 的目标群体与三大沟通渠道

上海大众 CRM 项目所针对的目标群体有两类:一是车辆的最终用户。从车辆的拥有情况划分,包括车辆的潜在购买者和现有车主;从车主性质来分,包括私人用户和政府、企业。二是上海大众的经销商。所有上海大众的车辆在生产出来之后,都不是直接交到最终消费者手中,而必须通过经销商的销售网络,从这个角度来说,经销商是上海大众第一层面的客户。

上海大众 CRM 的沟通渠道主要包括三个组成部分。

(1) 客户开发中心。上海大众在 2002 年年初开通了免费服务热线,对潜在客户和现有客户有关产品、服务、市场活动等询问提供解答,对于针对经销商、维修站的投诉进行记录,并将结果及时地反馈给咨询者和投诉者。在回答咨询、处理投诉的过程中,如果发掘到有购买意向的潜在客户,进一步记录他们的详细信息,针对他们感兴趣的车型提供详细介绍和讲解,得到潜在客户关于进一步沟通的许可,并根据客户的购买时间、意向类型,进行进一步的沟通和跟进。

同时,客户开发中心还肩负着呼叫电话验证、更新客户信息、电话调研、邮寄产品资料和市场活动奖品等功能。到目前为止,上海大众客户开发中心共有 70 个坐席,全天候接受客户的咨询。

(2) 经销商广域网。经销商广域网是上海大众与经销商进行命力位沟通的平台和工具,它是一个基于互联网的网站。通过经销商广域网,经销商可以每天获得由上海大众开发和维系的潜在客户的信息,交给自己的销售人员进行销售跟进。同时,经销商需要在 7 天内将潜在客户的状态及时反馈给上海大众,便于上海大众根据情况进行不同的沟通,促成销售。而一旦销售成功,经销商也有义务将客户信息及车辆信息及时反馈到 CRM 的数据库中。

除此以外,经销商广域网最为突出的功能是在线培训。在线培训不仅提供了最详尽的产品信息,还有竞争对手车型对比以及销售技巧等培训信息,帮助经销商进行销售人员的内部培训。上海大众各个车型的市场活动、最新的广告宣传及最新的销售政策都可以在经销商广域网上进行查询并下载。经销商甚至可以通过这个平台进行售点宣传材料和礼品的在线订购。同时,经销商电被要求跟踪反馈展厅每天的客流数量和电话问讯数量,以便于上海大众对各地区的媒体投放效果进行跟踪和评估。截至 2004 年 9 月,所有上海大众的特许经销商,共计 396 家都已经与经销商局域网相联,与上海大众进行全天候的沟通。

(3) 消费者网站。消费者网站包括两类:针对潜在客户和针对现有车主。

① 针对潜存客户的网站。上海大众针对每一款车型制作了一个官方网站,以便有购买意向的客户方便地查询产品信息、了解产品功能、下载产品图片。上海大众重复利用网络媒体的交互性,在每一个网站上都制作了一个精美的互动产品手册,潜在客户可以自己动手虚拟操作各项先进性能,重复感受和体验每个车型所带来的驾驶乐趣,从而激发出更为强烈的购买意愿。在此基础上,网站会要求消费者在线等级个人信息和购买意向,以便于客户开发中心的进一步沟通,从而逐步把有兴趣的普通消费者培育成热切的潜在客户。

② 针对现有车主的网站的详细介绍。该网站是车主俱乐部和忠诚度计划的一个互动渠道,利用车主俱乐部网站,现有车主可以更新自己的联系方式,便捷地查询与自己所购车型相关的全部信息,推荐朋友购车,也可以查询自己当前的俱乐部积分,享受积分换礼。上海大众还联系了各车载物品供应商作为忠诚

度计划的合作伙伴之一，车主可以在这个网站在线购买原配车载物品。同时，车主们可以了解最新的俱乐部活动、售后服务优惠等信息，全方位地体验上海大众对他们爱车的呵护。

3) 现有客户的忠诚度计划

针对现有车主的忠诚度计划，目的在于维系车主对上海大众品牌的认同感和自豪感。通过身体力行上海大众所倡导的生活方式，深入感受上海大众的品牌，将这种良好的品牌体验延续到下一辆车的购买决策中，并且将这种品牌体验传播到周围的人群中去，形成正面的口碑效应。

3. 上海大众CRM战略的实施特点

CRM作为一个全新的战略理念，它的实施必然对企业原有流程产生巨大的影响。而对出现的变革，上海大众作了充分的前期调研，了解了很多CRM实施的案例并在此基础上制定了详尽的实施计划。上海大众CRM战略的实施有两个显著的特点。

1) 项目实施自上而下

CRM战略理念得到了上海大众管理层的高度重视和大力支持。由于借鉴了其他公司CRM实施的许多经验教训，公司成立了专门的CRM部门，部门经理为上海大众德方总经理助理，项目进程直接向中德双方总经理汇报。在CRM项目实施初期，公司高层领导亲自组织召开由各部门一把手参加的启动大会。每一个新环节的推广，都首先在总公司各部门进行培训，在得到各部门的首肯和接受之后，CRM部门再协同各部门向各地区逐级推行。

2) 项目推广分阶段进行

项目的实施并没以一种好大喜功的方式迅速全面铺开，而是采用小规模试点、局部实验、全面推行的三步式实施方式。以经销商广域网为例，先在上海地区选取了6家经销商进行小规模的培训并进行试点。在这个过程中，与参与试点的经销商保持密切的联系，监控实施的每一个环节，了解实际操作过程中发生的问题并记录下来。经过一个月的小规模试点，对反馈和发现的问题进行了统一分析和集中处理，对衡量投资回报的些因素做了重新评估，又用了半个月的时间进行系统优化。之后在全国范围内选择了52家经销商，进行局部试验。由于一些操作环节中的具体问题在小规模试点中已经暴露并得到解决，对于人员抵触所可能造成的影响也有了处理经验，这次局部试验的综合反馈比小规模试点时更好。当然，也暴露出了一些由于地区差异考虑不足而产生的诸如流程和考核标准之类的问题。局部试验进行了6个月之后，上海大众顺利地将整个CRM战略和系统推行到了全国的销售网络，并将项目风险降到了最低。

思考与分析：

(1) 上海大众启动CRM系统的背景是什么？

(2) 上海大众汽CRM战略的重点是什么？

(3) 在线培训对公司最大的贡献是什么？

第 10 章 CRM 系统与企业

知识架构

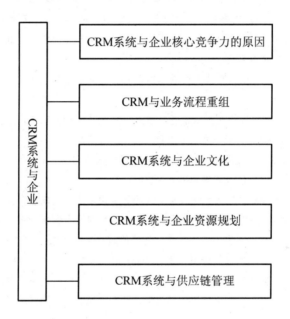

学习目标

通过本章的学习，应该能够达到以下目标。
熟悉客户的含义及其分类方法。
掌握 CRM 系统与企业核心竞争力。
理解 CRM 系统与供应链管理。
了解 CRM 系统与企业资源规划。
掌握 CRM 内容与作用。
掌握 CRM 系统与企业文化。

 导入案例

IBM信贷公司面向客户的流程再造

IBM信贷公司是蓝色巨人IBM的全资子公司,坐落于美国康涅狄格州老格林威治市,其主要业务就是为IBM的计算机销售提供融资服务。这是一项绝对赚钱的买卖,而且向顾客的此类采购活动提供融资服务的金融风险很小。但是,这种小额信贷的经济效益则主要取决于人均业务量。刚开始该公司的经营情况并不好。其早期的生产流程是按传统的劳动分工理论进行设计的,共包括6步流程。

第一步,"接待部"。如果IBM的客户需要融资服务,负责对该客户进行产品销售的IBM业务人员将代表该客户向IBM信贷公司提出融资申请,接待人员则在一张申请表上记录下该项申请。

第二步,"客户信用部"。申请表被送到楼上的"客户信用部",专业人员通过计算机系统审查申请人的资金信用情况,并签署审查意见。

第三步,"交易条款部"。根据申请人的具体情况对公司的标准贷款协议进行补充和修改,把一些特殊条款附加在申请表上。

第四步,"估价部"。估价员根据以上信息,借助计算机系统初步确定向客户征收的贷款利率,并把建议利率和确定的依据一起交给文书小姐,呈交给业务主管审批。

第五步,业务主管把所有的信息综合起来,形成最终的报价。

第六步,报价通过销售业务代表来通知客户。

在这种分工体制下,每份贷款申请无论其业务大小、金额多少,完成整个业务流程平均需要一周的时间,甚至有时需要两周的时间。而且,在申请表进入流程后就完全与销售业务代表无关,销售业务代表也就无法清楚了解其进程。从市场销售的立场来看,这样的过程实在太长了。

首先,客户可能去寻找其他的融资渠道,使得IBM信贷公司失去一笔贷款业务。其次,也是更为严重的后果,客户可能因为对融资服务的不满而放弃与IBM的合作,转而与竞争对手进行交易。尤其是小订单的客户,由于无法获得关于贷款申请的进展情况,甚至可能会因此而误会公司是在怠慢他们。尽管销售业务代表心急如焚,一遍遍地催促询问。但是没有线索,申请表已经消失在过程链中。

面对客户的抱怨和销售业务代表因此而失去订单时的愤怒,IBM信贷公司也曾经努力地做出过改进,尝试过许多办法。例如,公司专门设立了一个"控制服务台"。这样,信贷申请不再由原过程链中的上一个业务部门直接转送下一个业务部门,而是每一个业务部门把所完成的文件先送"控制服务台",由"控制服务台"工作人员将完成情况记录在案后再送下一个部门。

这样销售业务代表可以随时从IBM信贷公司的"控制服务台"获得关于"申请进展情况"的及时信息,不给客户造成"怠慢"的感觉。因为"控制服务台"清楚每一份申请在过程链中的具体位置。但是,这些措施并没有真正提高客户的"满意度",客户贷款申请需要等待的过程更长,代价更高。

申请整体的累计实际处理时间,即使加上各个部门重复花费在计算机系统输入和查询上的时间,总共也只需要90分钟。其他的时间都消耗在部门之间的表格传递和等待传递的搁置上。

可以清楚地看出:问题不在于单一的任务和执行这些任务的工作人员,而在于过程本身。原先的流程设计建立在传统的劳动分工理论之上,并假定每一次交易请求既独特而又复杂,因而需要4个训练有素的专业人员分工进行处理。实际上,这种假设是错误的,因为大多数客户的贷款申请既简单而又直截了当。

当IBM信贷公司的高级管理人员仔细观察各专业人员所从事的工作时,他们发现其中大多数都是不同程度地例行手续。这些任务的绝大多数并不需要训练有素的专业人员分工进行处理,借助一台计算机,一个经过一定程度系统训练的人就可以单独完成全过程的工作。

因此，IBM信贷公司取消了按照劳动分工设立的业务流程部门，重新设立了"交易员"岗位，使每笔业务从头到尾的全部工作都由一个"交易员"负责。

点评：

开发出适应新要求的计算机支持系统和专家小组支持"交易员"的工作。在绝大多数情况下，"交易员"在计算机系统的支持下完成工作。在"交易员"遇到很棘手的问题时，则可以从专家小组那里得到帮助，或将这些特殊项目移交给专家组解决。在"流程再造"后，IBM信贷公司取得了惊人的成就，为普通客户提供融资服务的平均周期缩短了90%(由原来的一周压缩到4小时)，特殊客户的特殊情况也得到了更为有效的处理。与此同时，由于客户"满意度"和"忠诚度"的大幅度提高，公司的业务量增加了100倍。

10.1 CRM系统与企业核心竞争力

1. 核心竞争力

"核心竞争力"的概念，最早是由美国密歇根大学商学院的普拉哈拉德教授和伦敦商学院的哈姆尔教授于1990年在《哈佛商业评论》发表的论文《公司的核心竞争力》中提出的。这一理论很快引起了学术界和企业界的广泛关注，而且尽管最初关于这一理论的讨论都是定性的，在学术界和企业界的共同努力下，有关企业核心竞争力的模型已经逐步走向定量化研究，发展成为一套比较成熟的企业竞争问题解决方法。

所谓企业核心竞争力，是指支撑企业可持续性竞争优势的开发独特产品、发展特有技术和创造独特营销手段的能力，是企业在特定经营环境中的竞争能力和竞争优势的合力，是企业多方面技能和企业运行机制如技术系统、管理系统的有机融合。

进一步讲，核心竞争力是企业长期内形成的、蕴含于企业内质中的、企业独具的、支撑企业过去、现在和未来竞争优势，并使企业在长时间内在竞争环境中能取得主动的核心能力。它不仅仅表现为企业拥有的关键技术、产品、设备或者企业的特有运行机制，更为重要的是体现为上述技能与机制之间的有机融合。企业核心竞争力是处在核心地位的、影响全局的竞争力，是一般竞争力如产品竞争力、营销竞争力、研发竞争力、财务竞争力等的统领。从企业核心竞争力不同表现形式角度可将企业核心竞争力分为3类：核心产品、核心技术和核心能力。它们之间关系密切，产品来自技术，技术来自能力——为了提高核心竞争力，一些公司最大限度扩展其核心产品在世界市场上的份额，为各种客户生产核心产品，使公司获得加强核心竞争力和扩展步伐需要的收益。

随着经济全球化进程的加快和以互联网技术为主导的信息技术的飞速发展，在更加复杂、激烈的竞争环境中，企业如何培育和提高企业的核心竞争力，将成为企业发展的最关键问题。CRM理论与应用系统在企业中的实施，将最直接地体现在企业核心竞争力的建设方面，从而使企业的核心竞争力建设，从对短期性资源优化配置能力的关注，延伸到对长期性资源优化配置能力的努力上。

换句话说，企业核心竞争力，将是CRM方案和系统建设的发力点，将使企业拥有比其竞争对手更强的长期性优化配置资源能力，确保企业可持续性生存和发展。运用CRM系统建设的企业核心竞争力，不仅是公司内部智慧、知识的汇总，是凝聚现有业务的"塑胶"，更将成为企业发展新业务、开拓新领域的"发动机"和"火车头"。

纵观当今世界上所有成功的跨国公司，无一不是具有独特核心竞争力的企业：或拥有优良的生产制造过程，或拥有卓越的质量控制方法、提供最佳服务的能力，或拥有开发新产品的高度创造力，或拥有降低生产成本的业务流程等。例如，日本本田汽车公司，其核心竞争力在于自己独特的、炉火纯青的发动机技术——这种技术推动日本本田汽车公司研制开发出多种高功能、高效率、低耗油、低污染并具有不同规格、不同性能的发动机产品，这就是公司的核心产品；从而使公司可以生产出一系列在不同领域都具有高度竞争能力的终极产品，包括本田轿车、本田跑车乃至本田割草机、本田发动机驱动的游艇等。

提高企业核心竞争力的重要性在新世纪内为越来越多的企业所瞩目。世纪之交在国际经济舞台上出现的，以欧美等发达国家为代表，涉及全世界范围内的一轮又一轮的企业购并浪潮，究其根本原因，都在于谋求构建新的、更高层次的核心竞争力。美国波音公司兼并麦道公司，成为飞机制造业的"全球霸王"，其核心竞争力大大超过欧洲空中客车；美国金融业中花旗集团和旅行者公司的合并，给全球金融界产生了地震般的冲击波；美国的福特公司购并日本的第五大汽车公司马自达；德国的戴姆勒·奔驰和美国第三大汽车制造厂克莱斯特合并，更是加快了全球汽车行业的重组步伐等。2000年全球最大的并购发生在英国沃达丰和德国曼内斯曼之间，并购金额达1 850亿美元；其他如美国在线(AOL)与时代华纳，并购金额达1 550亿美元；辉瑞制药与沃纳-兰伯特，并购金额达850亿美元；通用电气与霍尼韦尔，并购金额为450亿美元……所有这些跨国公司之所以在专业领域内展开一轮轮并购风潮，进行"强者恒强"的重新组合，由行业领域内的"领头羊"组成的行业"巨无霸"，主要是为了集合企业优势、抢占技术高地，从而让并购重组后的企业拥有别人只能望其项背、更无法轻言超越的核心竞争力。

事实上，企业竞争优势的源自哪里？企业持续发展的竞争优势又是什么？这一系列的问题一直是企业理论和战略研究迫切需要回答的命题。企业核心竞争力理论在20世纪90年代企业理论和战略管理领域异军突起。当时美国一批企业战略研究人员提出，必须重新认识和分析企业的竞争能力，他们通过对许多大公司的研究分析得出结论：企业成败关键在于是否拥有核心竞争力。

2. 管理趋势的转变

CRM的出现，使企业真正能够全面观察其外部的客户资源，并使企业的管理全面走向信息化、电子化，从而促使企业全面关注其核心竞争力的打造。企业核心竞争力成为企业建设CRM的发力点。企业想在瞬息万变的市场环境中立于不败之地，就必须依托现代化的管理思想和管理手段，有效地对企业的内部资源和外部资源进行整合。以CRM为代表的先进计算机管理系统在企业内外资源的整合中，不仅改变了企业的管理和运营模式，也直接影响到了企业竞争能力。CRM的出现体现了两个重要的管理趋势的转变。

首先，企业从以产品为中心的模式向以客户为中心的模式的转移。这是有着深刻的时代背景的，随着各种现代生产管理和现代生产技术的发展，产品的差别越来越难以区分，产品同质化的趋势越来越明显，因此通过产品差别来细分市场从而创造企业的竞争优势也就变得越来越困难。

其次，CRM的出现还表明了企业管理的视角从"内视型"向"外视型"的转换。众所周知，互联网的发展和在经济全球化、国际化的趋势下，企业之间几乎变成了面对面的竞争，企业仅依靠"内视型"的管理模难以适应激烈的竞争，因此必须转换自己的视角"外视型"地整合自己的资源。正因如此，CRM 将促进企业建设自身核心竞争力的速度和深度。

企业通过 CRM 系统实施形成的统一的客户联系渠道和全面的客户服务能力，将同样成为企业核心竞争力的重要组成。企业细心了解客户的需求、专注于建立长期的客户关系，并通过在全机构范围内实施"以客户为中心"的战略，通过统一的客户联系渠道，为客户提供比竞争对手更好的服务。种种基于客户关系和客户服务的核心竞争力因素，都将在市场绩效中得到充分体现。优质的服务可以促使客户回头购买更多的产品或服务，企业整个业务也将从每位客户未来不断的采购中获益。

在网络和信息技术高速发展的今天，消费者所面临的产品不断丰富化，使得消费者无论从选择渠道还是在产品种类的选择上都拥有很大的选择权，市场逐渐从"以产品为中心"过渡到"以客户为中心"。同时，企业之间不管在产品质量、技术、营销渠道选择，还是在服务方面都趋于同质化，这就使得企业之间的竞争日趋白热化。在以买方市场为主的市场上，切实满足客户的需求，提高客户忠诚度已成为企业针对客户管理的焦点，这正是 CRM 所倡导的。

3. 应用 CRM 建立企业核心竞争力的原因

转移一个企业的核心竞争力是其他企业所无法模仿的，保证企业在竞争中获得持续竞争优势。CRM 是新经济时代企业构建核心竞争力的关键。其原因如下。

(1) 现代企业竞争的实质就是客户资源的竞争，CRM 能够保证企业获得更多的客户份额。CRM 的两个根本任务是识别和保持有价值的客户。一方面企业的资源有限，另一方面，根据 20/80 定律可知，一个企业 80% 的利润往往是由最有价值的 20% 的客户提供，其余 80% 的客户是微利、无利甚至是会给企业带来负利润的。通过对有价值客户的保持能够保证企业维持较高的客户份额。

(2) CRM 揭示了两个重要的管理趋势的变革。首先是"以产品为中心"向"以客户为中心"的模式的转变，另外是，企业管理视角从"内视型"转换为"外视型"。这两个变革都有助于企业在新的环境下提高企业自身的竞争力。

(3) CRM 能够促进企业核心竞争力的持续提高。在 CRM 中，强调"一对一"的客户服务，这就有助于企业建立与每一位客户的学习性关系，是企业从每一次的客户接触中，增加对客户的了解，根据客户对企业提出的要求不断地改善，提高企业不断满足客户的能力。而这种持续的学习能力是竞争对手无法模仿的，增加了客户的成本，最终使企业的核心竞争力持续提高。

4. 通过 CRM 树立企业核心竞争力的途径

(1) 建立基于客户信息的统一数据库。企业实施 CRM 的前提是通过将企业中零散分布的信息进行集中、统一的管理，建立关于客户信息的数据库，实现信息的共享，打破企业内部各部门的界限，整合原本属于企业各部门分散的客户信息，并用现代化的技术和 CRM 系统进行统一的管理，从而保证各部门都能获得关于客户的完整、最新的、统一的信息，实现各部门的信息共享，协调各部门的行为。CRM 可以改变企业中营销人员、销售人员、服务人员以及设计人员等员工间"各自为战"的工作状况，使得企业所有的人员都围绕客户需求这一中心,开展工作,组成强大的工作团队。保证企业任意部门与客户接触时都可以提供统一的解决方案,再提高客户的价值的同时提高企业自身的竞争力。

(2) 通过与客户建立长期互动的客户关系,提高客户的忠诚度。首先,市场营销的规律显示:开发新客户的成本是维护老客户成本的 5 倍以上。通过与客户建立长期互动的关系,一方面,通过互动关系可以在老客户中进行交叉销售,提高客户在本企业的消费份额;另一方面,通过与客户的互动,可以将客户的不满和抱怨及早发现并解决,提高客户的满意度,防止客户流失。此外,CRM 中数据挖掘技术的应用可以帮助企业发现某些隐藏的、有价值的趋势,对决策提供支持。

(3) 满足客户个性化的需求,实现客户价值的提高。新经济时代,面对客户需求个性化趋势的不断加强,企业通过各种信息、通信技术的使用,满足客户个性化的要求,使得客户可以通过使用自己熟悉的、喜欢的渠道与企业进行交流,CRM 通过电话、Web 网页等技术的使用,可以实现"24×360"的服务模式,在给客户提供方便快捷服务的同时,提高了企业的竞争力。

总的来说,随着 CRM 理论的不断完善和实践的深入,以及信息技术的普及,通过 CRM 建立起企业的核心竞争力是新经济时代企业谋求持续发展的绝佳策略选择。

5. CRM 如何打造企业的核心竞争力

在 CRM 应用方案出现以后,也正是国际化的大公司,先行开始投入大量资金、人力,着手开发和应用 CRM 系统,以确保其核心竞争力的持久领先。这也更加有力地印证了 CRM 对于建设未来企业核心竞争力的巨大作用。CRM 将不仅帮助企业在管理客户关系方面表现更佳,而且将帮助企业更快、更好地打造核心竞争力。因为在新经济时代,以往代表企业竞争优势的企业规模、固定资本、销售渠道和人员队伍已不再是企业在竞争中处于领先地位的决定因素。由于新竞争对手和新机遇不断涌现,企业必须创造出新的结构以适应变化需求。依赖于客户生存的企业必须学会如何对待具有不同背景的客户,并借助相关系统满足客户的需求,加强对客户的吸引力。

经济全球化和电子商务的发展广泛而深入地改变着所有企业业务运作和管理方式,这使得企业核心竞争力的某些构成要素在形式和内容上将发生变化。由于企业竞争的基础和竞争优势的本质已经发生了变化,信息时代使地理和环境不再具有以往决定性的意义,规模和权力也不再能确保市场份额——技术发展和全球化趋势减弱或消除许多过去曾妨碍经济增长的障碍。企业与客户都可以在全球范围内建立彼此之间及与各类信息之间的连接,这不仅使客户可以寻找到能够满足其需求的最佳服务供应商,而且消除了现存市场上固有的进退壁垒。

总而言之,企业在市场中获胜所需的要素组合,如资源、人力、资本、信息等都可以很快被竞争对手复制——所以,企业的核心竞争力成为企业竞争制胜的唯一特有优势,而其中企业全面掌握的客户信息、对客户需求的了解及良好的客户关系本身,在核心竞争力体系中的地位就更加突出。

联想电脑公司总裁杨元庆在 COMDEX CHINA 2000 上做的题为《电子商务时代的 IT 产业》的演讲中,曾举过一个例子,非常形象地阐明了企业在互联网时代将进行核心竞争力全面调整的问题。他称自己曾在我国台湾地区拜访过一家传统做分销的公司——专门给那些做兼容机的小公司提供所需的零部件、主板、电源、软硬盘、显示器这样的外设，规模很大，有几千家遍布全岛的代理网点和仓库，每几十分钟就有一班货车从仓库出发到全岛各地。这个企业目前的电子商务规划是，正在建设信息系统、实现网上订单、网上支付，并不断强调其仓储、配送、速度优势，因为有稳固的客户群，而且增加了网上订货、支付服务后，这些客户应更满意。杨元庆同时举了一个电子商务企业的运营模式，这家企业完全没有库房，但有很多关系很好的零部件供应商($C_1 \sim C_n$)，而且他们之间的信息系统是互通的，也就是说用户的订单 X 进来后，经过其信息系统分解后，属于 C_i 的供货的部件，系统自动以订单形式分配进入 C_i 的信息系统，C_i 按照供货要求备好货后(可能采取的是前例的生产方式)，由公共的物流公司从 C_1、C_2……的库房直接取齐订单 X 所需的全部部件后直接交付给用户。并且后者的更大特色是它提供一项增值服务，那就是它有一支庞大的测试队伍，对各种可能的零部件组合都进行过测试，并且通过 Web 方式，当用户在线订购这些部件后就能立即明确被告知合不合理、或兼不兼容，也就是说这家企业把自己的核心竞争力建立在技术测试等附加价值上，而不是像其他企业那样只片面强调库存齐全、配送快速。如果这样，那些简单理解电子商务——在原流程不变的情况下，仅是加强信息化建设的企业将会面对怎样的挑战呢？事实上，这也是我们今天大多数企业管理者必须考虑的问题。

6. CRM 打造企业核心竞争力步骤

(1) 企业通过 CRM 系统实施形成的统一的客户联系渠道和全面的客户服务能力，将成为企业核心竞争力的重要组成。企业细心了解客户的需求、专注于建立长期的客户关系，并通过在全企业内实施"以客户为中心"战略来强化这一关系，通过统一的客户联系渠道为客户提供比竞争对手更好的客户服务，这种种基于客户关系和客户服务的核心竞争力因素，都将在市场和效绩中得到充分的体现。优质的服务可以促使客户回头购买更多的产品或服务，企业整个业务也将从每位客户未来不断的采购中获益。

(2) CRM 系统将为企业创造出先进的客户智能和决策支持能力，这为打造企业核心竞争力中的战略决策能力和总体的规划都将起到重要的保障和促进作用。CRM 能够使企业跨越系统功能和不同的业务范围，把营销、销售、服务活动的执行、评估、调整等与相关的客户满意度、忠诚度、客户收益等密切联系起来，提高了企业整体的营销、销售和服务活动的有效性；同时对客户信息和数据进行有效的分析，为企业商业决策提供分析和支持，这将从根本上总体保障企业投入足够而适当的资源建设其核心竞争力。

(3) CRM 系统还将保证企业核心竞争力的持续性提高。因为 CRM 在功能方面实现了销售、营销、服务、电子商务和呼叫中心等应用的集成，其目标是持续提高企业的运营和管理的先进化、自动化水平。CRM 系统自身具有能动的持续进步的能力，将保证企业不断根据其资源状况和市场竞争情况，调整竞争战略、突出产品或技术优势，在拥有良好而稳定的长期客户关系的基础上获得不断的市场成功。这些能力对于企业核心竞争力中的相关构成要素将起到持续的推动和促进作用。

(4) CRM 将创建企业基于互联网络的管理应用框架，使企业完全适应在电子商务时代的生存和发展。CRM 将推动企业在互联网环境下的高速发展——企业只有通过全面的改革、通过实施和应用 CRM，才能具备在互联网环境下适应变化、不断创新、不断超越的能力，这也是互联网和网络经济赋予企业核心竞争力的新的含义。

7. CRM 环境下核心竞争力的功能焦点

CRM 环境下核心竞争力的三大功能焦点是：客户价值、创造性和延展性。正因如此，未来企业实施 CRM 打造出的核心竞争力将与传统形式发生彻底的变化。以价值焦点的思维方式，结合企业未来目标，以及如何将之动态最大化的方法来分析 CRM 对企业核心竞争力的贡献，应当说，CRM 环境下，企业核心竞争力的三大功能焦点将得到前所未有的强化：

1) 充分的客户价值

CRM 体系下，富有战略价值的核心竞争力，首先能够按客户愿意支付的价格为其提供根本性的好处或效用，也即能为客户带来长期性的关键性利益——对他最重视的价值有重大贡献。这种充分的客户价值，将不仅为企业创造长期的竞争主动权，也会为它创造超过平均利润水平的超值利润。

2) 高度的独创性

CRM 体系下的企业核心竞争力将更为企业独自拥有，成为企业在发展过程中长期培育和积淀而成的，孕育于企业文化，深深融合于企业内质之中，难以被其他企业所模仿和替代的能力。此外，CRM 还将提高企业专长独创性的持久程度，强化企业专有能力存在的基础。通过 CRM 内化于整个企业组织体系中、建立在系统学习的经验积累之上的企业专长，比建立在个别专利、个别技术骨干或某个出色的管理者基础上的专长，具有更好的独创性。

3) 多元的延展性

拥有强大的核心竞争力，意味着企业在参与依赖核心竞争力的相关产品市场上拥有了选择权。CRM 环境下的企业核心竞争力是一种基础性能力，是一个坚实的"平台"，是企业其他各种能力的统领，可以支持企业向更有生命力的新事业领域延伸和扩展。企业核心竞争力的多元延展性保证了企业多元化发展战略的成功。如果缺乏延伸和扩展功能，企业就不能获取领先地位，失去的不仅仅是一种产品的市场，而是一系列的行业市场和商机。

美国思科系统公司(以下简称思科)的成功是世人所共睹的，思科也无疑被视为美国新经济的代表者之一。事实上，思科就是一个实施 CRM、打造出自己的核心竞争力、从而获得巨大成功的企业。思科公司的 CRM 方案中，全面采用了如 Oracle 数据库、互联网技术平台及前端应用程序，建设了面向全球的交易系统，并已将市场及服务扩展到了全世界的 115 个国家，并在客户服务领域也全面实施了 CRM——这不仅帮助思科顺利地将客户服务业务搬到互联网上，使通过互联网的在线支持服务占了全部支持服务的 70%，还使思科能够及时和妥善地回应、处理、分析每一个通过 Web、电话或其他方式来访的客户要求。实施 CRM 使思科创造了两个奇迹，一是公司每年节省了 3.6 亿美元的客户服务费用；二是公司的客户满意度由原先的 3.4 提高到现在的 4.17，在这项满分为 5 的调查中，IT 企业的满意度几乎没有能达到 4 的。先进的 CRM 系统为思科创造了极大的商业价值：在互联网上的销售额达到了每天 2 700 万美元，占到了全美国互联网销售额的一半以上；发货时间由 3 周减少到了 3 天；在新增员工不到 1% 的情况下，利润增长了 500%。

思科在实施 CRM、打造核心竞争力方面可谓是煞费苦心和别出心裁。例如，在设计企业组织体系时，思科一方面将配货商、制造商和装配商密切联系起来，每个成员享有平等的地位——CRM 实现了利用先进的网络技术使各企业间的技能和知识充分的交流，让业务流程衔接得既便捷又紧密、经济，从而使各成员都获得了传统组织中为分工协作所付出的计划、指挥、协调及监控等成本费用的大幅削减所带来的好处；另一方面，思科又通过系统化结构分析，将软件与网络开发部门列为企业最主要的职能部门，把企业的战略资源尽量集中到这一核心能力的开发上，而将非核心的业务以外包的方式，承包给企业松散的合作伙伴或其他企业，降低了外部交易成本和核心能力丧失的风险，使自己的生产能力提高了 4 倍。又如，CRM 环境下由于信息提交方式和速度的改进，要求企业简化其客户服务过程。思科就大力推行客户"自助式服务"，认为没有人比客户自己更愿意帮助客户；同时，只要客户能够得到适当的工具，他们非常愿意自己帮助自己。思科建立的自动化客户服务体系大受成功，既提高了客户满意度、降低了成本，同时客户对这一自我服务模式做出的积极回应为思科节省了大笔其他的开支和费用。因此可以这样说，思科的持续竞争优势和核心竞争力的获得，应归功于其在 CRM 管理环境下成功实施了以分立化、扁平化为特征的组织再造和业务流程重构，也与 CRM 系统为公司带来的客户价值、创新性和延展性是分不开的。

10.2　CRM 系统与业务流程重组

　　美国麻省理工学院迈克尔·哈默教授于 1990 年在《哈佛商业评论》上首次提出业务流程重组(Business Process Redesign，BPR)的概念。后来在和 CSC Index 的首席执行官詹姆斯·钱皮合著的《重组企业》中，他们将 BPR 定义为：BPR 就是对企业的业务流程进行根本件的再思考和彻底性的再设计，从而获得在成本、质量、服务和速度等方面业绩的戏剧性改善。根本性表明业务流程要对企业的核心问题进行思考；彻底性设计意味着对企业流程的彻底构建；戏剧性表明企业的业绩要有显著地增长。一切的重组都围绕着业务流程。业务流程是指一组共同为客户创造价值而又相互关联的活动。BPR 理念一经出现，就引发了一场管理思想的革命。

　　信息技术给企业带来机遇和挑战。将信息技术引入企业的管理来提高企业的管理效率早已成为良好的愿望。近几年管理信息系统软件的市场日见增长，但与此不成对应的是其所带来的管理效率的改善并不明显，更重要的是企业实施管理信息系统一般来说其成本是高昂的。这就是所谓的"IT 黑洞"。究其原因，主要是由于源于手工劳动的业务流程与支持信息化管理的技术不相匹配。同样，一种新的管理理念，如果不触及业务流程的革新，则无异于新瓶装旧酒，其最终的效果是不言而自明的。据德勤的调查报告，在接受调查的实施客户关系管理策略的企业中，只有 1/2 的企业获得了明显的企业效益。同样的结果在 MRP II 及 ERP 管理中也出现了。原因是多方面的，但业务流程的重组是一个主要因素。CRM 策略要实施，配套的业务流程重组必须跟上。BPR 为 CRM 的成功提供了保证。

　　CRM 是企业成功的关键之一。纵观思科、戴尔、惠普及宝洁，其成功无不得益于 CRM 策略的实施。实施 CRM 策略就是要在企业的组织结构、业务流程、技术支持和客户服务上针对具体的企业进行以客户为中心的改造，而这些必然涉及 SCM、EPR 和 BPR。CRM、ERP、SCM 和 BPR 四者之间，CRM 是根本，以客户需求拉动来进行供应链设计，围绕客户满意来实施 ERP 的物流和资金流管理，处处以能否为客户和企业带来价值增加为标准来消除、减少无效业务流程，精简优化企业的流程、实施 BPR 管理。从 CRM 的内容上来说，SCM 是企业以客户为中心所采取的战略选择，ERP 和 BPR 是企业以客户为中心来实施的组织流程管理。而这一切都是建立在对企业客户需求正确分析的基础上，并最终要服务于以客户为中心的企业客户服务。

从 SCM 的角度来讲，CRM 和 EPR 是 SCM 的相辅相成的两个组成部分。CRM 涉及企业与最终客户的直接关系管理及与其分销商、零售商(广义上讲仍是企业的客户)的关系管理。它为 EPR 管理提供决策信息，达到两者的最终的整合管理。无论是 CRM，还是 EPR，如果不涉及企业的业务流程管理的变化，就不会给企业带来实质性的业绩提高。面对竞争所带来的机遇与挑战，企业组织结构扁平化、网络化，企业运作流程化，企业管理分权化，才能实现 SCM 的柔性、高效和低成本，而这必须要进行企业的 BPR，否则，部门间、企业间管理协调的巨大成本将完全抵消 SCM、CRM 及 ERP 实施所产生的业绩。

一方面，作为一种思维方式，BPR 力求打破组织边界，将多层次的纵向传递模式转化成一种少层次的扁平组织结构。现代信息技术则促进了 BPR "平面流程式"模式的形成。BPR 的实践发展到今天，信息技术已经是 BPR 不可分割的组成部分，合理运用信息技术成为 BPR 的难点和要点所在。

另一方面，人们也越来越认识到，信息技术和互联网已经或必将带来企业组织架构、工作流程的重组及整个社会管理思想的变革。信息系统及其包含的管理理念的实施和应用，不可避免地要对企业原来的管理方式进行改变。

经过实践和时间的检验，在大型的信息系统的建设或实施过程中，BPR 或与之类似的过程成为不可缺少的项目阶段，为企业业务流程和管理制度的变革提供了具体的思路和方法。

作为一个管理信息系统和人机系统，CRM 系统的实施符合信息系统建设的一般规律。也就是说，在实施 CRM 系统时，一方面进行 CRM 软件系统的建设，建立一个信息技术的系统，另一方面进行管理的改善，建立与 CRM 系统相符合的人的系统。

在 CRM 的实施时，BPR 的价值在于，通过 BPR 工作建立一套在网络环境下、信息充分共享环境下的营销管理体系和制度。我们在与一些企业接触的过程中发现，在 CRM 应用的"管理"本质上，一些企业的领导经常下不了决心，或容易动摇，一会儿说 CRM 项目是个管理工程，一会儿又说是信息化项目，不涉及管理的调整照样能做。从这一点上来说，他的思路是不清晰的，是感觉在起作用，而不是"知识"在起作用。

在很多企业，在应用 CRM 过程中，要通过 BPR 工作对企业原有的营销体系进行重新设计，建立一套崭新的 B2B 扁平化营销体系，这将会涉及企业原有部门/分公司/办事处岗位、职能的重新定位，另外，还可能涉及销售体系与物流体系的分离，第三方物流的引入与结算体系设计，供应链上分布库存控制策略调整及企业营销组织架构的重新设计等。CRM 应用能否取得成效在很大程度上取决于 BPR 阶段或与之类似的工作阶段，这是 CRM 应用成功难点之所在。

就 CRM 的软件实施来讲，CRM 的实施路径(特别是中小软件)要比 ERP 简单些，而且，CRM 的实施需要大量的客户化工作。有鉴于此，有科学管理的支撑就更为重要，因为，只有在管理方法、业务流程、岗位设置等方面思路清楚后，才能进行客户化工作。在系统实施之前或实施之中进行的 BPR 工作的重要作用就在于理顺管理方法、业务流程、岗位设置、管理制度等。对于运用 CRM 的企业或提供 CRM 方面的咨询服务的机构来说，BPR 方面的经验、ERP 方面的经验、BPR 与 ERP 相结合方面的经验将为 BPR 与 CRM 的结合带来很多的帮助。

总之,在实施过程中,应正确认识 CRM 与 BPR 相互影响、相互制约的关系。一方面,以 BPR 作为流程改造的工具,设计并构造新营销模型。在进行 BPR 工作时,利用 CRM 系统来简化流程,设计的流程要考虑到软件系统实现的可能性。另一方面,在 CRM 系统实施时,要灵活选择各种路径或通过客户化的方法来满足 BPR 设计方案的要求。

10.3 CRM 系统与企业文化

CRM 有助于企业建立以客户需求为中心的企业文化。客户资源已成为企业竞争中的关键,这就需要在企业中从高层到基层都要意识到客户对于企业的重要性。通过在企业中实施 CRM 项目,可以将"以客户为中心"的思想融合到企业文化当中。这不仅是实施 CRM 的结果,也是对企业的要求。从文化这种软因素上,塑造以客户为中心的思想,有助于企业实施 CRM 项目的成功。其次,为企业实施"一对一"的个性化服务搭建平台。在电子商务时代,一方面,客户的个性化需求趋于明显;另一方面,客户的转移成本降低,客户的忠诚度更非易事。CRM 是以 Internet 作为基础构架,这就打破了时间和空间的限制,使企业在全球化的环境下,实现一天 24 小时,每周 7 天的访问。大大加强了企业与客户的个性化沟通渠道建设,促进企业从传统模式向电子商务模式的转变。再次,在 CRM 理念的指导下促进企业业务流程的变革,实现企业内部各部门的协作与信息共享。CRM 的成功实施,对企业的流程和组织结构都提出了严格的要求。

企业文化(Corporate Culture),或称组织文化(Organizational Culture),是一个组织由其价值观、信念、仪式、符号、处事方式等组成的其特有的文化形象。

1. 优秀的企业文化是 CRM 的实施前提

文化是一系列价值观和行为规范的总和,是一种风俗、习惯,特别是舆论。而企业文化的含义是,在一定的社会、经济、文化背景下的企业,在长期的发展过程中,逐步形成和发展起来的日趋稳定的价值观,以及以这种价值观为核心所形成的道德规范、行为准则、风俗习惯等。企业文化对 CRM 战略的设计、目标制定与实施有着极其重要的作用。CRM 实施应用能否成功,不仅与 CRM 方案供应商的实施经验和技术水平有很大的关系,而且与企业自身的推进力度有很大的关系。成功的 CRM 实施所关注的不仅是 CRM 系统的安装、调试、培训等工作本身,而是把更多的精力放在理念贯彻、思想融合方面。企业文化虽然不同于企业制度那样对员工有强制约束力,但作为企业全体成员共同的思维和行为习惯,对企业的影响力却非常大。成功地实施及应用 CRM 系统,必须要有与之相适应的企业文化做支撑。而怎样让上至最高管理人员下至一般员工都能从思维和行为习惯上真正地聚焦到客户身上,是实施 CRM 的精髓。从本质上说,CRM 不过是一个"聚焦客户"的工具。因此企业要成功的应用 CRM,应该从以下几个方面对企业文化进行改造。

1) 关注客户个性需求

CRM 的实施虽然在形式上表现为一些软件包的组合、调试、安装、测试和运行,但是蕴藏于信息管理的核心的是一种新型的理念。如果给传统型的企业,尤其是制造业的企业,画一个流程图,就不难发现这些组织都是围绕着产品生产的。每一个产品型号都对应有一整套从原材料的购买、加工、组装、库存到销售、维修的多环节的单向流程，因此整个企业的销售策略就是"推出"式的。过去这种企业流程可以满足公司的生存发展需要，是因为多数情况下，客户没有足够的信息进行选择，尤其在朝阳工业中，客户基本上要跟随企业的创新节拍，不断进行产品的升级换代，因此这种"推销"和与之相匹配的"大众营销"(Mass Marketing)还不失为一种行之有效的经营策略。但是现在客户越来越有自我选择权，也越来越不受大众媒体的影响。就是在高科技行业中，潜在客户也越来越少地坐在家中等待别人把宣传册送到手上，或仅仅根据谁的广告打得响来进行购买决策了。资料表明，越来越多的消费者在选择商品时，将能否满足个性需求当做首要前提，那种仅仅适应大众人群的产品竟有近八成无人问津。全球经济一体化使商品能够在全世界范围内自由流动，卖方市场的膨胀使消费者对商品的选择大有余地，"个性化"和"多元化"的价值观念及消费需求，促使消费者在选择商品时将个性化需求提到了前所未有的高度。

2) 重视客户利益，让客户满意

企业在以前的市场竞争中，往往会形成一种以企业本身利益最大化为目标的企业文化，这种文化因为能够有效地使企业各个资源围绕企业如何获取最大利润而展开，在很长一段时间内为企业的发展带来了帮助。于是"盈利为唯一目标"成为企业经营的唯一定律。在这一指导思想下，许多企业为获利自觉不自觉地损害了客户的利益，客户对供应商或品牌的忠诚度普遍偏低。开发一个新客户的成本是保留一个老客户成本的 5～10 倍，企业这种以自身利益为唯一目标的做法极有可能导致老客户不断流失，企业的利益自然也会因此受损。重视客户利益，让客户满意是提高客户对企业的忠诚度的有效方法。企业由于客户的忠诚度，不仅可以低成本地从老客户身上获取利益，而且可以因客户推介而提升新增客户销售额。

3) 传统的推销型的企业转变成新的"客户拉动"式

客户对产品的了解越来越多的时候，推销的"推"就会变得更加无能为力。"大众营销"则更可能为别人做了"嫁衣裳"，那些花钱做新产品广告的厂家不一定能够得到订单，因为它只是介绍了新产品，而客户可能自己去寻找其他的更能够满足他的特别需求的供应商。因此，当用户掌握了足够多的信息之后，销售就从供应商的"推"变成了客户主动的"拉"，顾客心中已经大致明确了他需要的产品和服务，并已经确定了他的预算：与其做大量昂贵的广告，无针对性地发大量的宣传资料，不如抓住这个客户主动发出的"拉"的信号。如果这时公司销售人员能够及时地探测到这个潜在客户心中的需求，根据这些信息提供更有针对性的产品和服务，就可以准确无误地把客户的心抓住，发展成为忠实"回头客"。由于 Internet 和各种通信技术的飞速发展，通过这种大量的持续的"一对一"的客户接触所需要的费用正在大幅度降低，如果把大众营销的开支平均到每个新客户来比较一下，我们可以发现用"拉"的方式效率更高，而效果也更令人满意。CRM 的效用正是这样体现出来的。

2. CRM 是企业文化的完善

企业发展到一定阶段以后，企业文化会对企业的发展带来不可估量的影响，初创期的企业，往往会因为企业的产品特色、市场营销特色而使企业获得卓越声誉，而另外一些老牌企业，如 IBM 等公司，其独特的企业文化是支撑企业不断发展的秘籍。网络及由网络所带来的新的管理技术和管理思想，正以前所未有的速度在各个企业间迅速普及，并对企业原有的企业文化带来一次全新革命。在这些对企业文化带来巨大变革的管理技术和管理思想中，CRM 是一股强大而首要的力量。CRM 作为一种全新的战略思维和工作方法，以其独特的魅力和巨大的冲击力，正在逐渐变革传统企业已经形成的文化机制。这些变革主要是由重视企业内部价值和能力，变革为重视以客户资源为主的企业外部资源的利用能力，以及因此而带来的由重视企业与员工、员工与员工之间的关系性变革为重视企业与客户、员工与客户的关系；由重视企业利润变革为重视客户利益；由关注客户群体需求变革为关注客户个性需求；由面向理性消费的经营思路变革为面向情感消费的经营思路等诸多文化因素的变革。现在，已经有 93% 的 CEO 认为 CRM 是企业成功和更富竞争力的最重要因素。

1) CRM 完善了企业文化系统

(1) CRM 是消费与生产同一性的客观必然表现。所谓 CRM 简单来说，是企业旨在沟通顾客，顾客参与，与顾客共创利益的企业主动采用的经营管理策略。它要求企业利用先进的信息技术建立顾客信息数据库，数据库的内容包括客户所有的基本数据档案，沟通记录，信息处理方式等消费信息。以此数据库为基础建立 CRM 系统，对数据进行整理、归类、分析，并将客户资源在适时和保密基础上为企业各部门所共享，作为以顾客需求为工作导向的共同价值观来统一企业的生产经营活动。CRM 策略的出现和实施是企业为适应消费市场、消费文化的变化而采取的竞争性策略，也正是生产与消费同一性在现代社会经济生活中客观的、必然的反映。CRM 不单单是企业营销策略的改变，而是牵涉整个企业经营理念的变革，牵涉企业内部各部门结构和关系的协调，生产经营流程的改变，更重要的是经营管理指导思想的改变，企业文化系统的改变。

(2) CRM 是企业文化与消费文化的融合。CRM 是"以客户为中心"的新的企业文化的具体体现。消费者已不再安于被动的消费，他们甚至要求作为设计和生产的参与者与企业一起按照自己的要求和创意去生产满足自身个性化需要的产品，同时体现了自身的价值和创作欲的满足。这种个性化消费已成为新世纪消费文化的特征。面对汹涌而来的新的消费需求和消费文化，企业唯有满足市场和消费者的需要，才能立于不败之地。传统的生产性企业要改变为"以客户个性化消费"为导向的生产经营模式，企业文化要与消费文化相吻合，保证价值取向一致。必须真正找到了解顾客，与客户沟通的渠道来实现企业新的生产经营模式。CRM 的实施客观地适应了市场的变化和消费文化的改变，成为企业与客户问题的最好渠道，成为企业文化与消费文化相吻合的结合点，使企业主动地完成了企业文化向消费文化的自然扩展。

2) CRM 扩展了企业文化的内涵和边界，为企业实体的发展起到了先导作用

(1) 客户关系管理是企业管理中人本思想的体现。企业是人类的生产组织，企业的生产过程是由人来完成的；同样产品的消费也是由人来完成，生产就是为了满足消费的不断增长的需要。在满足消费者都需要的过程中，企业才能实现利润。所以人是生产的主体也是消费的主体，尊重人、关心人，调动人的积极性是每个企业生产经营管理中成败的关键。

(2) CRM 巩固了企业资源。CRM 系统的建立，CRM 与企业文化的整合，使得企业文化内涵得到了充实和加强。CRM 把原来存在于企业之外的分散、松散、不确定的客户资源进行整理，挖掘和发展，建立起经常、稳定的资源库，并且以计算机信息技术实行管理，通过这个系统企业与客户沟通信息，同时进行了感情上的联系和培育，使得在企业外围形成了一个相对稳定的、忠诚度不一的客户群，在企业的氛围下形成"宾至如归"的感觉。

使得企业文化的"场效应"变得实在，成为相对紧密的实体。再通过这一实体的辐射和传播，又可感染客户周边的人，使得企业文化的影响范围更大，形成一个良性的动态的企业边界外围的保护层。

(3) CRM 在企业文化体系中的协调作用。CRM 是企业作为建立"以客户为中心"的新的经营理念、新的企业文化的具体体现。因此，在企业内部，通过 CRM 系统可以将原有的企业文化进行协调，整合到新的价值理念上来，从而主动与市场接轨，达到与各种消费文化的协调、适应和融合。反过来消费文化又可通过 CRM 系统与企业文化沟通，了解企业的理念、方针、产品和服务，易表达消费的意向和消费的个性，从中得到企业的回复。在这个渠道上反复"一对一"地交流，从而达到两种文化的协调一致，实现双赢互利的局面。

企业文化是影响企业能否有效地建立与客户之间的良好关系的关键，是 CRM 能否发挥效能的前提条件。企业通过媒体、合作伙伴、员工等渠道传达给客户的感觉，会影响客户的选择。以客户为中心，以及由此而衍生的重视客户利益，关注客户个性需求，面向感情消费的经营思路等文化特征，是经改造后以适应新经济时代要求的新型企业文化特征。企业文化的改造是一个系统工程，不可能凭借一招一式就能成功，企业的文化改造应该从客户利益来定义企业经营理念，建立客户导向的经营组织，对员工加强培训。经过文化改造的企业，为实施 CRM 系统铺平了道路，使 CRM 的实施与应用水到渠成。同时，CRM 作为支持新型企业文化的有力工具，又对企业文化带来了新的变革。企业由重视企业内部价值和能力，变革为重视企业外部资源的利用能力，是 CRM 给企业文化带来的最大变革，企业文化的其他许多变革都是由这一变革所衍生的。当然，这些企业文化的变革，可以与旧有的文化传统兼容并蓄，只是在侧重点上向有利于客户关系资源利用方面倾斜。同时，企业对于以客户关系为主的外部社会关系的重视，并不表明企业就此可忽视内部资源的管理和利用。事实证明，不少企业在企业关系资源的利用方面，已经做到了内外兼顾。但是，当 CRM 理论的导入带来企业新旧文化冲突时，企业的旧文化应该让位于新文化，只有那些勇于革新旧文化的企业，才能贯彻 CRM 理论，使企业的文化意识形态全面提升，以适应新的经济环境，获得更强的生命力。

10.4　CRM 系统与 ERP

ERP 是 20 世纪 90 年代美国一家 IT 公司根据当时计算机信息、IT 技术发展及企业对 SCM 的需求，预测在今后信息时代企业管理信息系统的发展趋势和即将发生变革，而提出了这个概念。ERP 是针对物资资源管理(物流)、人力资源管理(人流)、财务资源管理(财流)、信息资源管理(信息流)集成一体化的企业管理软件。它将包含客户/服务架构，使用图形用户接口，应用开放系统制作。除了已有的标准功能，它还包括其他特性，如品质、过程运作管理及调整报告等。

ERP 同 CRM 一样，不仅是一种企业管理信息系统，更是一种管理的思想。ERP 管理思想的形成也是伴随着市场环境的变化演进而来的。它起源于物料库存管理。20 世纪 60 年代，为了降低物料库存的成本，人们提出了物料需求计划(Material Requirements Planning，MRP)的管理思想。到了 20 世纪 80 年代，企业为了实现生产、财务、销售、工程技术、采购等的集成化和一体化管理，对 MRP 进行了内容的扩张，称之为制造资源计划 (Manufacturing Resource Planning，MRPⅡ)，以区别于物料需求计划。到了 20 世纪 90 年代，市场环境的变化使得主要面向企业内部资源计划管理的 MRPⅡ 思想已经不适合企业竞争的需要，这时在 MRPⅡ 上扩展对供应商、分销商、零售商及最终客户的管理已经提上议事日程，这就是现在的 ERP 管理策略。显而易见，ERP 管理的核心是 SCM。但是在实际的管理实践中发现，笼统的 ERP 管理很难做到供应链的有效管理，人们再次将 ERP 管理策略界定于企业内部资金流与物流的全过程整合管理，即从原材料的采购到产成品完成这个过程的各种资源计划与控制管理，主要目标仍然是以产品为导向的成本控制。

可见，ERP 策略主要侧重于企业的后台管理，对供应链上核心企业的物流和资金流进行整合管理。而 CRM 策略主要是对供应链上的核心企业与其客户的关系进行管理的指导思想。这两者应该互为补充。CRM 为企业发现客户的问题、需求等信息，然后 ERP 根据客户的问题、需求组织物流、资金流来提供解决方案、进行生产，满足客户。CRM 只有与 ERP 策略的有效整合，才能保证高效的 SCM。

10.5 CRM 系统与 SCM

由于全球市场环境的快速变化，"纵向一体化"管理模式所造就的"大而全"和"小而全"企业越来越难以适应市场的需要，"横向一体化"的管理模式开始浮出水面，并很快风行，更多的企业将只专注于其具有核心竞争力的业务，而把非核心业务外包给其他的企业。在这种情况下，以核心企业为中心对与其相关的供应商、分销商、零售商及客户进行有效的管理就显得极为必要。否则，不同企业之间复杂的管理将为"横向一体化"设置昂贵的成本障碍。SCM 就是在这种情形下出现的。

供应链和 SCM 的定义有很多。关于供应链较完整的概念是：供应链是围绕核心企业，通过对信息流、物流和资金流的控制，从采购原材料开始，制成中间产品及最终产品，最后由销售网络将产品送到最终客户连成一个整体的功能网链结构模式；菲利普将 SCM 定义为：一种新的管理策略，它把不同的企业集成起来以增加供应链的效率，注重企业之间的合作。SCM 主要涉及 4 个方面的内容，即供应、生产计划、物流和需求。SCM 的最终目标是通过整个供应链企业的合作机制、决策机制、激励机制和自律机制等的管理来达到最终客户满意，满足其需要并留住客户。

一方面，SCM 是 CRM 的策略具体化。"纵向一体化"的企业要满足客户的多样、个性的需求，成本高昂、反应迟缓、客户满意度降低，导致客户流失。SCM 正是由此出发，目的就是要通过"横向一体化"的企业战略，通过选择战略伙伴对非核心业务的外包，建立企业动态联盟，优化物流、信息流和资金流，并行、及时、敏捷制造，通过这种企业虚拟来对客户多样、个性的需求做出快速的反应，提供优质的服务，提高客户的满意度和客户忠诚度，留住客户，取得供应链上所有企业的双赢。SCM 是从客户的需求分析出发，最终又回到客户需求满足的一种管理策略，是 CRM 策略的具体化，是企业面对客户需求变化所采取的一种战略性的选择。另一方面，SCM 中又包含了 CRM。以一条既定供应链进行研究，就不可避免地要涉及该供应链上核心企业的 CRM。从这个意义上讲，对一条供应链来说，CRM 是 SCM 的一个重要的组成部分。

目前的 CRM 研究主要集中于产品制造商(核心企业)与最终客户的直接关系管理上。事实上，供应链上制造商与最终客户的间接关系管理，即制造商通过分销商及零售商来与最终客户建立间接的关系管理的 CRM 还不多见，而这一部分应该是 CRM 的一个很重要的组成部分。

本 章 小 结

本章首先提出了企业核心竞争力的概念、管理趋势的转变、应用 CRM 建立企业核心竞争力的原因、通过 CRM 树立企业核心竞争力的途径、CRM 如何打造企业的核心竞争力、CRM 打造企业核心竞争力步骤、CRM 环境下核心竞争力的三大功能焦点：客户价值、创造性和延展性；然后阐述了 BPR 的概念、内容、重要性和价值；CRM 系统与企业文化关系，介绍了 ERP 的核心思想并与 CRM 做了比较；最后提出了供应链和 SCM 的概念并且指明 CRM 和 SCM 是息息相关的。

关键术语

核心竞争力、BPR、企业文化、ERP、SCM

课 后 习 题

1. 填空题

(1)"核心竞争力"的概念，最早是由美国密歇根大学商学院的普拉哈拉德教授和伦敦商学院的哈姆尔教授于 1990 年在_____发表的论文《公司的核心竞争力》中提出的。

(2) 企业核心竞争力是处在核心地位的、影响全局的竞争力，是一般竞争力如产品竞争力、营销竞争力、研发竞争力、财务竞争力等的_____。

(3) 世纪之交在国际经济舞台上出现了以欧美等发达国家为代表，涉及全世界范围内的一轮又一轮的企业_____浪潮。

(4) CRM 体系下，富有战略价值的核心竞争力，首先能够按客户愿意支付的价格为其提供_____的好处或效用。

(5) 拥有强大的核心竞争力，意味着企业在参与依赖核心竞争力的相关产品市场上拥有了_____。

(6) 企业核心竞争力的多元_____保证了企业多元化发展战略的成功。

2. 选择题

(1) 企业成败关键在于是否拥有( )。
A．核心技术　　　B．核心产品　　　C．CRM 系统　　　D．核心竞争力

(2)思科通过系统化结构分析，将软件与网络开发部门列为企业最主要的职能部门，把

企业的战略资源尽量集中到这一核心能力的(　　)上。

A．设计　　　　B．制造　　　　C．开发　　　　D．服务

(3)作为一种思维方式，(　　)力求打破组织边界，将多层次的纵向传递模式转化成一种少层次的扁平组织结构。

A．ERP　　　　B．BPR　　　　C．MRP　　　　D．MRPⅡ

(4)在CRM的实施时，BPR的价值在于，通过BPR工作建立一套在网络环境下、信息充分共享环境下的营销管理体系和(　　)。

A．工具　　　　B．方法　　　　C．目标　　　　D．制度

(5)SCM是CRM的策略(　　)。

A．内涵化　　　B．外延化　　　C．具体化　　　D．概念化

3．名词解释

(1) 企业核心竞争力　(2) BPR　(3) IT黑洞　(4) 企业文化　(5) 供应链

4．简答题

(1) 简述企业核心竞争力分为几类。

(2) 简述应用CRM建立企业核心竞争力的原因。

(3) 简述通过CRM树立企业核心竞争力的途径。

(4) 简述CRM环境下核心竞争力的三大功能焦点。

5．论述题

试述CRM打造企业核心竞争力步骤。

案例分析

万科的第五专业

就像相声里面有说、学、逗、唱四门功课，房地产业也有自己的看家功夫：设计、工程、营销、物管。在此基础上，万科经过多年的实践和反思，提出了"房地产第五专业"的理念，即CRM，企业也从原来的项目导向转为客户价值导向。

随着企业的发展，万科对服务愈加重视。1991年，它引入了"索尼服务"，1997年，企业更将全年工作的主题确定为"客户年"活动，1998年，企业成立了"万客会"，2000年，企业开通了网上"万科投诉"论坛，2002年，企业的主题年确定为"客户微笑年"。为使客户关系更趋科学、系统，2004年，成立了万科客户关系中心，2005年，企业提出了客户细分策略，成立了产品品类部……

为适应企业对CRM的更高诉求，万科主动引入了信息技术，探索实现了CRM的信息化。他们建立了客户中心网站和CRM等信息系统，从多个视角、工作环节和渠道，系统性收集客户的意见建议，及时做出研究和响应，这些意见和建议，还为企业战略战术开发提供了指引。万科的"第五专业"，成为引领企业持续发展、不断续写传奇的重要动力。

万科是中国房地产业的旗舰。这艘巨轮历经时间的考验，不断发展壮大，必有其成功的诀窍。重视客户关系，也许是其诀窍的核心。万科的CRM之旅，也经历了一个起步、摸索、学习、积淀、定型、发展的曲折过程。它对IT软件企业的启发有三：一是同为第三产业的企业，客户及其关系管理是企业的核心

竞争力之一，必须将其提升到战略的高度。二是不怕不懂行，就怕不努力。CRM 水平的提高，有赖于持续的探索、反思和改善，唯其如此，才有发展，才有进步。三要注意借鉴前人的先进管理和创新成果，总结形成符合本企业个性与行业特点的客户关系管理体系。CRM 作为一门科学，在近年来有了长足的发展，软件企业要着力提升自身客户管理水平，企业管理者和所有从业人员要在自身努力实践的基础上，通过学习借鉴他人的理论和创新成果，努力以少的成本，尽早拥有、提高这个能力。

1. 多渠道关注客户问题

倾听是企业 CRM 中的重要一环，倾听也是许多软件企业 CRM 中的薄弱环节。让我们看看，万科是怎样倾听客户声音的。

万科专门设立了一个职能部门——万科客户关系中心。这是真正意义上的"中心"。在万科，客户关系中心是整个公司架构中最大、最重要的一个部门。每个一线公司都设置专门的客户关系中心，虽然在行政上隶属于一线公司，但在业务上直受集团客户关系中心的领导。部门的主要职责，除了处理投诉外，还肩负客户满意度调查、员工满意度调查、各种风险评估、客户回访、投诉信息收集和处理等项工作。

集团客户关系中心是集团各地分公司的投诉督导和 CRM 研究部门，其职责是为一线公司投诉处理提供支持，促进客户系统内部知识共享，引导一线公司创建持续改进的 CRM 模式。

1) 协调处理客户投诉

各地客户关系中心得到公司的充分授权，遵循集团投诉处理原则，负责与客户的交流，并对相关决定的结果负责。万科规定：项目总经理就是客户关系问题的第一责任人，集团客户关系中心负责监控其服务质量，并协调客户与一线公司客户部门的关系。

2) 监控管理投诉论坛

"万科投诉"论坛由集团客户关系中心统一实施监控。2000 年，万科开通了客户投诉论坛，配合这个论坛，万科设立了专门的论坛督导员。规定业主和准业主们在论坛上发表的投诉，必须 24 小时内给予答复(请注意这个时间上的要求与承诺)。

3) 组织客户满意度调查

由万科聘请第三方公司进行，旨在通过全方位地了解客户对万科产品服务的评价和需求，为客户提供更符合生活需求的产品和服务。

4) 解答咨询

围绕万科和服务的所有咨询或意见，集团客户关系中心都可以代为解答或为客户指引便捷的沟通渠道。

客户对企业商品及服务的品评无外乎 3 种，一是肯定，二是不置可否，三是否定。面对肯定和缄默，软件企业界的人士比较容易陷入"陶醉"的状态。如果能够从陶醉中尽早清醒过来，引导客户提出更高的需求，对引导软件产品和服务产品开发设计将极具价值。面对否定，软件企业人士往往急于辩解，甚至插话打断客户的责难之语。实际上，这是很不明智的。批评使人进步。客户的责难往往说明两个问题，一是企业的商品和服务在设计上还有缺陷，有待改进之处，二是企业对商品和服务的宣传、培训不够，客户没有吃透你的产品和服务，企业应该做出适度的调整优化。这么重要的、有价值的意见和建议，因为急于辩解而打断，没有悉数掌握，是巨大的损失。万科认识到了客户问题的价值，广开渠道，耐心倾听，认真研究，足以说明其领导者的睿智，值得软件企业的朋友认真地学习借鉴。

2. 执子之手，相扶永远

随着企业的发展，万科对客户的理解也在不断提升。在"万科人"的眼里，客户已经不只是房子的买主，客户与企业的关系也不再是"一锤子买卖"。于是在 1998 年，万科创立了"万客会"，通过积分奖励、购房优惠等措施，为购房者提供系统性的细致服务。"万客会"理念不断提升和丰富，从单向施予的服务，到双向沟通与互动，再到更高层次的共同分享，"万客会"与会员间的关系越来越亲密，从最初的开发商与客户、产品提供方与购买方、服务者与使用者，转变为亲人般的相互信任，朋友般的相互关照。

1) "万客会"运作模式

"万客会"由集团总部统一管理，是各区域公司灵活开展的一个会员组织，其纽带是《万客会》会刊。各区域组织的会员活动在公司规定的范围内灵活组织，活动具体情况及效果备案交集团存档。

2) 客户加入"万客会"的方式

一是可以到深圳万科公司、万科开发楼盘的销售现场或万科已入伙楼盘管理处索取申请表格；二是通过万科网站申请；三是填写"万客会"的会员申请表。

客户加入"万客会"一年以上，即自动转为资深会员，在首次购买万科楼盘时，可享受特别的积分优惠。

3) "万客会"系列活动

"万客会"开展的活动包括：新老客户"欢笑分享积分计划"，推出"智能联名信用卡"，"客户微笑年"等主题活动，社区家庭运动会，社区文化节，欢乐旅游，亲子活动。

客户是企业生存与发展的基础，更是企业的至爱亲朋。万科对客户的理解，既有中国商业传统共识之"衣食父母"，更有和谐多赢发展的时代内涵。相比之下，一些IT软件企业将客户视作对手，视作"一箪食"、"一瓢饮"，求之拜若神明，弃之则如敝屣，真是令人唏嘘。万科就是一面镜子，建议有追求、有理想的软件企业界的朋友，都拿来照一照。

3. 万科 CRM 策略

客户满意度是一个重要的指标。在万科设计的客户满意度中，有三级指标：一级是考核性指标，具体包括用户的满意度和忠诚度；二级为具体方向性的指标，体现为用户提供的产品和各项服务内容，包括设计、工程、营销、物业等专业指标；三级为具体操作性的指标，体现用户感受各项服务内容的每个细节，如景观、门窗等。

1) 以客户为中心，让客户更满意

客户服务宗旨：为客户提供快捷、方便、优质的工程咨询和房屋质量保修和维修服务，兼顾企业内部协调、沟通和对施工单位的后续管理，并为客户服务全程各环节实施有效监控。

客户服务内容：售前服务，包括来访接待、售前咨询等服务内容；售中服务，包括签订购房合同、收款、办理按揭等购房业务中的服务；售后服务，包括物业交接、入伙组织、投诉受理、客户回访、房屋维修维护及组织社区文化活动等方面的服务内容。

客户服务制度：通过成立集团客户服务中心搭建客户服务平台，使全体职工明确衡量服务质量的标准就是落实让客户满意的要求，把质量标准与客户满意度挂钩。考核一线公司，不再以利润为第一考虑，而以客户满意度、员工满意度这两个指标为重要的考核标准。

客户服务范式：包括全员行动，对外服务承诺水准一致；跨部门的紧密协作，充分体现和固化在流程中；根据企业需求，实现个性化的业务流程定制；能够整合市场、销售、服务、物业等部门资源；系统敏感度高，对突发事件进行预警、快速反应、升级；贯穿客户完整生命周期全过程，完善客户服务机制。

2) 以客户满意度考核员工绩效

万科坚持每年进行客户满意度调查。万科将客户对工程质量的满意度作为工程系统考核的重要指标。同时，万科已经形成月度质量投诉及返修统计分析制度，该统计指标是万科对供应商、施工单位等合作伙伴进行的。

3) 与合作伙伴双赢发展

万科提出要构建全面均衡的公共关系网络。在这个网络里，既包括客户、投资者、合作伙伴，也包括同行、政府、媒体。万科出台了《材料设备采购规定》，推出统一采购模式，并引入"战略供应商"概念。美标、广日电梯等成为万科的战略供应商，与合作单位保持联盟关系。

• 万科没有刻意强调 CRM，而是将客户的利益，包括诉求真正放在心上、捧在手里、落实到了行动。这比有些企业花哨的语言，显得更具体、更硬朗、更有效。万科深知，对客户利益的关照需要每个子公司、每名员工的贯彻落实，而公司对子公司及员工的考核，是检验公司对客户真实看法的试金石，是引导下属企业及员工言行的指挥棒。为此，万科将客户满意度、员工满意度这两个指标设计为更重要的考核标准，利润则退居其次。

4. 万科的"6+2"服务法

万科有一个称为"6+2"的服务法则，主要是从客户的角度分成以下几步。

第一步是"温馨牵手"。强调温馨牵手过程中发展商信息透明，阳光购楼。万科要求所有的项目，在销售过程中，既要宣传有利于客户(销售)的内容，也要公示不利于客户(销售)的内容。其中包括一公里以内的不利因素，如一公里以内有一个垃圾场等。在售楼过程中要考虑到这个因素，并在定价上做出适当的减让。

第二步是"喜结连理"。在合同条款中，要尽量多地告诉业主签约的注意事项，降低业主的无助感，告诉业主跟万科沟通的渠道与方式。

第三步是"亲密接触"。公司与业主要保持亲密接触，从签约结束到拿到住房这一段时间里，万科会定期发出短信、邮件，组织业主参观楼盘，了解楼盘建设进展情况，及时将其进展情况告诉业主。

第四步是"乔迁"。业主入住时，万科要举行入住仪式，表达对业主的敬意与祝福。

第五步是"嘘寒问暖"。业主入住以后，公司要嘘寒问暖，建立客户经理制，跟踪到底，通过沟通平台及时发现、研究、解决出现的问题。

第六步是"承担责任"。问题总会发生，当问题出现时，特别是伤及客户利益时，万科不会推卸责任。

随后是"一路同行"。万科建立了忠诚度维修基金，所需资金来自公司每年的利润及客户出资。

最后是"四年之约"。每过四年，万科会全面走访一遍客户，看看有什么需要改善的。

指导思想也好，工作策略也罢，最终能够落地，付诸行动，产生结果，还要看具体的工作方法。万科这个服务法环环相扣，所指都是客户。如果我们的软件企业也有一套类似的服务法，IT 软件就会真正"创造客户价值"，就会赢得客户更多的理解与支持，IT 软件企业与客户双赢发展的关系就会建立健全，我国 IT 软件的春天也就为期不远了。

思考与分析：

(1) 万科借助于哪些途径与客户进行沟通，你认为最有效的是哪个途径？

(2) 万科 CRM 策略操作过程是否有效？有没有可以继续改进的方面？

(3) 在万科发展的同时，客户收到了什么效益？

参 考 文 献

[1] [美]菲利普•科特勒. 营销管理：分析、计划、执行和控制[M]. 9版. 上海：上海人民出版社，1999.
[2] [美]亨利•阿塞尔. 消费者行为和营销策略[M]. 韩德昌，译. 北京：机械工业出版社，2000.
[3] 马刚. 客户关系管理[M]. 大连：东北财经大学出版社，2008.
[4] 苏朝晖. 客户关系管理：理念、技术与策略[M]. 北京：机械工业出版社，2012.
[5] 周洁如. 客户关系管理经典案例及精解[M]. 上海：上海交通大学出版社，2011.
[6] [美]阿斯沃斯达蒙德尼. 价值评估[M]. 张志强，王春香，译. 北京：电子工业出版社，2002.
[7] [美]艾尔•里斯，杰克•特劳特. 定位[M]. 王恩冕，译. 北京：中国财政经济出版社，2002.
[8] [美]保罗•格林伯格. 实时的客户关系管理[M]. 王敏，林宁常，译. 北京：机械工业出版社，2002.
[9] [美]保罗•尼文. 平衡计分卡实用指南[M]. 胡玉明，译. 北京：中国财经出版社，2000.
[10] [美]戴维•杨，斯蒂芬•F•奥伯恩. EVA与价值管理实用指南[M]. 李丽萍，译. 北京：社会科学文献出版社，2002.
[11] [美]弗雷德里克•莱希•赫尔德. 忠诚的价值[M]. 常玉田，译. 北京：华夏出版社，2001.
[12] 顾君忠. 计算机支持的协同工作导论[M]. 北京：清华大学出版社，2002.
[13] 万建成，卢雷. 软件体系结构的原理、组成与应用[M]. 北京：科学出版社，2002.
[14] 王田苗，胡耀光. 基于价值链的企业流程再造与信息集成[M]. 北京：清华大学出版社，2002.
[15] [美]约瑟夫•派恩. 大规模定制：企业竞争的新前沿[M]. 操云甫，译. 北京：中国人民大学出版社，2000.
[16] [美]彼得•切维顿. 关键客户管理要点[M]. 李志宏，曹映芬，译. 北京：北京大学出版社，2005.
[17] [美]弗雷德里克•莱希赫尔德. 忠诚的法则[M]. 陈绍峰，译. 北京：中信出版社，2002.
[18] 韩小芸，汪纯孝. 服务性企业顾客满意感与忠诚感关系[M]. 北京：清华大学出版社，2003.
[19] 刘嘉焜，王公恕. 应用随机过程[M]. 2版. 北京：科学出版社，2004.
[20] [美]克里斯蒂安尼. 支持向量机导论[M]. 李国正，译. 北京：电子工业出版社，2004.
[21] [加]杰姆•G•巴诺斯. 客户关系管理成功奥秘：感知客户[M]. 刘祥亚，郭奔宇，王耿，译. 北京：机械工业出版社，2002.
[22] 齐佳音，舒华英. 客户价值评价建模及决策[M]. 北京：北京邮电大学出版社，2005.
[23] 王永贵. 顾客资源管理：资产、关系、价值和知识[M]. 北京：北京大学出版社，2005.
[24] 王迎军，柳茂平. 战略管理[M]. 天津：南开大学出版社，2003.
[25] 郑玉香. 客户资本价值管理[M]. 北京：中国经济出版社，2005.

北京大学出版社本科财经管理类实用规划教材（已出版）

财务会计类

序号	书名	标准书号	主编	定价	序号	书名	标准书号	主编	定价
1	基础会计（第2版）	7-301-17478-4	李秀莲	38.00	24	财务管理理论与实务	7-301-20042-1	成兵	40.00
2	基础会计学	7-301-19403-4	窦亚芹	33.00	25	税法与税务会计实用教程（第2版）	7-301-21422-0	张巧良	45.00
3	会计学	7-81117-533-2	马丽莹	44.00	26	财务管理理论与实务（第2版）	7-301-20407-8	张思强	42.00
4	会计学原理（第2版）	7-301-18515-5	刘爱香	30.00	27	公司理财原理与实务	7-81117-800-5	廖东声	36.00
5	会计学原理习题与实验（第2版）	7-301-19449-2	王保忠	30.00	28	审计学	7-81117-828-9	王翠琳	46.00
6	会计学原理与实务（第2版）	7-301-18653-4	周慧滨	33.00	29	审计学	7-301-20906-6	赵晓波	38.00
7	会计学原理与实务模拟实验教程	7-5038-5013-4	周慧滨	20.00	30	审计理论与实务	7-81117-955-2	宋传联	36.00
8	会计实务	7-81117-677-3	王远利	40.00	31	会计综合实训模拟教程	7-301-20730-7	章洁倩	33.00
9	高级财务会计	7-81117-545-5	程明娥	46.00	32	财务分析学	7-301-20275-3	张献英	30.00
10	高级财务会计	7-5655-0061-9	王奇杰	44.00	33	银行会计	7-301-21155-7	宗国恩	39.00
11	成本会计学	7-301-19400-3	杨尚军	38.00	34	税收筹划	7-301-21238-7	都新英	38.00
12	成本会计学	7-5655-0482-2	张红漫	30.00	35	基础会计学	7-301-16308-5	晋晓琴	39.00
13	成本会计学	7-301-20473-3	刘建中	38.00	36	公司财务管理	7-301-21423-7	胡振兴	48.00
14	管理会计	7-81117-943-9	齐殿伟	27.00	37	财务管理学实用教程（第2版）	7-301-21060-4	骆永菊	42.00
15	管理会计	7-301-21057-4	胗芳珍	36.00	38	政府与非营利组织会计	7-301-21504-3	张丹	40.00
16	会计规范专题	7-81117-887-6	谢万健	35.00	39	预算会计	7-301-22203-4	王筱萍	32.00
17	企业财务会计模拟实习教程	7-5655-0404-4	董晓平	25.00	40	统计学实验教程	7-301-22450-2	裘再阳	24.00
18	税法与税务会计	7-81117-497-7	吕孝侠	45.00	41	基础会计实验与习题	7-301-22387-1	左旭	30.00
19	初级财务管理	7-301-20019-3	胡淑姣	42.00	42	基础会计	7-301-23109-8	田凤彩	39.00
20	财务管理学原理与实务	7-81117-544-8	严复海	40.00	43	财务会计学	7-301-23190-6	李柏生	39.00
21	财务管理学	7-5038-4897-1	盛均全	34.00	44	会计电算化	7-301-23565-2	童伟	49.00
22	财务管理学	7-301-21887-7	陈玮	44.00	45	中级财务会计	7-301-23772-4	吴海燕	49.00
23	基础会计学学习指导与习题集	7-301-16309-2	裴玉	28.00	46	会计规范专题(第2版)	7-301-23797-7	谢万健	42.00

工商管理、市场营销、人力资源管理、服务营销类

序号	书名	标准书号	主编	定价	序号	书名	标准书号	主编	定价
1	管理学基础	7-5038-4872-8	于干千	35.00	29	市场营销学：理论、案例与实训	7-301-21165-6	袁连升	42.00
2	管理学基础学习指南与题集	7-5038-4891-9	王珍	26.00	30	市场营销学	7-5655-0064-0	王槐林	33.00
3	管理学	7-81117-494-6	曾旗	44.00	31	国际市场营销学	7-301-21888-4	董飞	45.00
4	管理学	7-301-21167-0	陈文汉	35.00	32	市场营销学（第2版）	7-301-19855-1	陈阳	45.00
5	管理学	7-301-17452-4	王慧娟	42.00	33	市场营销学	7-301-21166-3	杨楠	40.00
6	管理学原理	7-5655-0078-7	尹少华	42.00	34	国际市场营销学	7-5038-5021-9	范应仁	38.00
7	管理学原理与实务（第2版）	7-301-18536-0	陈嘉莉	42.00	35	现代市场营销学	7-81117-599-8	邓德胜	40.00
8	管理学实用教程	7-5655-0063-3	邵喜武	37.00	36	市场营销学新论	7-5038-4879-7	郑玉香	40.00
9	管理学实用教程	7-301-21059-8	高爱霞	42.00	37	市场营销理论与实务（第2版）	7-301-20628-7	那薇	40.00
10	管理学实用教程	7-301-22218-8	张润兴	43.00	38	市场营销学实用教程	7-5655-0081-7	李晨耘	40.00
11	通用管理知识概论	7-5038-4997-8	王丽平	36.00	39	市场营销学	7-81117-676-6	戴秀英	32.00
12	管理学原理	7-301-21178-6	雷金荣	39.00	40	消费者行为学	7-81117-824-1	甘理翠	35.00
13	管理运筹学（第2版）	7-301-19351-8	关文忠	39.00	41	商务谈判（第2版）	7-301-20048-3	郭秀君	49.00
14	统计学原理	7-301-21061-1	韩宇	38.00	42	商务谈判实用教程	7-81117-597-4	陈建明	24.00
15	统计学原理	7-5038-4888-9	刘晓利	28.00	43	消费者行为学	7-5655-0057-2	肖立	37.00
16	统计学	7-5038-4898-8	曲岩	42.00	44	客户关系管理实务	7-301-09956-8	周贺来	44.00
17	应用统计学（第2版）	7-301-19275-7	王淑芬	48.00	45	公共关系学	7-5038-5022-6	于朝晖	40.00
18	统计学原理与实务	7-5655-0505-8	徐静霞	40.00	46	非营利组织	7-301-20726-0	王智慧	33.00
19	管理定量分析方法	7-301-13552-5	赵光华	28.00	47	公共关系理论与实务	7-5038-4889-6	王玫	32.00
20	新编市场营销学	7-81117-972-9	刘丽霞	30.00	48	公共关系学实用教程	7-81117-660-5	周华	35.00
21	公共关系理论与实务	7-5655-0155-5	李泓欣	45.00	49	跨文化管理	7-301-20027-8	晏雄	35.00
22	质量管理	7-5655-0069-5	周国华	35.00	50	企业战略管理	7-5655-0370-2	代海涛	36.00
23	企业文化理论与实务	7-81117-663-6	王水嫩	30.00	51	员工招聘	7-301-20089-6	王挺	35.00
24	企业战略管理	7-81117-801-2	陈英梅	34.00	52	服务营销理论与实务	7-81117-826-5	杨丽华	39.00
25	企业战略管理实用教程	7-81117-853-1	刘松先	35.00	53	服务企业经营管理学	7-5038-4890-2	于干千	36.00
26	产品与品牌管理	7-81117-492-2	胡梅	35.00	54	服务营销	7-301-15834-0	周明	40.00
27	东方哲学与企业文化	7-5655-0433-4	刘峰涛	34.00	55	运营管理	7-5038-4878-0	冯根尧	35.00
28	市场营销学	7-301-21056-7	马慧敏	42.00	56	生产运作管理（第2版）	7-301-18934-4	李全喜	48.00

序号	书 名	标准书号	主编	定价	序号	书 名	标准书号	主编	定价
57	运作管理	7-5655-0472-3	周建亨	25.00	74	公共关系学实用教程	7-301-17472-2	任焕琴	42.00
58	组织行为学	7-5038-5014-1	安世民	33.00	75	现场管理	7-301-21528-9	陈国华	38.00
59	组织设计与发展	7-301-23385-6	李春波	36.00	76	现代企业管理理论与应用（第2版）	7-301-21603-3	邸彦彪	38.00
60	组织行为学实用教程	7-301-20466-5	冀鸿	32.00	77	服务营销	7-301-21889-1	熊 凯	45.00
61	现代组织理论	7-5655-0077-0	岳 澎	32.00	78	企业经营ERP沙盘应用教程	7-301-20728-4	董红杰	32.00
62	人力资源管理（第2版）	7-301-19098-2	颜爱民	60.00	79	项目管理	7-301-21448-0	程 敏	39.00
63	人力资源管理经济分析	7-301-16084-8	颜爱民	38.00	80	公司治理学	7-301-22568-4	蔡 锐	35.00
64	人力资源管理原理与实务	7-81117-496-0	邹 华	32.00	81	管理学原理	7-301-22980-4	陈 阳	48.00
65	人力资源管理实用教程（第2版）	7-301-20281-4	吴宝华	45.00	82	管理学	7-301-23023-7	申文青	40.00
66	人力资源管理：理论、实务与艺术	7-5655-0193-7	李长江	48.00	83	人力资源管理实验教程	7-301-23078-7	畅铁民	40.00
67	政府与非营利组织会计	7-301-21504-3	张 丹	40.00	84	社交礼仪	7-301-23418-1	李 霞	29.00
68	会展服务管理	7-301-16661-1	许传宏	36.00	85	营销策划	7-301-23204-0	杨 楠	42.00
69	现代服务业管理原理、方法与案例	7-301-17817-1	马 勇	49.00	86	企业战略管理	7-301-23419-8	顾 桥	46.00
70	服务性企业战略管理	7-301-20043-8	黄其新	28.00	87	兼并与收购	7-301-22567-7	陶启智	32.00
71	服务型政府管理概论	7-301-20099-5	于千千	32.00	88	统计学（第2版）	7-301-23854-7	阮红伟	35.00
72	新编现代企业管理	7-301-21121-2	姚丽娜	48.00	89	广告策划与管理：原理、案例与项目实训	7-301-23827-1	杨佐飞	48.00
73	创业学	7-301-15915-6	刘沁玲	38.00	90	客户关系管理理论与实务	7-301-23911-7	徐 伟	40.00

经济、国贸、金融类

序号	书 名	标准书号	主编	定价	序号	书 名	标准书号	主编	定价
1	宏观经济学原理与实务（第2版）	7-301-18787-6	崔东红	57.00	24	保险学原理与实务	7-5038-4871-1	曹时军	37.00
2	宏观经济学（第2版）	7-301-19038-8	蹇令香	39.00	25	东南亚南亚商务环境概论	7-81117-956-9	韩 越	38.00
3	微观经济学原理与实务	7-81117-818-0	崔东红	48.00	26	证券投资学	7-301-19967-1	陈汉平	45.00
4	微观经济学	7-81117-568-4	梁瑞华	35.00	27	证券投资学	7-301-21236-3	王 毅	45.00
5	西方经济学实用教程	7-5038-4886-5	陈孝胜	40.00	28	货币银行学	7-301-15062-7	杜小伟	38.00
6	西方经济学实用教程	7-5655-0302-3	杨仁发	49.00	29	货币银行学	7-301-21345-2	李 冰	42.00
7	西方经济学	7-81117-851-7	于丽敏	40.00	30	国际结算（第2版）	7-301-17420-3	张晓芬	35.00
8	现代经济学基础	7-81117-549-3	张士军	25.00	31	国际结算	7-301-21092-5	张 慧	42.00
9	国际经济学	7-81117-594-3	吴红梅	39.00	32	金融风险管理	7-301-20090-2	朱淑珍	38.00
10	发展经济学	7-81117-674-2	赵邦宏	48.00	33	金融工程学	7-301-18273-4	李淑锦	30.00
11	管理经济学	7-81117-536-3	姜保雨	34.00	34	国际贸易理论、政策与案例分析	7-301-20978-3	冯 跃	42.00
12	计量经济学	7-5038-3915-3	刘艳春	28.00	35	金融工程学理论与实务（第2版）	7-301-21280-6	谭春枝	42.00
13	外贸函电（第2版）	7-301-18786-9	王 妍	30.00	36	金融学理论与实务	7-5655-0405-1	战玉峰	42.00
14	国际贸易理论与实务（第2版）	7-301-18798-2	缪东玲	54.00	37	国际金融实用教程	7-81117-593-6	周 影	32.00
15	国际贸易（第2版）	7-301-19404-1	朱廷珺	45.00	38	跨国公司经营与管理（第2版）	7-301-21333-9	冯雷鸣	35.00
16	国际贸易实务（第2版）	7-301-20486-3	夏合群	45.00	39	国际金融	7-5038-4893-3	韩博印	30.00
17	国际贸易结算及其单证实务	7-5655-0268-2	卓乃坚	35.00	40	国际商务函电	7-301-22388-8	金泽虎	35.00
18	政治经济学原理与实务（第2版）	7-301-22204-1	沈爱华	31.00	41	国际金融	7-301-23351-0	宋树民	48.00
19	国际商务	7-5655-0093-0	安占然	30.00	42	国际贸易实训教程	7-301-23730-4	王 茜	28.00
20	国际贸易实务	7-301-20919-6	张 肃	28.00	43	财政学	7-301-23814-1	何育静	45.00
21	国际贸易规则与进出口业务操作实务（第2版）	7-301-19384-6	李 平	54.00	44	保险学	7-301-23819-6	李春蓉	41.00
22	金融市场学	7-81117-595-0	黄解宇	24.00	45	中国对外贸易概论	7-301-23884-4	翟士军	42.00
23	财政学	7-5038-4965-7	盖 锐	34.00	46	国际经贸英语阅读教程	7-301-23876-9	李晓娣	25.00

　　相关教学资源如电子课件、电子教材、习题答案等可以登录 www.PUP6.cn 下载或在线阅读。
　　扑六知识网(www.pup6.com)有海量的相关教学资源和电子教材供阅读及下载(包括北京大学出版社第六事业部的相关资源)，同时欢迎您将教学课件、视频、教案、素材、习题、试卷、辅导材料、课改成果、设计作品、论文等教学资源上传到 pup6.cn，与全国高校师生分享您的教学成就与经验，并可自由设定价格，知识也能创造财富。具体情况请登录网站查询。
　　如您需要免费纸质样书用于教学，欢迎登录第六事业部门户网(www.pup6.com.cn)填表申请，并欢迎在线登记选题以到北京大学出版社来出版您的大作，也可下载相关表格填写后发到我们的邮箱，我们将及时与您取得联系并做好全方位的服务。
　　扑六知识网将打造成全国最大的教育资源共享平台，欢迎您的加入——让知识有价值，让教学无界限，让学习更轻松。联系方式：010-62750667，wangxc02@163.com，lihu80@163.com，欢迎来电来信。